Blickfeld Deutsch 1

Lehrerband

herausgegeben von Wolfgang Aleker
Ulrike Blattert
Kirsten Krebsbach

erarbeitet von Wolfgang Aleker
Annette Heider
Kirsten Krebsbach
Wolfgang Spreckelsen
Hubert Stöferle
Irmgard Wiederspahn

Schöningh

Bildquellenverzeichnis:

S. 35 (von links oben im Uhrzeigersinn): Arthotek; Archiv für Kunst und Geschichte, Berlin (2 Bilder); Bildarchiv Preußischer Kulturbesitz; Archiv für Kunst und Geschichte, Berlin; dpa, Frankfurt; Archiv für Kunst und Geschichte, Berlin; dpa, Frankfurt; ullstein bild-Buhs-Remmler; Archiv für Kunst und Geschichte, Berlin; ullstein bild; Bildarchiv Preußischer Kulturbesitz, Berlin; Archiv für Kunst und Geschichte, Berlin (2 Bilder); Marbach, Schiller-Nationalmuseum; Das Ludwig-Richter-Album, 1. Bd., Verlag Rogner & Bernhard, Hamburg 1989, S. 207; Schiller-Nationalmuseum/Deutsches Literaturarchiv, Marbach; dpa, Frankfurt; picture-alliance/dpa-Fotoreport; ullstein bild; Heinrich-Heine-Institut, Düsseldorf – **S. 70**: © VG Bild-Kunst, Bonn 2005 – **S. 71**: © 1995 by K. Thienemanns Verlag, Stuttgart – Wien – Bern – **S. 96**: © 2003 by Niederösterreichisches Pressehaus Druck- und VerlagsgesmbH NP Buchverlag St. Pölten – Wien – Linz (alle) – **S. 151 o.**: © Elsevier Publishing Project S.A., Lausanne – **S. 151 u.**: Verlagsarchiv Schöningh/Matthias Berghahn – **S. 152**: Verlagsarchiv Schöningh/Matthias Berghahn

© 2005 Bildungshaus Schulbuchverlage
Westermann Schroedel Diesterweg Schöningh Winklers GmbH
Braunschweig, Paderborn, Darmstadt

www.schoeningh.de
Schöningh Verlag, Jühenplatz 1–3, 33098 Paderborn

Das Werk und seine Teile sind urheberrechtlich geschützt.
Jede Nutzung in anderen als den gesetzlich zugelassenen Fällen bedarf der vorherigen schriftlichen Einwilligung des Verlages.
Hinweis zu § 52a UrhG: Weder das Werk noch seine Teile dürfen ohne eine solche Einwilligung gescannt und in ein Netzwerk gestellt werden.
Das gilt auch für Intranets von Schulen und sonstigen Bildungseinrichtungen.

Auf verschiedenen Seiten dieses Buches befinden sich Verweise (Links) auf Internet-Adressen. Haftungshinweis: Trotz sorgfältiger inhaltlicher Kontrolle wird die Haftung für die Inhalte der externen Seiten ausgeschlossen. Für den Inhalt dieser externen Seiten sind ausschließlich deren Betreiber verantwortlich. Sollten Sie dabei auf kostenpflichtige, illegale oder anstößige Inhalte treffen, so bedauern wir dies ausdrücklich und bitten Sie, uns umgehend per E-Mail davon in Kenntnis zu setzen, damit beim Nachdruck der Verweis gelöscht wird.

Druck A ⁵ ⁴ ³ ² ¹ / Jahr 2009 08 07 06 05
Alle Drucke der Serie A sind im Unterricht parallel verwendbar.
Die letzte Zahl bezeichnet das Jahr dieses Druckes.

Umschlaggestaltung: Yvonne Junge-Illies/INNOVA, Borchen
(Gemälde Claude Monet, Plage de Pourville; Illustration: Matthias Berghahn, Bielefeld)
Druck und Bindung: westermann druck GmbH, Braunschweig

ISBN 13: 978-3-14-028876-7
ISBN 10: 3-14-028876-X

Inhaltsverzeichnis

Zum Aufbau des Lehrerbandes 4

Die Konzeption von Blickfeld Deutsch 1 4

Pädagogische und didaktisch-methodische Prämissen des Schülerbandes 5

a) Konsequente Integration aller Arbeitsbereiche 5
b) Prozessorientierte Schreibdidaktik 6
c) Konsequente Schüler- und Handlungsorientierung 6
d) Breites Angebot an kontinuierlichen und diskontinuierlichen Texten 7
e) Deutsch als Leitfach im Fächerkanon 8

Zum Aufbau des Schülerbandes 9

Vorschlag für eine Jahresplanung im 5. Schuljahr 9

Vorschlag zur ITG-Einführung in Klasse 5 11

Die Kapitel von Blickfeld Deutsch 1 14

Erstes Kapitel: Klasse werden 14

1. Grundsätzliche Überlegungen: Aufbau, Zielsetzung 14
2. Erläuterungen und Lösungsvorschläge 16
3. Vorschläge für Übungen und Klassenarbeiten – zusätzliche Materialien und Kopiervorlagen 33

Zweites Kapitel: Im Reich der Träume und der Fantasie 41

1. Grundsätzliche Überlegungen: Aufbau, Zielsetzung 41
2. Erläuterungen und Lösungsvorschläge 42
3. Vorschläge für Übungen und Klassenarbeiten – zusätzliche Materialien und Kopiervorlagen 62

Projektkapitel: Starke Geschichten brauchen starke Leser! 72

1. Warum Projektunterricht? 72
2. Aufbau der Projektskizze 72
3. Zielsetzung des Leseprojekts 73

Drittes Kapitel: Jenseits der sieben Berge 74

1. Grundsätzliche Überlegungen: Aufbau, Zielsetzung 74
2. Erläuterungen und Lösungsvorschläge 76
3. Vorschläge für Übungen und Klassenarbeiten – zusätzliche Materialien und Kopiervorlagen 94

Viertes Kapitel: Durch das Jahr mit Gedichten 102

1. Grundsätzliche Überlegungen: Aufbau, Zielsetzung 102
2. Erläuterungen und Lösungsvorschläge 104
3. Vorschläge für Übungen und Klassenarbeiten – zusätzliche Materialien und Kopiervorlagen 124

Fünftes Kapitel: Lebenswelten 130

1. Grundsätzliche Überlegungen: Aufbau, Zielsetzung 130
2. Erläuterungen und Lösungsvorschläge 131
3. Vorschläge für Übungen und Klassenarbeiten – zusätzliche Materialien und Kopiervorlagen 147

Sechstes Kapitel: Vorhang auf! 156

1. Grundsätzliche Überlegungen: Aufbau, Zielsetzung 156
2. Erläuterungen und Lösungsvorschläge 157
3. Vorschläge für Übungen und Klassenarbeiten – zusätzliche Materialien und Kopiervorlagen 162

Textartenverzeichnis *Blickfeld Deutsch* 1 SB 167

Wie man mit *Blickfeld Deutsch* Bildungsstandards erreichen kann
(Modell Baden-Württemberg) 169

Zum Aufbau des Lehrerbandes

Der Lehrerband stellt mit einer **Konzeptionsbeschreibung** zunächst den Bezug des Lehrwerks zum aktuellen pädagogischen, fachwissenschaftlichen und fachdidaktischen Diskussions- und Entwicklungsstand her.

Darauf folgt ein kurze Beschreibung zum **Aufbau des Schülerbandes**, um das wesentlich Neue des Arbeitsbuches aufzuzeigen. Ziel des Lehrerbandes ist es einerseits, eine Entlastungsfunktion für die mittel- und langfristige Planung sowie für die konkrete Vorbereitung des Deutschunterrichts zu übernehmen. Andererseits bietet er vielfältige Anregungen für die Unterrichtsgestaltung.

Der **Vorschlag für eine Jahresplanung im 5. Schuljahr** soll auf der Ebene eines Jahres- und Tertialplans gemeinsam mit einem **ITG-Curriculum** eine Möglichkeit anbieten, wie – im Zusammenspiel mit *Blickfeld Deutsch 2* – die angestrebten Standards erreicht werden können.

Der **Hauptteil des Lehrerbandes** ist dann folgendermaßen – für jedes Kapitel gleich strukturiert – aufgebaut:

1. Grundsätzliche Überlegungen

Zunächst wird der Aufbau des Kapitels skizziert, indem das Rahmenthema und die Inhalte der einzelnen Teilsequenzen knapp umrissen werden.

In der Beschreibung der Zielsetzungen wird das Profil des jeweiligen Kapitels deutlich (auch in der jeweiligen Progression und in Bezug auf die Erarbeitung einzelner Standards).

2. Erläuterungen und Lösungsvorschläge

Die Erläuterungen und Lösungsvorschläge bieten fachwissenschaftliche und didaktisch-methodische Kommentare zu Textsequenzen und Einzeltexten sowie zu neu eingeführten Methoden. Im Einzelnen werden folgende Aspekte berücksichtigt:

- Ideen für Einstiege in Unterrichtseinheiten und -stunden bzw. Alternativen zu den im Schülerband vorgeschlagenen Zugängen und Methoden, um individuellen Lehrerstilen sowie spezifischen Klassen- und Lernsituationen gerecht zu werden.
- Hinweise auf die Struktur von Teilsequenzen und Arbeitsanregungen, um vor- oder nachbereitende Hausaufgaben (z. B. Lektüreaufträge, Gliederungen etc.), bestimmte Sozialformen im Unterricht und weiterführende Übungen Zeit sparend wählen zu können.
- Dargestellt werden zu erwartende Schülerlösungen entweder der Sinnrichtung nach (z. B. bei offenen oder kreativen Aufgabenstellungen) oder auch in Form von Tafelbildern (z. B. durch Tabellen und Strukturskizzen).
- Auf Übungen und Lernerfolgskontrollen, die über den Schülerband oder durch Kopiervorlagen im Lehrerband (s. u.) vorgenommen werden können, wird an der didaktisch passenden Stelle hingewiesen.

3. Materialien/Kopiervorschläge

Kopiervorlagen verschiedener Art ergänzen das Angebot des Schülerbandes durch

- zusätzliche Texte und Bilder,
- didaktisch arrangierte Textpräsentationen (z. B. Lückentexte, Umstellungen etc.),
- Übungs- und Arbeitsmaterial,
- Vorschläge für Klassenarbeiten.

Abgeschlossen werden die jeweiligen Lehrerbände mit **Übersichten über die Textarten** und die Zusammenhänge mit den **Bildungsstandards**.

Verwendete Abkürzungen:
AB = Arbeitsbereich
K = Kopiervorlage
LB = Lehrerband
SB = Schülerband
TA = Tafelanschrieb

Die Konzeption von Blickfeld Deutsch 1

Das neue *Blickfeld Deutsch* führt die bewährte Konzeption der bisherigen Ausgabe fort: Es ist ein voll integriertes, curricular angelegtes Arbeitsbuch mit konsequenter Schülerorientierung für die Unter- und Mittelstufe des achtjährigen Gymnasiums. *Blickfeld Deutsch* orientiert sich nach wie vor an den aktuellen Erkenntnissen der Fachdidaktik, der Lernpsychologie und der Lernbiologie[1]. Es führt in seinem pädagogischen Anspruch und in seiner didaktisch-methodischen Konzeption konsequent auf den gleichnamigen Schülerband der Ober- bzw. Kursstufe hin. Zudem werden die Ziele und Inhalte von Bildungsplänen und Bildungsstandards im Sinne der Möglichkeiten eines individuellen Kompetenzerwerbs umfassend und ideenreich umgesetzt, so dass die Qualität schulischer Arbeit im Deutschunterricht kontinuierlich weiterentwickelt werden kann.

---

[1] Aus der Fülle der Literatur werden hier nur einige zentrale Werke genannt.

Zur Einführung und als Übersicht:
- Ulf Abraham et al.: *Praxis des Deutschunterrichts*. Donauwörth (Auer) 1998.
- Ursula Bredel et al. (Hrsg.): *Didaktik der deutschen Sprache*, 2 Bände. Paderborn (Schöningh) 2003.
- Michael Kämper-van den Boogaart (Hrsg.): *Deutsch-Didaktik*. Berlin (Cornelsen Scriptor) 2003.

Zum integrierten Deutschunterricht:
- Erika Werlen: *Theorie und Praxis eines integrativen Deutschunterrichts*. In: Der Deutschunterricht. Jg. 48, 1996, H.6, S. 3–8.

Zur Sprech- und Schreiberziehung:
- Joachim Fritzsche: *Zur Didaktik und Methodik des Deutschunterrichts*, 3 Bände. Stuttgart (Klett) 1994.

Zur Sprachbetrachtung:
- Wolfgang Menzel: *Grammatikwerkstatt*. Seelze (Kallmeyer) 1999.

Zur Medienerziehung:
- Norbert Groeben, Bettina Hurrelmann: *Medienkompetenz*. Weinheim und München (Juventa) 2002.

Zur Literaturbetrachtung:
- Klaus-Michael Bogdal und Michael Korte: *Grundzüge der Literaturdidaktik*. München (dtv) 2002.
- Gerhard Haas: *Handlungs- und produktionsorientierter Literaturunterricht*. Seelze (Kallmeyer) 1997.
- Günther Waldmann: *Produktiver Umgang mit Literatur im Unterricht*. Baltmannsweiler (Schneider) ²1999.

Pädagogische und didaktisch-methodische Prämissen des Schülerbandes

a) Konsequente Integration aller Arbeitsbereiche

Blickfeld Deutsch folgt konsequent der Prämisse, dass Kompetenzerwerb im Fach Deutsch keine bloße Addition von Teilkompetenzen bedeutet.

Vielmehr wird Deutschunterricht in *Blickfeld Deutsch* prinzipiell als integrierter Unterricht verstanden, in dem Sprech-, Schreib-, Sprach- und Medienerziehung sowie Literaturbetrachtung und Methodenschulung durchgehend sinnvoll miteinander verbunden und aufeinander bezogen werden.

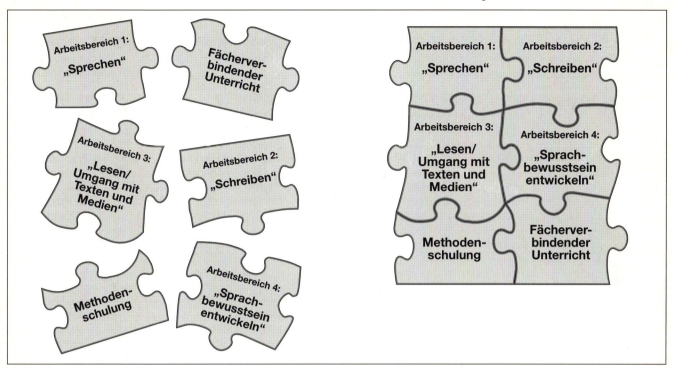

Kompetenzerwerb im Fach Deutsch ist keine Addition von Teilkompetenzen, ...

... sondern „Deutschunterricht ist prinzipiell integrierter Unterricht".

Am Beispiel der Textsorte Märchen wird deutlich, wie die Teile zum Ganzen werden. Bei der Planung des Kapitels ergab sich u. a. die Verknüpfung der schriftlichen und mündlichen Nacherzählung (AB Sprechen u. Schreiben) mit der Textsorte Märchen (AB Literatur u. Medien) und den Tempora Präsens/Präteritum (AB Sprachbewusstsein).

Die Inhaltsübersicht des entstandenen Märchen-Kapitels „Jenseits der sieben Berge" macht einerseits die Integration der Arbeitsbereiche und Methoden deutlich und lässt andererseits den curricularen Aufbau erkennen.

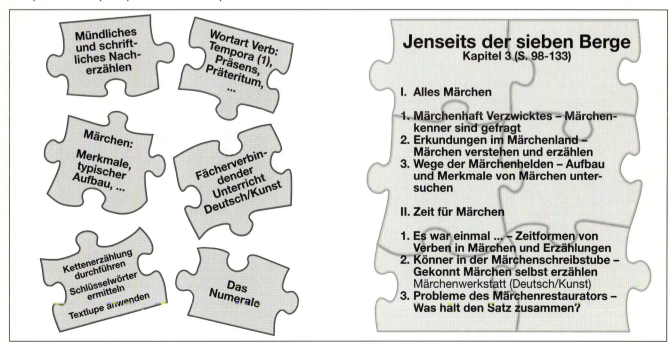

Beispiel für die konsequente und funktionale Integration in *Blickfeld Deutsch*

Zunächst wird an Vorwissen zum Thema Märchen angeknüpft (AB Literatur u. Medien), es folgt eine Teilsequenz zum mündlichen und schriftlichen Nacherzählen (AB Sprechen u. Schreiben). In einem dritten Schritt geht es um ein analytisches Verstehen der Textsorte (AB Literatur u. Medien). Die zweite Sequenz des Kapitels beginnt mit der funktionalen Anbindung des Präteritums (AB Sprachbewusstsein), das sowohl die Erzählzeit des Märchens als auch der Nacherzählung darstellt. Die gewonnenen Fähigkeiten und Kenntnisse im Umgang mit Märchen werden schließlich im Sinne des handlungs- und produktionsorientierten Umgangs in Form einer Märchenwerkstatt angewendet, die zugleich die Möglichkeit für fächerverbindenden Unterricht mit dem Fach Bildende Kunst bietet. Das Kapitel schließt mit der induktiven Erarbeitung der wichtigsten Satzglieder, ausgehend von der zentralen Bedeutung des Verbs für den Satzbau (AB Sprachbewusstsein).

Indem die Funktionalität sprachlicher Phänomene in den Vordergrund tritt, führt *Blickfeld Deutsch* zu einem bewussten und differenzierten Sprachgebrauch beim Lesen, Sprechen und Schreiben sowie beim Umgang mit Medien. Dabei ist es möglich, je nach Zielsetzung und Unterrichtssituation, die Steuerungsdominanz der Arbeitsbereiche zu wechseln. So wird beispielsweise im ersten Kapitel von *Blickfeld Deutsch 1* Rücksicht genommen auf die Situation der gymnasialen Anfänger: Um die Kinder zu motivieren, ihnen die Schwellenangst zu nehmen und um ihren gegenwärtigen Stand im Verstehen, in Kenntnissen und Fertigkeiten zu erkunden, setzt das Buch zunächst den Schwerpunkt auf besonders aktivierende Felder der Arbeitsbereiche „Sprechen", „Schreiben" und „Lesen". Ganz anders ist es im dritten Kapitel, in dem der Arbeitsbereich „Umgang mit Texten" die Leitfunktion übernimmt, bevor sich im sechsten Kapitel der Kreis einer Jahresarbeit schließt, indem die Kinder die gewonnenen Erfahrungen mit Spielformen aller Art in ein Theaterprojekt einbeziehen können. Im spiralcurricularen Sinn spiegelt sich dieser Aufbau auf einem höheren Anforderungsniveau in *Blickfeld Deutsch 2*, das mit der projektorientierten Arbeit an einem Jugendbuch endet.

Zur Systematisierung der Lerninhalte trägt die Bilanzierung von Teilergebnissen in Form von Informationskästen (Fachwissen, Aufsatzerziehung, Methodenlehre, Haus der Wörter) bei. Dies wird im Schülerband, S. 9, ausführlich erläutert. Ferner ermöglichen ein Autoren-, ein Sach- und ein Methodenregister am Ende des Schülerbandes den Schülerinnen und Schülern im Sinne einer Erziehung zur Selbstständigkeit und zum eigenverantwortlichen Arbeiten das eigenständige Nachschlagen.

b) Prozessorientierte Schreibdidaktik

Dem eigenen Schreiben ist wie dem Erarbeiten und Einüben der elementaren Rechtschreibregeln ein breiter Raum gewidmet (in *Blickfeld Deutsch 1* z.B. auf mehreren Trainings-Doppelseiten).

Blickfeld Deutsch weitet zudem das herkömmliche „Schreiben in der Schule" bewusst zu einem längeren Prozess im Sinne einer „Schreibschule" aus. Schüler benötigen zum Schreiben motivierende Schreibimpulse, an die sich eine Phase der Ideensammlung anschließen sollte. Davon ausgehend enstehen erste Schülerprojekte, die jedoch lediglich als „Entwürfe" zu verstehen sind. Diese Entwürfe müssen auf Leser treffen, die eine ernst zu nehmende Rückmeldung geben und somit einen Überarbeitungsprozess anstoßen. Hierzu eignen sich die Mitschülerinnen und Mitschüler, die in Form von Schreibkonferenzen, Textlupeverfahren etc. ein Feedback geben. Der überarbeitete Entwurf sollte dann je nach Adressatengruppe ausgestaltet und „veröffentlicht" werden. Dies kann in Form einer Wandzeitung, eines Portfolios, eines Beitrags für die Schülerzeitung, eines Briefs, eines Wettbewerbsbeitrags etc. geschehen. Im Unterschied zum herkömmlichen „Schreiben in der Schule" ist die „Schreibschule" in *Blickfeld Deutsch* bestimmt durch eine Prozess- und Adressatenorientierung, an deren Ende ein „Text für Leser" steht statt eines Textes für die Schublade.

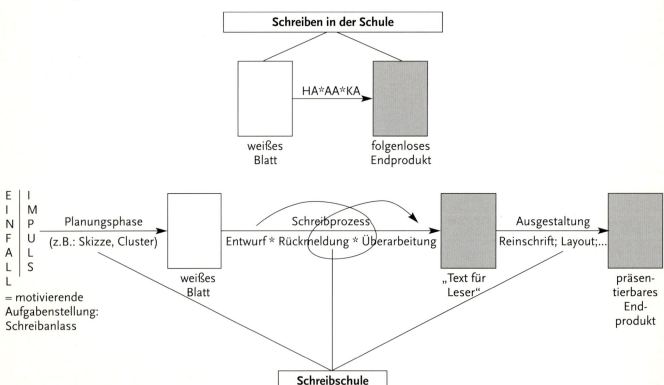

c) Konsequente Schüler- und Handlungsorientierung

Altersgemäße Problemstellungen in abwechslungsreichen Sprech- und Schreibsituationen sowie lernpsychologisch plausibel angelegte induktive Lösungswege und ein vielseitig anregendes Bildangebot prägen den Arbeitsprozess. Besonders deutlich wird das bei der Erarbeitung von Fachbegriffen (z.B. im Lyrikkapitel, SB, S. 168ff.) oder durch die Funktion der verschiedenen Auftaktbilder, die Impulscharakter haben und offene Gesprächsanlässe bieten.

Entdeckendes und spielerisches Lernen, analytische und kreative Zugänge, vielfältige neue Unterrichtsformen und die Einübung in Arbeits- und Sozialformen sind charakteristisch für *Blickfeld Deutsch*. Dies gilt besonders für den Bereich „Sprachbewusstsein entwickeln", dem ein konsequent funktionales Grammatikverständnis zugrunde liegt.

Methoden werden schrittweise im Zusammenhang eines Arbeits- bzw. Lernprozesses eingeführt und immer wieder vertiefend aufgegriffen, z. B. der Deutschordner. Eine motivierende Gelegenheit zur eigenständigen Anwendung der gelernten Methoden und Inhalte bieten die eigenen Projektkapitel innerhalb des Bandes und die projektorientierten Schlusskapitel.

Zahlreiche Aufgabenstellungen und die Trainings-Doppelseiten jedes Kapitels ermöglichen eine Individualisierung und Differenzierung des Lernprozesses (z. B. als Übungsangebote im Rahmen des Stationenlernens oder in Phasen des „Freien Arbeitens").

Systematisierung eines Lernprozesses

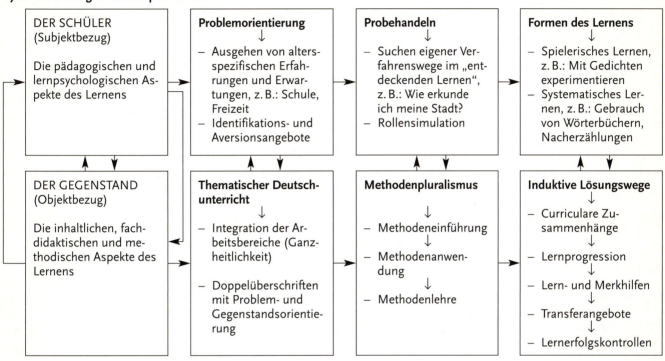

Ein didaktischer Lösungsweg: Konsequente Schüler- und Handlungsorientierung

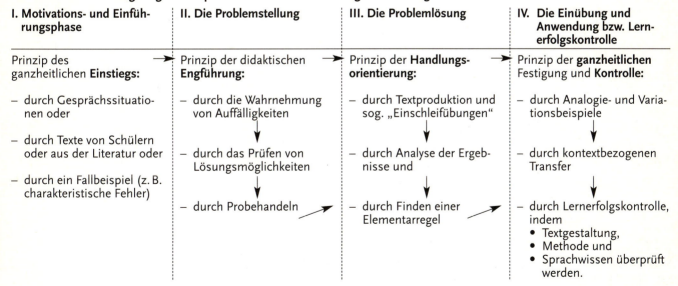

d) Breites Angebot an kontinuierlichen und diskontinuierlichen Texten

Das Textangebot in *Blickfeld Deutsch* besteht aus einer Synthese von bewährten und neu ausgewählten Texten des deutschen, europäischen und außereuropäischen Bereichs. Traditionelle Literatur (z. B. die Brüder Grimm, Hermann Hesse, Erich Kästner, Eduard Mörike, Charles Dickens, Jack London etc.) findet sich ebenso wie moderne (Elisabeth Borchers, Ernst Jandl, Paul Maar, Italo Calvino, Amy MacDonald, Joanne K. Rowling etc.).

Durch einen weitgehenden Verzicht auf analytische Fragestellungen in der Erstrezeption von fiktionalen Texten soll eine möglichst ungelenke Primärrezeption gefördert werden. Im Sinne der Ergebnisse der PISA-Studie werden leseorientierte Verfahrensweisen, die produktionsorientiertes Arbeiten anregen und kreative Anwendung möglich machen sollen, besonders gefördert, z. B. in der gesamten Arbeit zu „Harry Potter" im ersten Kapitel von *Blickfeld Deutsch 1*.

Die Konzeption von Blickfeld Deutsch 1

Am Beispiel des Lesens im Sinne von Textvortrag lässt sich die curriculare Umsetzung der Bildungsstandards in *Blickfeld Deutsch* exemplarisch zeigen:

Blickfeld Deutsch 1/2 – die curriculare Umsetzung der Bildungsstandards
am Beispiel **Lesen**, im Sinne von **Textvortrag** (Bildungsplan, S. 79)

BFD 2					Vorlesen eines Textes (S.9)	Vorbereitung Vorlesewettbewerb (S. 52–61) darin: Wiederholung des Textblatts (S. 57)	Vorbereitung eines Gedichtvortrages • Textblatt (S. 144) • Bedeutung Metrum, Rhythmus (S. 153) • Dichterwettbewerb (S. 179)	Der mündliche Vortrag (S. 222)
BFD 1	Lesestaffel (S. 18)	verschiedene Möglichkeiten, einen Text im Unterricht zu lesen (S. 23)	Leseprojekt (S. 88–95) darin: Leseübungen (S. 92f.) einen Text zum Lesen vorbereiten (S. 94f.)	Textblatt anlegen (S. 137)			

Sachtexte, Diagramme, Tabellen, Grafiken etc. spielen im Sinne der Erweiterung der individuellen Lesekompetenz eine wichtige Rolle. Hier sind auch erste Formen von Darstellung und Präsentation angelegt (vgl. *Blickfeld Deutsch 1* Auswertung von Grafiken, S. 187f., oder das Projektkapitel zu Paul Maar: *Lippels Traum*, S. 86–95).

Breites Textangebot und umfassender Literaturbegriff

Sprachvarietäten	Fiktionale Texte der Hochsprache	Bilder, Grafiken und Tabellen	Sachtexte
1. Dialekte 2. Umgangssprache – Deutsche Sprachlandschaften (Dialektkarte) – Kontrastive Verfahren – Umgestaltung	1. Alle Gattungen 2. Dominante Autoren 3. Jugendbücher – Ungelenkte Primärrezeption – Arten des Lesens • sinnerschließend • sinngestaltend • szenisches Lesen – Fragen an Texte stellen lernen – Einführung in das Gespräch über Literatur – Gestaltungsformen erproben	1. Fotos 2. Bilder 3. Grafiken 4. Tabellen – Bildsignale und Textsignale im Vergleich – Textanalyse optisch – Analyse diskontinuierlicher Texte	1. Lexika 2. Informationstexte – Einführung in die Nutzung von Hilfsmitteln – Landes- und kulturgeschichtliche Aspekte erschließen – Textarten vergleichen

Vergleich und Kontrastierung

e) Deutsch als Leitfach im Fächerkanon

Alle Bände von *Blickfeld Deutsch* beinhalten zahlreiche Materialien und Anregungen für fächerverbindendes bzw. projektorientiertes Arbeiten.
Medienkompetenz wird sowohl durch eine analytische als auch durch eine produktive Auseinandersetzung mit verschiedenen Medien vermittelt. Einen Schwerpunkt bildet dabei von Anfang an die Arbeit mit dem Computer. (Vgl. *Blickfeld Deutsch 1*, Kapitel 1: Ausgestaltung und Überarbeitung einer Klassenordnung mit dem Computer; Kapitel 4: Gedichtwerkstatt mithilfe des Computers; Kapitel 5: Internetrecherche).

Zum Aufbau des Schülerbandes

Blickfeld Deutsch ist in didaktischer Progression im Sinne eines „Jahreskurses" angelegt, ohne dabei jedoch einen strikten „Lektionenzwang" auszuüben. Ein überschüssiges Textangebot bietet genügend Auswahlmöglichkeiten, die vorgeschlagenen Alternativen bei den Arbeitsanregungen ermöglichen individuelle Zugänge, das Projektkapitel lässt sich völlig flexibel in der Jahresplanung einsetzen und die jahreszeitlich orientierten Sequenzen des Lyrikkapitels verstehen sich als Angebote im Jahreskreislauf. Grundsätzlich bauen jedoch die Kapitel aller Bände von *Blickfeld Deutsch* wie folgt aufeinander auf:

- Das erste Kaptiel ist stets als Einstieg konzipiert, in dem Motivation, Anknüpfung an das vorausgehende Schuljahr und Einführung in die Jahresarbeit miteinander verbunden sind.
- Das zweite, das dritte und das fünfte Kapitel enthalten die curriculare Entfaltung des Fundamentums. Beliebige Einstiege und Abfolgen widersprächen dem Charakter dieses Arbeitsbuches oder wären sehr unökonomisch, weil die Obligatorik eines Jahresplanes bzw. eines Zweijahresplanes vor dem Hintergrund von Standards jeweils auf neue Texte und Situationen zu transformieren wäre.
- Das vierte und das sechste Kapitel sind jahreszeitlich und nach spezifischen Unterrichtssituationen flexibel einzusetzen (z. B. Gedichte in der entsprechenden Jahreszeit).
- Das eingefügte Projektkapitel soll je nach Absicht die Möglichkeit bieten, Erlerntes in einer konkreten Situation auszuprobieren und anzuwenden. Das erarbeitete Produkt kann zum qualitativen Gradmesser des erreichten Lernstandes bzw. der erworbenen Methodenkompetenz werden.

Das Layout des Buches ist auf die Schülerinnen und Schüler abgestimmt:
Das verkürzte DIN-A4-Format orientiert sich am Lesehorizont der Kinder. In der Zuordnung von Hauptspalte und Randspalte drückt sich das Bestreben aus, Motivationselemente, Inhalte, Methoden und Arbeitsimpulse lerngünstig am didaktisch richtigen Ort in Beziehung zu setzen. In der Hauptspalte stehen in der Regel Texte und Bilder in paralleler oder kontrastiver Vergleichsanordnung. In der Randspalte erscheinen – jeweils auf der Höhe des Arbeitsprozesses – Arbeitsanregungen und Zusatzinformationen (z. B. Autorenporträts). Je nach ihrem Gewicht befinden sich

 Methodenhinweise,

 Zusammenfassungen von Ergebnissen zum Lernen und

 Tipps zum Aufsatzschreiben

in der Haupt- oder Randspalte.
Auf diese Weise entsteht ein Beziehungsgefüge aus Informationen in Text und Bild, vielseitigen schüler- und handlungsorientierten Anregungen sowie Methodenhilfen. Da die Zwischenergebnisse nur den jeweils erreichten Lernstand markieren, bedeuten sie Zäsur und Übergang auf dem Weg zur Erreichung von Standards in einem.

Die Zielorientierung wird in den mit arabischen Ziffern bezeichneten Untergliederungen durch problemorientierte und fachspezifische Doppelüberschriften erreicht (vgl. Kapitel I.1 Schauplatz Klassenzimmer – Schulgeschichten in Kinder- und Jugendbüchern; I.2 Stell dir vor, was heute passiert ist! – Eigene Erlebnisse anschaulich und interessant erzählen).

Spezielle Trainings-Doppelseiten bieten in jedem Kapitel Möglichkeiten zum selbstständigen Üben, z. B. in Form des „Freien Arbeitens" (vgl. Rechtschreibspiel SB, S. 208f.).

Die jeweils erarbeiteten Ergebnisse werden optisch übersichtlich in Tabellen, Schaubildern und Merkkästen präsentiert. Durch ein Autoren-, ein Sach- und ein Methodenregister ist der Band von Schülerinnen und Schülern auch als Nachschlagewerk leicht zu handhaben.

Vorschlag für eine Jahresplanung im 5. Schuljahr

Die Notwendigkeit von Jahresplänen ist nach wie vor unbestritten. Sinnvoll ist es, sich bei der Jahresplanung an den längeren Phasen unterrichtsfreier Zeit zu orientieren, denn vor diesen sind thematische Abrundungen sinnvoll: vom Schuljahresbeginn bis Weihnachten, von Januar bis Ostern, nach Ostern bis zu den Sommerferien.
Die im Folgenden skizzierte **Tertialplanung** kann jedoch aus verschiedenen Gründen nur eine grobe Anregung für die eigene Jahresplanung darstellen: Verschiedene Bundesländer beginnen früher mit den Sommerferien als andere, hier sollten zum ersten Tertial ca. vier Wochen dazugerechnet werden. Außerdem differiert die Zahl der Wochenstunden erheblich, z. T. sogar von Schule zu Schule. So gibt es in Baden-Württemberg mit der Aufteilung nach Kontingent- und Poolstunden sowie der Notwendigkeit, in den Klassen 5 und 6 informationstechnische Grundlagen (ITG) zu unterrichten, Schulen mit drei Wochenstunden Deutsch neben Schulen mit fünf oder sechs Wochenstunden. Hinzu kommt, dass die Bildungsstandards in Baden-Württemberg auf zwei Jahre ausgelegt sind, an deren Ende eine Evaluationsarbeit steht. Manche Inhalte werden daher in beiden Schuljahren auf unterschiedlichem Anforderungsniveau thematisiert (z. B. Satzglieder; Tempora), andere bilden nur in einem der beiden Schuljahre einen Schwerpunkt (z. B. Textsorte Märchen in Klasse 5, Textsorte Sage in Klasse 6). Je nach Schulprofil und schulinternem Methodencurriculum kommen zudem schulspezifische Anforderungen auf das Fach Deutsch zu, die von Schule zu Schule variieren (z. B. verstärkte Berücksichtigung szenischer Verfahren oder fächerverbindender Aspekte D/DK/Mu in Schulen mit musisch-künstlerischem Profil).

… Vorschlag für eine Jahresplanung im 5. Schuljahr

1. Tertial: Sommer – Weihnachten			
AB Sprechen	AB Schreiben	AB Literatur/Medien	AB Sprachbewusstsein
1. UE: An der neuen Schule (ca. 16 Stunden) – SB, S. 6–29 → mögliche Leistungsmessung: Erlebniserzählung			
• mündliches (Nach-)Erzählen mithilfe eines Stichwortzettels • Szenisches Spiel, auch pantomimisch • Texte sinngestaltend vortragen	• Stichwortsammlung anlegen • schriftliche Erlebniserzählung • fremde und eigene Schreibprodukte überarbeiten	• Jugendroman (Auszüge) • Benutzung von Nachschlagewerken • Spannungskurve anlegen	• Wiederholung der bekannten Wortarten
2. UE: Das Jahr wird alt – Herbstgedichte (ca. 6 Stunden) – SB, S. 134–149 → mögliche Leistungsmessung: Gedichtvortrag/Gedichtmappe			
• Gedichtvortrag mithilfe eines Textblatts	• Gedichtwerkstatt (1) • Gedichtsammlung oder ein lyrisches Programm erstellen	• Fachbegriffe der Lyrik (1) • themengleiche Gedichte vergleichen • Elfchen	• Adjektive erzeugen Stimmungen • Wortbildung (1) (Komposita) • Wirkung von Reim u. Metrum
3. UE: Wir miteinander (ca. 10 Stunden) – SB, S. 30–45 → mögliche Leistungsmessung: Präsentation von Gruppenarbeiten vor der Klasse			
• sich auf Gesprächs- und Klassenregeln einigen • Arbeitsergebnisse der Klasse vorstellen	• Rechtschreibung (1), Silbentrennung (1), Zeichensetzung (1): Satzschlusszeichen • Überprüfung der eigenen Rechtschreibung • Steckbrief anfertigen • Parallelgestaltung zu Gedichten (spielerische Verwendung von Sprache)	• Jugendroman (Auszüge) • Gedichte	• Satzarten • höfliche, situativ angemessene Ausdrucksweise • sprachliche Besonderheiten erkennen und in ihrer Wirkung beschreiben
4. UE: Tagträume und Nachtträume (ca. 12 Stunden) – SB, S. 46–67 → mögliche Leistungsmessung: Grammatik – Substantiv			
• mündlich u. schriftlich erzählen (Dehnung/Raffung)	• Zeichensetzung (2): wörtliche Rede • Rechtschreibung (2)	• Jugendroman (Auszüge) • Rechtschreiblexikon	• Wortfamilie • Substantiv: Konkretum/Abstraktum; Genus; Numerus; Kasus
5. UE: Im Land der Träume (ca. 12 Stunden) – SB, S. 68–85 → mögliche Leistungsmessung: Fantasieerzählung oder Bildererzählung			
• Texte sinnbetonend vortragen • Texte mithilfe der Lesestaffel gliedern	• Erzählen nach Bildern • Fantasieerzählung • Erzählen aus anderer Perspektive • fremde und eigene Texte überarbeiten • Rechtschreibung (3)	• Bildergeschichte • Fantasiegeschichte • Bilder als Schreibimpulse • Comic • äußere/innere Handlung	• Bildzeichen und Sprache • Wortfeld, Wortkurve
6. UE: Durch Schnee und Eis – Wintergedichte (ca. 6 Stunden) – SB, S. 150–157 → mögliche Leistungsmessung: Gedichtvortrag			
• Leseübungen • stimmungsvoller Gedichtvortrag		• Fachbegriffe der Lyrik (2) • Vergleich Lyrik/Prosatext (Legende) • Die Weihnachtsgeschichte	
2. Tertial: Weihnachten – Ostern			
AB Sprechen	AB Schreiben	AB Literatur/Medien	AB Sprachbewusstsein
7. UE: Jenseits der sieben Berge (ca. 16 Stunden) – SB, S. 98–123 → mögliche Leistungsmessung: Schreiben nach literarischem Muster (Märchen); Rechtschreibung			
• mündliches (Nach-)Erzählen, auch mithilfe eines Stichwortzettels • Kettenerzählung • Mündlicher Vortrag	• schriftliches (Nach-)Erzählen • Vergleich mündliches/schriftliches Erzählen • fremde und eigene Texte überarbeiten • Rechtschreibung (4) • Märchenwerkstatt	• Textanalyse: typische Märchenmerkmale; Handlungskurve …	• Schlüsselwörter • Verb: Zeitformen Präsens/Präteritum • Wortfeld sagen/gehen • Das Numerale

Leseprojekt: Starke Geschichten brauchen starke Leser
(ca. 16 Stunden) – SB, S. 86–95

8. UE: Probleme des Märchenrestaurautors (ca. 8 Stunden) – SB, S. 124–133 → mögliche Leistungsmessung: Grammatik – Satzglieder			
• Frageprobe		• Märchen	• Syntax: Prädikat, Subjekt, Objekte, Umstandsbestimmung • Frageprobe; Umstellprobe
9. UE: Ein neues Jahr – Frühlingsgedichte (ca. 12 Stunden) – SB, S. 158–167 → mögliche Leistungsmessung: Gedichtvortrag; Anthologie eigener und fremder Gedichte			
• Gedichtvortrag mithilfe eines Textblatts	• Parallelgedichte verfassen 💻 • Gedichtwerkstatt (2)	• Fachbegriffe der Lyrik (3) • Sprachgeschichte • Mundart-Gedichte • Rätsel	• Pronomen • Präposition
3. Tertial: Ostern – Sommer			
10. UE: Tiere in Menschenhand (ca. 20 Stunden) – SB, S. 172–191 → mögliche Leistungsmessung: Rechtschreibung; einfache, begründete Stellungnahme			
• Schaubild versprachlichen • Recherche mithilfe von Lexika, Bibliotheken, Internet 💻 • Informationen weitergeben • Rollenspiel	• Erlebniserzählung (2) • Rechtschreibung (5) • Zeichensetzung (3) • Argumentieren • Tierbeschreibung • Persönlicher Brief	• Tiererzählung • Schaubild; Diagramm; Tabelle • Sachtext	• unbestimmte Mengenangaben • Syntax: Haupt- und Nebensatz (Kausalsatz) • Adverb
11. UE: Von Tieren lernen (ca. 16 Stunden) – SB, S. 192–209 → mögliche Leistungsmessung: Schreiben nach literarischem Muster (Fabel); Rechtschreibung			
• Dialekt	• Moderne Fabeln verfassen • Rechtschreibung (6) • Zeichensetzung (4) • Silbentrennung (2) • Texte ansprechend gestalten 💻	• Fabel • Gedichte • Sprachgeschichte	• Konjunktion dass • Tempora des Verbs • Wortbildung (2): Kompositum; Ableitung; Präfix; Suffix
12. UE: Sommer und Hitze – Sommergedichte (ca. 4 Stunden) – SB, S. 168–171 → mögliche Leistungsmessung: Gedichtvortrag			
• sinngestaltender Gedichtvortrag	• Gedichte fortsetzen • Parallelgedicht	• Gedichte	• Enjambement
13. UE: Vorhang auf! (ca. 16 Stunden) – SB, S. 210–226 → mögliche Leistungsmessung: –			
• Lesen mit verteilten Rollen • Stegreifspiel • Schauspielerische Übungen • Theaterstück einstudieren	• Prosatext dialogisieren • Theaterwerkstatt: Regiebuch anlegen; Programmheft gestalten 💻	• dramatische Texte • Jugendbuch (Auszüge) • Szenenfoto • Standbild • Regiebuch	

Vorschlag zur ITG-Einführung in Klasse 5[2]

Teil A: Grundlagen

	Themen	Inhalte	Anwendung (Blickfeld Deutsch 1)	Stunde
Grundwissen	Der Computer	• Wozu gibt es Computer? • Wer benötigt Computer? • Was gehört zu einem Computer (Hardware/Software)?		1. u. 2
	Starten und Herunterfahren	• Hochfahren („Booten") und was dabei beachtet werden muss • Benutzeroberfläche („Desktop") kennen lernen • Herunterfahren des Computers und was dabei beachtet werden muss		3.
	Maus- und Fenstertechnik	• Linke/rechte Maustaste • Klick/Doppelklick • Klicken, halten, ziehen, ablegen • Fenster überlappend, neben- bzw. untereinander • Fenster verkleinern/vergrößern • Menü- und Symbolleiste	• Gedichte am Computer – Variationen: Schnell und einfach Wörter austauschen (S. 167)	4.

---

[2] von Frank Heckel, Gymnasium Ehingen

ITG-Einführung in Klasse 5

	Themen	Inhalte	Anwendung (Blickfeld Deutsch 1)	Stunde
Textverarbeitung	Umgang mit Dateien	• Über Speicher und Laufwerke • Dateien auf einem Datenträger finden • Dateien sinnvoll benennen und speichern • Löschen von Dateien		5.
	Arbeiten mit Textverarbeitungs-programmen	• Was ist ein Textverarbeitungsprogramm? • Wo finde und wie öffne ich das Programm? • Übersicht verschaffen (Format-, Titel-, Symbol- und Menüleiste) • Arbeiten mit dem Cursor • Vertraut machen mit der Tastatur		6. u. 7.
	Wörter/Sätze selber schreiben u. bearbeiten	• Text eingeben (Schreibmaschinentechnik?)	• Ein Gedicht abschreiben (S. 166)	8.
		• Wörter ausschneiden, kopieren, einfügen • Übungen mithilfe der Maus: markieren und verschieben • An einem vorhandenen Text Absätze einfügen, Schriftarten und Schriftgrößen verändern	• Bildgedichte: Aus Wörtern Bilder malen (S. 167) • Schrifttypen benennen und verwenden (S. 38, 1) • Ein Textblatt am Computer gestalten (S. 166) • Ausgestaltung und Überarbeitung der Klassenordnung am Computer (S. 38f.)	9. 10. u. 11.
		• Bilder/Grafiken in ein Dokument einfügen	• Den eigenen Steckbrief am Computer gestalten (S. 31, 2)	12.
	Texte verbessern mit dem Rechtschreibprogramm	• Text korrigieren und fortsetzen	• Das Rechtschreibprogramm verstehen (S. 38, 2c) • Ein Rechtschreibprogramm verwenden (S. 39, Merkkasten) • Kuh Gloria: markierte Wörter verbessern (S. 84, 5a)	13. u. 14.
	Eine Liste anlegen	• Eine Liste anlegen und Wörter einfügen • Eine vorgegebene Liste verbessern	• Kuh Gloria: Wörter suchen und auflisten (S. 84, 5b) • (Umfrage-)Ergebnisse in einer Tabelle darstellen (S. 188, 7b) • Andere Darstellungsformen ausprobieren (S. 188, 5b)	15. u. 16.
	Ein Diagramm erstellen	• Anhand von vorgegebenen Zahlen ein Diagramm erstellen	• Heimtiere in Deutschland (S. 179, 3c)	17.
Internet	Das „weltweite Netz"	• Was ist das Internet? • Was ist ein Browser? • Adressen, um sich zurechtzufinden • Was ist eine Homepage? • Grundfunktionen des Browsers kennen lernen		18. u. 19.
	Recherchieren im Internet	• Wie kann ich das Internet optimal nutzen? • Wie funktioniert eine Suchmaschine?	• Bilder im Internet suchen und herunterladen (S. 181), z. B. für einen Dichter-Steckbrief • Das Internet gibt Auskunft (S. 186, 7, 8)	20. u. 21.

Teil B: Anwendungsbeispiele

	Themen	Inhalte	Anwendung am Computer	Stunde
	Rechtschreibung	• Dehnung, Schärfung	• Wörter mit langem i-Laut sammeln und sortieren (S. 109f.) • Brief verfassen, in dem möglichst viele lang gesprochene i-Laute vorkommen (S. 109f.)	22.
		• Groß- und Kleinschreibung	• Satzzeichen in einem vorgegebenen Text setzen (S. 57, 2a) • Einen Text in korrekter Rechtschreibung abschreiben (S. 58, 5)	23.
	Grammatik	• Adjektive	• Aus Substantiven Adjektive bilden und nach Endungen sortieren (S. 179, 4)	24.
		• Personalpronomen	• Ein Rätsel verfassen, in dem der gesuchte Gegenstand oder die Person mithilfe von Pronomen verschlüsselt wird. Die Pronomen farbig markieren (S. 161, 7)	25.
		• Tempus	• Eine Tabelle erstellen und Formen des Präteritums ergänzen (S. 116, 3) • Lückentext durch richtige Präteritumsform ergänzen (S. 117, 2)	26.

Themen	Inhalte	Anwendung am Computer	Stunde
Grammatik	• Wortartenbestimmung	• Tabelle anlegen und aus einem Text Wortarten den entsprechenden Spalten zuordnen und (alphabetisch) sortieren (S. 15, 2)	27.
	• Haupt- und Nebensätze	• Haupt- und Nebensätze in einem Text durch Unterstreichung und Farbe markieren (S. 180, 3b)	28.
	• Wortfeld und Wortfamilie	• Ein Wortfeld zu „sagen" erstellen (auch mithilfe des Hilfsprogramms Theasaurus) (S. 80, 6)	29.
	• Satzglieder	• Satzglieder durch die Umstellprobe (drag & drop) ermitteln und farbig markieren (S. 127, 1)	30.
Mit Texten umgehen	• Ein Gedicht gestalten	• Einen vorhandenen Text (Gedicht) mit Bildern aus dem Internet anreichern (z. B. S. 166f.)	31.
	• Briefe schreiben	• Anhand vorgefertigter Informationen zu einer Person einen persönlichen Brief schreiben (S. 86; S. 189, 3)	32.
	• Kürzung eines Textes	• Einen Text für eine Lesung/Aufnahme vorbereiten (S. 94)	33.
	• Markieren eines Textes	• Einen Text für eine Lesung/Aufnahme vorbereiten (S. 94)	34.
	• Texte fortsetzen	• Einen Text abschreiben und fortsetzen (S. 54, 5; S. 55, 1)	35.

Die Kapitel von Blickfeld Deutsch 1

Erstes Kapitel: Klasse werden

1. Grundsätzliche Überlegungen

Aufbau

„Schule" bildet das Rahmenthema des ersten Kapitels, wobei die Benennung der Sequenzen die jeweilige inhaltliche Schwerpunktsetzung erkennen lässt: Während es in der ersten Sequenz „An der neuen Schule" um den Übergang von der Grundschule ans Gymnasium geht, tritt in der zweiten Sequenz „Wir miteinander" die Bildung der neuen Klassengemeinschaft in den Vordergrund.

Insgesamt besteht das Kapitel aus fünf Teilsequenzen, innerhalb derer die Inhalte der vier Arbeitsbereiche (AB) im Sinne des verbundenen Deutschunterrichtes funktional miteinander verknüpft werden. Dabei wechselt die Schwerpunktsetzung zwischen den einzelnen Arbeitsbereichen, wie im Folgenden deutlich werden soll:

I.1 Schauplatz Klassenzimmer – Schulgeschichten in Kinder- und Jugendbüchern (S. 8–21)

In der ersten Teilsequenz dominiert zunächst der **AB Lesen/Umgang mit Texten und Medien**, indem die Schulerfahrungen der Schülerinnen und Schüler erweitert werden durch literarische Spiegelungen unterschiedlicher Arten von Schulen: die Zauberschule (Rowling), die Wunschschule (Kästner), später auch die Ausnahmeschule (McDonald). Ausgehend von Auszügen aus diesen Kinder- und Jugendbüchern werden Gesprächsanlässe geschaffen, um im Rollenschutz einer literarischen Figur über eigene schulische Wünsche, Ängste und Erfahrungen sprechen zu können und diese in ersten szenischen Versuchen umzusetzen. Beim Nachdenken über die besondere Gestaltungsweise dieser literarischen Schulgeschichten tritt der **AB Sprachbewusstsein entwickeln** in den Vordergrund: Anknüpfend an Beobachtungen zur Wortwahl werden die bereits aus der Grundschule bekannten Wortarten wiederholt. Dabei wird das Fundament für das „Haus der Wörter" gelegt, an dessen Ausbau die Schülerinnen und Schüler in den nächsten zwei Jahren arbeiten werden.

I.2 Stell dir vor, was passiert ist! – Eigene Erlebnisse anschaulich und interessant erzählen (S. 22–29)

In dieser Teilsequenz liegt die Dominanz im **AB Sprechen** und im **AB Schreiben**. Ein Auszug aus Amy McDonalds Jugendbuch *Nie wieder fies* bildet einen motivierenden Anstoß zum Erzählen eigener Schulerlebnisse. Vom mündlichen Erzählen (Methodenschulung: Erzählkreis) werden die Schülerinnen und Schüler schrittweise zur Vorgehensweise beim schriftlichen Erzählen geführt. Die Anforderungen beschränken sich in diesem Kapitel darauf, dass ein erkennbarer Erzähl-Aufbau vorhanden ist und dass sich die Schülerinnen und Schüler auf ein Erlebnis beschränken. Dieses Grundgerüst des Erzählens wird im Zusammenhang der Fantasieerzählung und der Bildererzählung (2. Kapitel: „Im Reich der Träume und der Fantasie") vertiefend aufgegriffen und erweitert. Im Sinne der prozessorientierten Schreibdidaktik soll den Schülerinnen und Schülern zudem deutlich werden, dass das eigene Schreiben geplant werden muss (Methodenschulung: Cluster, geordnete Stichwortsammlung) und dass es sich bei der ersten Niederschrift lediglich um einen Entwurf handelt, der einer Rückmeldung bedarf (Methodenschulung: Textlupe, Spannungskurve) und dann überarbeitet werden muss.

II.1 Ich, du, wir – Gemeinsame Interessen und unterschiedliche Fähigkeiten austauschen (S. 30–34)

Nachdem in den beiden vorausgegangenen Teilsequenzen der Blick auf fiktive Schulen und außergewöhnliche Schulsituationen gelenkt wurde, um einen lebendigen Austausch in der Klasse anzuregen und das eigene Erzählen zu schulen, geht es im zweiten Teil des Kapitels um die konkrete eigene Klassensituation. Zunächst ist es notwendig, die eigene Person den anderen näher vorzustellen und umgekehrt ein genaueres Bild von den Mitschülerinnen und Mitschülern zu erhalten. Die Anlage eines persönlichen Steckbriefes bietet aufgrund des reduzierten Textumfangs eine gute Gelegenheit, erstmalig den **Computer im Deutschunterricht** einzusetzen. Darüber hinaus legt die Verrätselung des eigenen Steckbriefs in Form eines Silbenrätsels die Wiederholung der aus der Grundschule bekannten Regeln der Silbentrennung nahe.

II.2 Fragen, bitten, fordern – Regeln für das Miteinander in Alltag und Schule (S. 35–39)

Für die Entwicklung einer guten Klassengemeinschaft ist der rücksichtsvolle Umgang miteinander unabdingbar. Dabei kommt einer situativ angemessenen und respektvollen Ausdrucksweise wichtige Bedeutung zu. In der Teilsequenz „Fragen, bitten, fordern ..." spielen die Schülerinnen und Schüler verschiedene Alltags- und Schulsituationen durch und erproben dabei die unterschiedliche Wirkung von Grußformen, Satzarten bis hin zur Wahl einzelner Wörter. Dieser Schwerpunkt im **AB Sprachbewusstsein entwickeln** wird bei der Festlegung eigener Klassenregeln dadurch vertieft, dass die Schülerinnen und Schüler ihre selbst entworfenen Regeln nicht nur inhaltlich hinterfragen, sondern auch hinsichtlich Ausdruck und Satzart überprüfen. Bei der Fixierung der Regeln bietet sich wiederum der **Einsatz des Computers** an, damit die Regeln beliebig zu vervielfältigen und gegebenenfalls leicht zu verändern oder zu ergänzen sind. In diesem Zusammenhang lernen die Schülerinnen und Schüler erstmalig die Rechtschreibprüfung des Computers kennen.

II.3 Im Ozean der Sprache – Die Regeln der Sprache spielend beherrschen (S. 40–45)

In der letzten Teilsequenz des Kapitels wird der Gedanke, dass Regeln notwendig sind, um das Miteinander zu erleichtern, noch einmal in einem abstrakteren Sinne aufgegriffen und vertieft. Nunmehr stehen die Regeln unserer Sprache und damit noch einmal der **AB Sprachbewusstsein entwickeln** im Vordergrund. Ausgangspunkt ist der literarische Text „Strafarbeit", der gleichermaßen sinnvolle und unsinnige Schulregeln aufzählt und in vielerlei Hinsicht gegen sprachliche Normen verstößt. Den Schülerinnen und Schülern bietet dieser Text einerseits die Möglichkeit der Fehlersuche und der Diskussion über Verbesserungsvorschläge. Andererseits erkennen sie, dass hier ein literarischer Text bewusst „fehlerhaft" gestaltet wurde. Dieses Spiel mit der Sprache, diese bewusste Abkehr von der Regel liegt auch den folgenden sechs Gedichten zugrunde. Wiederum erhalten die Schülerinnen und Schüler die Aufgabe, die Texte gemäß den ihnen bekannten sprachlichen Normen zu „verbessern", aber eben auch die Wirkung der Veränderungen zu reflektieren. Davon ausgehend sollen sie im Sinne des handlungs- und produktionsorientierten Ansatzes selbst Parallelgedichte verfassen, d.h. bewusst gegen Sprachnormen verstoßen. Das Kapitel schließt mit einem Methodenkasten, in dem die Schülerinnen und Schüler vier Rechtschreibhilfen vorgestellt bekommen, die ihnen dabei helfen sollen, die Normen der Rechtschreibung zukünftig möglichst gut zu erfüllen und ihre Texte selbstständig zu überprüfen.

Zielsetzungen

Der Titel des Kapitels „Klasse werden!" umreißt bereits die doppelte **pädagogische Zielsetzung** des Auftaktkapitels: Einerseits steht die Ausbildung eines neuen Wir-Gefühls, das **Entstehen einer Klassengemeinschaft** im Vordergrund.[1] Andererseits trägt der Titel auch der Neugier, der gespannten Erwartung der Fünftklässler Rechnung, die ihrer **individuellen Entwicklung als Lernende** an der neuen Schule teils erwartungsvoll, teils sorgenvoll entgegenblicken. Der Titel des Kapitels soll den Schülerinnen und Schülern Mut machen, dass sie sowohl bei der Integration in die Klassengemeinschaft als auch auf ihrem persönlichen Schul- bzw. Lernweg unterstützt werden, damit der Übergang von der Grundschule ans Gymnasium gelingt.

Indem die Schülerinnen und Schüler bereits im ersten Kapitel in wechselnden Gruppen zusammenarbeiten (z. B. szenisches Spiel), gemeinsam ihr Klassenzimmer gestalten (Wandgestaltungen), sich selbst Regeln geben (Klassenordnung), sich über ihre Vorstellungen von Schule austauschen und lernen, konstruktiv Entwürfe und Überlegungen der Mitschüler zu kommentieren (z. B. Textlupe), wächst die Lerngruppe zusammen und übt den rücksichtsvollen Umgang miteinander.

Neben dieser pädagogischen Zielsetzung spielen **fachliche Ziele** im 1. Kapitel eine wichtige Rolle. Generell hat das Einführungskapitel die Aufgabe, **Lernkontinuität** herzustellen, indem die in der Grundschule vermittelten Kenntnisse und Fertigkeiten wiederholt und gefestigt und zugleich mit den Anforderungen des Gymnasiums verbunden werden. Statt einer bloßen Rekapitulation des bereits Bekannten versucht *Blickfeld Deutsch* durch originelle Aufgabenstellungen, durch Erweiterung, Variation und Transfer Vertrautes in neue Zusammenhänge zu stellen und somit Neugier und Lernmotivation zu wecken.

Bezogen auf die vier Arbeitsbereiche des Faches Deutsch steht im 1. Kapitel die Vermittlung folgender Kompetenzen im Vordergrund:

a) Arbeitsbereich Sprechen
- sich auf Gesprächsregeln verständigen [3][2]
- sach-, situations- und adressatenbezogen auf andere eingehen [2]
- (Erlebtes) anschaulich und lebendig erzählen [7]
- zusammen Spielideen umsetzen [16]

b) Arbeitsbereich Schreiben
- einfache Schreibstrategien einsetzen (Stichwortsammlung) [24]
- eigene und fremde Schreibprodukte überarbeiten und dabei auch Nachschlagewerke benutzen [25]
- (Erlebtes) anschaulich und lebendig erzählen [27]
- Sprache spielerisch verwenden [36]
- Grundregeln der Rechtschreibung anwenden (Silbentrennung, Schärfung) [39]
- die eigene Rechtschreibung selbstständig überprüfen (Fehlervermeidungstechniken; Rechtschreibprogramme und Wörterbücher verwenden) [40, 41]

c) Arbeitsbereich Lesen/Umgang mit Texten und Medien
- verschiedene Formen des Lesens anwenden (Lesestaffel, Lesen mit verteilten Rollen) [43]
- Informationen aus Texten, Bildern, Tabellen und Grafiken entnehmen [49]
- Zusammenhänge zwischen Inhalt und Gestaltung eines Textes benennen [54]

d) Arbeitsbereich Sprachbewusstsein entwickeln
- die Wortarten Verb, Substantiv, Artikel, Adjektiv unterscheiden und ihre wesentlichen Leistungen benennen [63]

Im Bereich der **methodischen Ziele** spielt im ersten Kapitel die Aneignung von **individuellen Lern- und Arbeitstechniken** eine wichtige Rolle. Hier ist besonders die schrittweise Einführung des **Deutschordners** hervorzuheben, den die Schüler in den nächsten Jahren selbstständig führen und ergänzen werden. Darüber hinaus lernen die Schüler **elementare Schreibstrategien** kennen (**Stichwortsammlung** anlegen; Ideensammlung in Form eines **Clusters**; Überarbeiten mithilfe der **Textlupe**), die dem Konzept einer prozessorientierten Aufsatzerziehung Rechnung tragen.

Zudem werden im ersten Kapitel einfache **Lernstrategien zu Grundregeln der Rechtschreibung** vermittelt (Sprechprobe, Verlängerungsprobe, Nachschlagen).

Darüber hinaus enthält das erste Kapitel Anregungen für einen didaktisch sinnvollen **Einsatz des Computers** im Deutschunterricht. Hierbei lernen die Schüler unterschiedliche **Möglichkeiten des Formatierens** kennen und benutzen das **Rechtschreibprogramm des Computers**.

---

[1] Da Deutschlehrerinnen und -lehrer in Klasse 5 oft auch als Klassenlehrer fungieren, kommt den pädagogischen Zielen zu Beginn des Schuljahres eine nach wie vor oft unterschätzte Bedeutung zu. An der neuen Schule sind die Schülerinnen und Schüler zunächst vor allem „mit Themen der Orientierung (Was erwartet mich organisatorisch und inhaltlich an der neuen Schule?) und der Integration (Wie werde ich mit meinen neuen Mitschülern und Lehrern klarkommen?) beschäftigt." Zitiert nach: Heiner Wilms u. Ellen Wilms. *Erwachsen werden – Life-Skills-Programm für Schülerinnen und Schüler der Sek. I, Handbuch für Lehrerinnen und Lehrer*. Lions Club International (Wiesbaden, 2003). Dieses Handbuch ist jedoch nur im Zusammenhang mit einem entsprechenden Einführungsseminar des Lions-Clubs erhältlich – eine sehr empfehlenswerte Veranstaltung im Rahmen langfristig angelegter Suchtprophylaxe, die auf dem Prinzip „Schüler stark machen" beruht!

[2] Die Formulierungen der angestrebten Kompetenzen orientieren sich sehr eng an den baden-württembergischen Standards. Mithilfe der in eckigen Klammern nachgestellten Ziffer lässt sich der jeweilige Standard schnell in der Übersicht (vgl. LB, S. 169ff.) auffinden.

2. Erläuterungen und Lösungsvorschläge

Übersicht zur Teilsequenz I.1 (Seite 8 – 21)

I. An der neuen Schule
1. Schauplatz Klassenzimmer – Schulgeschichten in Kinder- und Jugendbüchern

Texte/Bilder	Sprechen	Schreiben	Texte und Medien	Sprachbewusstsein entwickeln	Methoden
1. Rowling: Harry Potter – Stein der Weisen			• Jugendroman (1)		
2. Umrisszeichnung			• Einer Grafik Informationen entnehmen		
3. Vorgeschichte	• Mündliches (Nach-) Erzählen mithilfe eines Stichwortzettels (1)				• Stichwortzettel
4. Rowling: Harry Potter – Stein der Weisen	• **Szenisches Spiel** • **Pantomime**	• Nach Schreibimpulsen schreiben			• Cluster
5. Dem Geheimnis des Erfolgs ...			• Buchcover	• **Wortarten (1):** Wiederholung und Übung	
6. Das ABC rund um Harry Potter ...				• **Wortarten (2):** analytische Übungen	
7. Haus der Wörter				• **Wortarten (3):** „Haus der Wörter"	• Deutschordner 1
Trainings-Doppelseite	• Parallelgedichte verfassen	• Lyrik		• **Wortarten (4):** kreative Übungen	
8. Kästner: Das fliegende Klassenzimmer		• sinnbetonendes Lesen	• Jugendroman (2) • Unbekannte Begriffe klären		• **Lesestaffel**
9. Was ist ein Pharao?			• Verwendung von Nachschlagewerken		• **Lexikoneinträge entschlüsseln**

Lösungsvorschläge

Bilderläuterungen:

a) Das Auftakt-Bild (S. 6f.) von Paul Klee (1879–1940) mit dem Titel „Vorhaben" (1939) „offenbart den Transformationsprozess, dem während der Schaffensphase durch den Künstler Natur ausgesetzt wird. Links verweisen die eher figurativen Zeichen (Menschen, Tiere, Pflanzen) direkt auf die Natur. Rechts haben sie ein besonderes Maß an Abstraktion erlangt, kraft des Künstlers, der deutlich zwischen den Bereichen ‚Natur' und ‚Kunst' angesiedelt ist. Sein ‚Vorhaben' ist genau jenes der Konstruktion eines Werkes mithilfe von Zeichen, die mit ihrer Integration in das Material eine formale Dimension gewinnen. Eine abschließende Schicht Rosa assoziiert die abstraktesten Zeichen der linken Seite mit der Oberfläche der rechten und schafft zwischen den beiden Zonen Einigkeit.
Immer auf Variation bedacht, benützte Klee in diesem Fall Kleisterfarbe auf Zeitungspapier, das auf Jute geklebt ist. Ein doppeltes Spiel entsteht so zwischen den gedruckten Lettern und den von Klee entworfenen Zeichen."[3]

Nicht nur der Titel „Vorhaben", sondern auch die deutliche Trennung von linker und rechter Bildhälfte durch die in der Bildmitte angedeutete Person, die von einem Bereich in den anderen zu wechseln scheint, knüpft an die Situation der Schülerinnen und Schüler an, die am Übergang von der Grundschule zum Gymnasium stehen. Ausgehend vom Titel ist ein offenes Gespräch über die Assoziationen, die das Bild in den Schülerinnen und Schülern weckt, reizvoll. Denkbar ist zudem der Impuls: „Ein geeignetes Auftaktbild für ein Deutschbuch Klasse 5?", um die Funktion der Auftaktbilder für die einzelnen Kapitel zu thematisieren.

b) Die Sequenz beginnt mit einem Kinoplakat, das eine Illustration zu Text 1 (Auszug aus dem Jugendroman „Harry Potter und der Stein der Weisen") darstellt. Abgebildet sind alle wichtigen Hauptpersonen der Romanreihe (vgl. auch die Erläute-

---

[3] Naubert-Riser, Constance: *Klee*. Jeunesse Verlagsanstalt (Vaduz/Liechtenstein) und Swan Productions AG (Zug/Schweiz) 1990, S. 115.

rungen zur Umzeichnung im SB, S. 9). Will man mit dem Bild beginnen, kann man arbeitsteilig vorgehen: Diejenigen Schüler, die den Roman nicht kennen, entscheiden, welche Figuren ihnen sympathisch erscheinen, welche nicht und begründen ihre Meinung. Die Harry-Potter-Experten überlegen stattdessen, ob die Anordnung der Figuren Zufall ist oder ob sie dahinter ein Konzept erkennen. (Ausgehend davon kann man bereits die Personenkonstellation im Roman thematisieren).

Seite 8

Texterläuterungen:
Joanne Rowlings „Harry-Potter-Reihe" ist insgesamt auf 7 Bände angelegt, von denen im Jahr 2005 der 6. Band erschienen ist. Titelgebende Hauptfigur ist Harry Potter, ein Waisenkind, das bis zum 11. Lebensjahr bei seinen Verwandten, den Dursleys, aufwächst. Während deren leiblicher Sohn Dudley über die Maßen verwöhnt wird, ist Harry bestenfalls geduldet und muss in einem Schrank unter der Treppe schlafen. An seinem 11. Geburtstag erfährt Harry von dem Riesen Hagrid, dass seine Eltern berühmte Zauberer gewesen sind und vor zehn Jahren von dem Magier Lord Voldemort ermordet worden sind. Harry selbst hat damals wie durch ein Wunder überlebt und lediglich eine Narbe auf seiner Stirn zurückbehalten. Um Harrys Leben zu schützen, hat ihn Albus Dumbeldore, Großzauberer und zugleich Leiter der Zaubererschule Hogwarts, heimlich in die „Muggelfamilie" der Dursleys untergebracht. („Muggel" sind Menschen ohne magisches Talent.) An seinem 11. Geburtstag erfährt Harry zudem, dass er von nun an Schüler in Hogwarts ist, wo er auf sein Leben als Zauberer vorbereitet werden soll. Dort schließt Harry Potter Freundschaft mit Ron Weasley und Hermine Granger und erlebt eine Reihe von Abenteuern. Im ersten Band *Harry Potter und der Stein der Weisen* gelingt es den drei jugendlichen Protagonisten, Lord Voldemort abermals zurückzuschlagen und somit dessen Schreckensherrschaft vorläufig zu verhindern.

„Hogwarts ist keine heile Welt, es ist ein Ort mit allen Ambivalenzen des Lebens. Aber es ist eine gestaltete, überschaubare Welt. Es ist eine Schule mit Inhalten, Menschen und Beziehungsmöglichkeiten von einer Deutlichkeit, die es ermöglicht, sich zu beheimaten und abzugrenzen, den eigenen Weg gegenüber und gemeinsam mit anderen zu finden."[4]

1a Im ersten Kapitel von *Blickfeld Deutsch* lernen die Schülerinnen und Schüler unterschiedliche Arten kennen, Texte im Deutschunterricht zu lesen (vgl. Methodenkasten SB, S. 23).

1b An einem Gymnasium gibt es selbstverständlich keine 142 Treppen und schon gar keine, die freitags an einen anderen Ort führen als montags. Und dennoch: Im Vergleich mit der vertrauten und überschaubaren Grundschule wird den Fünftklässlern das neue Schulgebäude vielleicht ähnlich fremd und verwirrend erscheinen wie den Neulingen Hogwarts. Bereits an diesem Auszug wird deutlich, dass die Erfahrungen in der Zauberschule durchaus übertragbar sind auf das eigene Erleben von Schule.

Seite 9

2 Die Personen auf dem Kinoplakat sind:
1. Harry Potter
2. Rubeus Hagrid („Hüter der Schlüssel und Ländereien von Hogwarts" sowie Wildhüter; im 3. Band Lehrer für die „Pflege magischer Geschöpfe")
3. Albus Dumbledore (Schulleiter)
4. Hermine Granger
5. Ron Weasley
6. Severus Snape (Lehrer für Zaubertrankkunde)
7. Minerva McGonagall (Stellvertretende Schulleiterin)

Seite 10

3 Folgende Reihenfolge entspricht der Chronologie des Romangeschehens:
– Bis zu seinem 11. Geburtstag lebte Harry Potter im Ligusterweg 4 in einem Schrank unter der Treppe.
– Zum ersten Mal in seinem Leben erhielt Harry Post: eine Einladung zur Zauberschule Hogwarts.
– Zu seinem Geburtstag bekam Harry von Hagrid eine Schnee-Eule geschenkt.
– Bei Gringotts lagerte eine Menge Geld für Harry.
– Rubeus Hagrid, Hüter der Schlüssel und Ländereien von Hogwarts, kaufte mit Harry alle benötigten Bücher und Ausrüstungsgegenstände für die neue Schule.
– Mithilfe der Familie Weasley fand Harry den Hogwarts-Express.
– Abfahrt mit dem Hogwart-Express von Gleis 9 3/4.
– Im Zug schloss er mit Ron Weasley Freundschaft.
– Im selben Zug fuhren auch Hermine Granger sowie Draco Malfoy und dessen Freunde Crabbe und Goyle mit.
– Der sprechende Hut teilte die Neuen den verschiedenen Häusern zu.
– Harry landete mit Hermine und Ron im Hause Gryffindor.

Seite 11

1 Das gemeinsame laute Lesen bietet einerseits die Möglichkeit, ausgehend von den Schülervorträgen im Unterricht über Lesetechniken zu sprechen, und ermöglicht es andererseits der Lehrerin/dem Lehrer, sich möglichst schnell einen ersten Eindruck über die Lesefähigkeiten der Schülerinnen und Schüler zu verschaffen. Der Leserwechsel nach jedem Abschnitt dient zudem der Vorbereitung auf die Lesestaffel (vgl. SB, S. 18), bei der die Schülerinnen und Schüler selbst verantwortlich sind für den Leserwechsel, um dadurch Sinnabschnitte zu markieren.

Seite 12

2 Der hämische Geist Nick, der lautlos auftauchende Hausmeister Flich oder die gestrenge Magierin McGonagall verkörpern sehr unterschiedliche Typen, die geradezu zum Imitieren einladen. Indem die Schülerinnen und Schüler

---

[4] Hans-Martin Gutmann: „Die Jagd nach dem ‚Goldenen Schnatz' – Die Harry-Potter-Bücher setzen die jüdisch-christliche Erzähltradition fort.", in: Zeitzeichen 10/2000, S. 40. Zahlreiche Unterrichtsmaterialien sind bislang zu den Harry-Potter-Romanen erschienen, u. a.:
- Susanne Dierschke u. Gabriele Beyersdörfer: Harry Potter im Unterricht. Reihe *Einfach Deutsch*, hrsg. von Johannes Diekhans, Paderborn (Schöningh) 2002.
- Hans-Peter Tiemann: *Ohne Titel* – Materialien zu J. K. Rowlings Bestseller, Band I. Reihe :in Deutsch. Aachen (Bergmoser + Höller) 3/2001.
- Karl-Wilhelm Schmidt: „Magische Welten im Unterricht – produktive Begegnung mit J. K. Rowlings Erfolgsroman". Reihe *RAAbits Deutsch/Literatur*. 2001.
- Gabrielle Steinbach u. Friedel Schardt: Joanne K. Rowling, Harry Potter und der Stein der Weisen. Reihe: *Unterrichts-Konzepte Deutsch/Literatur*. (Stark)

diese Figuren pantomimisch nachahmen, setzen sie sich spielerisch mit dem Romaninhalt auseinander und nähern sich der szenischen Improvisation an. Da alle Schülerinnen und Schüler dabei im Klassenzimmer durcheinander laufen, muss sich noch kein einzelner Schüler vor den anderen exponieren, sondern kann im Schutz der Gruppe Haltungen ausprobieren.

Methodenerläuterung:
Das **Clustering** ist verwandt mit dem Mindmapping. Beide Verfahren dienen dazu, Ideen bzw. Überlegungen zu visualisieren. Das Clustering ist jedoch das weniger anspruchsvolle Verfahren, da hierbei noch keine Strukturierung (Ober- und Unterbegriffe) vorgenommen wird. Cluster dienen in der Regel der assoziativen Ideensammlung, z. B. von Schreibübungen, und sollen Schreibhemmungen verringern. In einem Methodenratgeber findet sich sogar der explizite Hinweis an die Schülerinnen und Schüler: „Lasse [...] die Gedanken kommen, wie sie kommen, und verknüpfe sie, wie sie kommen, konzentriere dich *nicht* und versuche *nicht*, eine Struktur zu entwickeln. Jeder Einfall wird [...] mit einem Kreis umgeben und durch einen Strich mit dem Kern oder dem vorherigen Gedanken verbunden. Wenn eine Assoziationskette nicht weitergeht, fange eine neue an."[5]

3 Die gemeinsame Ideenfindung mittels der Clustering-Methode motiviert die Schülerinnen und Schüler und bietet ihnen einen umfangreichen Ideenpool. Das Schreiben sollte jedoch individuell erfolgen, am besten als Hausarbeit.

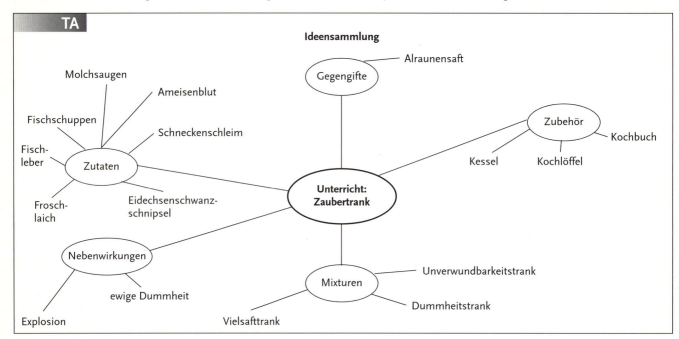

4a Damit sich die Schülerinnen und Schüler innerhalb ihrer Kleingruppen (vgl. Aufgabe 3a) auf eine ausgearbeitete Zaubertrank-Stunde einigen können, müssen zunächst in jeder Gruppe alle Schülerentwürfe vorgetragen und besprochen werden. Auf diese Weise wird bereits ein Aspekt der prozessorientierten Schreibdidaktik realisiert: Jeder Aufsatz wird – zumindest in einer kleinen Gruppe – vorgelesen. Die Schreibprodukte landen somit nicht ungelesen in der Schublade, sondern finden ein Publikum und die Verfasser bekommen eine Rückmeldung.
Es ist auch denkbar, dass sich die Gruppe darauf einigt, Ideen aus verschiedenen Aufsätzen zu kompilieren und somit ein Gemeinschaftswerk zur Grundlage der angestrebten kleinen Theaterszene zu machen.

4b Die Umsetzung der selbstverfassten Zaubertrank-Stunden in eine kleine Theaterszene dient zum einen der Motivation der Schülerinnen und Schüler, da es der Spielfreude in diesem Alter Rechnung trägt. Zum anderen werden elementare Begriffe (Rolle, Regisseur ...) aus dem Theaterbereich eingeführt. Bei diesen szenischen Darstellungen einer selbst entworfenen Zaubertrankstunde handelt es sich in vielerlei Hinsicht lediglich um erste Versuche, die noch weit davon entfernt sind, aufführungsreif zu sein. Den Schülerinnen und Schülern sollte durchaus bewusst gemacht werden, dass es sich bei solchen **szenischen Verfahren im DU** nicht um eine unverbindliche Spielerei handelt, sondern um eine Form intensiver Auseinandersetzung mit Literatur. Bei der Besprechung im Unterricht sollten nach und nach die spezifischen Anforderungen szenischer Verfahren deutlich werden, allerdings sollte man sich zunächst auf wenige, möglichst konkrete Aspekte beschränken. Dabei ist es zudem sinnvoll, verschiedene Beobachtungsebenen zu unterscheiden, z. B.:
a) **Aufbau** der Handlung: Verständlich? Keine Brüche?
b) **Inhalt:** Unterhaltsam? Welche Stelle war besonders originell – warum?
c) **Schauspieler:** Welche Rolle wirkte besonders überzeugend gespielt – woran lag das? Verständlichkeit (Lautstärke, deutliche Aussprache, Gesicht zum Publikum)?

Seite 13

1a Ausgehend von der Wirkung einzelner Wörter in einem anschaulich und spannend geschriebenen Text werden die Schülerinnen und Schüler für die Wortwahl sensibilisiert und reflektieren die unterschiedliche Funktion der Wortarten. Vorbereitend können die Schülerinnen und Schüler beim nochmaligen Lesen des Textauszugs den Satz notieren, der ihnen – aus welchem Grund auch immer – am besten gefällt. Das Gespräch über die von den Schülern gewählten Sätze führt auto-

---
[5] Andrea Frank: „Clustering" und „Mindmapping", in: *Lernbox, Tipps und Anregungen für Schülerinnen und Schüler zum Selbstlernen.* Autorenteam des Oberstufenkollegs Bielefeld (Seelze, 1979), S. 14. Zitiert nach: Wilhelm H. Peterßen: *Kleines Methoden-Lexikon.* Oldenbourg (München, 2001), S. 56

Erstes Kapitel: Klasse werden

matisch auch zum Blick auf die sprachlichen Gestaltungsmittel.

Im vorliegenden Textauszug wird die Beschreibung der Katze auf verschiedene Weise besonders anschaulich:
Zum einen fällt zunächst die zweifache Doppelung von Adjektivattributen auf (*dürre, staubfarbene* Kreatur – *hervorquellende, lampenartige* Augen). Dem Adjektiv kommt in dieser Textstelle somit besondere Bedeutung zu.
Zum anderen ist die Wortwahl auffällig: Verben (*patrouilliert*) und Substantive (*Kreatur*) sind ebenso wie die Adjektive mit Sorgfalt gewählt. Betrachtet man die Adjektive näher, so fällt bei zweien auf, dass es sich um Wortbildungen handelt, die ein Substantiv enthalten (*staubfarben, lampenartig*) – diese Beobachtung könnte in einer leistungsstarken Gruppe bereits für ein vertiefendes Gespräch über die verschiedenen Wortarten genutzt werden.
Die besondere Wirkung einzelner Wörter kann zusätzlich über die **Ersatzprobe** deutlich gemacht werden. Bereits beim Tausch des Adjektivs *dürr* gegen *dünn* wird der semantische Unterschied bewusst gemacht. Ersatzproben dienen zum einen dazu, dass die Schüler ihr Sprachgefühl schulen, zum anderen erweitern sie dadurch spielerisch ihren Wortschatz.

1b/c Diese Übung dient zur Wiederholung der Wortarten, die bereits aus der Grundschule bekannt sind. Dabei sollten bewusst alle deutschen Bezeichnungen, die bisher verwendet worden sind, noch einmal im Tafelbild aufgenommen werden, um sie dann durch die lateinischen Fachbegriffe zu ersetzen. Selbstverständlich können die Schülerinnen und Schüler noch nicht alle im Satz enthaltenen Wörter einer Wortart zu-

Begleiter (Artikel)	Namenwort Hauptwort (**Substantiv, Nomen**)	Zeitwort Tätigkeitswort (**Verb**)	Eigenschaftswort (**Adjektiv**)
eine (2) die	Filch Katze Mrs. Norris Kreatur Augen Korridore	hatte patrouillierte	dürre staubfarbene hervorquellende lampenartige

ordnen. Es bietet sich an, darauf hinzuweisen, dass sie die fehlenden Wortarten im Verlauf der 5. und 6. Klasse kennen lernen werden.

1d Substantive und Adjektive überwiegen deutlich in der gewählten Textstelle

Weiterführende Arbeitsanregungen:
Es ist reizvoll, diese Beobachtung an weiteren kurzen Textstellen zu überprüfen: Ist das die Regel oder Zufall?
Eine andere Überlegung, der man nachgehen kann, ist die Frage, inwiefern diese beiden häufig verwendeten Wortarten innerhalb des Satzes besonders wichtig sind. Dazu bietet sich die **Weglassprobe** an, bei der die Schülerinnen und Schüler feststellen, dass man durchaus alle Adjektive weglassen kann, ohne dass der Satz unvollständig klingt – allerdings verändert sich dadurch die Anschaulichkeit des Erzählten. Bei den Substantiven fällt das Ergebnis der Weglassprobe anders aus, denn die meisten von ihnen sind unverzichtbar.

2 Diese Aufgabe stellt eine Übungsmöglichkeit zur Wiederholung der Wortarten dar.
Vorschlag zur Auswertung der Ergebnisse: Jede Schülerin/jeder Schüler trägt ein Wort an der Tafel in die richtige Wortarten-Spalte ein. Anschließend entscheidet die Klasse, welche drei der genannten Wörter besonders gut gewählt sind, d. h. in besonderer Weise zur Anschaulichkeit der Erzählung beitragen.

Seite 15

1a–c Alle drei Aufgabenteile dienen der intensiven inhaltlichen Auseinandersetzung mit dem Lexikonartikel (Informationsentnahme aus einem Sachtext).
Beim Vergleich zwischen dem Schuljahr in Hogwarts und dem eigenen Schuljahr wird deutlich, dass sehr viele Übereinstimmungen zum traditionellen Schulsystem bestehen: Beginn des Schuljahres im September nach langen Sommerferien, in verschiedenen Jahrgängen Prüfungen, schließlich ein Abschlussexamen. Ein Hauptunterschied besteht darin, dass es in Hogwarts keine Halbjahreszeugnisse gibt.

2a

Artikel	Sustantiv/ Nomen	Verb	Adjektiv
die (2) des einem dem das eines	Hexerei Schweinewarzen Jahre Schuljahr Sommerferien Muggel Zaubernde Schulgebäude Zinnen Erstklässler Schlosstor Pergament-Buch Einschulung	besucht muss wiederholen legt sind finden lernen	bedeutendste volljährig größten **sprechenden** altes (düster) **aussehendes** schwarzen unterirdischen pferdelosen magischer

2b Schwierigkeiten ergeben sich bei der Zuordnung der Partizipien, die als Adjektive verwendet werden (in der Tabelle fett gedruckt). Diese stellen infinite Verbformen dar, die aber auch als Adjektive verwendet werden können (vgl. Lernkasten SB, S. 15). Die Partizipien werden an dieser Stelle bereits bewusst benannt, obwohl sie von der Grundschule her noch nicht bekannt sind, weil sie z. T. in den Fremdsprachen sehr früh eine Rolle spielen.

Seite 16

1 Das unvollständige **Haus der Wörter** begleitet die Schülerinnen und Schüler durch *Blickfeld Deutsch 1/2* und wird nach und nach ergänzt, sobald eine neue Wortart eingeführt worden ist. Gewissermaßen spiegelt das Haus der Wörter somit das **Prinzip der Progression** wider, das dem Lehrwerk zugrunde liegt. Indem die Schülerinnen und Schüler ihr eigenes Haus der Wörter anlegen, verinnerlichen sie bereits durch das Übertragen ins Heft (bzw. durch die gemeinsame Anlage eines Hauses der Wörter für das Klassenzimmer) die Wortarten. Darüber hinaus steht ihnen dadurch die Übersicht auch in den folgenden Schuljahren zur Verfügung, da in *Blickfeld Deutsch 3* das Haus der Wörter nicht mehr erscheinen wird, sondern durch das Haus der Satzarten ersetzt wird.

2 Ergänzung zu SB, S. 16, Aufgabe 2

Blickfeld Deutsch verzichtet bewusst auf die traditionelle Heftführung, sondern vertraut auf die Vorzüge einer **individuellen und flexiblen Ergebnisfixierung** in einem **Deutschordner**[6].

---

[6] Vgl. Peter Mettenleiter/Rolf Nussbaum: *Unterrichtsideen Deutsch. 24 Vorschläge für einen anregenden Deutschunterricht.* Stuttgart (Klett) ⁴1993, S. 10–13.

- Als sinnvoll gegliedertes und über mehrere Jahre laufendes Ringbuch bietet der Deutschordner die notwendige offene Form, um Informationen (z. B. Textkopien, Arbeitsblätter, Bilder usw.) zu einem Thema an der richtigen Stelle einzufügen bzw. zu ergänzen und durch ein sukzessiv wachsendes Inhaltsverzeichnis leicht auffindbar zu machen.
- Weil dieser Deutschordner Tafelbilder, Reinschriften, Textverrätselungen, Interlinearversionen usw. enthält, ist seine Anlage sehr schreibintensiv, wodurch die Übung im Schriftlichen erheblich verstärkt wird.
- Durch eigene Skizzen (Verlaufs- und Spannungskurven, Personengruppierungen etc.), Illustrationen zu Texten (z. B. das Textblatt, Annotationen zu Gedichten, Cover-Bilder, Figurinen etc.) und gesammelte Fotos und Bilder enthält der Deutschordner nicht nur eine ganz persönliche Note, sondern dient einer anspruchsvollen Informationsverarbeitung.

Texterläuterungen:

Erich Kästners Kinder- und Jugendbücher sind so geschrieben, dass man einerseits mit den jugendlichen Protagonisten mitfiebert und mitlacht, andererseits darauf vertrauen kann, dass alle Probleme am Schluss gelöst werden. „Das gute Ende kommt. Bei **Kästner** kommt es immer, nicht immer ganz so wie im richtigen Leben. [...] Kästner möchte, dass Kinder lesend erfahren, dass es sich auszahlt, wenn man gut ist. Nicht auf dem Bankkonto, sondern in einem selbst."[7]

Das fliegende Klassenzimmer wird im SB mit einem Auszug vorgestellt, der die „Lokaltermine" der fünf Akte beschreibt. In dieser Abenteuer- und Erlebnisschule dominieren die pädagogischen Grundgedanken der Reformpädagogik der Dreißigerjahre: Anschauung, Selbsterfahrung und Selbsttätigkeit sowie neue Organisationsformen einer konsequenten Projektorientierung.

Sprachlich gesehen ist der Text für heutige Jugendliche äußerst anspruchsvoll: komplexer Satzbau (vgl. z. B. Zeile 6–8), zahlreiche Fremdwörter („Lokaltermin" Z. 5, „deklamierte" Z. 7 ...), altertümliche bzw. regional gefärbte Wortwahl („angezweckt" Z. 10, „Base" Z. 14 ...). Der Prämisse folgend, **Sprachbetrachtung bzw. Methodenschulung als Unterrichtsprinzip** an der passenden Stelle als *einen* Aspekt des Umgangs mit Literatur zu berücksichtigen, bietet sich der Romanauszug in besonderer Weise an, um den **Umgang mit Nachschlagewerken** einzuführen.

Wie bei *Harry Potter* werden sicher einige Schülerinnen und Schüler diesen Jugendbuchklassiker und -bestseller kennen, der mittlerweile zum zweiten Mal verfilmt worden ist (vgl. Kinoplakate im SB, S. 17). Dies ist für die unterrichtliche Besprechung in einem thematischen Zusammenhang jedoch eher ein Vorteil als ein Nachteil, weil Kontextbezüge das Gespräch bereichern und Mitschüler stets die besten Werber für lohnenswerte Privatlektüre sind.

gestellt und dabei nennt die Gruppe Gründe, die für ihren Ort als „Lokaltermin" im Geografieunterricht sprechen. Abschließend entscheidet die Klasse, welcher Ort in der nächsten Erdkundestunde angesteuert werden soll.

Einen reizvollen Gesprächsanlass bietet folgende Arbeitsanregung:
- Entscheide dich, ob du lieber Schülerin oder Schüler in Hogwarts oder im Fliegenden Klassenzimmer wärest. Begründe deine Wahl!

Bei dieser Entscheidung müssen die Schülerinnen und Schüler zwei Texte vergleichend in den Blick nehmen **(Werk im Kontext)**.

2 Folgende Begriffe werden von den Schülerinnen und Schülern vermutlich nachgeschlagen und sollten gemeinsam im Unterricht geklärt werden:

Begriff	Erläuterung
der Lokaltermin (Z. 5)	gerichtlich festgesetzter Zeitpunkt zur Untersuchung am Tat- oder Unfallort
deklamieren (Z. 7)	vortragen
angezweckt (Z. 10)	annageln; abgeleitet von Zwecke = Nagel
die Base (Z. 14)	veraltet für Kusine
der Krater (Z. 24)	Öffnung eines Vulkans
der Vesuv (Z. 24)	Vulkan bei Neapel in Süditalien
speiend (Z. 24)	Partizip I des Verbs speien = spucken
Herculaneum, Pompeji (Z. 28/29)	antike italienische Städte, die beim Ausbruch des Vesuvs im Jahre 63 v. Chr. völlig verschüttet wurden.
die Lava (Z. 29)	feurig-flüssige Masse, die bei einem Vulkanausbruch austritt
die Pyramide (Z. 33)	Grabbau im alten Ägypten
mumienbleich (Z. 36)	bleich wie eine Mumie – eine Mumie ist ein Leichnam, der durch eine besondere Behandlung vor Verwesung geschützt ist
Ramses II (Z. 36)	Name eines ägyptischen Königs (vgl. Pharao)
geweissagt (Z. 40)	Partizip II des Verbs weissagen = die Zukunft vorhersagen
existiere (Z. 42)	existieren = vorhanden sein, bestehen
der Pharao (Z. 43)	König im alten Ägypten
der Pol (Z. 50)	Endpunkt der Erdachse
die Hymne (Z. 53)	ein feierliches Gedicht, auch Festgesang
kolossal (Z. 65)	riesig, gewaltig; der Koloss = der Riese, das Ungetüm

Seite 17

1a/b Beide Teilaufgaben dienen einer ersten Inhaltssicherung und einer emotionalen Verstrickung der Schülerinnen und Schüler mit Kästners Roman.

Weiterführende Arbeitsanregungen:

An dieser Stelle wäre es möglich, die Arbeitsanregung 1b (Vorschläge für den Ort der nächsten Geografiestunde) zu einer Gruppenarbeit mit einer ersten kleinen **Präsentation** (vgl. SB, S. 34) auszubauen: Zunächst werden Vorschläge gesammelt, dann zu den verschiedenen Vorschlägen Expertengruppen gebildet, die zu ihrem jeweiligen Ort recherchieren und ein (Werbe-)Plakat entwerfen. Dieses Plakat wird dem Plenum vor-

Seite 18

Methodenerläuterung:

Die **Lesestaffel**[8] ist eine Methode, um ein rezitatorisch anspruchsvolles, aber doch spielerisches Vorlesen zu schulen: Es handelt sich dabei um ein Verfahren, bei der die **Kulturtechnik des fehlerfreien, flüssigen und sinngestaltenden Lesens** in einer Mannschaft, also durch das Zusammenwirken in einer Gruppe, trainiert wird. Zugleich üben die Schülerinnen und Schüler durch die Abstimmung untereinander (Wer ist am bes-

---

[7] Jörg Knobloch und Steffen Peltsch: *Lexikon Deutsch – Kinder- und Jugendliteratur.* München (stark) 1998, S. 69.
[8] Vgl. Peter Mettenleiter und Rolf Nussbaum: *Unterrichtsideen Deutsch – 24 Vorschläge für einen anregenden Deutschunterricht.* Stuttgart (Klett), ⁴1993, S. 68ff.

Erstes Kapitel: Klasse werden **21**

ten geeignet für welche Passage?) ein **kooperatives Verfahren**. Außerdem ist die Lesestaffel eine kindgemäße Methode zur **Erschließung des Textaufbaus:** Anders als die formalistische und für Schülerinnen und Schüler oft sehr monotone Aufgabe, den Text in Sinnabschnitte zu gliedern, erbringt die Organisation der Lesestaffel ungezwungen eine Strukturierung des Textes: So wie der Staffelläufer den Stab an der richtigen Stelle übergeben muss, so muss der Wechsel im Vorlesen dort erfolgen, wo ein neuer Sinnschritt (Abschnitt) beginnt.

Will man bei der Lesestaffel den Gedanken eines (Lese-)**Wettbewerbs** zugrunde legen, muss man im Vorfeld mit den Schülern die Bewertungskriterien klären. Naheliegend sind folgende drei Aspekte:
- Vortragsweise aller Leser (flüssig, fehlerfrei, gut verständlich)
- Gliederung des Textes überzeugend?
- Stimmung des Textes erfasst? (z. B. geheimnisvoll-verhalten oder spannend-dynamisch oder ...)

Denkbar ist, dass zwei Lesestaffeln gegeneinander antreten, während die Mitschülerinnnen und Mitschüler die Jury bilden.

3 Der Auszug aus Erich Kästners Roman *Das fliegende Klassenzimmer* eignet sich außerordentlich gut zur Einführung der Lesestaffel, weil er klar gegliedert ist (vgl. TA). Der Nachteil, dass bei einer Gliederung nach Sinnschritten unterschiedlich lange Passagen für den einzelnen Leser anfallen, wiegt gering gegenüber der Einsicht in den Textaufbau.

Mithilfe der Lesestaffel sollten die Schülerinnen und Schüler folgenden Textaufbau erkennen:

TA

Erich Kästner: „Das fliegende Klassenzimmer"
Gliederung des Textauszugs
1. *Vorbereitung des Theaterstücks* (Z. 1–22)
2. *Besuch des Vesuvs* (Z. 23–32)
3. *Halt bei den Pyramiden* (Z. 33–47)
4. *Station am Nordpol* (Z. 48–54)
5. *Unfreiwilliger Ausflug in den Himmel* (Z. 55–66)
6. *Gemeinsame Weihnachtsfeier der Spieler und Zuschauer* (Z. 67–69)

Seite 19

4a Unschwer zu erkennen ist der unterschiedliche Umfang der verschiedenen Lexikoneinträge: Eine ausführliche Darstellung gibt lediglich das (Schüler-)Fachlexikon, während der Eintrag im Universallexikon nur geringfügig mehr Sachinformationen enthält als die Rechtschreiblexika.
In dem Fachlexikon für Schüler werden zudem wesentlich weniger Abkürzungen verwendet und die Informationen werden in vollständigen Sätzen gegeben, während das Universallexikon mit Ellipsen arbeitet, um Platz zu sparen.

4b Angesichts der Vielzahl der Begriffe, die die Schülerinnen und Schüler vermutlich nachschlagen müssen, macht es wenig Sinn, jedes Mal ein Fachlexikon heranzuziehen. Für die bloße Worterklärung bietet sich das Universallexikon an.

4c der Pharao → die Pharaonen (Methodenkasten zur Entschlüsselung eines Lexikoneintrags vgl. SB, S. 66)

4d
- Pha̱rao → Betonungszeichen (genauer: der Strich kennzeichnet die lange betonte Silbe; ein Punkt kennzeichnet eine kurze betonte Silbe, z. B. der Koloṣs)
- Pha | rao → Angabe der Silbentrennung
- ¹Pharao ²Pharao → Unterscheidung mehrerer Wortbedeutungen

- Windgott ▶ Amun → Das Dreieck vor einem Wort zeigt an, dass es zu diesem Wort (hier: Amun) einen eigenen Eintrag im Lexikon gibt.

(Vgl. auch Methodenkasten SB, S. 66)

Weiterführende Arbeitsanregungen:
Um den sicheren Umgang mit dem Lexikon bzw. Duden zu üben, bietet sich ein **Wettspiel** an: Alle Schülerinnen und Schüler erhalten einen Duden und müssen möglichst schnell ein vorgegebenes Wort finden. Wer zuerst die Seitenzahl nennen kann, erhält einen Punkt. Die Wertung kann individuell erfolgen und/oder für eine Mannschaft (z. B. Gruppenbildung nach linker/rechter Klassenzimmerhälfte; nach Bankreihen; nach Geburtsmonat ...).

Um die neu erlernten Hinweise einzuüben, kann man den Suchauftrag erweitern: Wer das Wort zuerst gefunden hat, auf das innerhalb des Artikels verwiesen wird (▶), erhält einen Punkt. Wer als erster das Wort an der Tafel mit der richtigen Silbentrennung notieren kann, erhält einen Punkt. ...

Um die Arbeit mit Lexika insgesamt zu üben, bietet sich das „**Erkundungsspiel** zu Familien- und Schulnamen" an (**K 1**, S. 35).

Seite 20/21 – Trainings-Doppelseite

Erläuterungen zur Doppelseite:
Christian Morgenstern und Ernst Jandl spielen in ihren Gedichten „Gruselett" bzw. „ottos mops" auf unterschiedliche Weise mit Sprache und bieten einen motivierenden Anlass, über Sprache, insbesondere über die Funktion von Wortarten, nachzudenken. Zunächst erkennen die Schülerinnen und Schüler mithilfe **handlungsorientierter Verfahren** (z. B. Leseübungen, Ersatz- und Weglassprobe, Umformung bzw. Übersetzung) die besondere Machart der beiden Gedichte und müssen dabei ihr Wissen über die ihnen bekannten Wortarten im Sinne eines Transfers anwenden. Bei der sich anschließenden Gestaltung eines Parallelgedichts vertiefen die Schülerinnen und Schüler das Gelernte individuell.

Im Sinne des **verbundenen Deutschunterrichts** eröffnet die Trainings-Doppelseite den Schülerinnen und Schülern somit die Gelegenheit, ihr Sprachbewusstsein ausgehend von literarischen Texten zu schulen.

Die **handlungs- und produktionsorientierten Verfahren** ergänzen dabei die analytische Auseinandersetzung mit den Wortarten und ermöglichen einen altersgemäßen, spielerischen Umgang mit Sprache.

Texterläuterungen:

a) **Ernst Jandls** Gedicht „**ottos mops**" ignoriert sowohl die Groß- und Kleinschreibung als auch die übliche Interpunktion, spart Artikel und Adjektive und arbeitet nur mit einfachen Aussagesätzen und Ellipsen, wenn man von Vers 3 absieht, in dem ein Lokaladverbiale verwendet wird. Parallelismus der Sätze, alltagssprachliche (Vers 5 ff.) sowie vulgäre Ausdrücke (Vers 13) und Ausrufe mündlicher Rede (Vers 4 und 14) fallen auf. Die Umformung in orthographisch richtige Schreibweise und Interpunktion durch die Schüler ist eine lohnende Aufgabe, da sich daraus zahlreiche Gesprächsanstöße ergeben.

b) In **Christian Morgensterns** Nonsensgedicht „**Gruselett**" wird die Sprachnorm im Unterschied zu Jandls Gedicht hinsichtlich Orthographie, Interpunktion und Syntax korrekt gewahrt. Aber in der Lexik ist – bei erhaltener Konjugation – durch den Einsatz von Fantasiewörtern in den Kontext von „normalen" Artikeln, Präpositionen, Adjektiven und Konjunktionen der Sinn geradezu provokativ gestört. Raffiniert ist die Technik, in der die Fantasiefügungen – Komposita, Verben und Namen – als Platzhalter für syntaktische Positionen (für Subjekt, Prädikat und Lokaladverbial) eintreten. Aus der Ambivalenz zwischen fantastischer Fremdheit in den Substantiven und der assoziativ funktionierenden Sinngebung in den Verben (gaustert > geistert; plaustert > plustert; gutzt > glotzt) entsteht eine kreative Spannung, die skurrile Wesen erfinden lässt.

Reizvoll ist das Gedicht auch, weil es sich um einen grammatikalisch korrekten Text handelt, der sich dennoch dem Sinn nach verschließt. Die Schülerinnen und Schüler können die Wortarten in ihrer normalen Funktion erkennen – Artikel, Substantiv, Verb, Adjektiv – aber den Sinn (Semantik) nicht bestimmen, sondern nur erahnen.

Weiterführende Arbeitsanregungen:
Beim Einsatz dieses Gedichts im Unterricht bietet es sich an, das „Gruselett" zunächst mündlich vorzutragen und die Schüler zum Nachsprechen und damit zum Auswendiglernen anzuregen. In einer zweiten Phase schreiben einzelne Schülerinnen und Schüler jeweils einen Vers an die Tafel, die Mitschüler kommentieren die Groß- und Kleinschreibung. Auf diese Weise erfahren die Schülerinnen und Schüler induktiv, dass sie auch bei unbekannten Wörtern intuitiv wissen, um welche Wortart es sich handelt.

Der kurze Text eignet sich zudem hervorragend zum sinnbetonenden Vortrag: Im abgedunkelten Klassenzimmer laufen zunächst alle Schülerinnen und Schüler durcheinander und sprechen das Gedicht in verschiedenen Varianten (lustig, geheimnisvoll, bedrohlich, singend ...) vor sich hin und entscheiden sich dabei für eine Vortragsvariante. Im Anschluss daran trägt eine Schülerin/ein Schüler das Gedicht in der gewählten Sprechvariante vor und bestimmt durch Berührung den nächsten Vortragenden.

Schülerlösungen:
a) Parallelgedicht zu „ottos mops" mit der Vorgabe, stets denselben Vokal oder Konsonanten zu verwenden:

Hannas Häschen
(Meike K.)

Hannas Häschen hopst
Hanna: hopp, hopp

Häschen hopst hin,
Häschen hopst her,
Hannas Häschen hört
Hanna: Hilfe, Hund!
Hannas Häschen heult
Hanna holt Hilfe

Häschen hopst hin,
Häschen hopst her,
Häschen hinkt,
Hanna fällts schwer!!!

b) Übersetzung zu Morgensterns „Gruselett":

Gruselig
(Timo P.)

Der Orang-Utan geistert
durchs Urwaldunterholz,
die rote Schnauze plustert,
und grausig glotzt der Koloss.

Hinweis zum „Wortsparerspiel":
- Das Fehlen der **Artikel** bringt keinen Verlust an Information und Eindeutigkeit, doch hört sich der Lückentext etwas fremd und abgehackt an.
- Ohne die **Adjektive** fehlen Genauigkeit und vor allem die semantische Farbe. Der neue Text bleibt jedoch grammatikalisch korrekt.
- Das Fehlen der **Substantive** lässt keinen überzeugenden Sinn mehr erkennen, weil die Informationen über alle Konkreta fehlen. Nur durch die einwertigen Verben (z. B. „schwebte") werden sehr vage mögliche Zusammenhänge angedeutet.
- Das Fehlen der **Verben** ergibt einen Lückentext, der einerseits noch gut verständlich bleibt, weil der Kontext eine assoziative Ergänzung des Verbs ermöglicht (z. B. Zeile 2f.: „Man *bekam/erhielt* einen fürchterlichen Schreck, wenn einer von ihnen durch eine Tür *schwebte/trat/schritt/huschte*). Andererseits bleiben Dinge, Lebewesen und Sachverhalte merkwürdig beziehungslos-statisch, wenn die Tätigkeiten, Vorgänge und Zustände nicht durch Verben ausgedrückt werden.

Übersicht zur Teilsequenz I.2 (Seite 22 – 29)

I. An der neuen Schule
2. Stell dir vor, was heute passiert ist! – Eigene Erlebnisse anschaulich und interessant erzählen

Texte/Bilder	Sprechen	Schreiben	Texte und Medien	Sprachbewusstsein entwickeln	Methoden
1. Amy MacDonald: Nie wieder fies (1)			• Jugendroman (3)	• Satzarten (1) (Fragesätze)	• Texte lesen
2. Julie erzählt am Mittagstisch von der Schule	• mündlich erzählen (2) • gesprochene und geschriebene Sprache im Vergleich				
3. Eine Stichwortsammlung als Vorarbeit zum guten Erzählen	• Mündliches Erzählen mithilfe eines Stichwortzettels (2)			• Verb: Infinitiv und Tempora **(Präteritum/ Präsens)**	• Stichwortzettel • Erzählkreis
4.–6. Der Weckerstreich – Schülerbeispiele (Einleitung; Hauptteil; Textlupe)		• **Erlebniserzählung:** Einleitung/Hauptteil • fremde Texte **überarbeiten (1)**			• Textlupe

7. Wie gelingt ein guter Schluss? (Beispiele verschiedener Schriftsteller)		• Erlebniserzählung: Schluss/Überschrift		• Signalwörter (Schluss)	• Erzählwettbewerb • Punktewertung
Spannungskurve		• Erlebniserzählung: Aufbau	• Spannungskurve • Einer Grafik Informationen entnehmen		• Visualisierung (Spannungskurve) • Deutschordner 2: Mitschriften ordnen, Inhaltsverzeichnis anlegen

Lösungsvorschläge

Seite 22

Texterläuterungen:
Der Roman *Nie wieder fies* von Amy MacDonald erschien 2001 mit dem englischen Originaltitel *No more nasty*. Die Autorin wurde in Beverly/Massachussetts geboren und erwarb 1973 ihren Bachelor of Arts. Zunächst arbeitete sie als Journalistin, bevor sie als Buchautorin erfolgreich wurde. *Little Beaver and the Echo (Der kleine Biber findet Freunde)* wurde von der New York Times als eines der zehn besten Kinderbücher des Jahres gelobt.

Der Roman *Nie wieder fies* wird aus der personalen Sicht des Schülers Simon, 5. Klasse, erzählt. Dieser meint eines Schulvormittags vor Scham im Boden versinken zu müssen, weil ausgerechnet seine geliebte, aber auch sehr skurrile Tante Mattie als Vertretungslehrerin seine Klasse betritt. Sie lässt sich jedoch nicht anmerken, dass sie Simon kennt, und gewinnt die Schülerinnen und Schüler nach und nach für sich. Der erste Textauszug (S. 22ff.) bildet in etwa den Abschluss der „Kennenlernphase" zwischen den Schülern und ihrer neuen Lehrerin. Bald darauf gelingt es Tante Mattie, die Klasse auf einen Mathe-Marathon mithilfe eines kleinen Rechentricks (der tatsächlich funktioniert) so vorzubereiten, dass sie den Wettbewerb sogar gewinnt. Angesichts des gemeinsamen Erfolgs beginnt langsam ein Umdenken in der Klasse der neuen Lehrerin gegenüber ...

Seite 23

1 Der Textauszug eignet sich angesichts der umfangreichen wörtlichen Rede sehr gut für das **Lesen mit verteilten Rollen**. Um diese Entscheidung begründet treffen zu können und den Lesevortrag sinnbetonend anlegen zu können, sollten die Schülerinnen und Schüler Text 1 vorbereitend zu Hause gelesen haben.

2 Angesichts der eigenwilligen Ansichten und Verhaltensweisen von Tante Mattie lohnt sich ein Nachdenken darüber, inwiefern sie eine „gute" Lehrerin verkörpert. Mögliche positive Aspekte könnten sein:
- Tante Mattie ist einfühlsam: Sie tut so, als würde sie ihren Neffen Simon nicht kennen, um ihm Reaktionen seiner Mitschüler zu ersparen.
- Tante Mattie hat die „Begabung, Dinge in ein anderes Licht zu rücken und eine neue Sichtweise zu vermitteln" (Z. 40–42).
- Tante Mattie kann gut erklären. Sie gibt konkrete Beispiele, um ihre Ansichten und Überlegungen zu erklären (vgl. Z. 29–35).
- Tante Mattie regt die Schülerinnen und Schüler zum eigenständigen Denken an (vgl. Z. 43–49).

3a Fragen finden sich in folgenden Zeilen (die Fragen, welche mit einem Wort beantwortet werden können, sog. Entscheidungsfragen, sind fett gedruckt):

Tante Matties Fragen:

Zeile **4–6**/9f./**19–22**/24/26–28/**29**/29–35/44f.

Julies Frage:

Zeile 11–13

3b Diese Aufgabenstellung dient der Anknüpfung an das bereits in der Grundschule Gelernte. Im Zusammenhang der Teilsequenz 2.2 (Fragen, bitten, fordern ...) folgt die differenzierte Übersicht über die verschiedenen Satzarten (vgl. SB, S. 35).

Seite 24

4 Die Hinführung zum schriftlichen Erzählen erfolgt über das mündliche Erzählen. Das Stegreifspiel (zu Hause am Mittagstisch) bietet einen realistischen und zugleich motivierenden Anlass, die gelesene Geschichte mündlich nachzuerzählen.

5a Mithilfe der vorgegebenen Sprechblasen werden die Schülerinnen und Schüler für Unterschiede zwischen gesprochener und geschriebener Sprache sensibilisiert. Folgende Wörter aus den Sprechblasen (Text 2) kennzeichnen den Text als gesprochene Sprache:
- echt
- also
- die Mattie/die Katharina
- total
- eben

Ausgehend von diesen Beobachtungen könnten auch beim eigenen Stegreifspiel Wörter gesammelt werden, die eindeutig zur gesprochenen Sprache gehören und im Aufsatz angestrichen würden.

5b Beim Dialogisieren lässt die Aufgabenstellung den Schülerinnen und Schülern bewusst Spielräume: Entweder gelingt es Julie, ihre Geschichte zu erzählen, oder es kommt zum Streit mit ihrem Bruder, der sie immer wieder unterbricht, oder ...
Sinnvollerweise sollten die Schülerinnen und Schüler bei diesem Schreibauftrag versuchen, Merkmale der gesprochenen Sprache zu berücksichtigen, um somit den mündlichen Charakter der Situation deutlich zu machen.

24 Die Kapitel von Blickfeld Deutsch 1

6a/b Bei diesem begrenzten Schreibauftrag (den Erzählanfang betreffend) geht es darum, dass die Schülerinnen und Schüler die Unterscheidung zwischen gesprochener und geschriebener Sprache nun auch in der anderen Richtung wahrnehmen und umsetzen.

1a/b Die Schülerinnen und Schüler begegnen hier zum zweiten Mal in diesem Kapitel einer vorgegebenen Stichwortsammlung, von der ausgehend sie eine Geschichte in eigenen Worten erzählen sollen. Die Stichwortsammlung zum „Weckerstreich" ist recht knapp gehalten, sodass die Schülerinnen und Schüler einerseits eigene Gestaltungsspielräume haben, andererseits aber darauf achten müssen, den Höhepunkt der Geschichte richtig zu erfassen: Frau Held muss den Wecker entdeckt und ihn ausgestellt haben, als sie die Lesebücher aus dem Schrank geholt hat! Anders ist der letzte Satz der Stichwortsammlung „Frau Held war unsere Retterin" nicht zu erklären.

Das Erzählen im **Erzählkreis** gibt den Schülerinnen und Schülern die Möglichkeit sich im Schutz der Kleingruppe zu äußern und beteiligt alle Schüler an dem mündlichen Versuch, den Weckerstreich zu erzählen.
Nach dieser Phase könnte eine Schülergruppe den Streich vor der gesamten Klasse erzählen.

2a/b

Präteritum	Präsens	Infinitiv
• (die Klasse) plante • (wir) wollten • (der Wecker) sollte • (ich) musste • (es) klopfte • (Schulleiterin) teilte mit/setzte sich • (Blicke) wanderten • (ich) musste/geriet • (Frau Held) holte • (nichts) passierte • (es) passierte • (Schulleiterin) verabschiedete sich/lobte • (Frau Held) war	• (wir) verstecken • (ich) will • (unsere Fünfer) sind • (wir) dürfen	• ärgern • sehen • aufsagen • läuten

Die vier Verben, die im Präsens stehen, sind jeweils Teil einer wörtlichen Rede, deren Tempus (hier: Präsens) auch beim rückblickenden Erzählen erhalten bleibt.

3

Einleitung:
→ ... Wecker sollte 9.15 Uhr läuten.

Hauptteil:
→ ... Schulleiterin verabschiedete sich und lobte die Klasse.

Schluss:
→ besteht nur aus dem letzten Satz, bei dem die Schülerinnen und Schüler jedoch beim Erzählen durch eine Frage oder einen expliziteren Hinweis erklären müssen, warum Frau Held plötzlich als Retterin bezeichnet wird.

Seite 25

4a/b Beide Einleitungen haben deutliche Schwächen:
Svens Einleitung beginnt unvermittelt: Weder Ort noch Personen (wer ist „wir"?) werden genannt, auch das Thema bzw. ein Hinweis auf die besondere Situation (geplanter Streich) fehlen. Diese Einleitung wird somit ihrer Funktion, den Leser über Zeit/Ort/Personen/Thema zu informieren, nicht gerecht.[9]
Florians Einleitung ist sehr viel ausführlicher angelegt. Hier werden Zeitpunkt und Personen sowie die Situation klar benannt, allerdings werden auch viele unwichtige Informationen erwähnt, die nicht dem Charakter einer Einleitung entsprechen (z. B. Z. 1f.: „doch ich fühlte mich..." oder Z. 5: „Unser Englischlehrer..."). Diese Einleitung ist viel zu umfangreich geraten und wird somit dem Anspruch, in knapper Form zum Hauptteil hinzuführen, nicht gerecht.

4c Vergleiche Tipps zum Schreiben (= Stift) SB, S. 28.

5 Die überarbeitete Einleitung, die den Auftakt zu Text 5 bildet („Florians Erlebniserzählung"), erfüllt die Erwartungen an eine gelungene Einleitung: Ort, Personen, Zeitpunkt sowie Thema werden genannt.

Seite 26

6 Florians Einleitung ist deutlich gekürzt und nunmehr auf die wesentlichen Informationen beschränkt.
Zudem weckt die Schlussfrage: „Wie wird Frau Held ... wohl reagieren?" (Z. 4f.) Neugier auf den weiteren Verlauf der Stunde.

Methodenerläuterung:

Die **Textlupe**[10] ist ein schriftliches Feedback-Verfahren, mit dessen Hilfe die Schülerinnen und Schüler im Sinne der prozessorientierten Schreibdidaktik auf die Produkte ihrer Mitschülerinnen und Mitschüler reagieren.
Die Schülerprodukte gelten zunächst als erste Entwürfe (evtl. auf spezielles Konzeptpapier geschrieben) und liegen dann mit einem Begleitblatt (vgl. SB, S. 26) zur Kommentierung durch die Mitschüler aus. Wichtig ist, dass jeder Schüler, der eine Rückmeldung notiert, auch seinen Namen angibt, damit ggfs. Rückfragen gestellt werden können.
Bei der Einführung ist es sinnvoll, diese Methode erst einmal gemeinsam an einem fremden Beispiel durchzuspielen, damit der Ablauf bzw. die Vorgehensweise klar wird, ohne dass ein Schüler persönlich von den Rückmeldungen betroffen ist. Dabei sollte v. a. Wert darauf gelegt werden, dass Kritikpunkte stets mit möglichst konkreten Verbesserungsvorschlägen verbunden werden. Ein Eintrag wie „Deine Geschichte ist langweilig erzählt" verletzt den Schreiber, ohne dass er eine Hilfestellung erhalten hätte.
Bei dieser Methode ist es zudem wichtig, den Ablauf sowie die Ergebnisse für die einzelnen Schreiber im Plenum zu thematisieren (= **Methodenreflexion**), damit eine Optimierung des Verfahrens erzielt werden kann. Letztlich dient die Textlupe der

---

[9] Die Schülerinnen und Schüler lernen an dieser Stelle, wie man eine Erzählung aufbaut, um den Zuhörer über das Erlebnis anschaulich, aber eben auch geordnet zu unterrichten. Bei der Beschäftigung mit literarischen Erzählungen erfahren sie später, dass Schriftsteller bewusst gegen solche „idealtypischen" Formen verstoßen und die Erwartung ihrer Leser „enttäuschen". (Vgl. zum Beispiel SB, S. 40ff. – Verstöße gegen Grammatik- und Rechtschreibregeln in Gedichten).

[10] Bobsin, Julia: „Textlupe: neue Sicht aufs Schreiben", in Praxis Deutsch 137 (1996), S. 45–49.

Erstes Kapitel: Klasse werden

Vorbereitung auf die Korrektur der eigenen Schreibprodukte (z. B. am Ende einer Klassenarbeit).
Weitere Übungsmöglichkeiten bieten K 2/3, S. 36f.

7a/b Aufgabe 7 stellt die Hinführung zum Textlupenverfahren (vgl. Aufgabe 8) dar. Dieses Verfahren wird hier zunächst gemeinsam mit der Klasse an einem fremden Schülerbeispiel durchgeführt und geübt, damit der Ablauf des Verfahrens bekannt ist, bevor es auf die eigenen Schreibprodukte angewendet wird.

8 Folgende Eintragungen sind denkbar:

Das hat mir gut gefallen!
- Verwendung wörtlicher Rede (Z. 10f./24 – 28/31 – 33)
- Einbeziehung von Gedanken/Gefühlen (Z. 4f./16f./23f./ 34 – 36)
- Verwendung unterschiedlicher Satzarten, z. B. Fragesätze (Z. 4f./16/35f.) und Ausrufesätze (Z. 16f./28f.)
- Interessante Ausdrucksweise: „32 Augenpaare wanderten zum Klassenschrank" (Z. 29f.) oder „kreidebleich" (Z. 28)

Hier stört mich etwas! → Meine Vorschläge!
- Im Hauptteil werden unwichtige Dinge erwähnt, die vom eigentlichen Erlebnis ablenken
 → streiche Z. 12 – 15 (Gedichtvortrag in der Grundschule)
 → streiche Z. 17 – 22 (Einschulung am Gymnasium)

9 Ausgehend von der konkreten Vorarbeit fällt es den Schülerinnen und Schülern nicht schwer, eine Überarbeitung des Hauptteils zu leisten.

10 Induktive Hinführung zu den zusammenfassenden Tipps zum Schreiben einer Erlebniserzählung SB, S. 28.

Seite 27

1a Die Schülerinnen und Schüler erkennen an den fremden, professionellen Beispielen, dass auch bei längeren Texten ein knapper Schluss als Abrundung ausreicht. Zudem dienen die unterschiedlichen Schlüsse als Gesprächsanlass, um über die unterschiedliche Wirkung von literarischen Texten (hier: dem Ende eines Textes) nachzudenken.

1b/c Der Impuls „Ein Ende fällt etwas aus dem Rahmen" soll die Schülerbeobachtungen noch einmal etwas zuspitzen:
Text b) endet traditionell, indem der Erzähler ein Fazit aus den Ereignissen zieht und darin auch zugleich die Begründung für sein Schreiben sieht.
Text c) und d) schließen einerseits die Geschichte ab, zeigen aber andererseits an, dass eine Fortsetzung folgt. Sie wecken Neugier auf ein weiteres Abenteuer.
Text a) schließt mit einer Frage und ist insofern am ungewöhnlichsten. Die Geschichte wird nicht endgültig abgeschlossen, sondern die Zweifel des Erzählers werden an den Leser weitergegeben und regen diesen zum eigenständigen Nachdenken über das Gelesene an.

2 Schülerinnen und Schülern fällt es schwer, sich beim Schluss auf wenige Sätze bzw. eine abschließende Idee zu beschränken. Gerade Fünftklässler neigen dazu, mehrere Schlüsse aneinander zu reihen, indem sie die offenen Fragen des Hauptteils klären sowie zusätzlich erwähnen, wie glücklich/traurig sie waren, und schließlich noch das endgültige Ende dadurch markieren, dass sie z. B. die Reaktion der Eltern erwähnen.

Beim Wecker-Streich verhindert die zugrunde liegende Stichwortsammlung diese Addition mehrerer Schlüsse. Allerdings können die Schüler es nicht bei dem Schlusssatz, „Frau Held war unsere Retterin", belassen, weil noch nicht geklärt wurde, warum der Wecker nicht geschellt hat.

Gelungene Schülerbeispiele:
- Frau Held hatte anscheinend den Wecker ausgestellt und war somit zu unserer Retterin geworden. (Fabian L.)
- Wir vermuteten, dass Frau Held den Wecker in der Stunde abgestellt hatte. Sie war unsere Retterin! (Sebastian W.)

3 Folgende Vorschläge für Überschriften, die in ganz unterschiedliche Richtungen weisen, könnte man im Unterricht diskutieren lassen:
- Das war knapp!
- Überraschungsbesuch der Schulleiterin
- Das Wunder im Klassenschrank

Seite 28

1a/b Nachdem die Schülerinnen und Schüler am Beispiel „Weckerstreich" schrittweise gemeinsam Stoffsammlung, Einleitung, Hauptteil, Schluss und Überschrift besprochen und durch eigene Schreibversuche durchgespielt haben, sollen sie nun eine eigenständige Erlebniserzählung zum thematischen Rahmen „Schule" verfassen. Aufgabe 1a regt zunächst zur Ideensammlung an, die in Form eines Clusters oder einer Stichwortsammlung denkbar ist.

2a/b Die Ermittlung des „Erzählkönigs" folgt dem Prinzip der **Schreibschule** (vgl. LB, S. 6): Texte werden nicht für die Schublade, sondern für den Leser bzw. Hörer verfasst. Da es im Unterricht nicht möglich ist, alle Schülerinnen und Schüler vorlesen zu lassen, erfolgt die Auswahl über ein demokratisches Verfahren (eine Art Punktabfrage), an dem alle Schülerinnen und Schüler beteiligt sind und das obendrein jeden Schreib-Entwurf zumindest in Auszügen in den Unterricht einbezieht.
In Aufgabe 2a/b wird angeregt, die Überschrift als Auswahlkriterium zu nehmen. Zum einen lässt sich dieses Verfahren dadurch begründen, dass damit ja genau der Funktion einer Überschrift Rechnung getragen wird: Neugier wecken, Leser gewinnen! Zum anderen handelt es sich um ein zeitökonomisches Verfahren, da das Lesen von ca. 30 Überschriften im Unterricht machbar ist. Das Verfahren ist jedoch auch variierbar: Zum Beispiel könnte man den Verfasser auch die Einleitung markieren lassen oder den seiner Meinung nach gelungensten Satz im Hauptteil und den Fokus bei der Auswahl auf diese Aspekte richten.

2c/d Nach der Auswahl werden alle Schülerinnen und Schüler in die Besprechung der vorgestellten drei bis vier Aufsätze einbezogen, indem abschließend ein Meinungsbild erstellt wird, welcher Aufsatz am besten gelungen ist. Hierbei muss die Lehrerin/der Lehrer darauf achten, dass eine faire Rückmeldekultur entsteht – Basis für die Besprechung von Schülerprodukten während der nächsten Jahre! Besonders bewährt hat sich der Hinweis, dass man sich zunächst stets auf „Schatzsuche" begibt, d. h. gelungene Elemente benennt. Erst in einem zweiten Schritt wird der „Rotstift" angesetzt, und zwar so, dass die Kritik auch angenommen werden kann.
Wenn das Klassenklima gut ist, kann der Schüler, dessen Aufsatz gerade besprochen wird, selbst die Mitschülerinnen und Mitschüler aufrufen, damit sich deren Rückmeldung auch an ihn und nicht an den Lehrer richtet.

Eine komplexere Variante der Besprechung besteht darin, die Mitschülerinnen und Mitschüler in Vierergruppen einzuteilen, die die vorgetragenen Aufsätze jeweils unter einem Aspekt bepunkten (vgl. K 4, S. 38). Abschließend werden alle vergebenen Punkte zusammengezählt, der Schüler/die Schülerin mit der höchsten Gesamtpunktzahl ist Erzählkönig/in.

3a

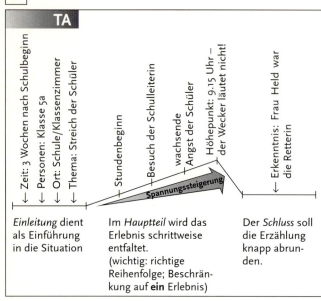

3b Die Spannungskurve soll den Schülerinnen und Schülern noch einmal den Aufbau einer Erzählung in reduzierter Form veranschaulichen. Unter Umständen ist es sinnvoll, gemeinsam mit der Klasse einen Schülerentwurf mit der Spannungskurve zu vergleichen.

Seite 29

Methodenerläuterung:

Das Sortieren des **Deutschhefters**, in dem die Mitschriften ja einfach der chronologischen Reihenfolge nach abgelegt wurden, und die Übertragung in den **Deutschordner**, wo die Mitschriften den Arbeitsbereichen gemäß endgültig abgelegt werden, sollte zumindest beim ersten Mal gemeinsam in der Klasse erfolgen. Erfahrungsgemäß sind manche Schülerinnen und Schüler in der Zuordnung einiger Blätter sehr unsicher oder haben Unterschiedliches auf einem Blatt notiert, das nun eigentlich im Deutschordner an unterschiedlichen Stellen eingeheftet werden müsste. Im Sinne einer Methodenschulung ist die Diskussion über dieses Ablageverfahren sehr wichtig, damit die Schülerinnen und Schüler zum einen die Arbeitsbereiche des Faches unterscheiden lernen und zum anderen erkennen, dass diese Ordnung gegenüber der chronologischen Ablage einen deutlichen Vorteil hat: Man kann gezielt Informationen nachschlagen, ohne den ganzen Ordner durchblättern zu müssen! Nach dem gemeinsamen Sortieren innerhalb einer Deutschstunde fertigen die Schülerinnen und Schüler zu Hause ein Deckblatt sowie die verschiedenen Übersichtsblätter an. Das Ergebnis sollte vom Lehrer überprüft und evtl. sogar bewertet werden.

Übersicht zur Teilsequenz II.1 (Seite 30 – 34)

II. Wir miteinander
1. Ich, du, wir – Gemeinsame Interessen und unterschiedliche Fähigkeiten austauschen

Texte/Bilder	Sprechen	Schreiben	Texte und Medien	Sprachbewusstsein entwickeln	Methoden
1. Der Steckbrief				• Sprachgeschichte: Steckbrief	
2. Den eigenen Steckbrief am Computer gestalten	• Beschreiben (Personen)				• Arbeit am PC (Formatierung von Texten)
3. Verrätselte Steckbriefe	• Silbentrennung		• Silben- und Bilderrätsel • Collage • Schattenriss		• Wandgestaltung
4. Amy MacDonald: Nie wieder fies (2)	• Stichwortzettel (3) • Beschreiben (2) (Gegenstand/Vorgang) • Stichwortzettel (4) (Grundlage eines Vortrags)		• Einem Text gezielt Informationen entnehmen • Einem Bild Informationen entnehmen		• Arbeitsformen • Gesprächsformen • **Präsentation** • **Medieneinsatz** (Tageslichtprojektor)

Lösungsvorschläge

Seite 30

1 Der Steckbrief wurde ursprünglich als „Ladebrief" in den Torriegel des Hauses gesteckt, in dem der Beschuldigte wohnte. Damit wurde dieser vor ein Femgericht geladen (veme = Strafe im Mittelalter), das seit dem 13. Jahrhundert zuerst öffentlich, später heimlich tagte: Mit einem Freigrafen als Vorsitzendem und mindestens sieben Freischöffen (= Laienrichter) wurde das Urteil gefunden. Es lautete entweder auf Freispruch oder auf Tod. Wer nicht vor dem Femgericht erschien, wurde verfemt (= geächtet). Heute werden über Steckbriefe durch die Polizei flüchtige Personen gesucht. Ein Steckbrief kann nur erlassen werden, wenn ein gerichtlicher Befehl vorliegt. Der Steckbrief soll die gesuchte Person genau beschreiben nach Aussehen (Bild), Größe, Alter, besonderen Merkmalen und Eigenarten. Der Steckbrief wird öffentlich angeschlagen oder im polizeilichen Fahndungsblatt abgedruckt.

Erstes Kapitel: Klasse werden

Seite 31

2a Der reduzierte Textumfang eines Steckbriefs eignet sich in besonderer Weise, um daran den Schülerinnen und Schülern erste Schritte im Umgang mit dem Computer, v. a. das Formatieren von Texten und Einfügen von Bildern, zu vermitteln. Die Schülerinnen und Schüler können direkt im Unterricht mit einer Digitalkamera fotografiert werden, sodass der Platzhalter für ein Foto mit einem aktuellen Bild gefüllt wird.

2b Die rote Unterschlängelung zeigt bei eingeschalteter Rechtschreibprüfung an, dass dieses Wort falsch geschrieben ist. (Hier: Grösse statt Größe.) Zur Nutzung der Rechtschreibprüfung vgl. Methodenhinweis SB, S. 39.

3 Weitere Ideen für einen Steckbrief:
- Haarfarbe
- Lieblingsfarbe
- Besondere Kennzeichen
- Hobbys
- Lieblingsessen
- Lieblingsgetränk
- Schuhgröße
- Titel eines Buchs, das ich gerne gelesen habe
- Mein Lieblingsheld/meine Lieblingsheldin
- Zahl der Geschwister

Weiterführende Arbeitsanregungen:
Die Auswertung der Steckbriefe eignet sich in besonderer Weise für die **fächerübergreifende Zusammenarbeit Deutsch/Mathematik**. Die zählbaren Angaben auf den Steckbriefen (z. B. Schuhgröße, Augenfarbe, Zahl der Geschwister ...) werden von den Schülerinnen und Schülern im Mathematikunterricht arbeitsteilig ausgewertet und in Form eines Block-, Balken- oder Kreisdiagramms dargestellt. Parallel werden im Deutschunterricht die elementaren Anforderungen an ein **Wandplakat** besprochen: Herausstechende Überschrift; übersichtliche Darstellung der Informationen; Illustrationen müssen thematisch passen; Schriftgröße. Im nächsten Schritt fertigen die Arbeitsgruppen zu ihrem Aspekt ein Wandplakat an, das abschließend gemeinsam besprochen wird: Inhaltliche Richtigkeit? Lesbarkeit? Sorgfalt in der Darstellung? Originalität? (= Methodenreflexion)

Seite 32

4 Auflösung zu **Thorstens Bilderrätsel:**
a) Das ist mir wichtig:
- Sonnenbrille
- Handy
- Aquarium/eigene Fische
- Hund

b) Das trage ich gern:
- Schirmmütze
- Sportjacke
- Jeans
- Pullover
- Sportschuhe

c) Das mache ich gern:
- Computerspiele
- Lesen
- Inliner fahren
- Tauchen
- Fahrrad fahren

---
[11] Amy MacDonald: *Nie wieder fies.* Verlag Freies Geistesleben (Stuttgart, 2002), S. 194–197.

Auflösung zu **Armins Silbenrätsel:**
a) Das ist mir wichtig:
- Nudeln
- Fahrrad
- Computerspiele

b) Das mache ich gern:
- Rudern
- Angeln
- Zaubern
- Lesen

Gemeinsame Interessen sind also:
Lesen/Computerspiele/Fahrrad fahren

5/6 Die intensive Beschäftigung mit verschiedenen Formen und Gestaltungsmöglichkeiten von Steckbriefen soll die Schülerinnen und Schüler anregen, sich bei der Gestaltung ihres eigenen Steckbriefs etwas einfallen zu lassen und bei der Umsetzung auf eine ansprechende äußere Form zu achten (entweder Arbeit am Computer oder sorgfältige Handschrift). Da mit den Ergebnissen intensiv weiter gearbeitet wird (Wandgestaltung vgl. SB, S. 32; Vergleich in Form von Diagrammen, vgl. LB; Entwurf eines „Klassenautomaten", vgl. SB, S. 34), lohnt die Zeit, die die Schüler an dieser Stelle investieren.
Die verrätselte Vorstellung der eigenen Person in Form eines Silbenrätsels ist zudem ein motivierender Anlass, die Grundregeln der Silbentrennung noch einmal spielerisch zu wiederholen.

Seite 33

Texterläuterungen:
(anknüpfend an LB, S. 23)
Im Hauptteil des Romans gelingt es Tante Mattie, ihre Klasse zur Teilnahme an dem alljährlich stattfindenden naturwissenschaftlichen Wettbewerb zu bewegen. Den Auftakt bildet ihre Frage an jede Schülerin und jeden Schüler der Klasse: „Was machst du gerne? Worin bist du gut?" Ausgehend von den Fähigkeiten der einzelnen Schülerinnen und Schüler kommt Tante Mattie zu dem Schluss: „Die Welt hat vielleicht keinen weiteren Computer nötig, aber sie braucht eindeutig etwas, was es einem leichter macht, morgens aufzustehen und zu frühstücken. Eure Aufgabe fürs Wochenende besteht also darin, mithilfe der Dinge, die ihr gut findet, eine Maschine zu entwerfen, die euch das erleichtert, was ihr nicht leiden könnt." Es gelingt der Klasse schließlich nicht nur, eine „enorm elysische, Eier aufschlagende und Frühstück machende Guten-Morgen-Weck-Maschine" zu erfinden, sondern diese auch zu bauen und der Jury so erfolgreich zu präsentieren, dass der Preis dieses Jahr einmal nicht an die Parallelklasse geht, die immerhin einen Computer entworfen hat! Ganz nebenbei wird aus dem wilden Haufen eine konzentriert arbeitende Gruppe, die erst jetzt merkt, was in ihr steckt.

1 Die vollständige Liste lautet:
Begabungen und Interessen der 5c:
Julie – schauspielern
Mindy – schreiben
Mario – schlafen
Moses – essen und kochen
Sebastian – malen
Ethan – Lego bauen
Raggie – Raumschiffe

Abneigungen der 5a:
Morgens aufstehen und frühstücken

Seite 34

2a Im Roman stellt Julie das Funktionieren der Maschine ausführlich vor[11] – vgl. 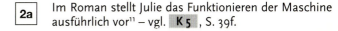, S. 39f.

2b Von jeder Schülerin/jedem Schüler ist eine Fähigkeit beim Bau der Maschine verwendet worden, u. a.:

Julie – schauspielern → Präsentation
Mindy – schreiben → Schild
Mario – schlafen → Versuchsperson
Moses – essen und kochen → Spiegelei
Sebastian – malen → Zeichnung der Maschine
Ethan – Lego bauen → Rampe, auf der das frisch gelegte Ei entlangkullert
Raggie – Raumschiffe → ein Raumschiff aus Plastik schießt in die Luft
ferner:
Simon – Basketball → Ei fällt durch Basketball-Ring und landet im Sieb
Mandy – Meerschweinchen → treibt im Laufrad einen Schneebesen an
Jimmy – Feuerstein → entzündet Feuer unter der Bratpfanne

2c elysisch = himmlisch, paradiesisch – „enorm elysisch" könnte man mit „unglaublich himmlisch" übersetzen.

3a–c Die Vorgehensweise ist analog zu der im Textauszug beschriebenen, allerdings tritt an die Stelle des Maschinenbaus die Zeichnung. Es ist jedoch denkbar, die Schülerinnen und Schüler zu Hause oder **fachübergreifend** im **Fach Kunst** Modelle ihrer Maschine bzw. ihres Automaten bauen zu lassen.
Die Schülerinnen und Schüler sind bei dieser Aufgabenstellung hoch motiviert bei der Sache, allerdings erfahren sie während dieser intensiven Zusammenarbeit in der Gruppe, dass es zu Meinungsverschiedenheiten kommen kann und Kompromisse eingegangen werden müssen. Im Anschluss an die Präsentationen bietet es sich daher an, im Plenum die positiven und negativen Erfahrungen bei der Gruppenarbeit zu thematisieren (= Methodenreflexion).

4a–c Die verständliche Erklärung der eigenen Maschine mithilfe einer Zeichnung ist für die Schülerinnen und Schüler eine anspruchsvolle Aufgabe. Verständnisfragen der Mitschülerinnen und Mitschüler spiegeln dem Vortragenden wider, wo seine Erklärungen noch unvollständig, widersprüchlich oder unverständlich waren.

Weiterführende Arbeitsanregungen:
Unter Umständen ist es sinnvoll, wenn die Maschinen nach einer Überarbeitungsphase ein zweites Mal vorgestellt werden. Dabei würde der Fokus automatisch weniger auf der Inhaltsseite liegen, denn das Funktionsprinzip der Maschine ist ja bereits bekannt, das „Konstruktionsgeheimnis" also gelüftet. Stattdessen tritt die Vortragsweise stärker in den Vordergrund und es könnten erste **elementare Techniken und Anforderungen an die Präsentation** von Gruppenergebnissen eingeübt werden:
- Sprechweise: Tempo/deutliche Aussprache
- Sprache: Standardsprache/kurze Sätze/Fachbegriffe verwenden
- Auftreten: Blickkontakt zur Klasse/beide Füße fest auf dem Boden
- Medieneinsatz: Umgang mit dem Tageslichtprojektor (nicht zur Projektionsfläche gucken; Stift zeigt auf die aktuelle Stelle; Schriftgröße auf einer Folie)

Da der Tageslichtprojektor im Schulunterricht neben der Tafel ein zentrales und leicht verfügbares Medium darstellt, sollte jede Schülerin/jeder Schüler im Laufe des Schuljahrs das Gerät einmal selbstständig auf- und abbauen, d. h. den richtigen Standort wählen, es anschließen, die Folie auflegen, den Spiegel ausrichten und das projizierte Bild scharf stellen.

Übersicht zur Teilsequenz II.2 (Seite 35 – 39)

II. Wir miteinander
2. Fragen, bitten, fordern – Regeln für das Miteinander in Alltag und Schule

Texte/Bilder	Sprechen	Schreiben	Texte und Medien	Sprachbewusstsein entwickeln	Methoden
1. Schüler unter sich				• höfliches Sprechen • **Satzarten** (2)	
2. **Umgang mit Erwachsenen**	• Pantomime			• **Grußformen, Anrede** • Angemessene/unangemessene Ausdrucksweise u. deren Wirkung	
3. Erste Vorschläge für eine Klassenordnung		• Überarbeiten (2) • eigene Klassenregeln verfassen		• Satzarten (3): Funktion	• Metaplan
4. Ausgestaltung und Überarbeitung der Klassenordnung am Computer		• **Schärfung**	• Gestaltung von Texten am Computer (2) • **Rechtschreibprüfung**		• **Arbeiten am PC**
5. Die Klassenordnung auf den Kopf gestellt		• **Schärfung** • Partnerdiktat		• Reimpaare	

Erstes Kapitel: Klasse werden **29**

Lösungsvorschläge

Seite 35

1a Unangemessen ist sowohl die übertrieben höfliche Ausdrucksweise des stehenden Mädchens („Bitte sei so nett …") als auch die dazu in scharfem Kontrast stehenden unhöflichen Äußerungen „Eh, du, wackel gefälligst nicht so beim Zeichnen!" sowie „Nun mach schon und gib mir den Hammer runter!"

1b Die Einordnung der verschiedenen Äußerungen auf der vorgegebenen Skala, auf der man noch den mittleren Wert „angemessen" ergänzen könnte, sollte zunächst in Einzelarbeit vorgenommen werden. Das Meinungsbild der Klasse wird bei einigen Aussagen deutlich divergieren. Diese Abweichungen lohnen eine intensivere Diskussion, bei der semantische Aspekte eine wichtige Rolle spielen.

Weiterführende Aufgabenstellungen:
Nach einem ersten Austausch von Meinungen sollten die Schüler die Aussagen laut vorlesen (=**Leseprobe**) und dabei ihre Einschätzung (z. B. unhöflich/angemessen) hörbar werden lassen. Die Äußerung „Kann ich jetzt gehen? Meine Mutter will mich um vier Uhr abholen." kann völlig unterschiedlich vorgetragen werden. An diesem Beispiel wird deutlich, dass die Angemessenheit in der Ausdrucksweise in der gesprochenen Sprache auch vom Tonfall abhängt.

1c/d Es bietet sich die Durchführung einer **Ersatzprobe** an: Welche Wörter muss man weglassen, damit die einzelnen Äußerungen der Situation angemessen erscheinen? (z. B.: „Wackel nicht so beim Zeichnen!" oder „Bitte halte das Lineal ruhig! …")

2a Die richtige Zuordnung der Satzarten lautet (in der Reihenfolge der skizzierten Satzmelodien):
- Ergänzungsfrage
- Einwortsatz
- Ausrufesatz bzw. Aufforderungssatz
- Ergänzungsfrage
- Aussagesatz
- Entscheidungsfrage

2b Die Sprechblasen enthalten folgende Satzarten:

Einwortsatz bzw. Ausruf:
- „Verdammt!"

Aussagesatz:
- „Meine Mutter will mich um vier Uhr abholen."
- „Ich habe sonst Mühe, den Strich wirklich gerade zu ziehen."

Ergänzungsfrage:
- „Warum kümmert sich eigentlich niemand um mich?"

Entscheidungsfrage:
- „Kann ich jetzt gehen?"

Ausrufesatz:
- „Verdammt!"
- „Gut, dass uns niemand zuhört!"

Aufforderungssatz:
- „Eh du, wackel gefälligst nicht so beim Zeichnen!"
- „Bitte sei so nett und halte das Lineal möglichst ruhig!"

2c Vgl. LB, S. 23 – fett gedruckt = Entscheidungsfragen, ansonsten Ergänzungsfragen.

Seite 36

1, 2a/b Beschreibung der fünf Szenen/erwartetes Verhalten:

Oben links:
Ein Schüler spricht bei der Schulleiterin vor. → Vom Schüler wird ein höfliches, zurückhaltendes Auftreten erwartet. Schüler ihrerseits hoffen auf Verständnis für ihre Anliegen.

Oben rechts:
Eine Schülerin spricht die Schulsekretärin an. → Von der Schülerin wird auch hier ein höfliches, zurückhaltendes Auftreten erwartet. Die Schüler erhoffen sich im Sekretariat praktische Hilfen und Ratschläge, Verständnis.

Mitte links:
Eine ältere Frau steht in der Straßenbahn, weil alle Plätze besetzt sind. → Von der Schülerin ist zu erwarten, dass sie der älteren Dame ihren Platz anbietet.

Mitte rechts:
Ein Junge kommt von der Schule nach Hause und wirft seiner Mutter seine Schultasche vor die Füße. → Das Verhalten des Jungen gegenüber seiner Mutter ist unbedacht und unhöflich – entweder Ausdruck heftiger Emotionen oder mangelnde Erziehung und fehlender Respekt gegenüber seiner Mutter. Der Sohn erwartet Mitgefühl und Interesse für seine Probleme, wenn er aus der Schule kommt.

Unten:
Schüler interviewen einen Geschäftsmann. → Wollen die Schüler Gesprächspartner finden, so müssen sie ihr Gegenüber höflich ansprechen und ihr Anliegen verständlich vortragen. Die Schüler erwarten, dass die Erwachsenen ihre Arbeit (hier: Interview) durch aktive Teilnahme unterstützen.

3 Diese Übung dient der Vertiefung des zuvor Besprochenen.

Seite 37

Texterläuterungen:
Nach einer Phase der Orientierung in der neuen Schule und des gegenseitigen Kennenlernens in der Klasse sowie der Bewältigung erster Aufgaben in Parter- und Gruppenarbeit treten naturgemäß Störungen auf, auf die es zu reagieren gilt. „In dieser zweiten Phase der Gruppenbildung sehen viele Schüler die Notwendigkeit, sich auf Verhaltensregeln zu einigen, besser als gleich zu Beginn, wenn sie noch mit Orientierungs- und Integrationsfragen beschäftigt sind."[12]
Da Regeln eher eingehalten werden, wenn sie einsichtig sind und wenn die Adressaten an deren Aufstellung beteiligt waren, ist es mittlerweile üblich, dass Schülerinnen und Schüler sich selbst eine **Klassenordnung** geben und sich abschließend auch durch ihre Unterschrift zu deren Einhaltung verpflichten.
Im Sinne des verbundenen Deutschunterrichts besteht hierbei eine sinnvolle, funktionale Möglichkeit, nicht nur dem pädagogischen Ziel gerecht zu werden. Vielmehr müssen die Schülerinnen und Schüler ihre Meinung in der Gruppe überzeugend vertreten, Gesprächsregeln einhalten, zu Kompromissen bereit sein und das Ergebnis in einer sprachlich angemessenen Form zusammenfassen.

---
[12] Wilms, a.a.O., Einführung, S. 48.

1/2a Die Vorschläge sind von unterschiedlicher Qualität und stellen daher einen ergiebigen Gesprächsanlass dar.

Inhaltliche Richtigkeit:
- unsinnig sind Vorschlag 1 und 11
- unscharf sind Vorschlag 12 (Butterbrotpapiere dürfen sicherlich in den Papierkorb geworfen werden ...) und Vorschlag 8 (auch männliche Lehrer sollten begrüßt werden)

Sprachliche Richtigkeit:
- Vorschlag 5 wirkt unfreiwillig komisch durch die ungeschickte Wortwahl „beschädigen" (passt nur auf Gegenstände, nicht auf Menschen) sowie „nerven" (klingt umgangssprachlich)
- Vorschlag 10 ist als Fragesatz formuliert und verliert dadurch an Verbindlichkeit.

2b Zusammen gehören:
- Vorschlag 2 und 10
  → Gesprächsregeln im Unterricht
- Vorschlag 6 und 9
  → Schulhof ist der Ort zum Spielen
- Vorschlag 3 und 12
  → Umweltbewusstsein; Klassenzimmer sauber halten

2d Die Reihenfolge kann von Schülergruppe zu Schülergruppe stark variieren.

3a/b „In der Liste sollten möglichst folgende Regeln enthalten sein:
- Es redet immer nur einer.
- Jeder hört dem anderen aufmerksam zu.
- Niemand darf einen anderen fertig machen.
- Vertrauliches wird nicht weitererzählt.
- Jeder hat das Recht bei persönlichen Dingen zu passen."[13]

Es ist jedoch wichtig, die Regeln von vornherein auf ein überschaubares Maß zu beschränken. Darüber hinaus ist es sinnvoll, eine Regel für einen festgelegten Zeitraum hervorzuheben, auf deren Einhaltung besonders geachtet wird („Regel der Woche bzw. des Monats").

Bei der sprachlichen Fixierung bietet es sich an, auf strikte Einheitlichkeit der Formulierung zu achten, z. B. beginnend mit „Wir ..." (z. B. „Wir lassen unsere Mitschülerinnen und Mitschüler ausreden"). Der formelhafte Beginn mit dem Personalpronomen „wir" betont den gemeinschaftlichen Charakter und stellt eine größere Selbstverpflichtung zur Einhaltung der Regeln dar als das Indefinitpronomen „man".

Weiterführende Anregungen:
Nach einer gewissen Zeit sollte per Punktabfrage ein **Meinungsbild** erstellt werden, wie zufrieden/unzufrieden die Schülerinnen und Schüler mit der Einhaltung ihrer Klassenordnung sind. Dazu erhält jeder Schüler einen grünen Punkt (= Ich bin der Meinung, dass diese Regel in unserer Klasse gut eingehalten wird) und einen roten Punkt (= ... zu wenig eingehalten wird). Ein Klassengespräch dient der Klärung. Auch hier lernen die Schülerinnen und Schüler Gesprächsregeln einzuhalten, und zwar bei einem Thema, das sie emotional betrifft und daher besondere Gesprächsdisziplin erfordert.

Seite 38

1 Verwendete Formatierungen in den beiden Schülerbeispielen:

	Maren ...	Jochen ...
Schrifttyp	Harrington	Comic
Schriftgröße	Überschrift, Größe 48	Überschrift wie Text
	Text identisch, ca. Größe 24	
Formatierung		
a) zentriert	Überschrift	–
b) linksbündig	restlicher Text	gesamter Text
c) fett	Überschrift	Überschrift u. Schlüsselwörter
d) kursiv	–	Schlüsselwörter
e) unterstrichen	–	Überschrift

Der augenfälligste Unterschied beider Entwürfe besteht im gewählten Schrifttyp. Wichtig ist, dass bei einer Klassenordnung deren Funktionalität im Vordergrund steht (z. B. Lesbarkeit, Übersichtlichkeit). Dieser Aspekt muss durch den gewählten Schrifttyp unterstützt und nicht verdeckt werden. Ein zu „verspielter" Schrifttyp lenkt eher vom Inhalt ab als dass er ihn transportiert. Wichtig ist zudem, dass möglichst nur ein Schrifttyp innerhalb eines Dokuments verwendet wird.

Weiterführende Anregungen:
Ausgehend von beiden Entwürfen bzw. den eigenen Ergebnissen der Schülerinnen und Schüler rückt automatisch die Anmutung von Schrift in den Vordergrund. Interessant ist auch die Frage: Wer verwendet warum welchen Schrifttyp? (z. B. Vergleich von Zeitschriften, Werbeanzeigen, Logos ...).

2a Die Rechtschreibfehler fallen alle in den Bereich der Schärfung (bzw. Konsonantenverdopplung).

2b Vgl. zusammenfassenden Kasten SB, S. 39.

2c Die Rechtschreibprüfung hat bei der zweiten Regel versagt: Statt „lasen" müsste es „lassen" heißen. Hier wird deutlich, dass das Programm mit einem Wortspeicher arbeitet, in dem eben auch das Wort „lasen" existiert. Dadurch, dass keine Kontextprüfung geleistet wird, die eine semantische Analyse voraussetzte, wird der Fehler vom Programm übersehen. Dasselbe gilt v. a. für die Großschreibung von substantivierten Adjektiven und Verben.

3a/b Anwendungsaufgabe und zugleich eine Möglichkeit, den Computer funktional im Deutschunterricht einzusetzen (hier: Vertiefung der Formatierungsübungen im Zusammenhang mit den Steckbriefen, vgl. SB, S. 31).

Seite 39

4 Der kurze Text enthält keinerlei Rechtschreibfehler, obwohl viele Doppelkonsonanten enthalten sind. (Vielleicht haben Maren und Michaela auch einfach erfolgreich geübt?!)

5a/c Text 5 stellt einen Schreibimpuls zur kreativen Vertiefung des fokussierten Rechtschreibproblems dar. Da Schülerinnen und Schüler dieser Altersstufe mit Freude reimen und dabei auch bereit sind, auf Vorgaben zu achten, stellt die Aufgabe eine motivierende Übungsform dar. Darüber hinaus werden die fokussierten Wörter nicht losgelöst als Einzelwörter geübt (z. B. in Form von Lückentext oder Kreuzworträtsel), sondern im Kontext ganzer Sätze bzw. eines kurzen Textes. Die Übertragung der richtigen Schreibweise in andere Zusammenhänge (z. B. beim eigenen Aufsatz) gelingt dadurch deutlich besser, der Lernerfolg ist größer.

---
[13] Wilms, a. a. O., Teil 1, S. 26.

Übersicht zur Teilsequenz II.3 (Seite 40 – 45)

II. Wir miteinander
3. Im Ozean der Sprache – Die Regeln der Sprache spielend beherrschen

Texte/Bilder	Sprechen	Schreiben	Texte und Medien	Sprachbewusstsein entwickeln	Methoden
1. Ulrich Wetz: Strafarbeit	• Einen Fehlertext analysieren		• Inhalt und Intention eines Textes erfassen • Vergleich zu eigenen Überlegungen anstellen	• Fehlertypen unterscheiden und kategorisieren	
2. Ernst Jandl: lichtung 3. Werner Färber: Gedicht 4. Peter Jepsen: Graue Ha re 5. Walther Petri: Wende 6. Bruno Horst Bull: Ein schlechter Schüler	• sinngestaltender Vortrag	• Parallelgedichte verfassen	• **Zusammenhang von Inhalt und Gestaltung eines Textes**	• sprachliche Besonderheiten erkennen und deren Wirkung benennen	• Ersatzprobe/ Umgestaltung
7. Ernst Jandl: Ein bestes Gedicht			• Einem Text Informationen entnehmen • lyrische Texte		
8. Kornelia Schrewe: Gibt es bei den Gurken ...	• Witzig gereimte Sprüche und Fragen entwerfen		• Sprüche		• Wandplakat
9. Vier Rechtschreibhilfen		• Rechtschreibhilfe zur **selbstständigen Überprüfung der RS** (Fehlerarten, Fehler-Vermeidungstechniken)			

Lösungsvorschläge

Seite 40

Texterläuterungen:

„Die Strafarbeit" von Ulrich Wetz bietet einen auf typische Schülerfehler stilisierten Text. Neben vielen Inhaltsfehlern, z. B. ungerechten Verallgemeinerungen sowie der Vermengung verschiedener Aspekte des Themas (Arbeitsstil, Hausaufgaben, Disziplin, Sorgfalt und Höflichkeit) enthält der Text Gedankenbrüche und fehlerhafte logische Verknüpfungen. Zudem fallen im sprachlichen Bereich semantisch verunglückte Formulierungen, Grammatik- und Kommafehler auf.

Seite 41

1 Der laute Vortrag, bei dem satzweise der Leser wechselt, entspricht dem additiven Charakter des Textes, in dem viele Sätze ohne logische Verknüpfung aufeinander folgen.

2a Vorstellbare Anlässe sind u. a.:
• Störung des Unterrichts
• Zwischenfall auf dem Pausenhof
• „Vergessene" Hausaufgaben
• Fehlende Arbeitsmaterialien

2b Der Vergleich mit den eigenen Klassenregeln (vgl. SB, S. 37f.) führt durchaus zu Gemeinsamkeiten, macht aber auch deutlich, dass die einzelnen Aspekte im Text von Ulrich Wetz nicht nach übergeordneten Gesichtspunkten gegliedert sind.

3a Ulrich Wetz übernimmt hier die Schülerperspektive ganz konsequent, indem er bewusst gegen sprachliche Regeln verstößt. Dadurch erfährt der Text zugleich eine Ironisierung und entlarvt die naiv gereihten, zahlreichen Schulregeln als fragwürdig.

3b Fehleranalyse – angesichts der Vielzahl der Fehler, die für Fünftklässler z. T. sehr schwer zu benennen sind, kann im Unterricht keine Vollständigkeit angestrebt werden. Zudem muss der Aufgabenumfang für den einzelnen Schüler überschaubar bleiben. Zur Bearbeitung bietet sich daher ein arbeitsteiliges Vorgehen an (jeweils zwei Schülerinnen und Schüler bearbeiten fünf Textzeilen) oder man sammelt pro Kategorie zwei Beispiele.

Inhalt:
• Zeile 19 – 21: sauber und unordentlich sind keine Synonyme!
• Zeile 23 – 26

Satzbau:
• besonders auffällig: Zeile 6ff./15ff./23 – 26 (zu stellen)/26f. (neue anzuschaffen)

Ausdruck:
- Zeile 3 „tätlich vergreifen"
- Zeile 9 „andere Flugobjekte" (klingt etwas gestochen)
- Zeile 10 „deren Entzündung" (Nominalstil)
- Zeile 17 „Rachesucht"
- Zeile 29 „den Unterricht verschönern"/„vorenthalten"

Satzzeichen:
(Im Prinzip zu schwierig für diese Altersstufe, da nur ganz elementare Kommaregeln bekannt sind und die Aufgabe somit eine Überforderung darstellt. Dennoch kann man vom Sprachgefühl oder vergleichenden Beobachtungen ausgehen, wie im Folgenden skizziert.)
- Zeile 3: ... so darf ich nicht reagieren, sondern ... .
  → Diese Zeichensetzungsregel ist den Kindern noch nicht bekannt, kann also nur vom Sprachgefühl begründet werden – Komma als eine Art Sprechpause – oder in Analogie zu Zeile 7 und 18, wo vor „sondern" ein Komma steht.
- Zeile 16: ... wenn ich als Ordner an der Reihe bin, muss ich ...
  → Analogie zu den vielen anderen Konditionalsätzen in Z. 1–8.

Die übrigen Zeichensetzungsfehler (Z. 11/21/22/24) sind für die Schüler zu anspruchsvoll.

Seite 42

1a–c Das Auswendiglernen von Gedichten ist nach wie vor in den Lehrplänen verankert. Hier erhalten die Schülerinnen und Schüler eine erste Gelegenheit, sich darin zu erproben. Die zur Auswahl stehenden Gedichte sind unterschiedlich umfangreich, sodass auch unsichere Schülerinnen und Schüler diese Aufgabe problemlos erfüllen können.
Text 4 („Graue Ha re") eignet sich eher nicht für den mündlichen Vortrag, es sei denn, den Schülern gelingt es, die fehlenden Buchstaben beim Vortrag anders zu markieren.

2a Sprachspielereien in den einzelnen Texten:
Text 2: Der Buchstabentausch r/l führt zu einem witzigen lautmalerischen Ergebnis.
Text 3: Das Wort „Gedicht" ist Schreibimpuls. Jede neue Strophe erhält einen weiteren Impuls, indem anstelle des „i" nach und nach alle anderen Vokale eingesetzt werden (Gedocht, Gedacht...)
Text 4: Haare fallen aus – so wie einzelne Buchstaben in diesem Gedicht...
Text 5: Durch Hinzufügung eines einzelnen Buchstabens entsteht ein neues Wort mit einem völlig anderen – hier sogar konträren – Sinn.
Text 6: Ein Gedicht auf den Spuren von Wetz' Strafarbeit (Text 1).

2b/c Die (schreib-)intensive Auseinandersetzung mit einem der Gedichte soll die Schülerinnen und Schüler vertiefend auf deren Eigenarten aufmerksam machen.

Die „Übersetzung" in „richtiges" Deutsch raubt den Gedichten ihren Clou, diese verlieren ihre Wirkung. Ähnlich wie am Beispiel von Text 1 („Strafarbeit") erkennen die Schülerinnen und Schüler, dass Schriftsteller bewusst gegen sprachliche Regeln und Erwartungen des Lesers verstoßen, um eine bestimmte Wirkung zu erzielen. Allerdings setzt solch ein Spiel mit der Sprache voraus, dass man deren Regeln sehr genau kennt.

Seite 43

3a „Manches meiner Gedichte ist mein bestes Gedicht."
Diese Aussage verwirrt, weil sie gegen die Regeln der Grammatik verstößt: Nur ein Gedicht kann „das beste" sein – das Indefinitpronomen „manches" verweist jedoch auf mehrere Gedichte (vgl. Z. 4ff.).

3b In den Zeilen 10ff. löst Jandl diesen Widerspruch auf: Er unterscheidet unterschiedliche Qualitäten seiner Gedichte, sodass je nach verlangter Qualität das eine oder das andere „das beste" Gedicht sein kann. („So können viele das beste Gedicht sein, und zwar jedes auf seine eigene Weise", Z. 15).

4a–d Am Ende seines kurzen Textes „Ein bestes Gedicht" macht Jandl indirekt Mut zum Schreiben von Gedichten, angestoßen durch fremde, professionelle Texte.[14]
Daran anknüpfend sollen sich die Schülerinnen und Schüler in Parallelgestaltungen zu Text 2 – 6 versuchen. (Vorschlag zu Text 4: Ein Parallelgedicht mit dem Titel „Wackelige Zähne").
Eine weitere Anregung für eine Gedicht-Parallelgestaltung bietet K 6, S. 40.

Seite 45

1a/b Die Freude am Malen, Reimen und Spielen mit der Sprache ist Ausgangspunkt für eine abschließende Wiederholung elementarer Rechtschreibhilfen. Es ist auch denkbar, den Schülerinnen und Schülern bestimmte Wörter vorzugeben, die sie in ihren Sprüchen verwenden müssen, um diese Wörter zu üben.

2a Pizza → Tipp 4 (Fremdwort, das nachgeschlagen werden muss)
man → Tipp 3 (Verwechslungsmöglichkeit mit dem Substantiv „Mann"; Verwendung im Satzzusammenhang wichtig)
Kartoffel → Tipp 1 (deutlich sprechen) oder Tipp 4 (nachschlagen)
Hand → Tipp 2 (Die Veränderungsprobe „Hand – Hände" macht deutlich, dass man das Wort am Schluss mit „d" schreibt)

---

[14] „Ich will nicht. Jungs schreiben keine Gedichte. Mädchen schon." – Dieses „Tagebuch" eines Jungen, der merkt, dass Worte etwas Wunderbares sind, ist ein Geheimtipp für jede/n Lehrer/in: Sharon Creech. *Der beste Hund der Welt.* (Fischer Schatzinsel, 2003).

3. Vorschläge für Übungen und Klassenarbeiten – zusätzliche Materialien und Kopiervorlagen

Übersicht über die Kopiervorlagen

K1	Ein Erkundungsspiel zu Dichtern und Schulnamen	SB, S. 18f.
K2	Erlebnisse erzählen (1): „Eine schwere Entscheidung"	SB, S. 26f.
K3	Erlebnisse erzählen (2): ???	SB, S. 26f.
K4	Wer wird Erzählkönig?	SB, S. 28
K5	Amy MacDonald: *Nie wieder fies* (Auszug)	SB, S. 34
K6	Im Ozean der Sprache...	SB, S. 42

Kurzbeschreibung der Kopiervorlagen

K1 Ein Erkundungsspiel zu Dichtern und Schulnamen

Didaktischer Ort:
1. Vertiefender Umgang mit verschiedenen Lexika zu Hause, bzw. in der Schüler- oder Stadtbibliothek.
2. Anstoß für die Auseinandersetzung mit dem Namen der eigenen Schule.

Erläuterungen:
Der Wettbewerbscharakter fördert nicht nur den Recherchewillen der Kinder, sondern sorgt v. a. während des Vortrags verschiedener Biografien für eine konzentrierte Zuhörerschaft. Denkbar ist, das Vorstellen einer Biografie gleichsam als Ritual in jede Stunde (Anfang; Ende) einzubinden, um so nach und nach allen Schülerinnen und Schülern die Möglichkeit zur Vorstellung ihres Rechercheergebnisses zu geben.

Variation:
In einer eher leistungsschwachen Klasse könnten auch Kurzbiografien moderner Kinder- und Jugendbuchautoren vorgestellt werden. Allerdings müssten dazu spezielle Autorenlexika zur Verfügung stehen.

K2 Erlebnisse erzählen (1): Eine schwere Entscheidung

Didaktischer Ort:
1. Positives Beispiel einer Erlebniserzählung am Ende der ersten Unterrichtseinheit zum Erzählen.
2. Übungsmöglichkeit der Methode Textlupe.

Erläuterungen:
Dieser Schüleraufsatz eines elfjährigen Sechstklässlers entspricht nach Aufbau und Gestaltung (geeignete Themenwahl; Konzentration auf ein Erlebnis; Raffung/Dehnung) den Kriterien, die an eine gelungene Erlebniserzählung zu stellen sind. Allerdings könnte die Anschaulichkeit und Plastizität im Erzählen durch die Verwendung wörtlicher Reden (v. a. in der Rückkehrsituation) noch verstärkt werden.

Lösungsvorschlag:
In der Textlupe können folgende Hinweise von einem Fünftklässler erwartet werden:
a) Das hat mir gut gefallen!
- Kurze Einleitung, in der du Person, Zeit und Situation nennst.
- Du verwendest verschiedene Satzarten: z. B. Ausrufesatz (Z. 9) und Fragesatz (Z. 10).
- Mithilfe von Adjektiven erzählst du anschaulich und baust Spannung auf: „schlagartig" (Z. 8) oder „mit klopfendem Herzen" (Z. 17).
- Du baust Gedanken und Gefühle ein (Z. 9–17).
- Du beschränkst dich auf ein Erlebnis.
- Ein Satz rundet deine Erzählung knapp ab.

b) Hier fällt mir etwas auf..:
- Es fehlen wörtliche Reden!

c) Meine Vorschläge:
- Du könntest doch auf dem Weg zurück Selbstgespräche führen.
- Schreibe das Lob des Lehrers in Z. 18f. als wörtliche Rede.

K3 Erlebnisse erzählen (2): ???

Didaktischer Ort:
1. Übungsaufgabe zur Beurteilung und Verbesserung eines Schülerbeispiels.
2. Übungsmöglichkeit der Methode Textlupe.
3. Soweit geübt (z. B. mithilfe von K2) durchaus auch als Klassenarbeit verwendbar.

Erläuterungen:
Diese Erlebniserzählung eines Zehnjährigen zeigt eine funktionsgerechte Dreigliederung (Einleitung, Hauptteil, Schluss) und folgt dem Gebot, *ein* Ereignis genau darzustellen. Während der Schüler in der Einleitung Informationen (Wann? Wer? Wo? Was?) mit einem Spannung erregenden Moment („tolles Erlebnis") zu verbinden weiß, erzählt er im Hauptteil in kausal gegliederter Handlung mit wörtlichen Reden recht anschaulich und spannend. Der Schluss ist dagegen eher konventionell geraten.
Die im Originaltext angelegten Wiederholungen bzw. Stereotypen wurden aus didaktischen Gründen im abgedruckten Beispiel noch verstärkt.

Lösungsvorschlag:
Die Einträge in der Textlupe müssten die Auswahl des Erlebnisses, den Aufbau der Erzählung sowie die Lebendigkeit im Hauptteil durch die verwendeten wörtlichen Reden positiv hervorheben. Es ist zu erwarten, dass selbst schwächeren Schülerinnen und Schülern die stereotype Verwendung der Verben „gehen" und „fahren" sowie des Substantivs „Boot" negativ auffällt. Gerade bei Wortwiederholungen ist es für Fünftklässler leistbar, konkrete Verbesserungsvorschläge zu machen. Zum Beispiel:

fuhren (Z. 1): reisten; begaben uns
(Z. 3): paddelten; schaukelten
(Z. 17): paddelte; ruderte; eilte
(Z. 19): schaukelten; vergnügten uns
gingen (Z. 7): begaben wir uns; trotteten; schlenderten
(Z. 11): sprangen; stürzten; hechteten
(Z. 12): kletterte; schwang ich mich; enterte ich
Boot (Z. 8/9/12/14/14/16): Gefährt; Schlauchboot; verlassenes Schiff

Vorschläge für eine passende Überschrift sind z. B. Ein Piratenstück/Die Eroberung auf dem Bodensee/Ausgetrickst!/Das verwaiste Boot

K4 Wer wird Erzählkönig?

Didaktischer Ort:
1. Vertiefung der Kriterien für gelungenes Erzählen. (Folienvorlage)

Erläuterungen:
Das vorgegebene Raster stellt eine Übersicht der Kriterien für gelungenes Erzählen dar, die im Rahmen des ersten Kapitels

in *Blickfeld Deutsch 1* erarbeitet bzw. aus der Grundschule wiederholt wurden. Es handelt sich dabei aber erst um einen erreichten Zwischenstand; Kriterien wie Raffung/Dehnung spielen zu diesem frühen Zeitpunkt im Schuljahr noch keine Rolle, sondern werden im Sinne der Progression erst im 2. Kapitel eingeführt.

Verwendung im Unterricht:
Nachdem im Unterricht mehrfach fremde Erzählungen unter die Lupe genommen und überarbeitet worden sind, verfassen die Schülerinnen und Schüler ausgehend von Impulsen im Rahmen des Kapitelthemas Schule eigene Erlebniserzählungen (vgl. Aufgabe 1, SB, S. 28). Im Unterricht werden drei bis vier Schülerprodukte ausgewählt (vgl. Aufgabe 2, SB, S. 28), die nacheinander vor der Klasse vorgetragen und von den Mitschülerinnen und Mitschülern bewertet werden. Dazu werden Vierergruppen gebildet, die jeweils nur für einen Beobachtungsaspekt verantwortlich sind (Gruppe 1: Einleitung – vollständig? Gruppe 2: Einleitung + Überschrift – Neugier weckend? ...). Zunächst werden alle vier Aufsätze vorgelesen, ohne dass eine Bewertung stattfindet. In einer zweiten Vortragsrunde wird der Jury nach jedem Aufsatz eine kurze Beratungspause eingeräumt, in der sie dem Aufsatz für ihren Teilaspekt zwischen 0 und 5 Punkten zuweist. In einer Abschlussrunde gibt jede Gruppe nacheinander alle vergebenen Punkte bekannt und begründet die höchste Punktzahl. Die Summe der Punkte ergibt für jeden Aufsatz eine individuelle Gesamtpunktzahl – der Verfasser des Aufsatzes mit der höchsten Punktzahl ist der amtierende „Erzählkönig". Bei der Bildererzählung, der Fantasieerzählung oder bei der Tierbeschreibung kann die Vorgehensweise analog mit einem jeweils modifizierten Kriterienkatalog wiederholt werden.

K 5 Amy MacDonald: Nie wieder fies

Didaktischer Ort:
1. Übung: Präsentation von Arbeitsergebnissen vor der Klasse mithilfe des Tageslichtprojektors.
2. Methodenreflexion: Worauf muss ich beim Präsentieren achten?

Erläuterungen:
Vgl. Erläuterungen zum Textauszug LB, S. 23/27.

Da die Zeichnung im SB, S. 34 nicht eindeutig ist, können die Schülerlösungen zu Aufgabe 2 mithilfe des weiteren Textauszugs überprüft und korrigiert werden. Zudem üben die Schülerinnen und Schüler noch einmal die Anlage eines Stichwortzettels.

Lösungsvorschlag:
Die Romanfigur Julie erweckt beim Leser den Eindruck, dass es sich um eine sehr selbstbewusste Schülerin handelt, die bereits Erfahrung mit Präsentationen gesammelt hat.
Worauf achtet sie beim Vortrag?
- Julie benutzt zur Verdeutlichung einen Zeigestock. (vgl. Z. 2)
- Sie verbeißt sich das Lachen, bemüht sich also um Ernsthaftigkeit. (Z. 5)
- Sie spricht die Zuhörer direkt an: „Jetzt kommt der Teil, der Sie so umhauen wird, dass Sie nur noch Bauklötze staunen". (Z 21f./42)
- Sie achtet auf Pausen (Z. 34)
- Sie wechselt den Tonfall. (Jahrmarktschreier, Z. 22/Moderator, Z. 43/Zauberer von Oos, Z. 62f.)
- Julie setzt gezielt Gesten ein. (Z. 52)

Die Präsentationstipps der Schülerinnen und Schüler können sich aus der Beschäftigung mit Julies Auftreten ergeben oder aber auch andere Aspekte berücksichtigen (z. B. fest mit beiden Beinen auf dem Boden stehen – vgl. auch Tipps zur Vortragsweise beim mündlichen Nacherzählen im SB, S. 105).

K 6 Im Ozean der Sprache

Didaktischer Ort:
1. Spielerische Rezitationsübung im Kontext „Mit Sprache spielen"
2. Übungsmaterial: Impuls für eine Parallelgestaltung (kreatives Schreiben)

Erläuterungen:
Gomringers Gedicht ist eine Parodie auf die Redensart „Kein Fehler im System", indem gezeigt wird, wie umfassend die Fehler sein können:

Variation 1
Ein flüchtiger Blick auf diese 1. Variation lässt keinen Fehler vermuten, da das Druckbild sehr einheitlich wirkt. Indem die Länge der vier Einzelwörter beibehalten wird, übersieht man die geringfügige Variation in jeder Zeile zunächst:
- fünfmal durch Umstellung der Buchstaben im Wort „fehler"
- zweimal durch Umstellung in den Worten „fehler" und „im"
- sechsmal in den drei Worten „fehler", „im" und „system"
- viermal in den Worten „kein" und „fehler".

Die letzte Zeile ist wieder „fehlerfrei" und entspricht der ersten Zeile.

Variation 2
Auch hier übersieht ein flüchtiger Leser zunächst die Variation, da die beiden ersten Wörter „kein fehler" nicht verändert werden. Stattdessen findet eine sechsmalige Variation der Wörter „im system" statt, wobei erstmalig die Wortlänge verändert wird.

Variation 3
In dieser Variation schlagen sich die Veränderungen deutlich im Druckbild nieder – der Gedichtcharakter geht geradezu verloren und man meint auf einen Prosatext im Blocksatz zu blicken. Interessanter ist jedoch, dass sich durch die stark veränderte Buchstaben- und auch Wortfolge mehrfach ein neuer Sinn ergibt bzw. Assoziationen geweckt werden (z. B. „keim in systemfehler", Z. 4).

Lösungsvorschlag:
Die Überschrift ist für Fünftklässler irreführend, weil sie Fehlerlosigkeit im „System" (z. B. einer Maschine, einer Institution etc.) suggeriert und in den drei Variationen unterschiedliche Formen und Grade von Fehlerhaftigkeit vorführt. In origineller Weise wird dadurch gezeigt, dass die zitierte Behauptung falsch ist. Wie weit über die „Botschaft" des Textes reflektiert werden kann, hängt vom Niveau der Klasse ab. Vermutlich führt der produktive Umgang mit Gomringers Gedicht (Parallelgedicht „fehlerfreie hausaufgabe") anstelle des analytischen Gesprächs zu vertieften Einsichten.

Ein Erkundungsspiel zu Dichtern- und Schulnamen

Klasse werden! K 1

Johann Wolfgang Goethe
Friedrich Schiller
Annette von Droste-Hülshoff
Johann Peter Hebel
Marie von Ebner-Eschenbach
Hermann Hesse
Thomas Mann

Heinrich Heine

Es gibt viele Schulen, die nach berühmten Frauen und Männern benannt sind. Diese haben sich meist im Bereich der Wissenschaft, Musik, Malerei oder Schriftstellerei einen Namen gemacht. Wenn sich eine Schule den Namen *Mörike-Realschule* oder *Lise-Meitner-Gymnasium* gibt, dann soll dadurch die Erinnerung an diese berühmte Person, an ihre Leistungen und Erfolge wach gehalten werden. Vielleicht hofft man ja auch, dass die Schülerinnen und Schüler dem jeweiligen Namensgeber ihrer Schule ein wenig nacheifern ...

Bertolt Brecht

Startet das Erkundungsspiel:

1. Ihr findet hier eine Auswahl an Dichtern aus verschiedenen Jahrhunderten, nach denen Schulen benannt sind. Wählt einen Dichter/eine Dichterin aus und schlagt folgende Daten in einem Lexikon nach:
   - Lebensdaten sowie Geburts- und Sterbeort
   - Angaben zur Familie (Beruf der Eltern ...)
   - Ausbildung (Schule, Studium/Lehre, Beruf)
   - Besondere Ereignisse aus dem Leben dieses Dichters/dieser Dichterin
   - Die wichtigsten/bekanntesten Werke
2. Verfasst mit diesen Daten in eigenen Worten einen kurzen Lebenslauf.

Ludwig Thoma

Ingeborg Bachmann

<u>Ein Beispiel:</u>

Mein Dichter ist am 21. Januar 1867 in Oberammergau geboren. Seine Jugend kann man jedoch nicht gleichsetzen mit all den Ereignissen, die wir aus seinen witzigen *Lausbubengeschichten* oder aus der *Tante Frieda* kennen. Von den Sorgen und Nöten seiner Familie erfahren wir dort nur ganz wenig: Sein Vater, ein Förster, war schon früh gestorben. Die Mutter blieb mit sieben Kindern allein zurück. Mein Dichter wurde von einem Verwandten zum anderen herumgeschoben. Ein Wunder, dass er überhaupt das Abitur schaffte, denn er besuchte insgesamt fünf verschiedene Gymnasien und war keineswegs ein Musterschüler! Nach dem Jurastudium in Erlangen und München arbeitete er als Rechtsanwalt. Im Alter von 29 Jahren gründete er die bekannte Zeitschrift „Simplizissimus". Darin kritisierte er schonungslos die damalige Gesellschaft. Am Ersten Weltkrieg (1914–1918) nahm er als Sanitäter teil. Da er schwer erkrankte, durfte er in seine bayerische Heimat zurückkehren und arbeitete die wenigen Jahre bis zu seinem Tod 1921 als Schriftsteller.

Astrid Lindgren

Marie-Luise Kaschnitz

Ilse Aichinger

3. Tragt diesen Lebenslauf (ohne Namensnennung) langsam vor der Klasse vor. Diejenigen, die zufällig denselben Dichter gewählt haben, können ihn erraten. Sobald ein Schüler einen Verdacht hat, schreibt er den Namen auf einen Zettel und reicht ihn dem Experten.
4. Wer den Namen zuerst erschlossen hat, erhält einen Punkt. Bleibt der Dichter unerkannt, bekommt der Experte den Punkt.

Kurt Tucholsky
Josef von Eichendorff
Friedrich Hölderlin
Gotthold Ephraim Lessing
Erich Kästner
Ludwig Uhland
Eduard Mörike

Erlebnisse erzählen (1)

Eine schwere Entscheidung

Es war am Anfang der fünften Klasse, ungefähr in der zweiten Woche. Ich kannte den Stundenplan noch nicht auswendig und hatte an diesem Tag auch keine Uhr mitgenommen.
Nach dem Matheunterricht in der 5. Stunde packte ich meine Sachen und ging
5 zur Bushaltestelle, weil ich dachte, dass der Unterricht beendet wäre.
Es kam mir sehr eigenartig vor, dass an der Bushaltestelle keine anderen Kinder auf den Bus warteten.
Nachdem ich zehn Minuten gewartet hatte, fiel mir schlagartig der Grund dafür ein: Ich hatte ganz vergessen, dass wir in der 6. Stunde noch Biologie
10 hatten! Erschrocken überlegte ich: Was sollte ich nun tun? In die Klasse zurück traute ich mich nicht, aus Angst, dass alle mich auslachen würden und der Lehrer mit mir schimpfen könnte.
Am besten wäre es, wenn ich einfach nach Hause fahren würde. Aber dabei hatte ich auch kein gutes Gefühl.
15 Nachdem ich eine Weile überlegt hatte, entschloss ich mich doch, in die Klasse zu gehen.
Schließlich stand ich mit klopfendem Herzen vor der Tür zum Biologieraum. Als ich dann eintrat, lachte niemand, und der Lehrer lobte mich sogar und fand es mutig, dass ich nicht einfach nach Hause gefahren war.
20 Hinterher war ich sehr erleichtert und auch ein bisschen stolz, dass ich mich doch dazu durchringen konnte, in die Klasse zurückzugehen. (Lars, 11 Jahre)

Klasse werden! **K 2**

Arbeitsanweisungen:

1. Fülle die Textlupe zu Lars' Erlebniserzählung aus.
   Achte dabei auf:
   - Inhalt
   - Aufbau
   - Sprache

2. Überarbeite den Aufsatz, indem du wörtliche Reden einbaust.

Kommentar von:	Das hat mir gut gefallen!	Hier fällt mir etwas auf! Hier habe ich noch eine Frage! Hier stört mich etwas!	Meine Tipps! Meine Vorschläge!
	Deine Einleitung ...		

Erstes Kapitel: Klasse werden **37**

Erlebnisse erzählen (2)

Klasse werden! **K 3**

Letztes Jahr fuhren wir in den Sommerferien mit Verwandten zum Camping an den Bodensee, wobei wir vier Jungen ein tolles Erlebnis hatten.
Frank und Uwe, meine Vettern, fuhren mit dem Schlauchboot nahe dem Strand auf dem See. Mein Bruder Peter und ich überlegten, wie wir den beiden das
5 Schlauchboot abjagen könnten. Ich machte ein nachdenkliches Gesicht, hatte aber keine Idee. „Ich hab's", rief Peter plötzlich. Er teilte mir seine Idee geheimnisvoll flüsternd mit und ich war begeistert. Gemeinsam gingen wir zum Strand und ins Wasser. Ich tauchte an das Boot, ohne dass mich Frank und Uwe bemerkten. Peter schwamm von der anderen Seite auf das Boot zu und rief: „Da seid ihr ja!" Dann
10 spritzte er die Vettern mit Wasser voll. „Na warte, das wirst du büßen!" Frank und Uwe gingen ins Wasser, um Peter zu fangen. „Trick gelungen!", dachte ich und war jetzt an der Reihe. Geschwind ging ich ins Boot und fuhr weg. Frank und Uwe gaben es bald auf, Peter nachzuschwimmen, denn er war schneller als sie. Beide wollten gerade zum Boot zurückkehren, da erkannten sie mich in ihrem Boot. Ich
15 lachte ihnen zu: „Na, ihr zwei, warum guckt ihr so dumm?" Zu spät bemerkten sie, wie unvorsichtig es war, dass beide das Boot verlassen hatten. „Du bist schuld, du hast gesagt, wir sollen Peter verfolgen!", schimpfte Frank mit Uwe. Ich fuhr davon, um Peter an Bord zu nehmen.
„Dieser Streich ist gelungen!", freute sich Peter und wir fuhren noch eine Zeit lang
20 auf dem See herum.   (Felix, 11 Jahre)

Arbeitsanweisungen:

1. Fülle die Textlupe zu Felix' Erlebniserzählung aus. Achte dabei auf:
   - Inhalt
   - Aufbau
   - Sprache

2. Finde eine passende Überschrift.

3. a) Mach konkrete Vorschläge, welche treffenderen Ausdrücke Felix anstelle von „fahren" verwenden kann.
   b) Nenne andere Wörter, die zu häufig wiederholt werden.

4. Überarbeite den Aufsatz, indem du Felix' Wortwiederholungen vermeidest.

Kommentar von:	Das hat mir gut gefallen!	Hier fällt mir etwas auf! Hier habe ich noch eine Frage! Hier stört mich etwas!	Meine Tipps! Meine Vorschläge!
		Das Wort „fahren" verwendest du zu oft.	

© Schöningh Verlag, Best. Nr. 028876

Wer wird Erzählkönig?

Klasse werden! K 4

0 Punkte: fehlt — 1 — 2 — 3 — 4 — 5 Punkte: bestens eingelöst!

Bewertungsaspekt	Name 1	Name 2	Name 3
Einleitung: • vollständig?			
Einleitung und Überschrift: • Neugier weckend?			
Hauptteil: • auf ein Erlebnis beschränkt?			
Hauptteil: • Ablauf des Geschehens klar?			
Hauptteil: • Wortwahl?			
Hauptteil: • wörtliche Rede/Gedanken?			
Hauptteil: • Wechsel der Satzanfänge und Satzarten?			
Schluss: • knappe Abrundung?			

© Schöningh Verlag, Best.-Nr. 028876

Amy MacDonald: Nie wieder fies (Auszug)

[...] „Jeden Morgen oder auch in der Nacht legt das Huhn oben im Nistkasten ein Ei." Sie wies mit dem Zeigestock auf den Nistkasten. „Dort bleibt das Ei liegen, bis zur vorher eingestellten Zeit dieser eklige Wecker losrappelt und das Huhn aufschreckt, so dass es den Nistkasten verlässt." [...]

Julie verbiss sich das Lachen und fuhr fort: „Dadurch verändert sich das Gewicht im Nistkasten, und das löst die Feder einer Falltür unten im Nistkasten aus, woraufhin das Ei über diese aus Legosteinen gebaute Rampe rollt." [...]

„Am Ende der Rampe fliegt das Ei durch diesen kleinen Basketball-Ring und landet in diesem Sieb."

Als das Ei von der Rampe schoss und haargenau durch den kleinen Reifen glitt, schrie eine Stimme aus der Zuschauermenge: „Wow! Ein Drei-Punkte-Korb!" Simon drehte sich um und sah einen Jungen mit einer Sportjacke der Highschool-Mannschaft, der wie eine ältere und größere Ausgabe von Jimmy aussah. Er klatschte mit den Handflächen gegen die von Jimmy, und der lief vor Freude rot an.

„Also", fuhr Julie fort, „das Sieb ist eigentlich nur eine Metallschüssel, in die wir Löcher gebohrt haben. Das Ei wird natürlich total zermatscht, und das Innere tropft durch das Sieb, während die Schalen zurückbleiben."

„Sehr gut ausgedacht", sagte ein Preisrichter, und alle Erwachsenen klatschten Beifall, als mit dem Ei haargenau das geschah, was Julie beschrieben hatte.

„Jetzt kommt der Teil, der Sie so umhauen wird, dass Sie nur noch Bauklötze staunen", sagte Julie und legte sich wieder den Jahrmarktschreier-Tonfall zu. „Die Eierpampe tropft durch das Sieb in die Rührschüssel, in der sich Milch und Salz und Pfeffer befinden oder was Sie in einem Rührei eben mögen. Sie können auch eine Fertigmischung Pfannkuchen- oder Waffelteig hineingeben. Inzwischen wird durch die Wucht, mit der das Ei im Sieb landete, diese Karotte hier in den Meerschweinchenkäfig hinuntergelassen."

„Das ist mein Meerschweinchen", fiel Mandy ein. „Es heißt Percy."

„Percy sieht die Karotte und versucht auf seinem Laufrad zu ihr zu laufen. Die Tretmühle setzt den Schneebesen in Bewegung, der die Eier mit der Milch verrührt. Sie sehen – Rührei! Gleichzeitig wird durch die Tretmühle auch das Gummiband aufgewickelt, das mit diesem hölzernen Hebelarm verbunden ist. Damit wird die Schüssel festgehalten, und wenn das Gummiband überdehnt wird" – hier legte sie eine Pause ein und wartete darauf, dass sich das Band straffte –, „dann schnalzt es zurück! So! Und dadurch macht der Hebel einen Schwenk und der Inhalt der Schüssel ergießt sich in die darunter stehende Bratpfanne. Am anderen Ende des Hebels ist ein Feuerstein befestigt. Der schlägt jetzt gegen diesen Feuerstein hier –"

„Meinen Feuerstein", sagte Jimmy.

„– und löst einen Funken aus, der unter der Bratpfanne diese Dose mit Spiritus entzündet. Und die Eier werden gebacken."

Julie wandte sich den Zuschauern zu. *„Da kann man nur staunen, nicht wahr?"*, sagte sie im Tonfall eines Moderators in einer Verkaufssendung im Fernsehen. Und die Leute reagierten mit Applaus und Jubelrufen, ganz so wie das Publikum in einer Verkaufssendung im Fernsehen.

„Cool!", sagte ein Schüler aus Mr Farleys Klasse.

„Sei bloß still!", zischte ihm ein anderer Schüler aus derselben Klasse zu.

„Brandgefahr", protestierte Mr Lister. „Haben Sie denn überhaupt eine Genehmigung für offenes Feuer?"

„Aber was ist mit dem Wecken?", fragte eine Preisrichterin. „Du hast doch gesagt, dass diese Maschine einen pünktlich zum Frühstück weckt."

Julie hielt mit einer dramatischen Geste die Hände hoch. Die Zuschauer verstummten.

„Nur Geduld", sagte Julie. „Es wird sich alles aufklären. Achten Sie auf diese Schnur hier."

Alle sahen zu, wie die Flamme des Spirituskochers eine Schnur in Brand setzte, die zur Bratpfanne führte. Mit einem Mal erwachte die Schnur zischend

Klasse werden! K 5/2

zum Leben – es handelte sich um eine Zündschnur, die langsam abbrannte, bis sie ein kleines Raumschiff aus Plastik zündete. Das Raumschiff, das auf
60 dem unteren Ende einer kleinen Wippe platziert war, schoss hoch in die Luft, wo sich ein Fallschirm öffnete, mit dem es sanft zu Boden schwebte.
„Das Raumschiff spielt eigentlich keine Rolle", sagte Julie mit einer Stimme, die jetzt haargenau so klang wie die des Zauberers in *Der Zauberer von Oos*. „Wichtig ist das hier." Und sie zeigte auf ein Gerät hinter der Raketenstartrampe
65 – ein CD-Spieler, der plötzlich anging.
„Was Sie hier sehen, ist ein Beispiel für die wundersame Nutzung von Infrarotstrahlen", erklärte Julie. „Ja, das obere Ende der Wippe hat den Strahl von dieser Fernbedienung blockiert, die auf die Einschalttaste des CD-Spielers gerichtet ist. Und so, haargenau dann, wenn Ihre Eier, die frisch gelegten Perl-
70 huhn- und Papageieneier in Ihrem Superspezialrührei de Luxe, fertig gebacken sind, startet das Raumschiff, die Wippe senkt sich nach unten, so dass der Strahl der Fernbedienung den CD-Spieler jetzt erreichen kann und ihn anstellt. Und" – aus einem Lautsprecher neben dem Tisch, auf dem Mario lag, ertönte ohrenbetäubende Rockmusik – „Ihre Lieblingsmusik wird zu einem Lautsprecher
75 in Ihrem Schlafzimmer geleitet und weckt Sie sanft auf, und zwar gerade rechtzeitig zum Frühstück." [...]

(Aus: Amy MacDonald: Nie wieder fies. Verlag Freies Geistesleben, Stuttgart 2002, S. 194–197)

Arbeitsanweisungen:

1. a) Lies den Romanauszug aufmerksam und notiere stichwortartig, wie die Maschine tatsächlich funktioniert.
   b) Erkläre vor der Klasse die „enorm elysische ... Maschine" mithilfe deines Stichwortzettels.

2. a) Überlegt in der Klasse, was dem Vortragenden bei solch einer Präsentation schwer fällt.
   b) Besprecht, worauf Julie während ihres Vortrags achtet (z. B. „wandte sich den Zuschauern zu", Z. 42).
   c) Stellt fünf Tipps für eine gelungene Präsentation zusammen.

Im Ozean der Sprache ...

Klasse werden! K 6

eugen gomringer (*1925): 3 variationen zu „kein fehler im system"

1
kein fehler im system
kein efhler im system
kein ehfler im system
kein ehlfer im system
kein ehlefr im system
kein ehlerf im system
kein ehleri fm system
kein ehleri mf system
kein ehleri ms fystem
kein ehleri ms yfstem
kein ehleri ms ysftem
kein ehleri ms ystfem
kein ehleri ms ystefm
kein ehleri ms ystemf
fkei nehler im system
kfei nehler im system
kefi nehler im system
keif nehler im system
kein fehler im system

2
kein fehler im system
kein fehler imt sysem
kein fehler itm sysem
kein fehler tmi sysem
kein fehler tim sysem
kein fehler mti sysem
kein fehler mit sysem

3
kein system im fehler
kein system mir fehle
keiner fehl im system
keim in systemfehler
sein kystem im fehler
ein fehkler im system
seine kehl im fyrsten
ein symfehler im sekt
kein symmet is fehler
sey festh kleinr mime

(Aus: eugen gomringer (Hrsg.): konkrete poesie. Reclam Verlag, Stuttgart 1980, S. 63f.)

Arbeitsanweisungen:

1. Versuche so zu lesen, dass der jeweilige Fehler hörbar wird.
2. Erkläre, wie der Autor seine Fehler macht.
3. Versuche die Überschrift zu erklären.
4. Verfasse ein Parallelgedicht mit dem Titel „fehlerfreie hausaufgabe".

Zweites Kapitel: Im Reich der Träume und der Fantasie

1. Grundsätzliche Überlegungen

Aufbau

Traum und Fantasie sind die vorherrschenden Themen der Texte, Bilder und Bildgeschichten im zweiten Kapitel. Dabei geht es im Rahmen der Werteerziehung vor allem um die Entfaltung der Kreativität und Fantasie der Schüler.
Die erste Sequenz „Tagträume und Nachtträume" ist untergliedert in drei Teilsequenzen, in denen Geschichten vom Träumen und von Traumhaftem in Prosatexten, Bildern und Bildgeschichten repräsentiert sind. Zu Beginn steht ein Bild, das den Schülern über das Imaginieren einen offenen Einstieg ins Reich des Träumens ermöglicht.
In der zweiten Sequenz „Ich ziehe mit den Wolken" weitet sich die Traumthematik zum Reich der Fantasie. Unterteilt in zwei kürzere Teilsequenzen sollen die fantastischen, traumhaften, spaßig-spielerischen Texte die kindliche Erfahrungswelt ansprechen und zu Eigenproduktionen anregen.

Die insgesamt fünf Teilsequenzen des Kapitels verbinden die vier Arbeitsbereiche des Deutschunterrichts. Ein Schwerpunkt liegt beim Erzählen, wobei v.a. Bilderzählung und Fantasieerzählung eingeführt und geübt werden. Zu weiteren Akzentsetzungen kommt es im Bereich der Wortlehre (hier: die Wortart Substantiv), der Zeichensetzung bei wörtlicher Rede und der Rechtschreibung.

I.1 Nur geträumt – Versuche mit Worten und Bildern (S. 48–56)

Das Bild eines Träumers sowie Text und Illustration eines spannenden Angsttraums bieten zu Beginn der ersten Teilsequenz v.a. Ansatzpunkte für die Wahrnehmungsschulung im Rahmen einer umfassenden Medienerziehung **(AB Lesen/Umgang mit Texten und Medien)**. Die Schüler setzen sich gestalterisch über eigenes Erzählen und Malen mit den Materialien auseinander und erfahren dabei die verschiedenen Möglichkeiten und Leistungen der Medien.
Beim Erzählen und Beurteilen von Fortsetzungsgeschichten treten die **AB Sprechen** und **Schreiben** in den Vordergrund. Die Erzähltechniken (Dehnung und Raffung) und die Zeichensetzung bei wörtlicher Rede werden eingeführt und geübt. Sprachliche Eigenarten der Texte bieten dabei Anknüpfungspunkte für die **Rechtschreibung** der gleich und ähnlich klingenden Vokale. Als **Rechtschreibhilfe** wird die Wortfamilie erarbeitet und in verschiedenen Diktatformen eingeübt.

I.2 Die Lust am Träumen – Substantive benennen das Reich der Fantasie (S. 57–67)

In dieser Teilsequenz dominiert der **AB Sprachbewusstsein entwickeln**. Kenntnisse zur Wortart Substantiv werden vor dem Hintergrund von Einschlafgeschichten wiederholt. Die speziellen Charakteristika der Wortart wie Genus, Numerus und Deklination werden über konkrete Sprachhandlungen bewusst gemacht, in Übungen reflektiert und angwandt. Die Ergebnisse werden jeweils am Ende einer Übungsreihe zusammengefasst und systematisiert.

I.3 Im Land der Träume – Nach Bildern erzählen (S. 68–73)

In dieser Teilsequenz liegt der Schwerpunkt im **AB Schreiben**. Das im ersten Kapitel eingeführte Gerüst des Erzählens (erkennbarer Erzählaufbau und Beschränkung auf ein Erlebnis) wird im Zusammenhang der Bilderzählung und der Fantasieerzählung vertiefend aufgegriffen und erweitert.
Über die Analyse einer Erzählung zu Bildern (Schülerbeispiel) wird die Verknüpfung der äußeren Handlung mit der inneren als ein bedeutendes Merkmal einer gelungenen Erzählung herausgestellt. Das Gestalten von Einleitung und Schluss sowie das erzählerische Schließen von Lücken zwischen den Einzelbildern zeigen den methodischen Weg von den Bildern zur Bilderzählung. Während der genauen Wahrnehmung beim Schreiben zu Bildgeschichten große Bedeutung zukommt, sollen die surrealen Einzelbilder vor allem Impulse für Fantasieerzählungen und weitere kreative Gestaltungen, die fächerübergreifend bearbeitet werden können, darstellen.

II.1 Spiele mit der Fantasie – Vorstellungen und Gedanken in Worte fassen (S. 74–82)

Die erste Teilsequenz des zweiten Teilkapitels steht zunächst unter der Thematik „selbstgestalteter Lebensräume" (Baumhaus, Wohnhöhle usw.). Diese spricht Kinder in besonderer Weise an, da sie ihrem inneren Bedürfnis entspricht sich ein eigenes Reich zu schaffen und sich damit abzugrenzen von der Welt der Erwachsenen. Nicht zuletzt ist das Bauen an sich (in der Realität als auch in der Fantasie) stets ein schöpferischer Akt, in dem eigene Wünsche und Vorstellungen umgesetzt und zum Ausdruck gebracht werden. Wie bereits in der vorangegangenen Teilsequenz liegt auch hier der Schwerpunkt im **AB Schreiben**. Merkmale der Erlebniserzählung werden wiederholt und ein besonderer Akzent wird auf die Glaubwürdigkeit und innere Stimmigkeit von Fantasieerzählungen gesetzt.
Ausgehend von der auffälligen Wortwahl einer Erlebniserzählung wird das Erstellen von Wortfeldern angeregt, um eine Erweiterung des Wortschatzes und eine semantische Differenzierung zu bewirken. Eine Fortsetzungsgeschichte dient als positives Schülerbeispiel, das Einsichten über einen gelungenen Erzählaufbau festigt. Zum Abschluss sollen die Kenntnisse der Schüler und Schülerinnen in eigenen Fantasiegeschichten angewandt und überprüft werden.

II.2 Fantasiegeschichten – Blickwinkel und Wortgebrauch sind entscheidend (S. 83–85)

Die beiden Prosatexte der zweiten Teilsequenz stehen für die inhaltliche Variationsbreite der Erzählform „Fantasiegeschichte". Aus ihrem ganz unterschiedlichem Charakter und Inhalt ergeben sich verschiedene Anknüpfungspunkte. Anhand eines lustigen Textes werden im Rahmen der Interpretationspropädeutik Aspekte aus dem **AB Lesen/Umgang mit Texten und Medien** (s. Problemerfassung, Personen und Aufbau) aufgegriffen, angwandt und durch die Einführung der Erzählperspektive erweitert.
Mittels einer Fortsetzungsgeschichte wird aus dem **AB Schreiben** die Rechtschreibung des langen „i" thematisiert. Dazu wird die Rechtschreibprüfung des **Computers** genutzt und sein Einsatz beim Verfassen von Kettenerzählungen angeregt.
Ein kurzer sprachspielerischer Text bildet den vergnüglichen Abschluss des Kapitels. Lesetechniken können angewandt werden und zum Umschreiben der Geschichte bietet sich der **Computer** an.

Zielsetzung

Eine wesentliche **pädagogische Zielsetzung** besteht in Fortführung der bereits im ersten Kapitel begonnenen Vermittlung von Gemeinschaftserlebnissen und der **Ausbildung eines Wir-Gefühls**. So kann z.B. im Zusammenhang mit den Illustrationen zum Romanauszug von Erich Kästner eine Ausstellung arrangiert werden, die das Gemeinschaftsgefühl stärkt und gleichzeitig das Klassenzimmer gestaltet. Die Anregungen der Übungsdoppelseite zum Erzählen zu Bildern können in demselben Sinne genutzt werden.

Indem die Schülerinnen und Schüler zu zweit (z. B. beim Partnerdiktat) und in wechselnden Gruppen zusammenarbeiten (z. B. beim Satzmusterspiel oder Behauptungsspiel), sich ihre Texte vorlesen und sich weiter darin üben, Entwürfe und Vorstellungen der Mitschüler rücksichtsvoll zu besprechen und zu bewerten, kann eine von Akzeptanz und Kritikfähigkeit geprägte Atmosphäre in der Klasse gefördert werden.

Als <u>fachliche Ziele</u> sind im zweiten Kapitel besonders das **Schreiben von Bild- und Fantasieerzählungen** und die Vermittlung von Kenntnissen im Bereich der **Lexik** (hier: Wortart Substantiv) herauszustellen. Darüber hinaus sind im Bereich der **Rechtschreibung** (gleich und ähnlich klingende Vokale; Schreibung des langen „i") und **Zeichensetzung** (s. wörtliche Rede) Schwerpunkte gesetzt.
Folgende Kompetenzen werden dabei besonders gefördert:

a. **Arbeitsbereich Sprechen**
- einen Text nacherzählen [9]
- einen Text zum Vorlesen vorbereiten und sinngestaltend vortragen [13]
- kurze Szenen improvisieren [20]

b. **Arbeitsbereich Schreiben**
- anschaulich und lebendig erzählen [26]
- zwischen Wesentlichem und Unwesentlichem unterscheiden und auf Erzähllogik achten [27]
- eine Erzählung sinnvoll aufbauen [28]
- Techniken des Erzählens anwenden (Erzählperspektive, äußere und innere Handlung, Dehung und Raffung) [29]
- nach literarischen Mustern erzählen [30]
- Textvorgaben ausgestalten [31]
- in einfacher Weise Personen, Gegenstände und Vorgänge beschreiben [35]
- Sprache spielerisch verwenden [36]
- nach Schreibimpulsen schreiben [37]
- Fantasiegeschichten gestalten [38]
- die Grundregeln der Rechtschreibung anwenden (Dehnung und Schärfung, gleich und ähnlich klingende Laute, Großschreibung) [39]
- die eigene Rechtschreibung selbstständig überprüfen (Wörterbücher und Rechtschreibprogramme nutzen) [40, 41]
- wichtige Regeln der Zeichensetzung (Zeichensetzung bei wörtlicher Rede) anwenden [42]

c. **Arbeitsbereich Lesen/Umgang mit Texten und Medien**
- gezielt Informationen aus Texten und Bildern entnehmen und in eigenen Worten wiedergeben [49]
- einen ersten persönlichen Eindruck wiedergeben, Unklarheiten klären und Fragen an den Text stellen [50]
- sich im Gespräch über einen Text verständigen und Aussagen am Text belegen [51]
- Inhalt und Intention altersgemäßer Texte erfassen und Bezüge zu eigenen Erfahrungen herstellen [52]
- erste Grundbegriffe der Textbeschreibung (äußere und innere Handlung, Erzählperspektive, Wortwahl) verwenden [55]

d. **Sprachbewusstsein entwickeln**
- die Wortarten Substantiv, Artikel, Pronomen unterscheiden und ihre wesentlichen Leistungen benennen [63]
- beim Substantiv Kasus, Numerus und Genus unterscheiden [67]
- die Arten des einfachen Satzes unterscheiden [70]
- zwischen notwendigen und nicht notwendigen Satzgliedern unterscheiden [72]
- Wortbedeutungen mithilfe von Umschreibungen, Oberbegriffen und Wörtern gleicher oder gegensätzlicher Bedeutung klären und dazu auch Nachschlagewerke und den Computer benutzen [75]
- sinnverwandte Wörter in Wortfeldern zusammenfassen [77]
- Wörter gleicher Herkunft in Wortfamilien zusammenfassen. Sie erkennen dabei Wortbausteine und nutzen ihr Wissen bei der Rechtschreibung [78]
- Möglichkeiten der Wortbildung (Zusammensetzung) unterscheiden [79]

Zur Erweiterung der **Methodenkompetenz** wird Folgendes besonders geübt:
- Elementare Schreibstrategien (Stichwortzettel; Ideensammlung in Form eines Clusters, Überarbeiten von Fehlertexten)
- Informationsentnahme (aus Texten und Bildern)
- Präsentation von Ergebnissen (Ausstellung, Wandzeitung)
- Lernstrategien zu Grundregeln der Rechtschreibung (Wortfamilie)
- Üben des Rechtschreibens (Partnerdiktat, Laufdiktat)
- Formen des (Vor-)Lesens (Lesestaffel, mit verteilten Rollen, sinnerschließend)
- Lexikoneinträge lesen
- Schreiben am Computer und Benutzen eines Rechtschreibprogramms

2. Erläuterungen und Lösungsvorschläge

Übersicht zur Teilsequenz I.1 (Seite 48 – 56)

I. Tagträume und Nachtträume
1. Nur geträumt? – Versuche mit Worten und Bildern

Texte/Bilder	Sprechen	Schreiben	Texte und Medien	Sprachbewusstsein entwickeln	Methoden
1. Moser: Der Träumer		• Fantasieerzählung zum Bild	• Bild und Situation	• Wortfeld „träumen"	• Stichwortzettel
2. Kästner: Emil und die Detektive	• Mündliches Erzählen nach einem Bild • Mündliches Nacherzählen	• Erzählen nach einem Bild • Textvorgaben ausgestalten	• Traumgeschichte • Informationen aus Text und Bild (Vergleich)		• Präsentation von Zeichnungen zum Text
3. Emil erzählt von seinem Traum		• Erzähltechniken: **Dehnung und Raffung**	• Mündliche Erzählung • Informationen aus Texten entnehmen	• Anschauliches Erzählen • Sprachliche Mittel der Dehnung	

Zweites Kapitel: Im Reich der Träume und der Fantasie 43

4. Simons Fortsetzung (Schülerbeispiel Teil 1)		• **Zeichensetzung bei wörtlicher Rede** • Begleitsätze zuordnen • Anwenden von wörtlichen Reden	• Gespräch • Redebegleitsätze	
5. Zeichensetzung – Gewusst wie!		• Zeichensetzung bei wörtlicher Rede	• Satzzeichenmuster der wörtlichen Rede	• Informationsentnahme aus Grafiken
6. Satzzeichenmuster		• Zeichensetzung bei wörtlicher Rede anwenden	• Übersicht der Satzzeichenmuster	• Informationsentnahme aus Grafiken
7. Simons Fortsetzung (Schülerbeispiel Teil 2)		• Zeichensetzung bei wörtlicher Rede anwenden und selbstständig überprüfen • Partnerdiktat		
8. Rechtschreibfälle zum Knobeln		• Gleich und ähnlich klingende Laute: „äu"		• Partnerdiktat
9. Ein Wortbaum zu „Traum"		• Gleich und ähnlich klingende Laute: „äu"	• Wortbaum	• **Wortfamilie zu „Traum"**
10. Träume von Käuzen und Mäusen – Ein Laufdiktat		• Gleich und ähnlich klingende Laute: „äu" • Rechtschreibung selbstständig überprüfen		• Laufdiktat

Lösungsvorschläge

Bilderläuterungen:

Das Kapitelauftaktbild des belgischen surrealistischen Künstlers René Magritte (1898–1967) mit dem Titel „Le séducteur" (1950) zeigt ein dreimastiges Segelschiff auf hoher See. Die Flächen des Schiffes spiegeln Wellen der Ozeanoberfläche wieder. Ein vom Umriss vertrauter Gegenstand wird hier durch die ungewöhnliche Füllung seiner Flächen in den Bereich des Surrealen verschoben und damit verfremdet. Es ist kennzeichnend für den Surrealismus in der bildenden Kunst, dass „Gegenstände [...] in scheinbar widersprüchlichen Kombinationen zusammengestellt [werden], um durch traumhafte Vieldeutigkeiten die herkömmlichen Erfahrungs-, Denk- und Sehgewohnheiten zu erschüttern."[1]
Obwohl nicht primär beunruhigend oder schreckenerregend, strahlt das Schiff doch etwas Geisterhaftes aus. Assoziationen zum Gespensterschiff des Fliegenden Holländers werden geweckt. Der freundlich-helle Blauton, in dem das Gemälde gehalten ist, scheint die Wirkung des Gespenstischen jedoch nicht zu unterstützen.
Für Irritation sorgt in diesem Zusammenhang eher der Titel des Werkes „Le séducteur" (< frz. = der Verführer). Das Motiv der Verführung in Verbindung mit einem Schiff erinnert an die Odysseus-Sage. Darin wird der vorbeisegelnde Odysseus von seinen Männern am Mast festgebunden, damit er der Verführung durch den Gesang der Sirenen widerstehen kann.

Zur Einstimmung auf das Kapitel könnte das Auftakt-Bild in die Besprechung mit einbezogen werden. Möglich ist das freie Imaginieren zum Bild. Werden zudem Assoziationen zur Kapitelüberschrift („Im Reich der Träume und der Fantasie") und den Sequenzüberschriften[2] angeregt, könnte es zu einem ersten Blick auf den Kapitelaufbau kommen.

Seite 48

Bilderläuterungen:
Der bildliche Auftakt der Sequenz „Tagträume und Nachtträume" mit Erwin Mosers „Der Träumer" soll die Schüler thematisch einstimmen, als Imaginationsimpuls dienen und zu fantasiebetontem Ezählen anregen.
Im Vergleich mit dem Kapitelauftaktbild fehlt der Schwarz-Weiß-Zeichnung Mosers das Abgehobene und Fantastische. Die wirklichkeitsnahe Abbildung des Träumers, der in der Mittagshitze im Schatten eines kleinen Baumes sitzt, den Strohhut übers Gesicht gezogen, drückt friedfertige Ruhe aus und die Darstellung der Natur spricht die Sinne an. Der dargestellte Tagtraum bei Moser stellt einen Bezug zur Sequenzüberschrift her.

1 Die Schüler notieren Stichworte ihrer freien Imaginationen für die nachfolgende schriftliche Ausarbeitung.
Ein **Stichwortzettel** könnte z. B. so aussehen:

– flirrende, drückende Mittagshitze
– kaum ein Windhauch
– Gefühl von Schwere und Schläfrigkeit, wohlige Mattheit
– Summen und Brummen der Bienen
– Schwirren in der Luft

---
[1] *Meyers großes Taschenlexikon* in 24 Bd., Bibliographisches Institut (Mannheim; Wien; Zürich), 1983, S. 259.
[2] Assoziationen zum Bildtitel und dessen mythologischer Verbindung sind für Schüler der Klasse 5 nicht angebracht.

- ferne Vogelrufe
- Quaken von Fröschen
- leichtes Rascheln im Schilf
- Plätschern des Wassers
- Geruch von Blüten, Erde, Gras, Wasser
- Gedanken: „Wie schön, dass ich heute frei habe. So kann ich den herrlichen Tag in vollen Zügen genießen ... ."

(Für die Stoffsammlung bietet sich die Verwendung von K1 an, LB, S. 64)

2 Die **schriftliche Fantasieerzählung zum Bild** in EA (z. B. als HA) ist hier einer mündlichen vorzuziehen, da die individuelle Gefühls- und Gedankenwelt der Schüler zum Ausdruck kommen soll. Da die Kriterien der Fantasieerzählung noch nicht fixiert sind, dürfen die Schüler schreiben, wie sie es können. Reichtum und Vielfalt der Fantasie können über das Vorlesen verschiedener Entwürfe ins Bewusstsein gerückt werden. Dabei ist es hilfreich bestimmte Lösungstypen an der Tafel festzuhalten, z. B.:

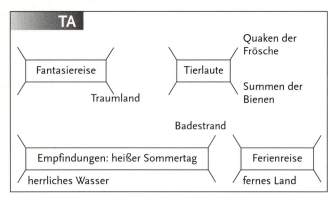

Weitere Punkte einer Besprechung könnten das lebendige und anschauliche Erzählen, eine treffende Wortwahl und eventuell bereits in die Richtung einer Unterscheidung von äußerer und innerer Handlung weisen (wobei die Fachtermini erst an späterer Stelle eingeführt werden).

Im Zusammenhang mit der Wortwahl kann auch die Erarbeitung von **Wortfeldern** z. B. zu **„träumen"** erwogen werden.

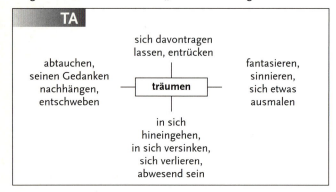

Seite 49

Texterläuterungen:

Kästners Kinderroman *Emil und die Detektive* (1928) oder dessen Verfilmungen sind sicher einigen Schülern bekannt. Es ist die Geschichte von Emil, dem während der Zugfahrt nach Berlin sein ganzes Geld gestohlen wird. In der fremden Stadt nimmt er die Verfolgung des Diebes auf und wird dabei von einer Schar anderer gleichaltriger Kinder unterstützt.

Gleich zu Anfang sollten die kundigen Schüler die Möglichkeit bekommen, als „Experten" die anderen über den Inhalt des Buches oder des Films zu **informieren** (z. B. in Form einer Kettenerzählung), um somit ihrer Erzählfreude entgegenzukommen. Die im SB abgedruckte Traumpassage wird bei der Nacherzählung der Handlung sehr wahrscheinlich nicht aktualisiert, da sie inhaltlich sehr dicht ist und kein tragendes Element der Handlung darstellt. In den Verfilmungen ist Emils Traum gänzlich ausgespart.

1 Die **mündliche** oder die **schriftliche Erzählung zum Bild** kann als HA aufgegeben werden. Durch die Reduktion der Handlung im Bild bleiben dem Betrachter viele Möglichkeiten zu eigenen Assoziationen, Ergänzungen und neuen Akzenten. Das Bild, in dem Reales und Traumhaft-Irreales miteinander verquickt sind, lebt aus der Absurdität und Widersprüchlichkeit dieser Elemente.

Mögliche Sinnrichtungen einer Erzählung könnten z. B. sein:
- Emil springt aus dem Zug, nachdem er von der Polizei entdeckt und zur Rede gestellt worden ist. Doch anstatt in Sicherheit zu sein, wird er von dem Zug, der noch zusätzlich von galoppierenden Pferden gezogen wird, erbarmungslos verfolgt. Emil kommt bei seiner Flucht zu Fall und erwacht entsetzt.
- Oder: Emil kann in letzter Sekunde in das Hochhaus fliehen, an dessen Portal die Lokomotive zerschellt. Er ist gerettet.
- Oder: Emil ergreift auf seiner panischen Flucht einen Windmühlenflügel und wird davon in die Höhe gehoben. Der Zug donnert unter ihm hinweg. Die Erleichterung über die Rettung hält nur kurz an, da der Flügel wieder nach unten gleitet und Emil abzurutschen droht. Wird der Zug die Verfolgung wieder aufnehmen?

Weiterführende Arbeitsanregung:

Die 18 Kapitel der Ganzschrift *Emil und die Detektive* werden an die Schüler mit dem Auftrag verteilt (je nach Schülerzahl 1–2 für jedes Kapitel), zum jeweiligen Kapitel ein Bild zu erstellen. Eine solche Illustration erfordert **auswählendes Textverstehen**. Sehr reizvoll kann es deshalb auch sein, Bilder zum gleichen Kapitel miteinander zu vergleichen. Alle Bilder werden im Klassenzimmer in entsprechender Reihenfolge ausgestellt und besprochen. Da jeder nur sein Kapitel gelesen hat, besteht ein Informationsbedarf, den die jeweiligen Zeichner durch Erläuterungen und Erzählen zu ihrem Bild decken.

Seite 52

2 Impuls, der die ungelenkte Primärrezeption des Textes anstoßen möchte und den Vergleich mit den Vorgestaltungen der Schüler (vgl. Aufgabe 1) ermöglicht.

2a/b Durch das Anfertigen eigener Bilder (als Hausaufgabe) und den Vergleich derselben erfahren die Schüler, dass zu einer Geschichte ähnliche, aber auch unterschiedliche Bilder entstehen. Im Gespräch kann zudem thematisiert werden, dass die jeweilige Eigenart eines Bildes Aufschluss über das Textverständnis des Zeichners geben kann (auswählendes Textverstehen).

2c Für die **Präsentation der Illustrationen** bietet sich ein Vorgehen in mehreren Schritten an:
- Die Bilder werden im Klassenzimmer aufgehängt. Bei einem gemeinsamen Rundgang gibt jeder Schüler kurz Auskunft darüber, was sein Bild dem Betrachter zeigen will. Diese Erläuterungen stellen bereits eine erste Interpretation dar, zu der sich der Zeichner seine eigenen Assoziationen bewusst machen muss.
- Nun bekommen die Schüler die Anweisung, ihre Bilder so anzuordnen, dass die Bilder mit ähnlichem Inhalt eine Gruppe bilden. (Die anderen Schüler erzählen dazu die passende Textstelle nach.)

Zweites Kapitel: Im Reich der Träume und der Fantasie

- In einem weiteren Schritt sollen die Bildergruppen so geordnet werden, dass eine fortlaufende Geschichte von Emils Traum entsteht.
- Daran anschließend kann besprochen werden, wie es zu erklären ist, dass es auch in themengleichen Bildergruppen Unterschiede gibt. Dass das für den Zeichner Wichtige groß und anschaulich in den Vordergrund, das Unwichtige in den Hintergrund gerückt oder weggelassen wird, können die Schüler wohl selbst in eigenen Worten formulieren. Ein Impuls („Wie ist denn das beim Erzählen!?") könnte die Schüler darauf lenken, dass beim Erzählen (vgl. **Dehnung und Raffung**) dasselbe gilt (s. Stift-Kasten im SB, S. 52).

3a/b Die **Erzählungsfortsetzung** in Form eines Dialogs sollte schriftlich (z. B. in PA oder als Hausaufgabe) ausgearbeitet werden und kann dann mit verteilten Rollen vorgetragen werden.
Stichworte für eine mögliche Verlaufsrichtung des Gesprächs im Traum könnten sein: Emil glaubt das Geld in Sicherheit; Mutter will Geld sehen; entsetzt stellt Emil fest, dass es verschwunden ist; Emils Mutter ist ärgerlich und verzweifelt; Frau Augustin vermittelt und mahnt zum Nachdenken; Emil hat eine Ahnung und auch bald eine Idee ... .
Die Erzählung des tatsächlichen Romanverlaufs kann Anstoß geben zum Vergleich der Ausgestaltungen v. a. hinsichtlich ihrer Wahrscheinlichkeit und Glaubwürdigkeit.

4a Die Methode des **kursorischen Lesens** und die Fähigkeit, sich in einem längeren Text zu orientieren, ist bei dieser Aufgabe gefordert.
Die Schüler sollen die entsprechende Textstelle genau mit Seiten- und Zeilenzahlen bezeichnen (S. 50, Z. 73 – S. 51, Z. 81).

4b Beim **Vergleich** ist festzustellen, dass der gleiche Inhalt einmal acht kleingedruckte Zeilen (Originaltext, SB, S. 505, Z. 73 – 81) und das andere Mal lediglich einen halben Satz (Erzählung) umfasst. Diese Diskrepanz gilt es zu erklären. Während es in Kästners Text um die anschauliche und spannende Ausgestaltung der Passage geht, erzählt Emil in Text 3 nur sehr zusammenfassend und knapp, da er zu seinen wartenden Freunden will.

Seite 53

1 Die Fortsetzung bezieht sich auf SB, S. 52, Aufgabe 3a.

1a Über den Leseversuch erfahren die Schüler, dass das Lesen mit verteilten Rollen durch die fehlenden Redezeichen und die fehlenden Begleitsätze erschwert, wenn nicht unmöglich gemacht wird.

1b Normalerweise stehen wörtliche Reden in Anführungszeichen und werden durch Redebegleitsätze einem bestimmten Sprecher zugewiesen. Wo Redebegleitsätze fehlen, kann der Sprecher nur aus dem Kontext heraus erschlossen werden.

2 Lösung:
„Aber Muttchen, natürlich hab' ich das. Das Geld steckt sicher in meiner Anzugtasche", erwiderte Emil. „Zeig es mir bitte", bat die Mutter, „damit ich beruhigt sein kann." Emil griff sich in die Tasche. Er erstarrte plötzlich und stieß hervor: „Die Tasche ist leer! Das Geld ist fort!" „Was sagst du da? Das ist doch nicht möglich!", entfuhr es der Mutter. Sie wurde kreidebleich. Da mischte sich Frau Augustin ein: „Such' doch noch einmal in aller Ruhe. Vielleicht steckt es ja in der anderen Tasche." „Nein, nein, da ist es auch nicht, ...", nervös fingerte Emil in der Anzugjacke.

3a/b Lösungsvorschlag:
b) Der **Redebegleitsatz** steht am Ende.

| „Ich gebe Ihnen zwanzig Mark, Herr Wachtmeister!" | , | schrie Emil. | |

c) Der **Redebegleitsatz** steht in der Mitte.

| „Da hat Emil Recht" | , | meinte die Mutter | , | „aber was machen wir nun?" |

3c Regeln für die Zeichensetzung bei wörtlicher Rede:
Die wörtliche Rede wird durch Anführungs- und Schlusszeichen gekennzeichnet.
a. Steht der Redebegleitsatz am Anfang, endet er mit einem **Doppelpunkt**.
b. Steht der Redebegleitsatz am Ende, wird er mit einem **Komma** von der vorausgehenden wörtlichen Rede abgetrennt.
c. Steht der Redebegleitsatz in der Mitte, wird er durch **Kommas** von beiden Teilen der wörtlichen Rede abgetrennt.

Seite 54

4a Neben der Stellung des Redebegleitsatzes ist die jeweilige **Satzart** der wörtlichen Rede für die **Zeichensetzung in der wörtlichen Rede** zu beachten.
Über die Betrachtung der Satzzeichenmuster sollen die Schüler möglichst selbst die Besonderheit erfassen: Während die Satzzeichen des Aufforderungs- bzw. Ausrufesatzes und des Fragesatzes in der wörtlichen Rede beibehalten werden, fällt der Punkt des Aussagesatzes weg.

4b–c Der Übertrag der Satzzeichenübersicht, bei der die farbliche Unterlegung übernommen werden sollte, dient der Ergebnisfixierung. Die vollständige Übersicht präsentiert sich wie folgt:
a)

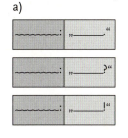

b)

c)

5 Vgl. dazu Ausführungen zu S. 53, Aufgabe 2.
Ein Übungs- und Diktattext für wörtliche Rede (vgl. K 2/1, LB, S. 65)

Seite 55

1+3 Die Aufgaben 1 und 3 lassen sich kombinieren: Von zwei Sitznachbarn schreibt der eine den ersten Teil (Z. 1–5) ab und setzt die Satzzeichen, der andere macht dies beim zweiten Teil (Z. 5–9). Der jeweils abgeschriebene Teil wird danach dem Partner, der diesen noch nicht hat, diktiert.

Lösung: „Jungchen, wie konnte das nur passieren?", enttäuscht blickte die Mutter ihn an. Emil standen plötzlich die Tränen in den Augen. Er stammelte: „Ich habe vor mich hingeträumt und muss dabei wohl eingeschlafen sein. Ich habe dem Kerl gleich misstraut." „Welchem Kerl denn?", unterbrach ihn Frau Augustin. „Na, dem", stieß Emil hervor, „der mit mir im nämlichen Abteil saß und mich ausgefragt hat." „So ein Schuft!"[3], Frau Augustin legte ihre Stirn in Falten. Plötzlich rief sie energisch aus: „Los, den Räuber schnappen wir uns! Lasst uns keine Zeit mehr versäumen! Hier im Städtchen kann er noch nicht weit gekommen sein."

2 Unsichere Schülerinnen und Schüler dürfen bei der Überprüfung die Satzzeichenmuster im Buch (SB, S. 54) oder im Deutschordner zu Rate ziehen, die anderen arbeiten bei geschlossenen Büchern.

4 Durch die Hervorhebungen werden Problemfälle des Textes – die Rechtschreibung der gleich- und ähnlichklingenden Vokale – deutlich gemacht. Durch die Aufforderung, Tipps zu geben, soll den Schülern die Möglichkeit gegeben werden, ihr mögliches Vorwissen über Rechtschreibhilfen einzubringen. So wird eine Überleitung zum nachfolgenden Rechtschreibteil hergestellt.

5a Der Stamm des **Wortbaumes** wird von dem Grundwort „Traum" gebildet. Die drei Hauptäste bieten Wörtern Platz, die Ableitungen vom Stammwort sind. Sie sind nach Wortarten angeordnet: Adjektive, Substantive, Verben (von links nach rechts).

5b Die Schüler sollen die **Elementarregel** (vgl. Merkkasten im SB, S. 56 oben) selbst formulieren. Doch keine Regel ohne Ausnahme! Die Ausnahmefälle sind jedoch erst dann zu benennen, wenn die Schüler selbst darauf stoßen:
– Es gibt auch Wörter mit „ä", die nicht oder nicht leicht auf Wörter mit „a" zurückzuführen sind, z. B. „Bär, Säge, Käfig, Schädel, Tränen, schräg, jäten".
– Die meisten Wörter mit „äu" lassen sich auf Wörter mit „au" zurückführen, nur „Knäuel, Säule, räudig, räuspern, sträuben, versäumen" nicht.

6 Zu den genannten Wörtern lassen sich u. a. folgende Beispiele für Wortverwandte finden:
Läufer – der Lauf, laufen, lauffaul
Mäuse – die Maus, das Mäuschen, mausen, duckmäuserisch
Geläute – die Laute, der Laut, die Lautung, die Lautmalerei, die Lautschrift, das Läutwerk, verlauten, laut, lautlos
Häuser – das Haus, die Behausung, hausen, häuslich
Räuber – der Raub, rauben, räuberisch

7 Ein Wortbaum zu „kaufen" könnte beispielsweise so aussehen:

kauflustig	Kaufrausch	kaufen
käuflich	Kaufladen	verkaufen
kaufwillig	Kauffrau/-mann	einkaufen
	Kaufleute	
	Einkauf	
	Ratenkauf	
	Verkauf	
	Verkäufer	

Kauf

Seite 56

1 Das Laufdiktat ist vielen Schülern aus der Grundschule bekannt und sorgt neben anderen Formen des Diktats[4] (z. B. Kettendiktat, Dosendiktat, Kassettendiktat ...) für Abwechslung und Motivation beim Üben der Rechtschreibung.

2a Bei der Partnerkorrektur kann jeder seine Rechtschreibkenntnisse nochmals anwenden und erreicht so Bestätigung und einen zusätzlichen Übungseffekt.

2b Nochmalige Anwendungsaufgabe für die Rechtschreibregel „Ableitung vom Stammwort".

Weiterführende Arbeitsanregungen:
Vorschläge für ein **Übungsdiktat** mit einem bekannten Text:
- Ausschnitt aus Kästner, Emil und die Detektive (SB, S. 58 Z. 39–52). Der Textabschnitt umfasst 161 Wörter. Wird der Begriff „hielt ... Umschau" (Z. 48) durch „äugte" ersetzt, so gibt es acht Wörter mit „ä" bzw. „äu" („Gäule, aufbäumten, grässliche, gefälligst, länger, Purzelbäume, äugte, Gummibälle). Als Zusatzaufgabe sollen die Schüler alle Wörter, die sie mit „ä" bzw. „äu" geschrieben haben, untereinander auflisten und daneben das dazugehörige Grundwort setzen. Die Vokale werden farbig unterstrichen:
die Gäule – der Gaul.
- Als K 3, LB, S. 66 befindet sich mit „Der vorsichtige Träumer" von Johann Peter Hebel ein weiterer thematisch passender Text, in dem die ähnlich klingenden Vokale als Rechtschreibschwerpunkt vorkommen.

---

[3] Dieser Ausruf könnte auch noch der vorausgehenden Aussage Emils zugeordnet werden. Die wörtliche Rede gestaltet sich dann wie folgt: „Na, dem", stieß Emil hervor, „der mit mir im nämlichen Abteil saß und mich ausgefragt hat. So ein Schuft!"

[4] Vgl. dazu: Martina Bellgardt/Susanne Gerdes: Spielerisch die Rechtschreibung verbessern. In: Praxis Deutsch, H. 142 (März 1997), S. 36–40. Reinhard Tegtmeier-Blanck: Ein Diktat für den Walkman. In: Praxis Deutsch, H. 142 (März 1997), S. 48–50.

Übersicht zur Teilsequenz I.2 (Seite 57 – 67)

1. Tagträume und Nachtträume
2. Die Lust am Träumen – Substantive benennen das Reich der Fantasie

Texte/Bilder	Sprechen	Schreiben	Texte und Medien	Sprachbewusstsein entwickeln	Methoden
1. Kilian: Vielleicht ...	• Lesevortrag	• Übung zur Zeichensetzung • Erzählen nach literarischen Mustern	• Gedankenstromgeschichte • Sinnerfassendes Lesen	• Satzarten unterscheiden	
2. Patricks Gedankenstrom		• R. Groß- und Kleinschreibung		• Wortarten: Substantiv	
3. Kathrins Gedankenstrom				• Merkmale des Substantivs • Konkreta und Abstrakta	
4. Morgenstern: Neue Bildungen, der Natur vorgeschlagen		• Fantasieerzählung • Parallelgestaltung	• Nonsensgedicht	• Wortarten: Komposita	
5. Der Bauer oder das Bauer? – Ein Erkennungsspiel				• Genus • Wortbedeutungen klären	
6. Abgestürzt – der schöne Aufsatz!	• Szenisches Spiel			• Genus	
7. Das Behauptungsspiel				• Natürliches und grammatisches Geschlecht unterscheiden	
8. Das ist ungerecht!				• Genus	
9. Martin Anton: Der–die–das–Artikel			• Gedicht • Informationen aus Texten wiedergeben	• Genus • Numerus	
10. Die Wortschatztruhe			• Wortsammlung	• Numerus	
11. Emil und der Traum				• Deklination	• Fälle durch Fragen ermitteln
12. Der Träumer		• Fortsetzen einer Erzählung		• Deklination	
13. Der Traum vom Fliegen			• Bericht	• Deklination	
14. Noch eine Wortschatztruhe			• Verwendung von Rechtschreibwörterbüchern	• Numerus	• Lexikoneinträge entschlüsseln
15. Morgenstern: Der Werwolf	• Text sinngestaltend vortragen	• Parallelgestaltung zu einem Gedicht	• Nonsensgedicht • Informationen aus Text und Bild entnehmen	• Numerus • Interrogativpronomen	

Lösungsvorschläge

Seite 57

Texterläuterungen:
Beim Text „Vielleicht träume ich ja, dass ich fliegen kann" von Susanne Kilian fällt zunächst das ungewöhnliche Druckbild auf. Nach der Einleitung ist Dieters Gedankenstrom weiß auf blau gedruckt, wodurch der Wechsel in eine andere Bewusstseinsebene markiert wird. Zudem fehlen sämtliche Satzzeichen. Dies verdeutlicht, dass im Kopf „ohne Punkt und Komma" gedacht wird. Inhaltlich äußert sich dies in fließenden Assoziationen, die „vom Hundertsten ins Tausendste" zu gehen scheinen, und in Gedankenbrüchen. Eine thematisch für Unterstufenschüler ansprechende Geschichte, die sich für Parallelgestaltungen anbietet.

1 Im lauten Lesevortrag, der zunächst recht stockend erfolgen wird, offenbart sich die Eigenart des Textes.
Die Feststellung, dass die **Satzzeichen** fehlen, und die Erfahrung des dadurch erschwerten Lesevortrags geben Anlass, über den Sinn und die **Funktion von Satzzeichen** nachzudenken: Sie gliedern den Text und die einzelnen Sätze und erleichtern dadurch das Textverständnis und einen sinnvollen Vortrag (vgl. SB, S. 35).
Aus eigener Erfahrung kennen wohl die meisten Schüler das Erlebnis des **Gedankenstroms** (stream of consciousness), des unaufhörlichen Denkens, das ohne Begrenzungen (hier: Satzzeichen) durch den Kopf flutet. Im Text wird dies in der Einleitung „Aber er denkt ... und denkt ...", durch die fehlenden Satzzeichen und die ungewöhnliche Druckweise (weiß auf blauem Untergrund) deutlich gemacht.
Im LSG kann der Lehrer als zusätzlichen Impuls die Redewendung „ohne Punkte und Komma reden" benennen und damit Überlegungen hinsichtlich ihrer Übertragbarkeit auf das Denken anstoßen.

2a Zum **Üben der Zeichensetzung** in PA oder als HA wird der Text nach Zeilen eingeteilt und an Schülerpaare vergeben. Da die Satzgrenzen nicht mit den Enden der Abschnitte übereinstimmen, soll jedes Paar einen begonnenen Satz auch über das Abschnittsende hinweg sinnvoll beenden.
Der Hinweis auf die Rechtschreibung betrifft die Großschreibung am Satzanfang.

2b Die Auswertung der PA kann mit einem Impuls begonnen werden: „Satzzeichen fordern Veränderungen; beim Schreiben, aber auch beim Lesen." Reorganisiert werden soll damit das Wissen über die Großschreibung am Satzanfang, die unterschiedlichen **Satzmelodien der Satzarten** (vgl. SB, S. 35) und die Länge der Pausen nach verschiedenen Satzzeichen.
Der Lesevortrag, in dem die Satzarten hörbar gemacht werden sollen, ist eine gute Übung für das deutliche, richtig betonte Lesen und das konzentrierte Zuhören.

Seite 58

3 Die schriftliche **Parallelgestaltung** zur Einschlafgeschichte eignet sich gut als HA. Im Unterricht können die Schülertexte zwischen den Banknachbarn ausgetauscht, die fehlenden Satzzeichen mit Bleistift gesetzt und die Rechtschreibung angeglichen werden.

4 Nachdem es im ersten Kapitel zu einer spielerischen Begegnung mit den vier Grundwortarten gekommen ist (SB, S. 15), wird im Folgenden das Substantiv eingehend behandelt. Dabei ist zu beachten, dass die Schüler diese Wortart zwar aus der Grundschule kennen, doch oft nicht unter ihrem lateinischen Fachbegriff. Geläufiger sind ihnen zumeist andere Bezeichnungen wie Namenwort, Dingwort, Hauptwort oder Nomen (Pl. Nomina).

5 Das Ergebnis des EA, das ein Schüler auf Folie festhält, sieht wie folgt aus:

Patricks Gedankenstrom
Hoffentlich schlafe ich gleich ein. Ich möchte morgen früh fit sein für die **M**athearbeit gleich in der ersten **S**tunde. Oft bin ich da noch müde. Ob ich wohl genug gelernt habe**?** Papa sagt immer, am **A**bend bringt das Lernen nichts mehr, davon würde man nur schlecht schlafen. Der hat keine **A**hnung, ich schlafe auch so nicht gut**!** In meinem **K**opf geht jetzt alles durcheinander ...

5a/b Die Schüler wiederholen die Elementarregeln der **Groß- und Kleinschreibung**. Großgeschrieben werden die Substantive (auch Nomen, Namenwörter oder Hauptwörter genannt), die zumeist an den ihnen vorausgehenden Wörtern (bestimmter oder unbestimmter Artikel, Präposition ...) oder daran, dass man die Endsilbe -chen oder -lein anhängen kann, zu erkennen sind: die Mathearbeit, in der ersten Stunde, Papa, am (= an dem) Abend, das Lernen, Ahnung, Kopf.[5]

5c Das vorhergehende Unterstreichen der Substantive samt Begleiter kann das Herausschreiben erleichtern.

6 Substantive sind wie Stichwörter. Sie nennen den Gegenstand der Geschichte und regen unsere Fantasie an, weil wir wissen möchten, was über die genannten Gegenstände gesagt wird. Eine Rekonstruktion bzw. Ausgestaltung mithilfe der Substantive könnte so aussehen:

Kathrins Gedankenstrom-Geschichte
Das Tennisturnier geht mir nicht mehr aus dem Kopf Moni ausgerechnet Moni hatte Frau Best, die Trainerin als Gegnerin festgelegt Moni spielt viel besser als ich ja es ist großes Glück wenn ich mal gegen sie gewinne Hoffnung habe ich mir auch keine gemacht wenn es ihre Schwester gewesen wäre aber so ... wie mir dann alle ins Gewissen geredet haben ... ich wäre sicher sonst gar nicht erst angetreten aber dann die guten Bedingungen und natürlich der neue Schläger ... Monis erster Aufschlag direkt auf die Linie ich musste gleich alles einsetzen hechten musst ich aber ich hab ihn noch gekriegt ... Oh ... da fällt mir mein neues farbiges T-Shirt ein das hab' ich mir dabei schmutzig gemacht wie ich mich geärgert hab' aber trotzdem konnte ich mich gut konzentrieren ich wollte es ihr endlich mal zeigen und dann all die ermunternden Zurufe das war schon toll wie im Rausch kam ich mir vor meine scharfe Rückhand auf einmal und all die Bälle am Netz ich hab' sie alle gekriegt ... die heiße Sonne machte mir gar nichts aus ... wie bin ich jetzt glücklich ... ich hab' sie besiegt ... jetzt hab' ich mächtigen Hunger auf mehr solcher Siege ... bestimmt träume ich noch die ganze Nacht davon ...

7a/b Die Wortart Substantiv

---

[5] Bei den letzten Substantiven („Ahnung", „Kopf") könnten Schwierigkeiten auftreten. Evtl. ist es hilfreich, die dazugehörigen Artikel finden zu lassen.

Zweites Kapitel: Im Reich der Träume und der Fantasie

TA Substantive bezeichnen Verschiedenes

Konkreta		Abstrakta
Lebewesen	Gegenstände und Handlungen	Gefühle, Vorstellungen, Vorgänge und Eigenschaften
– Moni – Frau Best – die Schwester	– der Schläger – der Aufschlag – das farbige T-Shirt – die Linie – die Rückhand – heiße Sonne – ermunternde Zurufe – das Netz	– großes Glück – eine Hoffnung – das Gewissen – gute Bedingungen – mächtiger Hunger – im Rausch – Siege – die (ganze) Nacht

7c Auf die inhaltlichen Überschriften der drei Spalten (vgl. Aufgabe 7b) können die Schüler nach einiger Überlegung von selbst kommen, die übergeordnete Unterscheidung in **Konkreta** und **Abstrakta** wird durch Elkes Impuls angestoßen, der Lehrer benennt dann die entsprechenden Fachbegriffe: Manches kann man anfassen, anderes sich nur vorstellen. Das, was man anfassen und sehen kann, sind Lebewesen, Pflanzen und Gegenstände der gegenständlichen (konkreten) Welt. Substantive, die solches bezeichnen, werden deshalb Konkreta (das Konkretum) genannt. Andere Substantive dagegen benennen abstrakte Denkgegenstände, zum Beispiel Vorstellungen, Gefühle und Eigenschaften. Sie heißen Abstrakta (das Abstraktum).

Zur weiteren Übung oder partiell auch als Wiederholungsaufgabe eignet sich **K 4**, LB, S. 67.

Seite 59

Texterläuterungen:
In seiner Sammlung „Alle Galgenlieder" versuchte **Christian Morgenstern** (1871 – 1917) v. a. durch „Umwortung aller Worte" und absonderliche Neuprägungen die Dinge aus den Fesseln der Kausalität zu befreien. In seinem Gedicht „Neue Bildungen, der Natur vorgeschlagen" wendet er mehrere Methoden der Wortneubildung an.
– Große Tiere werden mit kleinen Tieren zusammengeführt (z. B. Walfischvogel)
– Einander vom Lebensraum unterschiedene Tiere werden zusammengeführt (z. B. Quallenwanze)
– Das Grundwort einer bereits bestehenden Verbindung wird ausgetauscht (z. B. Werwolf → Werfuchs)
– Das gegensätzliche Bestimmungswort wird gewählt (z. B. Nachtigall → Tagtigall)
– Ein sinnverändernder Buchstabe wird eingefügt (z. B. Gürteltier → Gürtelstier)
– Ein Wortteil wird ersetzt durch eine andere Tierart (Rhinozeros → Rhinozepony).

1a Sehr anregend kann der anschließende Vergleich von Bildern desselben Fantasiewesens sein. Welche Merkmale der beiden realen Tiere wurden für welchen Teil des neuen Wesens verwendet?

1b Die Schüler sollen bei dieser Schreibaufgabe nachvollziehen, wie der Dichter Morgenstern auf seine neuen Bildungen gekommen sein könnte.

2a In dieser Parallelgestaltung sollen Bestimmungs- und Grundwort miteinander vertauscht werden, um dadurch bei den Schülern erste Einsichten in den Aufbau von Komposita anzuregen.
Einige Verse können nicht umgeformt werden, da sich entweder das Bestimmungswort nicht als Grundwort eignet (V. 10, 13, 18) oder umgekehrt das Grundwort nicht als Bestimmungswort stehen kann (V. 11). Leichte Veränderungen sind nötig für die Umformung der Verse 4 (Unkengeturtel), 7 (Wanzenqualle) und 12 (Schwanensäge).

2b Dass sich durch die Vertauschungen der Artikel ändern kann, liegt am jeweiligen Grundwort, welches das Genus wie auch die Flexion und die Verwendung im Satz bestimmt. Für das Verstehen der Bedeutung ist das Grundwort der Ausgangspunkt.
Diese Aufgabe vermittelt hier auf induktivem Wege die Erkenntnis, dass sich bei zusammengesetzten Substantiven der Artikel stets nach dem Grundwort richtet. Eine Hinführung zu den Genera ist damit vorbereitet.

Seite 60

1a Je nach **Artikel**, der im Nominativ Singular das **grammatische Geschlecht** (das Genus) anzeigt, kann ein **gleichlautendes Substantiv verschiedene Bedeutung** haben:
das Bauer (Vogelkäfig) – der Bauer (Landmann)
der Tau (Niederschlag) – das Tau (starkes Seil)
der Schild (Schutzwaffe) – das Schild (Aushängeschild, Erkennungszeichen)
das Steuer (Lenkvorrichtung) – die Steuer (Abgabe)

1b Das **Gedankenspiel** lässt sich folgendermaßen veranstalten: In der Klasse werden zwei Abteilungen gebildet, von denen eine ein zweideutiges Substantiv nennt. Die andere Abteilung klärt beide Bedeutungen und nennt nun ihrerseits ein Substantiv. z. B.:
der Heide (Nichtchrist) – die Heide (sandiges, unbebautes Land)
der See (Binnengewässer) – die See (Meer)
das Laster (Ausschweifung) – der Laster (Lastkraftwagen)
der Kiefer (Knochen, Kinnlade) – die Kiefer (Baum)
das Golf (Rasenspiel) – der Golf (größere Meeresbucht)
der Gehalt (Inhalt, Wert) – das Gehalt (Arbeitsentgelt)
der Band (Buch) – das Band (Streifen)
der Ekel (Abscheu) – das Ekel (widerlicher Mensch)
der Flur (Korridor) – die Flur (Feld und Wiese)
der Hut (Kopfbedeckung) – die Hut (Schutz, Aufsicht)
der Kunde (Käufer) – die Kunde (Nachricht)
die Mark (Geldeinheit, Grenzland) – das Mark (weiches Knocheninnere)
der Reis (Nahrungsmittel) – das Reis (Zweiglein).
u. a.

1c Alle genannten Substantive haben bei gleichem Artikel zwei verschiedene Bedeutungen, die sich erst aus dem Kontext ergeben: das Schloss (Bauwerk; Schließanlage), die Bank (Sitzgelegenheit; Kreditanstalt), der Läufer (laufender Mensch; längerer, schmaler Teppich; Schachfigur), die Birne (Kernobst; Glühbirne), die Decke (Wolldecke; Zimmerdecke).

1d Die Lösung des angedeuteten Beispiels lautet „Ball" (Spielgerät; Tanzveranstaltung). Weitere Wörter für das Ratespiel sind: Blatt, Birne, Mutter, Tor, Leiter, Stift, Messe, Chor u. a.

2 Die Schüler wiederholen mit der Zuordnung die drei **Genera (Geschlechter) des Substantivs,** die ihnen bereits aus der Grundschule bekannt sind. Für die lateinischen Begriffe, die der Lehrer nach Abschluss der Aufgabe nennt, lassen die Schüler in ihrer Tabelle Platz.

Die Kapitel von Blickfeld Deutsch 1

TA

weiblich (femininum)	männlich (maskulinum)	sächlich (neutrum)
die (eine) Giraffe	der (ein) Wurm	das (ein) Pony
die (eine) Ente	der (ein) Spatz	das (ein) Kamel
die (eine) Unke	der (ein) Löwe	
die (eine) Eule	der (ein) Walfisch	
die (eine) Qualle	der (ein) Vogel	
die (eine) Wanze	der (ein) Pfau	
	der (ein) Ochse	
	der (ein) Fuchs	
	der (ein) Schwan	
	der (ein) Mops	
	der (ein) Pintscher	
	der (ein) Igel	

3 Die Aufgabe eignet sich gut als HA, da darin das **Genus des Substantivs** wiederholt und angewandt wird.

3a Die Lösung lautet: **Abgestürzt – der schöne Aufsatz!**
Tim kann nicht einschlafen. *Die* Sache mit *dem* neuen Computer will ihm nicht aus dem Kopf: *Den* Aufsatz hatte er schon gestern in bester Schrift und übersichtlich gegliedert fertig auf *dem* Bildschirm – und korrigiert. *Den* Ausdruck wollte er heute machen, weil *der* neugierige Hans, sein kleiner Bruder, sehen wollte, wie *der* neue Drucker funktionierte. *Die* Buchstaben waren jetzt viel schärfer und *das* Druckbild sah wirklich aus wie gestochen. Aber da war *das* Unglück schon passiert. Denn Hans, *der* kleine Bengel, hatte es nicht erwarten können und *die* falsche Taste gedrückt. [...]

3b

männliches Substantiv (maskulinum)	weibliches Substantiv (femininum)	sächliches Substantiv (neutrum)
der (ein) Computer	die (eine) Sache	das (ein) Druckbild
der (ein) Kopf	die (eine) Taste	das (ein) Unglück
der (ein) Aufsatz		
der (ein) Bildschirm		
der (ein) Ausdruck		
der (ein) Hans		
der (ein) Drucker		
der (ein) Buchstabe		
der (ein) Bengel		

4 In einem **Stegreifspiel** gestalten die Schüler die Leerstelle aus und führen ein improvisiertes **Streitgespräch**. Hilfreich sind einige wenige Requisiten: eine aufgestellte Schulmappe als Bildschirm, ein Heft als Tastatur, ein Schulbuch als Drucker, ein Mäppchen als Maus. Die beiden Spieler sitzen dabei, für alle sichtbar, hinter einem Schülertisch (evtl. schräg stellen). Verschiedene Spielversuche können unter folgenden Gesichtspunkten, zu denen sich die Schüler Notizen machen, besprochen werden:
– Ist die Sinnrichtung aus den Vorgaben erfasst?
– Ist das Streitgespräch glaubwürdig?
– Ist die verwendete Sprache den beiden Kindern Tim und Hans angemessen? Wird Fachvokabular korrekt gebraucht?

Seite 61

1 Das **Behauptungsspiel** ist durch eine nach Mädchen und Jungen getrennte Sammelphase, als PA (evtl. nach Zeit) bzw. als HA vorzubereiten.

Danach kommt es zum Wettstreit von je einem Mädchen und einem Jungen, die in unterschiedlichen Ecken im Klassenraum stehen. Dabei wird jeweils ein Wort vorgelesen; falsche Wörter werden gestrichen. Wer „das letzte Wort hat", hat gewonnen.

Zum Bereich des Geräteturnens lassen sich z. B. folgende Substantive nennen:

Geräteturnen ist Frauensache, denn es heißt...	Geräteturnen ist Männersache, denn es heißt...
– die Matte	– der Barren
– die Reckstange	– der Bock
– die Rolle vorwärts	– der Schwebebalken
– die Hilfestellung	– der Kasten
– die Kür	– der Salto
– die Pose	– der Flick-Flack
– die Schraube	– der Handstand
– die Akrobatik	– der Sprung
– die Haltung...	– der Überschlag...

2 Stellt man diese Aufgabe unkommentiert, kann der Lehrer einen ersten Eindruck davon erhalten, inwieweit die Schülerinnen und Schüler mit dem Fachbegriff „Plural" bereits vertraut sind und diesen anwenden können.

Seite 62

3a Da die Suche nach Substantiven im Neutrum nicht thematisch eingeschränkt ist, lassen sich viele Beispiele finden.

3b Für den Wettbewerb in Bankreihen sollte man sich sinnvollerweise auf ein Thema (z. B. Schule) einigen, um die Schwierigkeit zu erhöhen.

Texterläuterungen:
Martin Antons Gedicht „Der-die-das-Artikel" problematisiert in kindgerechter, fragender Form den Tatbestand, dass in der deutschen Sprache die Substantive nach drei **grammatischen Geschlechtern** unterschieden werden, die mit dem natürlichen (biologischen) Geschlecht des Bezeichneten nicht immer übereinstimmen. Z. B. das Weib: natürliches Geschlecht = weiblich; grammatisches Geschlecht = sächlich. Um sich damit auszukennen, braucht es „Kennerinnen und Kenner", womit sich die Schüler wohl direkt angesprochen fühlen dürfen.

4a Für die Rezeption des Gedichts bietet sich folgendes Vorgehen an:
Dem Lesevortrag durch den Lehrer bei geschlossenen Büchern geht der Hinweis voraus, dass jeder am Ende in wenigen Sätzen erklären soll, was der Dichter an der deutschen Sprache schwer findet.
Der Lehrer verschafft sich während der EA einen Überblick über die angebotenen Lösungen. Dies ermöglicht es ihm, Schritte zur Binnendifferenzierung einzuleiten: Diejenigen, die nach einmaligem Hören die Aufgabe noch nicht lösen können, dürfen das Gedicht im Buch nachlesen. Die schnelleren Schüler versuchen eine kurze schriftliche Erläuterung. Hilfreich dabei kann auch der Vergleich mit dem Artikel in der Fremdsprache Englisch sein.

4b Z. B. die Hecke, der Zaun, das Beet oder die Schule, der Pausenhof, das Klassenzimmer.

5 Die Bildung der Mehrzahl (des Plurals) hebt das Durcheinander auf, denn dort wird im Nominativ nur ein einziger Artikel („die") für alle Genera verwendet.

Seite 63 oben

Der Numerus des Substantivs

6 Die Bildung der Pluralformen dürfte allgemeinhin leicht fallen. Nur bei den Substantiven „Mond" und „Himmel" könnte Uneinigkeit darüber bestehen, ob es einen Plural überhaupt gibt. In diesen Zweifelsfällen sollte die Klasse zum **Nachschlagen in einem Rechtschreibwörterbuch** angehalten werden. Eingeführte Fertigkeiten (vgl. SB, S. 18f.) können hier funktional angewendet werden.

In einem zweiten Schritt könnten die Schüler dazu aufgefordert werden, die Kennzeichen der Pluralformen farbig zu markieren und zu Gruppen zu ordnen.

Singular	Plural
der Stern	die Sterne
der Mond	die Monde
der Hausschuh	die Hausschuhe
das Geräusch	die Geräusche
der Traum	die Träume
die Nacht	die Nächte
der Schlafanzug	die Schlafanzüge
der Vorhang	die Vorhänge
der Gedanke	die Gedanken
die Decke	die Decken
die Lampe	die Lampen
die Kerze	die Kerzen
die Zahnbürste	die Zahnbürsten
die Tür	die Türen
das Bett	die Betten
die Nachtgestalt	die Nachtgestalten
das Gespenst	die Gespenster
das Baumhaus	die Baumhäuser
der Himmel	die Himmel
das Kissen	die Kissen

7 Der Klassenwettbewerb soll v. a. zur Suche nach Wörtern mit möglichst schwierigen oder wenig bekannten Pluralformen motivieren. Auch hier ist die Verwendung eines Rechtschreibwörterbuchs sowohl in der Sammelphase als auch beim Klären von Zweifelsfällen zu erwägen.

Seite 63 unten

Die Deklination des Substantivs

1 Aufgabe zur Erfragung der vier **grammatischen Fälle**, wobei die entsprechenden Fragen – im Sinne der Einführung – vorgegeben sind. Die Fälle werden auf dieser Stufe noch nicht mit den lateinischen Fachtermini benannt. Dies erfolgt erst im M-Kasten (SB, S. 64) im Anschluss an die Aufgabe 2.

TA

Frage	Antwort
Wer oder was beschäftigt Emil noch lange?	→ <u>Dieser Traum</u> beschäftigt Emil noch lange.
Wessen Traum endet mit einem bösen Erwachen?	→ <u>Emils</u> Traum endet mit einem bösen Erwachen.
Wem hängt Emil in Gedanken noch lange nach?	→ <u>Dem Traum</u> hängt Emil in Gedanken noch lange nach.
Wen oder was träumt Emil?	→ Emil träumt <u>einen verrückten Traum</u>.

Seite 64

2 Anwendungsaufgabe, bei der die Schüler selbst die entsprechenden Fragen stellen müssen.

TA

Frage	Antwort
Wer oder was stand auf dem Dach?	→ <u>Emil</u> stand auf dem Dach.
Wer oder was war zu hören?	→ <u>Das Wiehern</u> war zu hören.
Wessen Wiehern war zu hören?	→ Das Wiehern <u>der Pferde</u> war zu hören
Wer oder was lief über das Dach?	→ <u>Der Junge</u> lief über das Dach.
Wen oder was zog er aus dem Anzug?	→ <u>Sein Taschentuch</u> zog er aus dem Anzug.
Wer oder was kroch schwitzend über den Dachrand?	→ <u>Die Pferde</u> krochen schwitzend über den Dachrand.
Wen oder was hob Emil hoch?	→ <u>Sein ausgebreitetes Taschentuch</u> hob Emil hoch.
Wer oder was fuhr die Schornsteine über den Haufen?	→ <u>Der Zug</u> fuhr die Schornsteine über den Haufen.
Wen oder was fuhr der Zug über den Haufen?	→ <u>Die Schornsteine</u> fuhr der Zug über den Haufen.
Wem verging für eine Weile Hören und Sehen?	→ <u>Ihm</u> verging für eine Weile Hören und Sehen.

Hinweis: Die Fragewörter, die hin und wieder holprig klingen, dienen hier lediglich der Erfragung des Kasus.

3

TA

	1. Fall:	2. Fall:	3. Fall:	4. Fall:
Frage	Wer oder was?	Wessen?	Wem?	Wen oder was?
Kasus	= **Werfall** (Nominativ)	= **Wessenfall** (Genitiv)	= **Wemfall** (Dativ)	= **Wenfall** (Akkusativ)
	Emil das Wiehern der Junge die Pferde der Zug	der Pferde	ihm	sein Taschentuch sein ausgebreitetes Taschentuch die Schornsteine

52 Die Kapitel von Blickfeld Deutsch 1

4 Mit dieser Aufgabe, als EA arbeitsteilig (in 3 Abteilungen mit je 4 Zeilen) oder als HA, wird die **Deklination** eingeübt.

Dem Mann fielen die Augen einfach zu. Wunderschön warm war es, die Sonne strahlte intensiv vom Himmel und das Summen der Bienen und Hummeln hatte ihn in den Schlaf gewiegt. Er hatte einen wunderbaren Traum: Aus des Himmels Bläue senkte sich ganz sanft ein bunter Schmetterling herab und ließ sich gerade vor ihm im Gras nieder. Ganz langsam wurden die Flügel größer und größer und der Körper dehnte sich zu einer dicken Walze, an der gekrümmte Schmetterlingsfüße wie große Äste heraustraten. Mit einem Fühler winkte er dem Träumer mehrere Male so, als solle er aufsteigen zu einem gemeinsamen Flug in den Sommertag. Sanft hinauf und weit hinaus ging es, bis zur Grenze des Landes. Mit kribbelndem Gefühl saß der Mann zwischen den Flügeln und umfasste den weich behaarten Rumpf des Tieres.

5 Das Fortsetzen der Geschichte kann als freiwillige Zusatzaufgabe gestellt werden. Dazu können zunächst Stichworte gesammelt werden, die einen möglichen Verlauf skizzieren. Z. B.: Landung auf blühender Bergwiese, Träumer stillt Durst an klarem Quellbach und genießt weiten Blick übers Land, Schmetterling ruht sich aus und labt sich an Enziannektar, ein weiterer Schmetterling gesellt sich hinzu, beide flattern schließlich davon, der Träumer bleibt allein und erschrocken zurück, er erwacht und ist froh, die heimische Wiese wiederzuerkennen.

6a/b **Der Traum vom Fliegen**[6]

Nominativ *Genitiv*
In einer Zeit, als das Fliegen eines Menschen als eine Unmög-
Nominativ *Akkusativ*
lichkeit galt, wollte sich der Schneider von Ulm seinen Traum
Dativ
vom Fliegen erfüllen. Mit einem selbst gebauten Flugapparat
Genitiv
gelangen ihm vom Michelsberg, dem Hausberg der Ulmer,
Nominativ
auch einige beachtliche Gleitflüge.
Akkusativ
Im Mai 1811 wagte er als einer der Ersten eine Flugvorführung in der Öffentlichkeit, die jedoch fehlschlug. Vor mehreren
Nominativ
Tausend von Zuschauern, unter denen sich auch der König
Nominativ
von Württemberg befand, stürzte der Schneider ab und lande-
Genitiv
te in den Fluten der Donau. Für die Zuschauer war damit
Nominativ
bewiesen: Der Mensch kann nicht fliegen!
Nominativ
Doch nur einige Jahrzehnte später sollte der Traum vom Fliegen für die Menschheit Wirklichkeit werden.

Seite 65

7a/b Anwendungs- und Übungsaufgabe.

Weiterführende Arbeitsanregung/Methodenhinweis:
Für die Bearbeitung dieser Aufgabe empfiehlt sich eine Stunde im Computerraum. Die Schüler tippen dabei ihre Traumtexte (vgl. SB, S. 48, Aufgabe 2) zunächst ein (zu lange Texte sollten gekürzt werden). In einem zweiten Schritt verschlüsselt jeder die Substantive seines Textes nach dem Beispiel im Buch (vgl. SB, S. 64, Texte 12 u. 13). Nun wandert jeder einen Computer weiter und setzt die eingeklammerten Substantive in den richtigen Kasus und setzt diese in blaue Schrift. Dadurch wird die nachfolgende Korrektur erleichtert. Der Verfasser des verschlüsselten Textes korrigiert die Arbeit und markiert etwaige Fehler rot.

Seite 66

1a Besonders bei den Fremdwörtern, aber auch bei den Substantiven mit unregelmäßiger Pluralbildung (der Kaufmann – die Kaufleute) gibt es Numerusprobleme, die besprochen werden müssen. Zudem sollten die Substantive thematisiert werden, die entweder keinen Plural (z. B. der Schlaf) oder keinen Singular (z. B. die Kosten) besitzen. Die Singularformen zu „die Geschwister" oder „die Eltern" sind nur in der Fachsprache geläufig.

Singular (Einzahl)	Plural (Mehrzahl)
der (ein) Kai	die Kais
das (ein) Hobby	die Hobbys
– [das (ein) Geschwister (fachspr.)]	die Geschwister
das (ein) Lexikon	die Lexika
der (ein) Kaktus	die Kakteen
der (ein) Schlaf	–
der (ein) Atlas	die Atlanten; die Atlasse
der (ein) Ort	die Orte
das (ein) Land	die Länder
der (ein) Omnibus	die Omnibusse
das (ein) Regal	die Regale
– [das (ein) Elternteil]	die Eltern
der (ein) Frieden	–
der (ein) Zoo	die Zoos
das (ein) Gebirge	–
der (ein) Pinguin	die Pinguine
–	die Kosten
der (ein) Käfig	die Käfige
das (ein) Kiosk	die Kioske
das (ein) Obst	–
der (ein) Flaschenöffner	die Flaschenöffner
der (ein) Stand	die Stände
der (ein) Kaufmann	die Kaufleute

1b Die **Verwendung von Rechtschreibwörterbüchern** und die **Entschlüsselung von Lexikoneinträgen** bedarf der Einführung im Unterricht und der mannigfachen Übung. Nachdem sich die Schüler im M-Kasten über den Aufbau eines Lexikoneintrags informiert haben und alle Parameter geklärt sind, erproben sie ihr Wissen zunächst an einem der unklaren Wörter aus der Wortschatztruhe. Dazu sollte für jeweils zwei Schüler ein Rechtschreibwörterbuch zur Verfügung stehen.

2 Das sog. **Lexikonspiel** ist eine motivierende Anwendungsübung. Man kann damit den „Lexikonfuchs" der Klasse ermitteln oder die schnellste Bankreihe.

Seite 67

Texterläuterungen:
In **Christian Morgensterns** Nonsensgedicht **„Der Werwolf"** zeigt sich das gleichnamige furchterregende Geisterwesen von einer unerwarteten hilfesuchenden, gar demütigen Seite: Es bittet einen verstorbenen Dorfschulmeister auf dem mitternächtlichen Friedhof um „Beugung".

---

[6] Bei den nicht unterstrichenen eingeklammerten Substantiven wurde auf eine Erfragung der Kasus verzichtet, da es sich dabei um schwierige Formen (z. B. mit Präposition) handelt.

Zweites Kapitel: Im Reich der Träume und der Fantasie

Verpackt in solch schauerlich-vergnügliche Form wird das eher schematische Thema der Deklination nochmals auf spielerische Art und Weise zur vertiefenden Übung und Anwendung aufgegriffen.

1a Das Gedicht eignet sich gut für einen szenischen Vortrag. Dazu bereiten je drei Schüler (Rollen: Erzähler, Werwolf, Dorfschulmeister) das Gedicht vor. Im **Gedichtvortrag** sollten die beiden Sprecher (Werwolf und Dorfschulmeister) stimmlich charakterisiert werden und die verschiedenen Stimmungen sollten hörbar gemacht werden: Zunächst das Unheimliche, das mit dem Erscheinen eines Werwolfes auf einem mitternächtlichen Friedhof verbunden ist. Diese Atmosphäre verändert sich dann mit der Rezitation des Dorfschulmeisters ins Feierlich-Pathetische und schlägt in der letzten Strophe um ins Tragisch-Groteske.
Mehrere verschiedene Vorträge sollten gehört, besprochen und miteinander verglichen werden.

1b Aus der Illustration können die Schüler entnehmen, dass ein Werwolf ein Mensch in Wolfsgestalt ist.

Aus einem Lexikon erfährt man zudem: **Werwolf** [zu ahd. wer „Mann, Mensch"], in der animistischen Vorstellung von der Seele als einem im Körper unabhängig existierenden Wesen gegründetes, in ähnlicher Form weltweit verbreitetes Erzählmotiv von der den schlafenden Menschen verlassenden Seele, sie sich in einen menschenmordenden Wolf verwandelt. (Nach: *Meyers Großes Taschenlexikon* in 24 Bänden, Mannheim; Wien; Zürich: Bibliographisches Institut, 1983.)

2 Eine Pluralstrophe ist entgegen der Ansicht des Dorfschullehrers selbstverständlich möglich, da beim Kompositum der Plural mit dem Grundwort (hier: -wolf) gebildet wird und nicht mit dem Bestimmungswort (hier: Wer-).
Die Strophe, die im Unterricht mündlich verfasst werden kann, lautet dann wie folgt:

„Die Werwölfe", sprach der gute Mann,
„der Werwölfe, Genitiv sodann,
den Werwölfen, Dativ, wie mans nennt,
die Werwölfe, – damit hats ein End."

(Als Übungs- oder Klassenarbeit zum Substantiv s. **K 5**, LB, S. 68)

Übersicht zur Teilsequenz I.3 (Seite 68 – 73)

I. Tagträume und Nachtträume
3. Im Land der Träume – Nach Bildern erzählen

Texte/Bilder	Sprechen	Schreiben	Texte und Medien	Sprachbewusstsein entwickeln	Methoden
1. Wilharm: Bildgeschichte		• Eine Überschrift finden • Informationen beschaffen	• **Erzählung: Bildgeschichte**	• Bildzeichen und Sprache	
2. Philipps Bilderzählung	• Eindruck wiedergeben und Fragen stellen	• **Erzählen: nach Bildern** • Eine fremde Bilderzählung überarbeiten	• Innere und äußere Handlung • Die Bilderzählung als Mischform		
3. Martins Bilderzählung	• Eindruck wiedergeben	• Lücken zwischen Bildern erzählerisch schließen • Bilderzählung gestalten • Fortsetzen einer Fantasieerzählung	• Bilderzählung • Bilderzählung im Vergleich zum Film		
Trainings-Doppelseite:		• Ausgestaltung • Fantasiegeschichten zu Bildern • Erzählung zum Bild • Erzähltechniken anwenden • Traumbilder erstellen	• Bildgeschichte als Comic • surreale Bilder	• Bildzeichen und Sprache	

Lösungsvorschläge

Seite 68

Bilderläuterungen:
Sabine Wilharms farbintensive und die Fantasie anregende **Bildgeschichte** stellt den Tagtraum eines Jungen dar. Das erste Bild spielt noch auf der Realitätsebene: Gedankenverloren kritzelt der Junge einen Baum auf die Tischplatte. Ab Bild 2 wechselt das Geschehen ins Irreale: Der Kopf des Jungen sinkt immer tiefer, er schrumpft. Die gezeichneten Bäume verselbständigen sich, richten sich auf und verdichten sich zu einem üppig grünen Urwald. Mit dem letzten Bild, auf dem sich der Junge anschickt die Wildnis zu erkunden, scheint das eigentliche Abenteuer erst zu beginnen. Insofern motiviert das offene Ende der Bildgeschichte zu weiteren Ausgestaltungen.

1a Über das genaue Betrachten soll die Bildgeschichte inhaltlich erfasst und in einem Titel subsumiert werden. Folgende Vorschläge sind denkbar: Der gemalte Wald, Der fleißige Maler, Der Traum von einem Urwald, Ein malerischer Ausflug …

1b Das Lehrer-Schüler-Gespräch über die Besonderheiten der Bildgeschichte soll die Schülerinnen und Schüler zu einer weitergehenden Aneignung der Bildsignale und möglicher Erzählrichtungen führen.

2 Dieser **Rechercheauftrag** eignet sich als Hausaufgabe. Im Internet oder in einem Autorenlexikon der Schüler- oder Stadtbibliothek, können die Schüler fündig werden. Mit besonderem Interesse werden die Schüler erfahren, dass Sabine Wilharm die deutschsprachigen Bände von Harry Potter illustriert und die Einbände gestaltet hat.[7]

Seite 69

3 Über das fehlerhafte Schülerbeispiel sollen die Schüler erfassen, dass die für jede Erzählung wesentliche Anschaulichkeit erst entsteht, wenn **äußeres** und **inneres Geschehen** miteinander verknüpft sind.
Philipp beschränkt sich aber in seiner **Bilderzählung** auf die sichtbare, äußere Handlung. So wird z. B. nicht erzählt, wie der Junge zum Malen kommt (Einleitung), warum er bestimmte Dinge tut (z. B. Kopf beugen, um besser sehen zu können), was der Junge denkt und fühlt.

4 Eine Lösung könnte folgendermaßen aussehen:

Das sichtbare Geschehen	Gefühle und Gedanken des Jungen
Bild 1: Ein rothaariger Junge sitzt an einem großen Tisch. Er malt mit einer Schreibfeder einen Baum. Dazu beugt er sich tief über die Tischplatte. Beide Ellenbogen sind aufgestützt. Neben seinem linken Arm befindet sich ein Tintenfass.	Ich habe gar keine Lust, meine Hausaufgaben zu machen. O, was hab' ich denn da hingekritzelt? – Was für ein großer Baum! Am liebsten würde ich jetzt durch einen schönen Wald spazieren. Aber der Aufsatz … . Ich habe keine Idee. Ich bin viel zu müde.
Bild 2: Der Junge ist geschrumpft. Er muss auf dem Stuhl knien, um zur Tischplatte zu reichen. Sein Kopf hängt noch tiefer. Er scheint nicht mehr zu zeichnen, sondern zu schlafen. Das Tintenfass ist größer geworden, die Bäume haben sich aufgerichtet.	Mir wird ganz schummrig vor den Augen, ich muss mich etwas tiefer hinunterbeugen. Ich fühle mich so müde, am liebsten würde ich jetzt ein wenig schlafen.

Seite 70

5 An dem gelungenen Beispiel werden den Schülern wichtige Merkmale einer guten Bilderzählung vergegenwärtigt:
– Martin erzählt anschaulich, so kann sich der Leser alles gut vorstellen.
Anschaulichkeit erreicht man, indem man genau erzählt, was man sieht, aber auch, was gefühlt und gedacht wird. Auch eine überlegte Wortwahl trägt zur Anschaulichkeit bei.

Gute Schüler werden hier bereits erkennen, dass überdies noch eine passende Einleitung und der Übergang zwischen den Bildern erzählt wird. Beiträge in dieser Richtung sollten noch unkommentiert bleiben (s. Vorwegnahme von Aufgabe 6), jedoch an der Notiztafel stichwortartig festgehalten werden.

6a Der Versuch der Zuordnung führt zu folgenden Erkenntnissen:
– Der erste Satz lässt sich keinem Bild zuordnen. Darin wird als Einleitung erzählt, was dem ersten Bild vorausgeht.
– Die weiteren fett gedruckten Sätze füllen die Bildlücke zwischen Bild 1 und 2 und geben die Gedanken und Gefühle (die innere Handlung) des Jungen wieder.

6b Über den vergleichenden Lesevortrag erfahren die Schüler, dass nur über die passenden Ergänzungen zwischen den Einzelbildern eine zusammenhängende Erzählung entsteht, der man gut folgen kann.

Seite 71

7a Zeitlich weiter auseinander liegen die Bilder 1 und 2 und die Bilder 2 und 3. In beiden Bilderlücken geschieht etwas – als äußere und innere Handlung –, was zum Verständnis des nachfolgenden Bildes wichtig ist. Diese Lücken gilt es erzählerisch passend zu ergänzen.
Bild 3 und 4 liegen zeitlich am nahsten zusammen. Der Junge besteigt den Tisch und macht seine ersten Schritte in den Urwald hinein. Lediglich das weitere Schrumpfen und die üppiger werdende Vegetation müssen bemerkt werden.

7b Diese Notizen dienen als Stoffsammlung für das spätere Schließen der Lücken zwischen den Bildern. Sie sollten zur Ausarbeitung der Bilderzählung (Aufgabe 8) herangezogen werden.

8a Die Gestaltung der **Bilderzählung** kann als Hausaufsatz aufgegeben werden. Bei der Besprechung sollten vor allem die genaue Beschreibung des Sichtbaren, die Einbindung von Gedanken und Gefühlen und das Schließen der Bildlücken im Mittelpunkt stehen.

8b Das Fortsetzen der Bilderzählung in einer **Fantasieerzählung** kann als Zusatzaufgabe aufgegeben werden. Denkbar ist aber auch, die Fortsetzung der Bilderzählung als KA zu stellen.

Seite 72/73 – Trainings-Doppelseite

Erläuterungen zur Doppelseite:
Die Bildgeschichte von Winsor McCay bleibt im Kontext der Tag- und Nachtträume und dient im Anschluss an die Einführung der Bilderzählung mittels der Bildgeschichte von Sabine Wilharm der **Einübung** und **Anwendung des Gelernten**. Dies sind v. a. das Erzählen der äußeren und inneren Handlung und das Ausgestalten der Lücken zwischen den Einzelbildern.
Im Gegensatz dazu stehen die Einzelbilder von René Magritte und Anita Albus, die zunächst als Bildimpulse für Fantasieerzählungen zu einem Bild dienen. Darüber hinaus liefern sie anregende Vorgaben für Gestaltungen, die **fächerübergreifend** bearbeitet werden können.

---

[7] Zur Gestaltung der Harry-Potter-Bücher erschien ein Interview mit der Illustratorin: „Kinder sehen in jedem Land anders aus. Harry Potter auch", Interview von Sandra Limoncini. In: Süddeutsche Zeitung Magazin, Nr. 28, 11.07.2003, S. 38.

Die handlungs- und produktionsorientierten Verfahren ergänzen hierbei die Aufsatzerziehung und ermöglichen eine altersgemäße und kreative Umsetzung.

Texterläuterungen:

Winsor McCay: „Little Nemo in Slumberland"[8]

Winsor McCay (1869–1934) war einer der ersten amerikanischen Comic-Strip-Zeichner um die Jahrhundertwende. Die Serie „Little Nemo in Slumberland" erschien ab 1905 jeden Sonntag ganzseitig im „New York Herald" und wurde bis 1911 fortgeführt. McCay gab sie auf, zeichnete sie dann aber von 1924 bis 1927 erneut, diesmal für den „Herald Tribune".
Held ist der kleine fünfjährige Nemo mit dem zerzausten Wuschelkopf, der in seinen Träumen fantastische Reisen durch das Schlummerland macht. Am Ende jeder dieser Ausflüge in die surreale Traumwelt findet er sich mehr oder weniger erschreckt in oder außerhalb seines Bettchens wieder. Die farbliche Gestaltung der Bilder ist ausgewogen und nuancenreich. Sie steht damit ganz im Gegensatz zu den schrillen Farbkontrasten, die zur damaligen Zeit für Zeitungsseiten üblich waren.
Zum abgedruckten Teil der Bilderzählung lassen sich zur äußeren und inneren Handlung folgende Notizen machen:
Die **äußere Handlung:** Nemo erwacht in der Nacht und findet seinen Freund Flip im Bett vor. Das Bett wächst und geht mit den beiden aus dem Haus hinaus, durch den Vorort mit freistehenden Häusern bis in das Zentrum einer Großstadt mit Wolkenkratzern. Bei seinem Ausflug bäumt sich das Bett auf wie ein Pferd und erklimmt schließlich die Häuser.

Innere Handlung:

Bild	Nemo	Bild	Flip
1–4	Erstaunen über Anwesenheit Flips	2	gibt ruhige Erklärungen ab
5–6	Verwunderung	4–5	bemerkt verwundert das Wachsen und Gehen des Bettes
7	Furcht und Wunsch zu fliehen		
8	krampfhaftes Festhalten, Blick furchtsam nach unten gerichtet	6	beobachtet und beschreibt das Geschehen
9–10	wird hilflos herumgewirbelt, Angst	8	Begeisterung hat Gefallen am Geschehen, verharmlost es
		9–10	

Als eine weitere Möglichkeit wäre ein **Perspektivenwechsel** denkbar, indem die Geschichte aus Sicht des Bettes erzählt wird.

Mögliche Handlungsrichtungen für **Fortsetzungen:**

– Das Bett erklimmt ein Hochhaus und springt von Dach zu Dach. Dabei bleibt es mit seinen langen, dünnen Beinen schließlich an einem Turm hängen, stolpert und stürzt. Die Jungen fallen dabei schreiend aus dem Bett und stürzen ins Bodenlose. Aus einem unruhigen Schlaf erwacht Nemo neben seinem Bett liegend.
– Mögliche Überschriften: „Ausflug mit Bett", „Das eigensinnige Bett", „Ein Bett wächst über sich hinaus"
– Das Bett geht weiter wachsend nach draußen. Es trifft sich mit andern marschierenden und wachsenden Betten in einem Park, wo die Betten eine heiße Disconacht abhalten. Möglicher Titel: „Bettendisco"

Auf **K 6**, LB, S. 69, ist die komplette Bilderzählung abgedruckt.

René Magritte: „Das Schloss in den Pyrenäen"

René Magritte stellt in seinem Bild den Gegensatz von Erde und Luft auf den Kopf: Man sieht einen großen Fels, auf dem das Schloss steht, frei im zarten Blau des Himmels schweben. Die Schwerkraft wird aufgehoben, sozusagen wie im Traum überwunden. Der Luftraum ermöglicht Loslösung von der Erde. Die Sehnsucht nach dem Fliegen und der Traum ungebunden zu sein sind damit verbunden. Mit den Elementen von Erde und Luft sind gleichsam die Ebenen von Realität und Irrealität angesprochen: Während die feste Erde greifbar und formbar ist, zeichnet sich die Luft durch Leichtigkeit, Flüchtigkeit und Nichtfassbarkeit aus. Die Redensart des „Luftschlösserbauens" steht für diesen Zusammenhang und findet in Magrittes Bild ihren treffenden Ausdruck.

Anita Albus: „Zug im Meer"

Dass surreale Bilder in besonderem Maße die Fantasie anregen, hat sich Anita Albus in ihrem Bilderbuch „Der Himmel ist mein Hut, die Erde ist mein Schuh" zunutze gemacht, das sie eigens als Vorlage fürs Schreiben konzipiert hat. Die Bilder zeigen allesamt fantastische Situationen, so auch der „Zug im Meer": Eine alte Dampflok fährt auf dem Meeresboden durch ein Gebirge unter Wasser und macht in ihrem Scheinwerferkegel eine farbenfrohe Tier- und Pflanzenwelt sichtbar.
Zu diesem Bild findet sich hinten im Buch von Albus ein Textbeispiel von einem siebenjährigen Grundschulkind abgedruckt: „Es war einmal eine kleine Lok. Die fuhr von Frankfurt bis zur Nordsee. Aber da ist sie umgefallen. Da freuten sich die Fische. Die Fische stiegen ein und der Fahrer stieg aus und holte die Fische raus und sie schwammen weg und waren sehr traurig. Der Fahrer stieg ein und fuhr weg. Und der Fischer fischte die kleine Lok hoch."[9]

K 7, LB, S. 70, bietet ein weiteres surreales Bild zur Übung oder als Anregung für eine KA.

---

[8] McCay, Winsor: Little Nemo in Slumberland. Aus: *Little Nemo*. Übers. von Yvonne Carroux. Melzer Verlag, Darmstadt 1972, S. 143.
[9] Zitiert nach: Kaspar H. Spinner: *Schreiben zu Bilderbüchern*. Unterrichtsanregungen. In: Praxis Deutsch, H. 113 (Mai 1992), S. 17–20. Die hier zitierte Ausgabe von Praxis Deutsch mit dem Thema „Schreiben zu Bildern" enthält weitere anregende Artikel.

Übersicht zur Teilsequenz II.1 (Seite 74 – 82)

II. Ich ziehe mit den Wolken
1. Spiele mit der Fantasie – Vorstellungen und Gedanken in Worte fassen

Texte/Bilder	Sprechen	Schreiben	Texte und Medien	Sprachbewusstsein entwickeln	Methoden
1. Moser: Ein Baumhaus		• **Erzählen: aus der Fantasie** • Gegenstände beschreiben	• Bild und Situation	• Die Sprache von Erzählung und Beschreibung	
2. Calvino: Der Baron auf den Bäumen		• Ausgestalten eines Erzählteils	• Romanauszug • Persönlichen Eindruck wiedergeben	• Sprache des anschaulichen Erzählens	• Zielgerichtete Fragen an Texte stellen
3. Mit der Fantasie auf und davon		• Ausgestaltungen prüfen • Handlungsverläufe skizzieren		• Treffender Ausdruck	
4. Günther: Der Bazi	• Sinngestaltender Lesevortrag	• **Erzählen einer Fantasiegeschichte**	• Fantasiegeschichte • Textprobleme • Innere und äußere Handlung	• **Wortfeld „rennen"** • Wortfeld „sagen"	• Mit einem Wortfeld abwechslungsreiche Ausdrücke finden
5. Davids Wolkenpferd		• Fortsetzen einer Erzählung • Fantasiegeschichten schreiben	• Fantasiegeschichte • Aussagen am Text belegen	• Syntax: Notwendige Satzglieder erkennen	
6. Aufbauskizzen zu „Davids Wolkenpferd"		• Erzähltechniken anwenden: Dehnung und Raffung • **Kreatives Schreiben:** Fantasiegeschichten gestalten	• Informationen aus Grafiken entnehmen • Aufbau mit Raffung und Dehnung • Rahmenthemen		

Lösungsvorschläge

Seite 74

Bilderläuterungen:
Das fantasievolle, farbige Bild Erwin Mosers eröffnet das Thema des „Sich–Behausens".
Es soll den Schülern und Schülerinnen als Imaginationsimpuls dienen, ihre subjektiven gedanklichen Fantasieräume öffnen, ein Eintauchen ermöglichen und zu spontanem, fantasiebetontem Erzählen anregen.

1a Die Aufforderung zum „Einleben" hat den Zweck, dass die Schülerinnen und Schüler sich den Fantasieraum aneignen und sich selbst darin als handelnde Personen erleben, die in diesem Raum wirken und ihn evtl. auch gestalten.

1b Die Imagination soll nun gebündelt und fixiert werden. Die Anfertigung eines Stichwortzettels ist für die geforderte Fantasieerzählung unabdingbar. Im Unterricht dient er als Grundlage für das mündliche Erzählen. Eine schriftliche Erzählung kann mit seiner Hilfe als Hausaufgabe erstellt werden.

2 Die Schüler sollen angeregt werden sich eine Vorstellung ihrer ganz persönlichen Wunschbehausung zu machen. Wie bei Aufgabe 1 ist auch dazu eine stille **Reflexionsphase** nötig, in der evtl. bereits Notizen gemacht werden können.
Der Schüler kann wählen, wie er seiner Wunschwohnung Gestalt geben möchte. Diejenigen, die zeichnen, können dann ihre Bilder in einer Art Klassenzimmergalerie den anderen vorstellen. Dazu können die Zeichnungen, die auf ein loses Blatt gemalt wurden, an der Wand befestigt werden.
Die anderen beschreiben mit Worten. Hier kann der Lehrer darauf hinweisen, dass auch Worte Bilder entstehen lassen können, und zwar in den Köpfen der Zuhörer. Wie genau, plastisch und bunt ein solches Bild gerät, hängt von der Genauigkeit der Beschreibung und von der Wortwahl (v. a. ausschmückende Attribute) ab.
Wertungen sollen nicht die Fantasie an sich zum Gegenstand haben, sondern sollen sich nur auf die **Art und Weise der Darstellung** (z. B. genaue Beschreibung, gute Wortwahl, bunte Zeichnung, viele Details) beziehen.

Seite 75

Texterläuterungen:
Nachdem die Schüler Gelegenheit hatten ihre eigenen Wunschbilder zu skizzieren, folgt nun ein literarischer Entwurf einer Wohnart fernab jeder Konvention.
Der 1957 erschienene Fantasieroman **Der Baron auf den Bäumen** von **Italo Calvino** spielt im 18. Jahrhundert und erzählt die

Zweites Kapitel: Im Reich der Träume und der Fantasie

Lebensgeschichte eines adligen Aussteigers. Baron Cosimo Piovasco di Rondo steigt als Zwölfjähriger die Bäume hinauf, um den Erdboden niemals mehr zu betreten. Von dem Leben auf den Bäumen erzählt Cosimos Bruder.
Cosimo baut sich mit der Zeit ein respektables Baumhaus, dessen nötigsten Hausrat er sich selbst anfertigt. Er vermag bald wie ein Eichhörnchen von Baum zu Baum zu springen, geht auf die Jagd, isst Früchte und leitet Trinkwasser aus einem Bach ab. Er hilft den Bauern beim Obstpflücken und Beschneiden der Bäume. Außerdem stiftet er einen Aufstand armer Winzer an und kämpft gegen Piraten. Doch vor allem liest er eine Unmenge an Büchern.
Sein Leben beschließt Cosimo mit 65 Jahren ebenfalls hoch in den Lüften. Der kranke Mann ergreift das Ankerseil eines vorübergleitenden Montgolfiere und „entschwebt mit dem Ballon aufs Meer".

Im vorliegenden Auszug wird Cosimos erster, noch behelfsmäßiger Unterschlupf in den Bäumen beschrieben. Fern jeder Romantisierung wird gezeigt, welch ungemütliche und wenig traumhafte Behausung ein Baumhaus bei schlechtem Wetter und vor allem in der Nacht abgibt, wo doch jeder ein warmes Bett zu schätzen weiß. Doch der trotzige Junge ist nicht entmutigt. Er ist vielmehr stolz darauf, dass er es alleine gebaut hat, und er strebt an, das Baumhaus noch weiter zu verbessern. Sehr wichtig ist ihm auch, dass sein Haus geheim bleibt und er selbst bestimmt, wer ihn besuchen darf und wer nicht.

Seite 76

1 Die Schüler sind hier aufgefordert einen Vergleich anzustellen zwischen dem zu Tagträumen anregenden, idealisierten Bild Mosers und der realistischen Beschreibung eines noch provisorischen Baumhauses bei Calvino.
Das Ergebnis kann mithilfe einer **tabellarischen Gegenüberstellung** an der Tafel fixiert werden.

TA

Baumhaus Mosers	Baumhaus Calvinos
– es ist ein schöner Sommertag	– es herrscht finstere Nacht, der Regen rauscht hernieder
– das Baumhaus wirkt hell, freundlich, sauber und ordentlich → einladend	– der Bau erweist sich als unstabil und gänzlich ungeeignet, um vor dem Regen Schutz zu bieten
– die unterirdische Schlafhöhle, von einer Kerze ausgeleuchtet, strahlt Behaglichkeit aus	– Im Innern ist es nass, kühl, ungemütlich und durch die vielen Vorhänge und Teppiche unordentlich und etwas chaotisch
→ eine Traumbehausung von der Fantasie entworfen	→ eine wirklichkeitsnahe, unbeschönigte Behausung

2 Aus dem Vorspann des Romanauszugs erfahren die Schüler, dass Cosimo sein Leben ausschließlich auf den Bäumen verbringt.
Wenn sich eine Diskussion über die Glaubwürdigkeit eines Lebens auf den Bäumen nicht bereits nach der Lektüre des Textes von selbst ergibt, kann die Frage der Aufgabe als Impuls dafür dienen, dass sich die Schüler dazu spontan äußern.

2a Diese Aufgabe fasst die Frage konkret. Die Schüler sind aufgefordert sich die Möglichkeit eines Auf-den-Bäumen-Lebens über eine größere Zeitspanne hinweg vorzustellen und auf Glaubwürdigkeit zu überprüfen. Zu erwarten sind sowohl Äußerungen, die dies ganz in Abrede stellen, als auch solche, die es durchaus für möglich halten.

2b Die kontroversen Meinungen werfen Fragen auf, z.B. über die Versorgung mit Essen und Trinken, über die Möglichkeiten der Hygiene usw. Diese sollten an der Tafel gesammelt und kontrastiv und hierarchisch (steigernd) geordnet werden.

3 Mit Einfallsreichtum und Fantasie lassen sich Lösungen für die offenen Fragen finden. Hierzu bietet sich Partnerarbeit an. Der gemeinsamen Sammlung von Ideen sollte eine kurze schriftliche Ausarbeitung folgen (Arbeitszeit je nach Klasse 5–7 Min.), wobei zu einer Frage auch mehrere Vorschläge gemacht werden können. Die gleiche Frage sollte mehrfach vergeben werden, da sich daraus interessante Vergleichsmöglichkeiten ergeben und ersichtlich wird, dass die Fantasie ein Vielfaches hervorbringt.
Mehrere Lösungen werden vorgetragen und an der Tafel stichwortartig festgehalten (in Form einer Tabelle oder eines Verzweigungsdiagramms). Unter dem Aspekt der Glaubwürdigkeit sind die Lösungen zu besprechen. Ergebnis könnte sein: Vieles ist möglich, doch nicht alles ist einleuchtend und glaubwürdig. Man darf also nicht einfach alles erzählen, was einem in den Sinn kommt, sondern die Lösung muss überzeugen. Dazu muss sie in sich schlüssig und vorstellbar sein.

Text 3 bietet weiteres Material an Lösungen, die die Schüler auf ihre Glaubwürdigkeit hin überprüfen und beurteilen sollen.

4 In einer Form des **eingreifenden Lesens** wird der **persönliche Brief** angewandt und zwar als **Erzählungsfortsetzung**.
Ist der Vater der Adressat, so könnten Briefe an ihn etwa von folgenden Inhalten sein:
- Cosimo teilt dem Vater mit, dass er trotz aller Widrigkeiten fest entschlossen ist, nicht mehr von den Bäumen zu steigen. Er bittet ihn darum, ihn nicht mehr suchen zu lassen.
- Cosimo rechnet mit dem Vater ab. Er schreibt über seine Wut und darüber, wie ungerecht er es empfand, dass der Vater ihn zu dem widerlichen Schneckengericht zwingen wollte. Andere, schon länger zurückliegende Streitigkeiten könnte er ihm auch noch vorhalten.

Der Schreibstil ist eher argumentativ und distanziert.

Ein Brief an das Mädchen könnte Folgendes enthalten:
- Das eigenwillige Mädchen mit dem Pony hat es Cosimo angetan. Er lädt sie in sein Baumhaus ein, dessen Vorzüge er ihr preist.

Der Stil eines solchen Briefes ist emotionaler und werbender.

Weiterführende Arbeitsanregungen:
Reorganisation der Rechtschreibregeln zu den **gleich und ähnlich klingenden Vokalen**. Weitere Beispiele aus dem Text sind: Kämmerchen (Z. 19), Vorhänge (Z. 20), Äste (Z. 21), Stelle (Z. 28), durchnässt (Z. 29), Decke (Z. 30), Blätter (Z. 33), Wände (Z. 33), Freunde (Z. 45)... . Diese Wörter könnten im Rahmen einer kleinen Zusatzaufgabe (für diejenigen bspw., die eine Aufgabe schneller erledigt haben) gesucht, notiert und dann den anderen diktiert werden.

Seite 77 oben

5 Kann in EA oder in PA im Unterricht bearbeitet werden. Die vorgestellten **Ausgestaltungsentwürfe** Davids variieren von wirklichkeitsnah (s. seine Eingangssätze und die Idee mit dem Exklusivvertrag) bis fantastisch und unglaublich (s. Schneckenthese). Davids Einfälle mit der Computerversorgung und dem Exklusivvertrag klingen in sich plausibel und glaubwürdig. Während letztere Idee in unserer heutigen Zeit durchaus praktizierbar ist, ist die Versorgung mittels Computer zwar auch heute noch Zukunftsmusik, aber durchaus vorstellbar. Doch werden Einführungstext (Hinweis, dass die Geschichte im Jahre 1767 spielt) und Romanausschnitt (realistischer Inhalt bei realistischer Erzählweise) zur Prüfung herangezogen, so erweisen sich beide Thesen als unmöglich.

Ulrikes Ausgestaltungsentwurf finden die Schüler sicher lustig und er wird daher zunächst ihre Zustimmung erhalten. Doch bei eingehender Betrachtung sollte herausgestellt werden, dass es sich Ulrike als Autorin zu leicht gemacht hat. Aus Mangel an Ideen gleich den Tod der Hauptfigur zu inszenieren ist nicht befriedigend und mit der breit angelegten Romangeschichte auch nicht vereinbar.

6 Die fehlerhaften Beispiele Davids und Ulrikes sollen Anstoß geben zum Bessermachen. Dies ist im Rahmen einer Hausaufgabe möglich.

(**K 8** gibt die Vorlage für eine Fantasieerzählung als Übungsaufsatz oder als Klassenarbeit, LB, S. 71)

Seite 77 unten

Texterläuterungen:

Herbert Günthers Erlebniserzählung *Der Bazi* ist dem Typus sozialpädagogisch orientierter Kinderliteratur zuzurechnen und spielt auf einer Realitäts- und Irrealitätsebene. Die Erfolge bekannter Jugendbuchautoren (u. a. Michael Endes, Otfried Preußlers) belegen die Beliebtheit dieses Genres. *Der Bazi* ist eine dreiteilige Alltagsgeschichte aus dem kindlichen Erfahrungsfeld (über das Thema Streit im ersten und dritten Teil). Diesem Rahmen eingefügt ist eine Tagtraumgeschichte in drei Episoden: Dem Rübezahl- bzw. Robin-Hood-Motiv (Beglücker der Armen), dem Motiv des Friedensbringers und dem Motiv des Anwalts für die Rassengleichheit. Dem ungelösten Konflikt auf der Wirklichkeitsebene, dessen Kontinuität durch den Vergleich mit der Erwachsenenwelt am Schluss angedeutet wird, steht in der Fantasiewelt David (= Bazi) als der sieghafte Märchen- bzw. Sagenheld gegenüber. Im Kontrast zu seiner schwierigen Jungenrolle in der „kleinen Welt" kann er in der erträumten „großen Welt" fast alle Konflikte geradezu spielerisch lösen. Dass aber auch dieses Fantasiereich nicht zur paradiesischen Idylle wird, zeigt das offene Ende der dritten Episode (Rassenkonflikt). Auf diese Weise sind beide Geschehensebenen miteinander verknüpft.

Die typisierende Personendarstellung – auf der Ebene der Kinder steht der kraftprotzende und gewalttätige Hans (eine Art Goliath) gegen den schwachen und verträumten, aber listigen David – und die Überschaubarkeit des Personals erleichtern den Schülern und Schülerinnen den Zugang zum Text ebenso wie die onkelhafte Figur des engagiert beobachtenden und knapp kommentierenden Postboten.

Seite 79

1 Der Lesevortrag sollte als Hausaufgabe vorbereitet werden. Im Unterricht können dann die Art des Vortrags und der Aufbau der Erzählung besprochen werden. Eine Lesestaffel, die den Aufbau deutlich machen kann, würde 5 Staffelmitglieder erfordern.

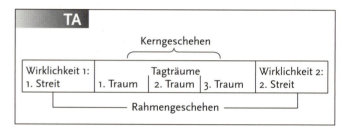

2 Das Gespräch über die Probleme ist absichtlich ganz offen gehalten: Sowohl auf der Wirklichkeitsebene (erster und fünfter Teil, Z. 1–33 und Z. 81–104) als auch auf der Traumebene (Z. 34–81), wobei über die Glaubwürdigkeit der „Lösungen" (vor allem Z. 71ff.) gesprochen werden könnte. Richtet sich das Gespräch auf die Personen, ließe sich folgendes Tafelbild entwickeln:

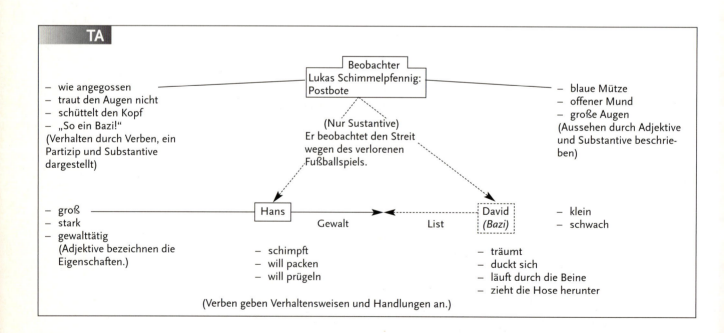

3 Anwendungsaufgabe für die Handlungsebenen (vgl. SB, S. 69ff.), wobei ein wesentliches Aufbauprinzip des Textes erfasst werden kann (s. Wirklichkeitsebene und Traumebene). Mit Zeilenangaben sollen die Schüler ihre Funde belegen. Folgendes Ergebnis kann zum Anfang des Textes festgehalten werden:

Zweites Kapitel: Im Reich der Träume und der Fantasie 59

Innere Handlung (Das unsichtbare Geschehen)	Äußere Handlung (Das sichtbare Geschehen)
– Bazi denkt, er wäre ein Reiter (Z. 34)	– Postbote mit offenem Mund (Z. 2f.)
– In diesem Land gibt es … (Z. 37ff.)	– Schüler mit Ranzen und Taschen (Z. 6)
– Der Bazi weiß nicht mehr weiter (Z. 81)	– Ganz vorn der Hans Neubauer (Z. 7)
– Der Bazi denkt: „Alles", denkt er, „alles muss anders werden!" (Z. 85)	– Ganz hinten David Moosgruber (Z. 10)
– …	– …

4 Der Gestaltungsauftrag würde sich als Hausaufgabe eignen, deren Ergebnisse entweder kursorisch in den Unterricht einbezogen werden oder aber Anstöße bieten könnten für ein kritisches Gespräch über die dargestellten Träume, sofern sich die ersten Reaktionen der Schüler vor allem auf die Wirklichkeitshandlung bezögen. Zur Hilfestellung könnte auf den Aufbau der Erlebniserzählung und die Wichtigkeit von Dehnung und Raffung hingewiesen werden.

5 Über eine **Ersatzprobe** bietet sich Wortfeldarbeit an, die das Problem der Stereotypen betrifft: springen, laufen, hasten, rasen, hetzen, flüchten wären Ersatzmöglichkeiten, die auch in einer Wortkurve dargestellt werden könnten.

5b So groß die Zustimmung zu Elkes Anmerkung erfahrungsgemäß sein wird, so auffällig ist die Reaktion bei der vergleichenden Leseprobe: Nach anfänglicher Irritation erkennen die Schüler, dass die Originalversion besser ist, weil hier die Wiederholung desselben Wortes nicht langweilig, sondern verstärkend wirkt und das endlose Rennen ganz konkret erfahrbar macht. Dies ist eine gute Gelegenheit, um den Kindern auf einfache Weise die stilistische Funktion der Wiederholung zu erklären.

Seite 80

6 Das entsprechende Wortfeld zu „sagen" könnte so aussehen:

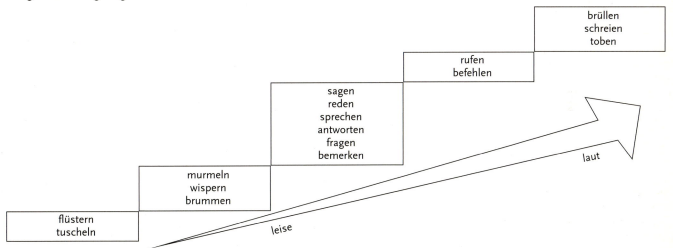

Seite 81

Texterläuterungen:
Silkes Traumgeschichte „Davids Wolkenpferd" folgt dem Aufbauprinzip des Originals (Kernhandlung als Traum, Rahmenhandlung als Wirklichkeitsgeschichte), wählt aber Motive aus Märchen, die kumulativ verwendet werden. Auffällig ist der Schluss, der zwar an die Schulsituation, nicht aber an den Streit anschließt und ganz im Stile der Erlebniserzählung abrundet.

1 Entscheidender als die sehr einfache Aufgabe die Vorgabe zu ermitteln (bis Z. 36 wurde vorgelesen) ist der Anstoß zum Gespräch über den Schüleraufsatz: Er stellt ein positives Paradigma dar sowohl als Typus einer traumhaft-fantastischen Erlebniserzählung (kurze Einleitung bis Z. 4, episodenhafter Hauptteil bis Z. 27, kurze Überleitung in den Z.

27–30 und Schluss ab Z. 31) als auch in der Beherrschung von **Raffung und Dehnung** und der sprachlichen Gestaltung.

2 Vor allem in Einleitung (Z. 1–4) und Schluss (Z. 31–40), den gerafften Aufsatzteilen, aber auch in der kurzen Überleitung (Z. 27–30) kann nicht gekürzt werden. Insofern wird mit dieser Aufgabe die Raffung als knappe Zusammenfassung des Geschehens wiederholt und angewendet.

Seite 82

3a–c Von den vorgeschlagenen Aufbauskizzen entspricht die dritte Silkes Traumerlebnis:

Aufbauskizze

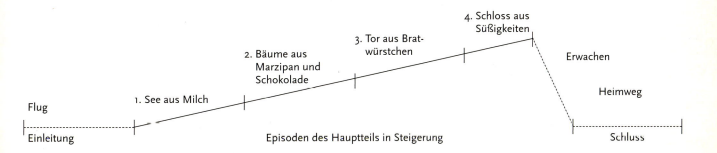

Die Kapitel von Blickfeld Deutsch 1

Zusatzaufgabe:
Eine weiterführende Transferaufgabe könnte sich z. B. als Hausaufgabe oder als kurze Lernerfolgskontrolle, auf *Bazi* beziehen:
- Zeichne zu den Traumerlebnissen in „Der Bazi" jeweils eine Aufbauskizze.
- Schreibe zu einer der Traumgeschichten eine geraffte Einleitung und einen gerafften Schluss.
- Markiere auf der entsprechenden Skizze das Traumerlebnis mit der ausgeprägtesten Dehnung und begründe deine Entscheidung.

4 Je nach Leistungsstand der Klasse ist die Anregung für eine Hausaufgabe, einen Übungsaufsatz in der Klasse oder als Lernerfolgskontrolle zu verwenden.
Wie für eine Erlebniserzählung bietet das gestellte Rahmenthema genügend Auswahlmöglichkeiten. Die Beurteilungskriterien sind identisch mit denen der Erlebniserzählung.

Übersicht zur Teilsequenz II.2 (Seite 83 – 85)

II. Ich ziehe mit den Wolken
2. Fantasiegeschichten: mal lustig, mal verspielt – Blickwinkel und Wortgebrauch sind entscheidend

Texte/Bilder	Sprechen	Schreiben	Texte und Medien	Sprachbewusstsein entwickeln	Methoden
1. Maar: Die Geschichte von der Kuh Gloria	• Lesestaffel • Szenisches Spiel	• Perspektivenvergleich • Erzählen aus anderer Sicht • Textvorgaben fortsetzen	• **Erzählung: Fantasiegeschichte**	• Die Sprache einer literarischen Erzählung	
2. Zweiter Auftritt der Kuh Gloria im Nilpferdland	• Mündliches Ausgestalten	• **Dehnung: Das lange i** • Parallelgeschichte			• Rechtschreibprogramm • Kettenerzählung am Computer
3. Wölfflin: Blauer Montag	• Wortverdrehungen erklären	• Umformen eines Textes	• Nonsensprosatext • Wortspiele – Spiele mit Worten	• Wortarten	• Schreiben am Computer

Lösungsvorschläge

Seite 83

Texterläuterungen:
Paul Maars „Geschichte von der Kuh Gloria" ist eine von acht spaßigen Geschichten, die der tätowierte Hund (so auch der gleichnamige Titel des Buches, das 1988 in einer Neuauflage erschien) einem Löwen zu den bunten Bildern auf seiner Haut erzählt.
Ulkig-komische Gestalten wie die Affen Kukuk und Schlevian oder die Mäuse-Mädchen-Mittelschul-Lehrerin Hurtig-Hurtig werden dort lebendig, so auch die Kuh Gloria. Letztere wird auf witzige Art und Weise, die schon ans Groteske heranreicht, übertrieben negativ charakterisiert. Dies geschieht so schonungslos, dass der Leser sich ungehemmt über Gloria und ihr Missgeschick belustigen kann. Auch ist Gloria derart von sich eingenommen, selbstherrlich und unbelehrbar, dass wiederum Spott und Häme aufs Äußerste herausgefordert werden.
Die Pointe steckt in den letzten Textzeilen, in denen ein **Perspektivenwechsel** vollzogen wird. Verspottet und verkannt, doch innerlich ungebrochen, wandert Gloria aus ins Nilpferdland und erlebt dort endlich die Huldigung und Bewunderung, die ihr bisher versagt blieb. Die Kritik ihres Auftrittes in der Nilpferdzeitung bietet geradezu die Umkehrung ihrer bisherigen Charakterisierung. Dies führt in einer ersten Reaktion zu noch größerer Erheiterung des Lesers, der das Urteil der plumpen Nilpferde in seinen Spott mit einbezieht.
Doch durch den Gesprächsimpuls (s. Aufgabe 1a) wird die Aufmerksamkeit des Unterrichtsgesprächs auf die **Perspektive** und ihre Bedeutung gelenkt: Je nach Blickwinkel kann eine Person und ihr Verhalten anders erscheinen und eine andere Bewertung zu Folge haben. Erst aus einer Mehrzahl von Blickweisen lässt sich ein einigermaßen objektives Bild einer Person gewinnen.

Seite 84

1a Die Lesestaffel, die den Aufbau der Geschichte deutlich macht, erfordert 4 Staffelmitglieder:
- Einführung und Charakterisierung der Kuh Gloria (Z. 1–14)
- Gloria als Sängerin (Z. 15–28)
- Gloria als Tänzerin (Z. 29–49)
- Gloria im Nilpferdland (Z. 50–62).

1b Der Impuls lenkt den Blick auf die **Perspektive**.
Das Gespräch könnte ergeben: Der Blickwinkel ist entscheidend für die Wertung einer Person, einer Handlung. Ein und dasselbe Geschehen präsentiert sich aufgrund verschiedener Sichtweisen ganz unterschiedlich. Eine einzelne Perspektive ist stets an den Standpunkt gebunden und lässt deshalb immer vieles weg.
Einiges, was zur Perspektive wichtig ist, werden die Schüler hier bereits in eigenen Worten formulieren. Deshalb sollte der Lehrer Notizen an der Tafel machen oder einen Schüler darum bitten, sich auf einem Blatt Notizen zu machen, auf die dann am Ende der Bearbeitung nochmals zurückgegriffen werden kann.

2 Die Arbeitsanregung verlangt das **perspektivische Erzählen** aus der Sicht des fiktiven Nilpferdes Bombo, welches einem Freund berichtet. Als Vorbereitung kann die zu

Zweites Kapitel: Im Reich der Träume und der Fantasie

erwartende Sinnrichtung im LSG besprochen werden: Bombo spricht von Gloria in der Sie-Form. Er ist wie alle seiner Artgenossen entzückt von der leichtfüßigen Künstlerin und gerät beim Bericht über ihre Darbietung ins Schwärmen. Vermutlich hat er sich in das zarte Wesen verliebt und wird Überlegungen darüber anstellen, wie er sich ihr geziemend nähern kann.

3 In der Fortsetzung können die Schüler ihre Kenntnisse zur Fantasieerzählung anwenden.
Je nach Übungsbedarf kann das Hauptaugenmerk auf die Originalität der Handlungsideen, die Stimmigkeit der Sinnrichtung oder auf die Ausgestaltung von Dehnung und Raffung gelegt werden.

4 Franziskas Fortsetzungsgeschichte kann ebenfalls unter den Aspekten von Aufgabe 3 besprochen werden. Im gemeinsamen Weiterspinnen der Handlung können die Schüler das kreative Potenzial üben.

5a Bei den unterschlängelten Worten ist die Schreibung des **langen i-Lautes** falsch. Über das Verbessern wenden die Schüler die Elementarregel an und formulieren sie in der anschließenden Besprechung:
Das lang gesprochene „i" wird meist „ie" geschrieben. Weitere Dehnungsfälle des „i" bleiben hier noch ausgespart; sie werden in Aufgabe 6 aufgegriffen.

5b Über das Anlegen der Liste wird diese Hauptregel, die 75 Prozent aller Wörter mit lang gesprochenen „i" betrifft, gefestigt.

TA	Das lange i
	„ie"–Schreibung
	viele
	dieses
	riesige
	ziemlich
	Lieder
	tief
	unterhielten
	fiel
	sie
	rief

Seite 85 oben

6 Damit die Suche nach weiteren Wörtern mit anderer Schreibweise des lang gesprochenem „i" erleichtert wird, kann eine Tabelle mit vier Spalten vorgegeben werden. Das Erkennen der „ieh"-Schreibung und der „ier(t/en)"-Schreibung ist schwierig und muss unterstützt werden.

TA	Das lange i		
„i"-Schreibung	„ieh"-Schreibung	„ih"-Schreibung	„ier"-Schreibung
Nilpferd	sieht	ihr	spazieren

Erklärung der Schreibweise:
- Die einfache „i"-Schreibung ist selten: **Br**i**se, L**i**d, St**i**l, N**i**l** und die Personalpronomen **d**i**r, m**i**r, w**i**r**
- Die „ieh"-Schreibung tritt bei Wörtern auf, die sich von Verben ableiten lassen, die bereits ein „h" im Infinitiv haben: s**ieh**t (sehen), z**ieh**t (ziehen), verz**ieh**t (verzeihen)

- Die „ih"-Schreibung gibt es nur bei wenigen Pronomen: **ih**n, **ih**nen, **ih**m, **ih**r, **ih**ren, **ih**res
- Viele Fremdwörter haben die Buchstabenfolge „ier": garn**ie**ren, dikt**ie**ren, diskut**ie**ren, add**ie**ren, raffin**ie**rt, Man**ier**

7a/b Will man die Parallelgestaltung im Unterricht schreiben lassen, so könnte sie als kleine Wettaufgabe gestellt werden. Wer nach einer bestimmten Zeit (etwa 4–5 Minuten) die meisten Wörter mit „ie" in einem sinnvollen Text verwendet hat, ist Sieger.

7c Ein Partnerdiktat mit den Eigentexten ist eine motivierende Übung, wobei zusätzlich die Bedeutung der selbstverfassten Geschichten hervorgehoben wird.

Seite 85 unten

Texterläuterungen:
Die kurze Geschichte **„Blauer Montag"** von **Kurt Wölflin** erhält ihren vergnüglichen Charakter ausschließlich durch das Spiel mit der Sprache. Der Autor vertauscht Wortarten und verdreht Wortteile, was einen unsinnig-lustigen Text bedingt, dessen Wirkung in einem lauten Lesevortrag vortrefflich zum Ausdruck gebracht werden kann. Dabei müssen die Vorleser v. a. die Techniken des genauen und vorausschauenden Lesens anwenden.

1a Ein „Drahtseilakt" für ganz wagemutige Vorleser.
Der Text sollte ohne Vorbereitung laut vorgelesen werden: **Sinnerschließendes Lesen.** Der wohl mehrfach ins Stocken geratende Lesevortrag wird zu überraschten und belustigten Reaktionen führen. Dies ist Impuls genug, um nach dem Vortrag die Primärrezeption der Schüler anzustoßen.

1b Dadurch, dass Wortarten vertauscht und Wörter in sich verdreht sind, kann der Erstleser nicht antizipieren, was inhaltlich und sprachlich kommt. Ein flüssiger Lesevortrag ist somit nicht möglich. Erst mit genauer Textkenntnis, die sich durch mehrere konzentrierte stille und laute Leseversuche ergibt, kann das eigentliche Ausfeilen des Lesevortrags beginnen.

2 Zur **Umformung mit Ersatzprobe** wird der Text in 4–5 Abschnitte aufgeteilt (z. B. Z. 1–7, Z. 8–14, Z. 15–20, Z. 20–25) und unter den Schülern verteilt.
Der vergleichende Textvortrag ergibt, dass das Vergnügliche des Textes gänzlich verloren geht und eine gewöhnliche, fast langweilige Geschichte entsteht.

3

TA	
Verdrehungen	Tricks
1. Karotto (Z. 4) Tagmond (Z. 5)	Vertauschen von Grund- und Bestimmungswort
2. kalenderte auf den Blick (Z. 4)	Vertauschen von Substantiv und Verb
3. spät nicht zu komm (Z. 8)	Vertauschen von Verb und Adverb
4. kinderten viele Waren (Z. 10)	Vertauschen von Hilfsverb und Substantiv
5. schuldete sich fühlig (Z. 23–24)	Vertauschen von Verb und Adjektiv
6. vom Mannen Klein (Z. 15)	Vertauschen von Substantiv und Adjektiv

3. Vorschläge für Übungen und Klassenarbeiten – zusätzliche Materialien und Kopiervorlagen

Übersicht über die Kopiervorlagen

K1	Erwin Moser: Der Träumer, Bildvorlage zum Kolorieren und für eine Stoffsammlung	SB, S. 48
K2	„Die besten Traumdeuter": Übungs- und Diktattext für wörtliche Rede und gleich und ähnlich klingende Vokale	SB, S. 55
K3	Johann Peter Hebel: Der vorsichtige Träumer, Übungsdiktat	SB, S. 56
K4	Claudias abendlicher Gedankenstrom	SB, S. 58
K5	Schriftliche Wiederholung zum Substantiv	SB, S. 58ff.
K6	Komplette Bilderzählung von Winsor McCay: Little Nemo in Slumberland	SB, S. 72
K7	Schreiben zu einem surrealen Bild	SB, S. 73
K8	Fantasieerzählung zum Bild „Das Baumhaus" als Übungs- oder Klassenarbeit	SB, S. 77 oben

Kurzbeschreibung der Kopiervorlagen

K1 Erwin Moser: Der Träumer, Bildvorlage zum Kolorieren und für eine Stoffsammlung

Didaktischer Ort: Im Zusammenhang mit Aufgabe a zur Stoffsammlung für das Erzählen in Aufgabe b (SB, S. 48)

Erläuterungen:

Die Kolorierung, zu der die Schwarz-Weiß-Zeichnung Mosers herausfordert, dient einerseits zur Angleichung an die atmosphärische Stimmung des Bildes und unterstützt andererseits das ganz persönliche Einfühlen in die Person des Träumers. Das Notieren von Stichworten auf dem Übungsblatt (s. Stoffsammlung) schult das genaue Beobachten von Bildsignalen und hat zudem den Vorteil, dass ein enger Bezug zwischen Dargestelltem (Bild) und Bezeichnetem (Stichworte) hergestellt wird.

K2 „Die beiden Traumdeuter"[10]: Übungs- und Diktattext für wörtliche Rede und gleich und ähnlich klingende Vokale:

Didaktischer Ort:

1. Als Arbeits- und Übungsblatt für die Anwendung der wörtlichen Rede
2. Kombinationsaufgabe aus Diktat und Schreiben einer Fortsetzung oder Beantwortung einer Frage zum Text als Übungs- oder Klassenarbeit

Erläuterungen:

1. Wiederholung und Anwendung der Zeichensetzung bei wörtlicher Rede. Unterstützende Kennzeichnung der Rede- und Begleitsätze in den entsprechenden Farben.
2. Bei der Wahl der Kombinationsaufgabe werden neben der Zeichensetzung bei wörtlichen Reden auch Wörter mit gleich und ähnlich klingenden Vokalen geübt.
Die Wörter mit „ä" oder „äu" können im Diktattext unterstrichen und unter dem Diktat aufgelistet werden. Das entsprechende Grundwort soll dann rechts davon notiert werden:
    - träumen – Traum
    - Zähne – Zahn
    - erzählen – Zahl (von mhd. erzeln, erzellen: der Zahl nach darlegen, aufzählen)
    - Unverschämter – Scham
    - während, währen – wahren (= dauern, Nebenform von „währen")
    - Hände – Hand

Bei **Diktat bis Zeile 12** kann eine Anregung zur Fortsetzung der Geschichte gegeben werden. Die Handlungsrichtung für eine positive Deutung des Traums durch den zweiten Traumdeuter ist durch den Text vorgegeben, sodass eine solche von jedem Schüler zu leisten ist.
Bei **Diktat bis Zeile 16** kann die Frage gestellt werden, wie das unterschiedliche Verhalten des Sultans zu erklären ist. Für eine treffende Antwort müssen die Schüler die unterschiedliche Art der Darstellung bei prinzipiell gleicher Traumdeutung erfasst haben, und sie sollen versuchen, dies in wenigen Sätzen auszudrücken.

K3 Johann Peter Hebel: Der vorsichtige Träumer, Übungsdiktat

Didaktischer Ort:

Kombinationsaufgabe aus Diktat oder Partnerdiktat und Schreiben einer Parallelgeschichte als Übungs- oder Klassenarbeit

Erläuterungen:

1. Der Diktattext hat neben den gleich- und ähnlich klingenden Vokalen (ä–äu) noch die Groß- und Kleinschreibung als Rechtschreibeschwerpunkt.
2. Anhand der **Parallelgestaltung** zu Hebels Geschichte kann überprüft werden, inwieweit die Aussage des Textes erfasst wurde: Der Ich-Erzähler nimmt einen Traum so ernst, dass er für alle Zukunft Vorsichtsmaßnahmen trifft.

K4 Kombinationsaufgabe zum Substantiv

Didaktischer Ort:

Übungs- oder Klassenarbeit (2. Std.) im Anschluss an die Teilsequenz „Die Lust am Träumen – Substantive benennen das Reich der Fantasie" (SB, S. 57–67)

Erläuterungen zur Aufgabe:

Es handelt sich um eine *Kombinationsaufgabe*, die Verschiedenes verlangt:

1. Wiederholung und Anwendung der Großschreibung der Substantive und am Satzanfang.
2. Schreiben einer Fortsetzung. Die Fortsetzung sollte die Vorgaben und die Sinnrichtung der Vorlage aufnehmen und stimmig fortführen. Die Wortsammlung unter b kann dabei zu Hilfe genommen werden.

K5 Schriftliche Wiederholung zum Substantiv

Didaktischer Ort:

Wiederholungsarbeit zum Substantiv – Übungsbereiche: Kasus, Numerus, Genus, Benutzung des Wörterbuchs

Erläuterungen:

Die gesamte Aufgabe ist in einen thematischen Rahmen gekleidet (Brief eines Austauschschülers, der bestimmte Schwierigkeiten mit der deutschen Sprache hat).
In der vorliegenden Fassung des Briefes sind verschiedene Substantive in Klammern gesetzt und stehen dort im Nominativ ohne Artikel. Die Schülerinnen und Schüler müssen zunächst den Brief in korrektem Deutsch abschreiben.

---

[10] Fehse, Willi (Hg.): *Heitere Märchen aus aller Welt*, Stuttgart (Boje Verlag) 1968.

In einem zweiten Schritt komplettieren sie die Übersicht zu den Kasus und tragen dort die im Brief unterstrichenen Substantive in der entsprechenden Spalte ein.
Abschließend entschlüsseln sie für Henry zwei Wörterbucheinträge.

Lösungsvorschlag:

1. Liebe Mum, lieber Dad,

heute früh habe ich **den Schulbus** verpasst. **Der/Mein Wecker** hatte zwar geschellt, aber ich bin einfach **im Bett** liegen geblieben. Ich wollte noch ein wenig **meinen Traum** genießen. Eine Stunde später wachte ich wieder auf. **Mein Blick** fiel auf **das Ziffernblatt des Weckers**: 9.00 Uhr! **Die Schule** hatte mittlerweile ohne mich begonnen. Ich sprang aus **dem Federbett** und griff **ein Hemd, eine Hose**, zwei **Schuhe** und **den Mantel**. An **der Bushaltestelle** stand kein Mensch mehr. Wie sollte ich mein Zuspätkommen bloß erklären? Sollte ich lügen und behaupten, dass ich **einen falschen Bus** genommen hätte? Nein, **eine Lüge** wollte ich **der netten Frau** nicht antun. Aber konnte ich mein Geheimnis für mich behalten? Als ich endlich an der Schule ankam, war ich etwas verwundert: Keine **Schülerinnen und Schüler** tummelten sich auf dem Schulhof, **das Gebäude** lag verlassen da! Und dann fiel mir ein, dass an **diesem Tag**, dem 3. Oktober, unterrichtsfrei war – es war **der Nationalfeiertag der Deutschen**.

2.
1. Fall – Nominativ – wer oder was?
→der Wecker; das Gebäude: der Nationalfeiertag
2. Fall– Genitiv – wessen?
→des Weckers; der Deutschen
3. Fall – Dativ – wem?
→der Lehrerin
4. Fall – Akkusativ – wen oder was?
→den Schulbus; meinen Traum; das Ziffernblatt; ein Hemd, eine Hose, zwei Schuhe und den Mantel; einen falschen Bus

3.
Geheimnis:
Plural: die Geheimnisse
Genitiv: des Geheimnisses
Genus: neutrum

Ziffer:
Plural: die Ziffern
Genitiv: der Ziffer
Genus: femininum

K 6 Komplette Bilderzählung von Winsor McCay: Little Nemo in Slumberland[11]

Didaktischer Ort:
Nach Erarbeitung der Arbeitsanregungen im SB die originale Bilderzählung als Vergleichsvorlage für die Schülerentwürfe

K 7 Schreiben zu einem surrealen Bild

Didaktischer Ort:
Als weiteres Übungsmaterial zu den Bildern im SB, S. 73.

Marc Chagall (1887–1985): Der blaue Violinist
Ein Violine spielender Junge schwebt, mit übergeschlagenen Beinen auf einem Stuhl sitzend, über den Dächern einer Stadt. Vögel sitzen dem Jungen auf Schulter und Bein. Sein Gesicht, mit großen schwarzen Augen, und sein Hals sind von auffällig roter Farbe. Dieses Rot findet sich auch im Blumenstrauß, der aus dem hell scheinenden Mond am linken oberen Bildrand sprießt. Das gesamt Bild ist in einem mittleren, freundlichen Blauton gehalten; es wird sparsam durch dezente Grüntöne (Jacke des Jungen, Blattwerk, Vogel, Kirchendach) und das Gelb der Violine aufgelockert.
Der schwebende Junge ist von der Wirklichkeit abgehoben und befindet sich auf einer Traum- oder Fantasiereise. Er spielt dabei ein Instrument. Die Musik beflügelt die Fantasie und ist Ausdruck von Wohlgefühl. Die Vögel, die sich auf dem Jungen niedergelassen haben und vielleicht in seine Melodie miteinstimmen, weisen auf den Einklang mit der Natur. Im Bild des aus dem Mond sprießenden Blumenstraußes verbindet sich Reales mit Fantastischem, was den Traumzustand des Bildgeschehens verdeutlicht. Der überwiegende Blauton evoziert eine friedliche Nachtstimmung, die das traumhafte Geschehen unterstreicht.

K 8 Fantasieerzählung zum Bild „Das Baumhaus"[12]

Didaktischer Ort:
Übungs-, Haus- oder Klassenaufsatz (2 Std.) im Zusammenhang der Baumhausthematik (SB, S. 74ff.) und zur Anwendung von Merkmalen der Fantasieerzählung (SB, S. 82).

Der mächtige, unwüchsige und uralte Laubbaum beherbergt in seiner Krone ein kleines Holzhäuschen, dessen Bauweise darauf deutet, dass es einst auf der Erde gestanden haben muss. Am Fuße des Baumes ist ein provisorisches Tor und ein kleiner Steg angebracht. Etwas weiter vom Stamm entfernt, kann man an den ausladenden Wurzeln sehr klein (was die überdimensionalen Ausmaße des Baumes verdeutlicht) drei Personen erkennen: links vorne eine Frau mit einem Kind, die beide nach oben winken und rechts hinten einen älteren Mann, der ebenfalls zu winken scheint.

Lösungsvorschlag:
Die Schüler sollen eine fantasievolle Geschichte zum Bild erzählen, in der die Gegebenheiten glaubwürdig erklärt werden und die Bildinhalte (wie Tor, Steg, Personen, evtl. Vögel) stimmig miteinbezogen werden.

---

[11] McCay, Winsor: Little Nemo in Slumberland. Aus: *Little Nemo*. Übers. von Yvonne Carroux. Melzer Verlag, Darmstadt 1972, S. 143.
[12] Michael Ende/Bernhard Oberdieck: *Lirum Larum Willi Warum*. Stuttgart: Thienemann, 1995.

Erwin Moser: Der Träumer

Im Reich der Träume und der Fantasie — K 1

(Aus: Hans Joachim Gelberg (Hrsg.), Das achte Weltwunder, 1979 Beltz Verlag, Weinheim und Basel, Programm Beltz und Gelberg, Weihnheim)

Arbeitsanweisungen:

1. Male das Bild farbig an.

2. Der Träumer scheint zu schlafen, dennoch nimmt er seine Umgebung wahr.
   a) Entwirf ein Stimmungsbild in Stichworten, indem du den Träumer die mit Pfeilen versehenen Dinge fühlen, hören und riechen lässt.
   b) Versetze dich in den Träumer und erzähle schriftlich seine Traumgeschichte.

Die beiden Traumdeuter

Es war einmal ein Sultan, der träumte, dass ihm alle Zähne ausgefallen wären Am Morgen ließ er, noch auf nüchternen Magen, seinen ersten Traumdeuter rufen Der Herrscher erzählte, was ihn über Nacht so beunruhigt hatte, und fragte Was bedeutet es, dass mir die Zähne verloren gingen

Ach, welch ein Unglück, Herr rief der Befragte aus Für jeden der Zähne verlierst du einen Angehörigen

Was, du Sohn einer Hündin schrie der Sultan den Traumdeuter an Das wagst du mir zu sagen

Und er gab den Befehl, an dem Unverschämten sofort die Bastonade¹ zu vollziehen und ihm fünfzig Stockhiebe auf die Fußsohlen zu geben Während der Unglückliche jammernd seine Strafe empfing, wurde der zweite Traumdeuter vor den Herrscher geführt Kaum hatte er den Traum gehört, als er verzückt die Hände gen Himmel warf und ausrief Elhamdüllilah, mein Gebieter Das Lob sei Gott Allah schenkt dir Heil und langes Leben So viele Zähne du verloren hast, so viele deiner Angehörigen wirst du überleben

Da heiterte sich das Gesicht des Sultans auf Er dankte dem Traumdeuter und ließ ihm von seinem Schatzmeister fünfhundert Piaster² auszahlen

Du hast sie wohl verdient sagte der Sultan denn du erkennst mehr als andere Sterbliche

Warum sollst du klüger sein als die anderen flüsterte einer der Höflinge dem Traumdeuter zu, als er in Gnaden entlassen worden war und strahlend durch die Pforte des Palastes schritt Du hast den Traum im Grunde doch nicht anders gedeutet als dein Vorgänger

Das ist wohl richtig versetzte der Traumdeuter Aber ...

(Unbekannter Verfasser)

---

¹ Prügelstrafe, bei der mit dem Stock vor allem auf die Fußsohlen geschlagen wird
² der Piaster (< ital. piastra = Metallplatte): Währungseinheit

Im Reich der Träume und der Fantasie — K 2

Arbeitsanweisungen:

1. Vervollständige den letzten Satz, so dass sich ein sinnvoller Schlussgedanke ergibt.
2. Schreibe den Text ab und setze die fehlenden Satzzeichen.
3. Unterstreiche die wörtlichen Reden orange und die Begleitsätze blau.

Lösung:

Es war einmal ein Sultan, der träumte, dass ihm alle Zähne ausgefallen wären. Am Morgen ließ er, noch auf nüchternen Magen, seinen ersten Traumdeuter rufen. Der Herrscher erzählte, was ihn über Nacht so beunruhigt hatte, und fragte: „Was bedeutet es, dass mir die Zähne verloren gingen?"

„Ach, welch ein Unglück, Herr!", rief der Befragte aus. „Für jeden der Zähne verlierst du einen Angehörigen!"

„Was, du Sohn einer Hündin!", schrie der Sultan den Traumdeuter an. „Das wagst du mir zu sagen?"

Und er gab den Befehl, an dem Unverschämten sofort die Bastonade zu vollziehen und ihm fünfzig Stockhiebe auf die Fußsohlen zu geben. Während der Unglückliche jammernd seine Strafe empfing, wurde der zweite Traumdeuter vor den Herrscher geführt. Kaum hatte er den Traum gehört, als er verzückt die Hände gen Himmel warf und ausrief: „Elhamdüllilah, mein Gebieter! Das Lob sei Gott! Allah schenkt dir Heil und langes Leben! So viele Zähne du verloren hast, so viele deiner Angehörigen wirst du überleben."

Da heiterte sich das Gesicht des Sultans auf. Er dankte dem Traumdeuter und ließ ihm von seinem Schatzmeister fünfhundert Piaster auszahlen.

„Du hast sie wohl verdient", sagte der Sultan, „denn du erkennst mehr als andere Sterbliche."

„Warum sollst du klüger sein als die anderen?", flüsterte einer der Höflinge dem Traumdeuter zu, als er in Gnaden entlassen worden war und strahlend durch die Pforte des Palastes schritt. „Du hast den Traum im Grunde doch nicht anders gedeutet als dein Vorgänger."

„Das ist wohl richtig", versetzte der Traumdeuter. „Aber ...

~~~~~ orange
―― blau

Johann Peter Hebel (1769–1826): Der vorsichtige Träumer

Im Reich der Träume und der Fantasie — K 3

Es gibt doch einfältige Leute in der Welt. In dem Städtlein Witlisbach im Kanton Bern war einmal ein Fremder über Nacht, und als er ins Bett gehen wollte und ganz bis auf das Hemd ausgekleidet war, zog er noch ein Paar Pantoffeln aus dem Bündel, legte sie an, band sie mit den Strumpfbändeln an den Füßen fest und legte sich also in das Bett. Da sagte zu ihm ein anderer Wandersmann, der in der nämlichen Kammer über Nacht war: „Guter Freund, warum tut Ihr das?" Darauf erwiderte der Erste: „Wegen der Vorsicht. Denn ich bin einmal im Traum in eine Glasscherbe getreten. So habe ich im Schlaf solche Schmerzen davon empfunden, dass ich um keinen Preis mehr barfuß schlafen möchte."

(Aus: Erzählungen und Aufsätze des Rheinländischen Hausfreunds. Der Gesamtausgabe erster Band, hrsg. von Wilhelm Zentner, C.F. Müller Verlag, Karlsruhe 1968)

Arbeitsanweisungen:

1. Diktiere deinem Nachbarn die erste Hälfte des Textes (bis Zeile 10 „[...] Bett", die zweite Hälfte soll er dir diktieren.

2. Schreibe eine ähnliche Geschichte.

Claudias abendlicher Gedankenstrom

WELCH EIN SCHRECK JETZT HAT MAMA MEIN GEHEIMNIS ENTDECKT MUSSTE SIE AUSGERECHNET NOCHMALS IN MEIN ZIMMER SCHAUEN SIE WAR GANZ SCHÖN SAUER ALS SIE MICH BEIM HEIMLICHEN LESEN ERTAPPT HAT WO SIE WOHL DAS BUCH HINGETAN HAT ES WAR GERADE IRRE SPANNEND ICH HABE IMMER NOCH HERZKLOPFEN VOR LAUTER ANGST WIE WOHL DAS ABENTEUER UM BEN WEITERGEHT WIRD ES IHM GELINGEN DIE LETZTEN DRACHEN VOR DER BEDROHUNG DURCH DIE MENSCHEN ZU RETTEN WIE SOLL ICH JETZT BLOSS IN DEN SCHLAF FINDEN VIELLEICHT TRÄUME ICH JA DIE GESCHICHTE WEITER UND ERFAHRE SO OB BEN MITHILFE DES SILBERNEN DRACHENS DAS VERSTECK DER DRACHEN FINDEN KANN ...

Ergebnislose Suche * große Erschöpfung * beginnende Dunkelheit * Höhle * aufkommende Furcht * die Feinde * unruhige Nacht * nächster Morgen * gute Idee * silberner Drache als Helfer * verbundene Augen * Flug nach Gefühl * die Entdeckung * das versteckte Tal * die verschreckten Drachen * große Freude * die Rettung

Arbeitsanweisungen:

1. Schreibe den Text ab, setze dabei die Satzzeichen und achte auf eine korrekte Groß- und Kleinschreibung.
2. Setze Claudias Traum vom Drachenreiter fort. Verwende dabei zehn Substantive bzw. Wortgruppen deiner Wahl aus der Wortschatztruhe.

Lösung:

Claudias abendlicher Gedankenstrom

Welch ein Schreck, jetzt hat Mama mein Geheimnis entdeckt. Musste sie ausgerechnet nochmals in mein Zimmer schauen? Sie war ganz schön sauer, als sie mich beim heimlichen Lesen ertappt hat. Wo sie wohl das Buch hingetan hat? Es war gerade irre spannend. Ich habe immer noch Herzklopfen vor lauter Angst. Wie wohl das Abenteuer um Ben weitergeht? Wird es ihm gelingen, die letzten Drachen vor der Bedrohung durch die Menschen zu retten? Wie soll ich jetzt bloß in den Schlaf finden? Vielleicht träume ich ja die Geschichte weiter und erfahre so, ob Ben mithilfe des silbernen Drachens das Versteck der Drachen finden kann ...

Henry hat verschlafen

Im Reich der Träume und der Fantasie — K 5

Der australische Gastschüler Henry schreibt einen Brief auf Deutsch an seine Eltern daheim. Henry hat fleißig deutsche Vokabeln gelernt, aber mit der Grammatik hat er noch Schwierigkeiten.

Liebe Mum, lieber Dad,

heute früh habe ich (Schulbus) verpasst. (Wecker) hatte zwar geschellt, aber ich bin einfach (in Bett) liegen geblieben. Ich wollte noch ein wenig (mein Traum) genießen. Eine Stunde später wachte ich wieder auf. (Blick) fiel auf (Ziffernblatt) (Wecker): 9.00 Uhr! (Schule) hatte mittlerweile ohne mich begonnen. Ich sprang aus (Federbett) und griff (Hemd), (Hose), zwei (Schuh) und (Mantel). An (Bushaltestelle) stand kein Mensch mehr. Wie sollte ich mein Zuspätkommen bloß (Lehrerin) erklären? Sollte ich lügen und behaupten, dass ich (falscher Bus) genommen hätte? Nein, (Lüge) wollte ich (nette Frau) nicht antun. Aber konnte ich mein Geheimnis für mich behalten? Als ich endlich an der Schule ankam, war ich etwas verwundert: Keine (Schülerin und Schüler) tummelten sich auf dem Schulhof, (Gebäude) lag verlassen da! Und dann fiel mir ein, dass an (dieser Tag), dem 3. Oktober, unterrichtsfrei war – es war (Nationalfeiertag) (die Deutschen).
Euer Henry!

---

	1. Fall	2. Fall	3. Fall	4. Fall
Kasus:	N...			
Fragewort:				Wen oder was?
Beispiele				

Ge|heim|nis, das; -ses, -se   **Zif|fer**, die; -, -n ‹arabisch›

	Geheimnis	Ziffer
Pluralform:		
Genitivform:		
grammatisches Geschlecht:		

Arbeitsanweisungen:

1. Schreibe Henrys Brief auf einem Blatt fehlerlos ab und setze dabei die eingeklammerten Substantive in den richtigen Numerus und Kasus. Ergänze auch die Artikel.

2. a) Vervollständige für Henry die Übersichtstabelle zu den vier Kasus im Deutschen.
   b) Unterstreiche die in Henrys Brief unterstrichenen Substantive auch in deiner verbesserten Fassung und ermittle jeweils den Kasus.
   c) Trage diese Substantive in der Kasus-Tabelle ein.

3. Die Wörter „Ziffer" und „Geheimnis" haben Henry Schwierigkeiten bereitet. Ergänze mithilfe des Auszugs aus dem Wörterbuch die Hinweise zu beiden Wörtern.

Zweites Kapitel: Im Reich der Träume und der Fantasie

Im Reich der Träume und der Fantasie — K 6

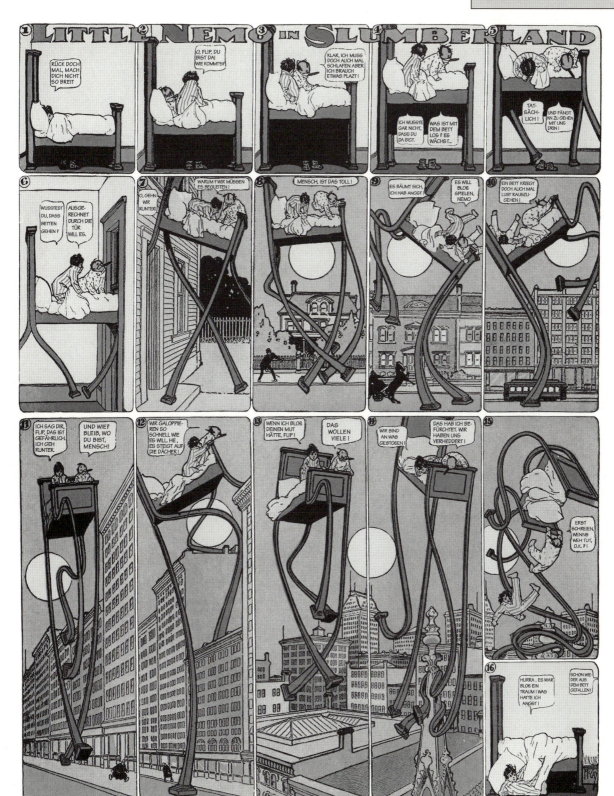

(Aus: Winsor McCay, Little Nemo, übersetzt von Yvonne Carroux, Darmstadt (Melzer) 1972)

Arbeitsanweisungen:

1. Erzähle die Bildgeschichte so, dass die Gefühle und Gedanken Nemos und Flips gut zum Ausdruck kommen.
2. Finde eine Überschrift für deinen Aufsatz.

Schreiben zu einem surrealen Bild

Im Reich der Träume und der Fantasie — K 7

Marc Chagall (1887–1985): Der blaue Violinist

Arbeitsanweisungen:

1. Überlege dir, ob das Bild den Anfang, die Mitte oder das Ende einer möglichen Geschichte darstellen soll.
2. Schreibe die Geschichte.
3. a) Besprecht und vergleicht eure Geschichten.
   b) Gestaltet eine Wandzeitung mit einer Kopie des Bildes in der Mitte, um die ihr eure Texte anordnet.

Im Reich der Träume und der Fantasie — K 8

Arbeitsanweisungen:

1. Schreibe eine Fantasieerzählung zum Bild. Überlege dir dazu, wie das Haus in den Baum gelangt sein könnte, wer es bewohnt und welche Rolle die Menschen am Fuße des Baumes spielen.
2. Finde eine Überschrift für deinen Aufsatz.

Projektkapitel: Starke Geschichten brauchen starke Leser!

1. Warum Projektunterricht?

Jüngere Lehr- bzw. Bildungspläne orientieren sich zunehmend an der Entwicklung von Lernkompetenzen. Parallel dazu wird von einem **erweiterten Lernbegriff** ausgegangen, der sich nicht auf rein kognitive Ziele beschränkt, sondern auf die ganze (Schüler-)Persönlichkeit zielt. Der neue Schlüsselbegriff, die angestrebte **Lernkompetenz**, „umfasst die Kenntnisse, Fähigkeiten, Fertigkeiten, Gewohnheiten und Einstellungen, die für individuelle und kooperative Lernprozesse benötigt und zugleich beim Lernen entwickelt und optimiert werden. Lernkompetenz umfasst die miteinander verbundenen Dimensionen":[1]

- **Sach- und Methodenkompetenz** [Methodenkompetenz kann nur im Zusammenhang von Sachkompetenz erworben werden und ermöglicht, das eigene Lernen bewusst, zielorientiert, ökonomisch und kreativ zu gestalten]
- **Soziale Kompetenz** [z. B. Verantwortungsbewusstsein, Kooperations- und Konfliktfähigkeit, Fremdwahrnehmung, solidarisches Handeln]
- **Selbstkompetenz** [grundlegende Einstellungen, Werthaltungen und Motivationen, die das Handeln des Einzelnen beeinflussen]

In diesem Kontext ist der Projektunterricht bzw. der projektorientierte Fachunterricht von besonderer Bedeutung. Im Projektunterricht greifen die o. g. Kompetenzen selbstverständlich ineinander, wohingegen sie im traditionellen Unterricht nur bedingt zum Tragen kommen können: „Während normaler Schulunterricht häufig sich [...] im kurzfristigen Erfüllen vorformulierter Aufgaben o. Ä. erschöpft, verlangt Projektlernen zeitliche und planerische Eigenverantwortlichkeit: längerfristig sich selbst Ziele formulieren und auf sie hin Zeitabschnitte, Arbeitsschritte etc. planen. – Dem Objektbezug ungeteilter Wirklichkeit entspricht methodisch, dass Projektlernen das ungeteilte Subjekt verlangt: Nicht nur die kognitive Ebene wird gefordert, sondern einbezogen sein sollte die Ganzheit der Person."[2]

2. Aufbau der Projektskizze

Blickfeld Deutsch bietet für jede Altersstufe im Schülerband eine zehnseitige Projektskizze, die Impulse für Projekte gibt, welche individuell variiert und auf die eigene Lerngruppe abgestimmt werden können. Prinzipiell gilt für alle Projektkapitel, dass sie im Jahresplan frei verschiebbar sind. Die Positionierung in der Mitte des Schülerbandes soll jedoch dazu beitragen, die Projektphase aus ihrer Nischenexistenz unmittelbar vor den Sommerferien zu befreien und sie dem Schulalltag einzugliedern. Die Projektkapitel aller Bände folgen mit geringfügigen Abweichungen dem üblichen Phasenmodell[3]:

1. Projektanstoß
2. Planungsphase
3. Materialsammlung und -aufbereitung
4. Producterstellung
5. Präsentation
6. Rückblick

In *Blickfeld Deutsch 1* steht im Projektkapitel das Lesen im Vordergrund. Die einzelnen Doppelseiten beinhalten Impulse zu den verschiedenen Projektphasen:

Doppelseite 1 (SB, S. 86f.): Projektanstoß

Ausgehend von einem Brief des bekannten Jugendbuchautors Paul Maar an eine Mannheimer Schulklasse erfahren die Schülerinnen und Schüler von einem Projekt, das diese Klasse 5b durchgeführt hat. Paul Maar, der Verfasser von *Lippels Traum*, gratuliert der Klasse in seinem Brief zu den Aktivitäten, die die Schülerinnen und Schüler rund um seinen Roman unternommen haben. Unter anderem hat die Klasse außerhalb der eigenen Schule Lesungen veranstaltet, bei denen sogar eigene CDs entstanden sind und ein Videomitschnitt angefertigt wurde.

Doppelseite 2 (SB, S. 88f.): Projektidee und -planung

Nachdem durch die erste Doppelseite der Anstoß für ein eigenes Projekt gegeben worden ist, folgt nun die gezielte Sammlung und Auswertung eigener Projektideen zum Rahmenthema „Das lesende Klassenzimmer". Hierzu wird das bereits bekannte Verfahren des **Clusters** (SB, S. 12) wieder aufgegriffen. Das im Schülerband abgebildete **Wandplakat** markiert bereits den Übergang in die konkrete Planungsphase. Dabei geht es sowohl um inhaltliche Aspekte (engere Festlegung des Themas) als auch um methodische Fragen und organisatorische Überlegungen. Der vereinbarte, aktuelle Stand der Planungen zum Ablauf und zum Zeitrahmen sollte gut sichtbar im Klassenzimmer aufgehängt werden.

Bereits die Anlage des Wandplakats macht den fächerübergreifenden Anspruch deutlich, der für Projektarbeit konstitutiv ist.

„Bei den meisten Projekten wird wohl die Sozialform Gruppenarbeit gewählt. Wie organisiert sich eine Gruppe? Wie wird verhindert, dass die vielen Ideen, Einzelergebnisse, Randbemerkungen der Gruppendiskussion verloren gehen? Eine gute und praktikable Lösung ist die **Gruppenmappe**: In ihr werden alle Materialien, Notizen, Text- und Materialfunde gesammelt."[4]

Doppelseite 3 (SB, S. 90f.) Materialsammlung und -auswertung

Da es nicht um eine bloße Nachahmung eines bereits durchgeführten Projekts gehen soll, ist es unabdingbar, dass die Schülerinnen und Schüler sich selbstständig für ein eigenes Buch entscheiden, das sie in den Mittelpunkt ihres „Lesenden Klassenzimmers" stellen wollen. Dazu ist es notwendig, aus einer Fülle ansprechender und geeigneter Bücher eine Auswahl zu treffen. Das Buch muss einerseits auf Akzeptanz bei den Schülerinnen und Schülern der Klasse treffen und andererseits – je nach geplantem Produkt – gewisse sachliche Anforderungen erfüllen.

---

[1] Annette Czerwanski, Claudia Solzbacher, Witlof Vollstädt (Hrsg.). *Förderung von Lernkompetenz in der Schule – Band 1: Recherche und Empfehlungen*. Bertelsmann Stiftung (Gütersloh, 2002), S. 30–34.

[2] Thomas Kopfermann, Rainer Siegle: „Durchführung von Projekten", in: Joachim Fritzsche, Huber Ivo, Thomas Kopfermann, Rainer Siegle (Hrsg.): *Projekte im Deutschunterricht*. Klett (Stuttgart, 1996), S. 71.

[3] Ebd., S. 96.

[4] Kopfermann/Siegle, a. a. O., S. 99. In anderen Werken wird auch von Arbeitsprozessberichten oder Portfolios gesprochen.

Eine Möglichkeit, sich auf ein Buch zu einigen, wird auf dieser dritten Doppelseite vorgestellt: Mithilfe sog. **Buchsteckbriefe** erfolgt eine Kurzinformation über die ins Auge gefassten Bücher. Die Punktabfrage ermöglicht eine faire Mehrheitsentscheidung.

Doppelseite 4 (SB, S. 92f.) Produkterstellung z.T. auch Doppelseite 5 (SB, S. 94f.)

Zur Vorbereitung einer Lesung gehören zahlreiche Schritte, u. a. die Rollenvergabe, die im Schülerband jedoch nicht alle näher ausgeführt werden.
Stattdessen stehen die fachspezifischen Techniken im Vordergrund, so z. B. ein motivierendes und abwechslungsreiches **Lesetraining** (SB, S. 92f.) und **methodische Hilfestellungen**, wie z. B. das Anfertigen einer Strichfassung sowie die Markierung der eigenen Lesepassagen mit entsprechenden Lesehilfen (SB, S. 94f.). Diese Anregungen zur Verbesserung der eigenen Lesetechnik können auch unabhängig vom Projekt im Deutschunterricht eingesetzt werden.
Die Möglichkeiten, die sich bei der Vorbereitung einer Lesung oder die Aufnahme einer Hör-CD für die Zusammenarbeit mit anderen Fächern ergeben, werden auf Seite 95 lediglich angedeutet: Denkbar ist z. B. die „Anreicherung" der Lesung durch Lichteffekte, Musikeinspielungen oder Ansätze einer Kostümierung, um dem Publikum die verschiedenen Personen zu veranschaulichen.

Doppelseite 5 (SB, S. 94f.) Präsentation/ Rückblick

Das rechte der beiden Fotos auf dieser Doppelseite dokumentiert die Lesung der Klasse 5b in einem öffentlichen Raum. In diesem Fall hat sich die Gruppe für eine gemischte Präsentationsform entschieden: einerseits die spielerische Form der **szenischen Lesung**, andererseits die mediale Form der **Hör-CD**.

Denkbar sind auch analytische, kognitive Formen (Plakate, Wandzeitungen, Tabellen, ...). Das oft schon in der Planungsphase festgelegte Produkt prägt maßgeblich den gesamten Arbeitsprozess innerhalb des Projektzeitraums. Neben dem Lernprozess ist gerade die Darstellung der Erkenntnisse und Forschungen in einem greifbaren bzw. sichtbaren Produkt besonders wichtig und motivierend.[5]

Unten auf der Doppelseite ist zudem ein Zeitungsartikel abgedruckt, der von der Lesung der Schülerinnen und Schüler in einer Grundschule berichtet. Ein **Zeitungsbericht** über das eigene Projekt stellt natürlich einen guten Impuls dar, noch einmal Rückschau zu halten und vor allem das eigene methodische Vorgehen und die Organisation zu reflektieren.

3. Zielsetzung des Leseprojekts

a) Arbeitsbereich Sprechen
- Gedanken, Wünsche, Meinungen angemessen und verständlich artikulieren [5]
- einen Text zum Vorlesen vorbereiten und sinngestaltend vortragen [13]
- elementare Formen der Stimmführung anwenden [14]

b) Arbeitsbereich Schreiben
- Informationen adressatenbezogen weitergeben – einfache Formen der Präsentation und Visualisierung (Buchsteckbriefe) [33]

c) Arbeitsbereich Lesen/Umgang mit Texten
- ein selbst gewähltes Buch vorstellen [45]
- Leseinteresse zeigen und Leseerfahrungen austauschen [47]
- handlungs- und produktionsorientierte Formen auch im selbstständigen Umgang mit Texten anwenden [56]

---

[5] Kopfermann/Siegle, a. a. O., S. 71f. und 78–87.

Drittes Kapitel: Jenseits der sieben Berge

1. Grundsätzliche Überlegungen

Aufbau

Die Gattung der Volksmärchen bildet den literarischen Schwerpunkt und das Rahmenthema für die Erarbeitung von Inhalten aus den verschiedenen Arbeitsbereichen. Während in der ersten Sequenz (I. Alles Märchen) die Textart und das eigene Schreiben dominieren, werden in der zweiten Sequenz (II. Zeit für Märchen) zentrale Themen aus dem ARB Sprachbewusstsein entwickeln behandelt.

Die wechselnde Schwerpunktsetzung in den insgesamt sechs Teilsequenzen des Kapitels wird in den Überschriften deutlich:

I.1 Märchenhaft Verzwicktes – Märchenkenner sind gefragt (Seite 98–100)

In der ersten Teilsequenz dominiert der **AB Lesen/Umgang mit Texten und Medien**, wobei es v. a. darum geht, die Schüler für die Beschäftigung mit der Textart **Märchen** zu motivieren. Die kurzen Texte (Märchenbriefe, verschiedene Illustrationen und zwei Gedichte) bieten Impulse zum Enträtseln, zum Nacherzählen, zum Spielen und zu eigenem sprachlichen Gestalten. Die Schüler werden angeregt, sich mit Märchenfiguren auseinander zu setzen und sie zu typisieren. Die bekanntesten Volksmärchen werden so nach und nach wieder in Erinnerung gerufen und in der Klasse mündlich nacherzählt (**AB Sprechen**).

Viele der Arbeitsanregungen sind nicht fest an die Texte gebunden und können ausgetauscht werden (z. B. kann die Typisierung der Märchenfiguren auch im Zusammenhang mit der Eingangsillustration, mit Text 1 oder Text 3 erarbeitet werden). So bieten sich dem Lehrer, je nach persönlicher Neigung und/oder Klassensituation verschiedene Möglichkeiten, die Märchensequenz zu eröffnen.

I.2 Erkundungen im Märchenland – Märchen verstehen und nacherzählen (Seite 100–105)

In der zweiten Teilsequenz wird mit der Einführung der **Nacherzählung** eine grundlegende Form aus dem **AB Schreiben** zum dominierenden Thema. Nachdem die Schüler und Schülerinnen das freie Nacherzählen von Märchen aus der Erinnerung bereits in der vorausgegangenen Teilsequenz praktiziert haben, lernen sie hier die Hauptziele der Nacherzählung kennen: Spannung, Anschaulichkeit, Gliederung nach Erzählschritten, in eigenen Worten, aber angenähert an das Original, wörtliche Reden. Durch verschiedene Übungen erwerben die Schüler die nötigen Kenntnisse, um auch einen umfangreicheren Text genau und spannend nacherzählen zu können. Der Vergleich von Schülerbeispielen ermöglicht es, Unterschiede von mündlichem und schriftlichem Nacherzählen zu erschließen und damit auch die Sensibilität für die Sprache zu fördern (**AB Sprachbewusstsein entwickeln**).

I.3 Wege der Märchenhelden – Aufbau und Merkmale von Märchen untersuchen (Seite 105–115)

Anhand eines bekannten und eines weniger bekannten **Volksmärchens** werden die allgemeingültigen **Bauelemente** der Gattung Märchen erarbeitet (**AB Lesen/Umgang mit Texten und Medien**). Dazu gehören neben der stark antithetischen Figurentypik der schematische Handlungsverlauf und die wiederkehrenden Merkmale und Motive. Diese Einsicht in die Baugesetze ermöglicht das selbstständige Ergänzen von Märchen und befähigt die Schüler in den späteren Sequenzen, selbst Märchen zu gestalten (s. SB, S. 122f.) bzw. zu rekonstruieren (SB, S. 124ff.).

Der Umstand, dass bestimmte Zahlwörter ein wesentliches Märchenmerkmal darstellen, bietet den Ansatzpunkt für die Einführung des Numerales (**AB Sprachbewusstsein entwickeln**).

Aus dem **AB Schreiben** wird die Rechtschreibung des langen i-Lautes wieder aufgenommen (vgl. SB, S. 84f.) und im Hinblick auf weitere Dehnungsfälle um die Schreibung des langen a- bzw. e-Lautes erweitert. Die Übungsdoppelseite (S. 110f.) bietet motivierende **handlungs- und produktionsorientierte Verfahren** zur Einübung dieses Teilbereichs der Rechtschreibung.

II.1 Es war einmal ... – Zeitformen von Verben in Märchen und Erzählungen (Seite 116–118)

Das Märchen ist wie kaum eine andere Gattung untrennbar mit der Zeitform des **Präteritums** verbunden (**AB Sprachbewusstsein entwickeln**). Es bietet sich deshalb folgerichtig an, das Präteritum innerhalb des Märchenkapitels zu thematisieren. Das vorausgegangene Märchen vom Fundevogel bildet den Fundus für kleinere Übungen. Durch dieses werden die Schüler und Schülerinnen in die Lage versetzt, die Elementarregeln zur Bildung des Präteritums selbst zu formulieren. Zudem lernen sie zwischen infiniten und finiten Verbformen sowie starken und schwachen Verben zu unterscheiden. In anregenden Übungen (Ergänzungsaufgabe, Ersatzprobe, Textkorrektur) können sie ihre Kenntnisse anwenden und festigen.

II.2 Könner in der Märchenschreibstube – Gekonnt Märchen selbst erzählen (Seite 119–123)

Die bisher erworbenen Kenntnisse über die wesentlichen Bauelemente des Märchens (Handlungsablauf, Personen und Merkmale) befähigen die Schüler und Schülerinnen, selbst Märchen zu verfassen. Dem Wissen um das „Was" (Inhalte) wird in dieser Teilsequenz der Erwerb des „Wie" (Form) an die Seite gestellt (**AB Schreiben**). So erlernen die Schülerinnen und Schüler über das Verbessern von fremden Schülertexten, wie man ein Märchen sinnvoll aufbaut und spannend erzählt.

Auf der Trainings-Doppelseite mit dem Titel „Märchenwerkstatt" werden spielerische Anstöße und Ideen für das Schreiben eigener Märchen gegeben. Anregungen zur Gestaltung einer Märchenkassette, eines Klassenmärchenbuches oder für ein Projekt zeigen Formen ansprechender Darstellung bzw. kreativer Verarbeitung der eigenen Schreibprodukte (**AB Schreiben**).

II.3 Probleme des Märchenrestaurators – Was hält den Satz zusammen? (Seite 124–133)

Beschlossen wird die Märchensequenz mit einem zentralen Thema aus dem **AB Sprachbewusstsein entwickeln**: Die genaue Analyse der Satzglieder im erweiterten Aussagesatz und die Einführung in die Fachterminologie.

Der Zugang ist anregend und altersgemäß, über eine zu rekonstruierende Rätselantwort, gestaltet. Über das Probehandeln in der Simulation und der Beschreibung ihres Vorgehens gelangen die Schüler und Schülerinnen zu elementaren Einsichten über die Rolle des Prädikats. Die Einübung und Anwendung erfolgt nach dem Prinzip der ganzheitlichen Festigung: In Analogie- und Variationsbeispielen und kontextbezogenen Transfers werden die Kenntnisse über die Satzglieder gefestigt und schrittweise erweitert.

In weiteren Rekonstruktionsaufgaben und Übungen, die auf Texten der Märchensequenz basieren, wird die Funktionsbeschreibung gefestigt und die wichtigsten Satzglieder werden unter ihren Fachbegriffen eingeführt.

Zielsetzung

Eine wesentliche **pädagogische Zielsetzung** besteht in der Fortführung eines vertrauensvollen und fairen Miteinanders, das v. a. beim Nacherzählen von Märchen, beim gegenseitigen Zuhören und Korrigieren weiter eingeübt und angewandt wird. Möglichkeiten für wertvolle Gemeinschaftserlebnisse bieten sich v. a. im Zusammenhang der Märchenwerkstatt, die Anregungen für gemeinsame Produktionen gibt.
Die wechselnden Arbeitsformen (neben der Einzelarbeit v. a. Partnerarbeit und Formen von Gruppenarbeit und altersgemäße spielerische Formen) schulen weiterhin die Kooperationsfähigkeit und prägen dadurch die Atmosphäre in der Klassengemeinschaft.

Als <u>fachliche Ziele</u> sind im dritten Kapitel besonders die Vermittlung von Kenntnissen zur Textart Märchen und deren handlungs- und produktionsorientierte Umsetzung im Schreiben und Gestalten von eigenen Märchen herauszustellen. Die Tempusform des Präteritums, Kenntnisse im Zusammenhang der Wortart Verb sowie die Einführung in die Syntax (s. die Satzglieder) bilden einen deutlichen Schwerpunkt. Darüber hinaus wird aus dem Bereich der Rechtschreibung die Dehnung thematisiert. Folgende Kompetenzen werden dabei besonders gefördert:

a. Arbeitsbereich Sprechen
- aufmerksam zuhören, Sprechabsichten erkennen und sach-, situations- und adressatenbezogen auf andere eingehen [2]
- Gedanken, Wünsche und Meinungen angemessen und verständlich artikulieren [5]
- in einfachen Kommunikationssituationen argumentieren und begründet Stellung beziehen [6]
- anschaulich und lebendig erzählen, sich dabei auf die Zuhörer einstellen und auch auf nichtverbale Ausdrucksmittel achten [7]
- einen Text nacherzählen [9]
- Informationen beschaffen (aus Lexika, Bibliotheken, durch einfache Recherche mit dem Computer) [10]
- einzeln und gemeinsam Spielideen umsetzen [16]

b. Arbeitsbereich Schreiben
- Texte in einer gut lesbaren Schrift und einer ansprechenden Darstellung verfassen [23]
- eigene und fremde Schreibprodukte überarbeiten und dabei auch Nachschlagewerke und Textverarbeitungsprogramme nutzen [25]
- anschaulich und lebendig erzählen und sich dabei auf den Leser einstellen [26]
- zwischen Wesentlichem und Unwesentlichem unterscheiden und auf die Erzähllogik achten [27]
- eine Erzählung sinnvoll aufbauen [28]
- Techniken des Erzählens anwenden (Erzählperspektive, äußere und innere Handlung, Dehnung und Raffung, Dialog) [29]
- nach literarischen Mustern erzählen [30]
- Textvorgaben ausgestalten [31]
- einen Text nacherzählen, auch unter einer bestimmte Fragestellung oder Veränderung der Perspektive [32]
- nach Schreibimpulsen schreiben [37]
- Grundregeln der Rechtschreibung anwenden (Dehnung) [39]
- die eigene Rechtschreibung überprüfen [40]
- wichtige Regeln der Zeichensetzung (Zeichensetzung bei wörtlicher Rede) anwenden [42]

c. Arbeitsbereich Lesen/Umgang mit Texten und Medien
- Leseinteresse zeigen und Leseerfahrungen austauschen [47]
- Methoden der Texterschließung anwenden [48]
- gezielt Informationen aus Texten, Bildern, Tabellen und Grafiken entnehmen und in eigenen Worten wiedergeben [49]
- einen ersten persönlichen Eindruck wiedergeben, Unklarheiten klären und Fragen an den Text stellen [50]
- sich im Gespräch über einen Text verständigen und Aussagen am Text belegen [51]
- Inhalt und Intention altersgemäßer Texte erfassen und Bezüge zu eigenen Erfahrungen herstellen [52]
- Textarten unterscheiden und dabei wesentliche Gattungsmerkmale berücksichtigen [53]

d. Sprachbewusstsein entwickeln
- zwischen infiniten und finiten Verbformen, starken und schwachen Verben unterscheiden [64]
- die grammatischen Zeiten (Tempora) verwenden und ihre Funktionen beschreiben [65]
- einfache Verfahren zur Satzanalyse anwenden [71]
- zwischen notwendigen und nicht notwendigen Satzgliedern unterscheiden [72]
- die entsprechenden grammatischen Fachbegriffe verwenden

Zur Erweiterung der **Methodenkompetenz** wird Folgendes besonders geübt:
- Elementare Schreibstrategien (Schlüsselwörter ermitteln, Stichwortzettel anlegen, Fehlertexte überarbeiten)
- Informationsentnahme (aus Texten, aus Grafiken, aus Bildern)
- Präsentation von Ergebnissen (Ausstellung, Wandzeitung, eigene Anthologie)
- Lernstrategien zu Grundregeln der Rechtschreibung (Wortfamilie, Wettspiele)
- Anwenden der Ersatz- und der Umstellprobe
- Schreiben am Computer und Benutzen eines Rechtschreibprogramms

Das dritte Kapitel enthält zwei **Trainings-Doppelseiten**
- mit vielfältigen Übungen zur Dehnung (SB, S. 110f.)
- mit einer Märchenwerkstatt (SB, S. 122f.)

2. Erläuterungen und Lösungsvorschläge

Übersicht zur Teilsequenz I.1 (Seite 98 – 100)

I. Alles Märchen
1. Märchenhaft Verzwicktes – Märchenkenner sind gefragt

Texte/Bilder	Sprechen	Schreiben	Texte und Medien	Sprachbewusstsein entwickeln	Methoden
1. Siebeck: Feriengrüße aus dem Märchenland	• Nacherzählen von Märchen	• Parallelgestaltung zu Märchenbriefen	• **Märchenmerkmale**	• Fragewörter: W-Fragen	• Kettenerzählung
2. Erhardt: Der alte Wolf	• Erzählen nach Bildvorgabe • Ein Stegreifspiel zu einem Märchen	• Erzählen nach einem Bild • Textvorgaben ausgestalten	• Märchengedicht • **Märchenfiguren** • Mimik und Gestik	• Schlüsselwörter ermitteln	• Informationen über Schlüsselwörter erschließen • Ein Cluster anlegen
3. Borchers: November		• Schmuckblatt zu einem Gedicht	• Moderne Lyrik	• Stilistische Wortwahl	

Lösungsvorschläge

Bilderläuterungen:

Die Eingangsillustration der Märchensequenz (SB, S. 96/97) aus dem Bilderbuch „Der Aufzug" von Paul Maar/Nikolaus Heidelbach[1] kann als Auftakt und zur Einstimmung genutzt oder erst im Verlauf der UE miteinbezogen werden. Die dargestellten Märchen lassen sich erraten und nacherzählen. Eigene Märchenquizbilder können gestaltet und das Bilderbuch kann im Rahmen einer Buchvorstellung vorgestellt werden.
Das Bild, das alles siebenfach zeigt (Schloss mit sieben Türmen, Mühle mit sieben Flügeln, sieben Pappeln, Ast mit sieben Zweigen, sieben Pilze usw.), stellt bekannte Volksmärchen dar, bei denen die Sieben (märchenspezifische Zahlensymbolik) eine Rolle spielt. Man blickt in eine weite, helle Landschaft. Im Hintergrund erheben sich die sieben Berge. *Sieben Geißlein* springen über ein Buch mit sieben Siegeln, während *sieben Schwäne* (eigentlich „Die sechs Schwäne") auf den Wellen eines Sees schaukeln. Sieben Männer, die *sieben Schwaben*, tragen einen langen Spieß mit sich herum. *Sieben Raben* sitzen auf einem Ast unter dem sechs der *sieben Zwerge* direkt auf den Betrachter zukommen. Der siebte Zwerg sitzt währenddessen mit Rosa, einem kleinen Mädchen, im geöffneten Aufzug eines siebten Stockes und schaut sich mit ihr die Szene an.

Seite 98

Methodenerläuterungen:

Siebecks Märchenbriefe eignen sich gut für einen überraschenden und motivierenden Einstieg in die Unterrichtseinheit Märchen. Dazu empfiehlt sich folgendes Vorgehen: Nach einem kurzen Impuls – etwa: „Ab heute beschäftigen wir uns mit einem neuen Thema, das ihr selbst benennen sollt. Dazu lese ich euch drei kleine Texte vor. Wer ihre Verfasser sind und womit wir uns die kommenden Stunden beschäftigen, könnt ihr selbst erraten." – liest der Lehrer die Märchenbriefe vor. Die Schülerbücher bleiben dabei geschlossen.

1a Die ungenannten Briefschreiber sind Märchenfiguren aus den bekanntesten Märchen der Brüder Grimm: Brief 1: Hänsel und Gretel; Brief 2: Schneewittchen; Brief 3: Rotkäppchen. Nach mehrmaligem Vorlesen wird sicher einer der drei Verfasser (wohl am ehesten der des zweiten Briefes) erraten werden. Ist der Kontext Märchen erst einmal erschlossen, fällt die Enträtselung der übrigen Briefschreiber nicht mehr allzu schwer.

1b Die Schüler sollen hier die **Schlüsselwörter** benennen, die kennzeichnend für ein ganz bestimmtes Märchen sind, und dann eine **Bewertung** dieser Begriffe versuchen. Auf dieser Grundlage können die Schüler dann auch eigene Märchenbriefe gestalten (vgl. Aufgabe 2). Die Aufgabe kann mündlich im Lehrer-Schüler-Gespräch, aber auch schriftlich in EA oder PA bearbeitet werden. Als Ergebnis lässt sich festhalten:

	Schlüsselwörter
Brief 1	Oma (→ alte Frau), kaputtes Haus (→ vom Haus abgebrochene Pfefferkuchen), windig (→ „... der Wind, der Wind..."), Brotbacken (→ Ende der Hexe im Ofen)
Brief 2	Siebengebirge (→ hinter den sieben Bergen), kleine Zimmer (→ Zwergenhaus), sieben Jungen (→ die sieben Zwerge), Äpfel (→ vergifteter Apfel)
Brief 3	Oma (→ Rotkäppchens Großmutter), groß genug um mich durchzufragen (→ Rotkäppchen macht sich allein auf den Weg), Kuchen (→ Kuchen als Mitbringsel)

→ Die Absender der Briefe 1 und 3 sind schwieriger zu erraten, weil hier die Schlüsselbegriffe weniger deutlich sind (sog. „zweitrangige" Schlüsselwörter) und eher versteckte Hinweise enthalten.

1c Angeregt werden soll das freie **Nacherzählen** aus dem Gedächtnis. Durch die Form der **Kettenerzählung** können viele Schüler am Nacherzählen beteiligt werden, nötige Ergänzungen können gemeinsam gemacht werden, und der einzelne Schüler trägt weniger „Erzähllast". Steht wenig Zeit zur Verfügung, kann man sich auf eines der Märchen beschränken.

2 Für die **Parallelgestaltung**, die als HA gestellt werden kann, aktualisieren und reorganisieren die Schüler ihr Märchenwissen in doppelter Hinsicht: einmal beim eigenen Verfassen und ein weiteres Mal beim Enträtseln der anderen Schülerentwürfe.

---

[1] Paul Maar/Nikolaus Heidelbach: Der Aufzug. Weinheim und Basel (Beltz Verlag) 1993.

Drittes Kapitel: Jenseits der sieben Berge

Seite 99

Das lustige Gedicht von Heinz Erhardt legt einen **lauten Lesevortrag** für die Erstrezeption nahe. Der Lehrer kann nach einem Impuls – etwa: „Ich trage ein Gedicht vor. Was dieses mit unserer UE Märchen zu tun hat, das sollt ihr selbst herausfinden." – das Gedicht bei geschlossenen SB selbst szenisch vortragen oder durch drei entsprechend vorbereitete Schüler vortragen lassen (Erzählstimme = normale Tonlage; alter Wolf = tiefe, brummige Stimme in langsam, stockender Sprechweise; junge Dame = hohe Stimme, schnippisch).

3 Dieser Impuls soll die Schüler dazu anregen, ihren **Primäreindruck** wiederzugeben.
Während eines wiederholten lauten Vortrags oder während einer stillen Lektüre sollen sich die Schüler die **Schlüsselwörter** notieren, die Hinweise auf verschiedene Märchen geben.
– Wolf (Z. 1), Rotkäppchen (Z. 3), sie fraßen die Großmama (Z. 17) → Rotkäppchen
– Schneewittchen (Z. 5), sieben Zwerge (Z. 10) → Schneewittchen
– sieben Raben (Z. 7) → das Märchen von den sieben Raben
– nicht zum Ball dürfen (Z. 12) → Aschenputtel
– Erbsen (Z. 13) → Die Prinzessin auf der Erbse

4 Hier bietet sich den Schülern die Gelegenheit, ein **Stegreifspiel** zu einem der genannten Märchen zu gestalten. Dazu ist es zunächst nötig, dass die Figuren, die in den Märchen eine Rolle spielen, erinnert werden:

TA

Märchentitel	Märchenfiguren
Rotkäppchen	Rotkäppchen, Mutter, Wolf, Großmutter, Jäger
Schneewittchen	Schneewittchen, Stiefmutter, Jäger, sieben Zwerge, Prinz
Die sieben Raben	Eltern, sieben Brüder, Schwester, (Mond, Sonne, Stern)
Aschenputtel	Aschenputtel, Vater, Mutter, Stiefmutter, Stiefschwestern, Prinz
Die Prinzessin auf der Erbse	Prinz, Mutter, Prinzessin

Es soll erreicht werden, dass sich die Schüler im Spiel mit ihren selbstgewählten Figuren identifizieren und ihre darstellerischen Kräfte (Mimik, Gestik, Sprache) aktivieren. Der Lehrer sollte dazu als Anreiz genügend attraktives Requisitenmaterial zur Verfügung stellen (etwa Krone, Zepter, Kugel aus Goldpapier; silberner Dolch; glitzernder Umhang für Prinz oder Prinzessin; Kopftuch, langer Rock, Korb für Hexe etc.). Der Hinweis, dass Streitgespräche zwischen guten und bösen Gestalten (Aschenputtel/Stiefmutter; Hänsel und Gretel/Hexe; Schneewittchen/Stiefmutter usw.) besonders spannend sind, mag den Schülern die Auswahl erleichtern.

5/6 In Vorbereitung auf das Zweier-Stegreifspiel notieren die Paare die Hauptcharakteristika der einzelnen Märchenfiguren in einem Cluster und machen sich Gedanken über die Darstellung der negativen und positiven Aspekte im Spiel. Zudem klären sie ihren Bedarf an Requisiten.
Die Zuschauer sollen nicht passiv rezipieren, sondern zum Gelingen des Spiels beitragen und bei dessen Auswertung einbezogen werden. Sie geben z. B. Hinweise auf Requisiten, Stellung, Mimik, Gestik, Bewegung, Art des Sprechens etc.
Neben der Darstellungsweise der Spieler sollten aber auch die Figuren einer abschließenden Betrachtung unterzogen werden. Als Ergebnis lässt sich festhalten:

TA Die Figuren im Märchen

– Märchenfiguren sind entweder gut oder böse, seltener gemischt.
– Märchenfiguren sind keine wirklichen Personen, die einmal gelebt haben.
Dennoch empfindet der Leser oder Zuschauer die Figuren als „wahr" und kann sich in sie hineinversetzen.

6 Die Märchenillustrationen, die aus verschiedenen Märchenbuchausgaben stammen, dienen als **Bildimpulse für das Erzählen**.

Bild 1, rechts oben: „Aschenputtel"	Aschenputtel kniet am Grab ihrer Mutter. Auf ihren Spruch „Bäumchen rüttel' dich und schüttel' dich, wirf Gold und Silber über mich!" wirft ein weißer Vogel Kleid und Pantoffeln für den abendlichen Ball im Schloss vom Haselbaum herab.
Bild 2, zweites von oben: „Die Prinzessin auf der Erbse"	Bedienstete des Schlosses eilen mit Matratzen herbei, die zum Test der wahren Prinzessin über einer Erbse aufgehäuft werden.
Bild 3, unten links: „Die sieben Raben"	Die sieben Raben, die verzauberten Brüder, kehren am Abend zurück und finden den Tisch gedeckt vor, während ihre Schwester aus einem Versteck die Rückkehr verfolgt.
Bild 4, zweites unten links: „Aschenputtel"	Der Prinz, der dem entfliehenden Aschenputtel gefolgt ist, findet nur noch einen ihrer goldenen Schuhe.
Bild 5, unten Mitte rechts: „Rotkäppchen"	Das Rotkäppchen ist erstaunt über das seltsame Aussehen der kranken Großmutter und fragt sie: „Großmutter, warum hast du so einen großen Mund?"
Bild 6, unten rechts: „Schneewittchen"	Schneewittchen wird ohnmächtig am Boden liegend von den heimkehrenden Zwergen vorgefunden. Sie hatte vom vergifteten Apfel gekostet, der ihr von ihrer bösen Stiefmutter, als Marktfrau verkleidet, überreicht worden war.

Seite 100

7 Impuls, der auf eine genaue Rezeption des modernen Gedichts von Borchers abzielt und dazu anregt, Auffälligkeiten der Form mündlich oder schriftlich zu benennen.

7a Erwartet werden können nach stillem Lesen etwa folgende Punkte:
Beobachtungen zu Elisabeth Borchers „November"
– kein lustiges Gedicht
– keine Reime
– keine Satzzeichen, jedoch Großschreibung am Satzanfang
– Strophe 1 und 2 beginnen mit dem gleichen Vers
– in Strophe 3 beginnt jeder Vers gleich

7b Mit dieser Aufgabe werden neben der Wiederholung der **Zeichensetzung** (erleichtert durch die Großschreibung am Satzanfang) Inhalte der genannten Märchen durch die Aufforderung zur Illustration wiederholt. Die Gestaltung eines sogenannten **Schmuckblattes** zum Gedicht ist eine sehr individuelle und kreative Aufgabe, da jeder Schüler die Figuren oder Szenen abbildet, die für ihn von Bedeutung sind. Werden die Blätter im Klassenzimmer aufgehängt, kann es zu sehr anregenden Gesprächen kommen, die bereits interpretatorischen Charakter annehmen können.

8 In der dritten Strophe beginnen alle sechs Verse mit „Einer heißt ...". Im Aufsatz würde dies als ein Wiederholungsfehler (Stil) angestrichen. Über eine **Ersatzprobe** (Einer heißt Hänsel und Gretel/ein anderer Schneewittchen/der nächste Rumpelstilzchen/dann Katherlieschen...) können auch schon Fünftklässler in einem vergleichenden Höreindruck erfahren, dass das Original besser ist. Die Autorin wählt das **Stilmittel der Wiederholung**, um eine Intensivierung zu erreichen und den vielen, langen Abenden Ausdruck zu verleihen. Im Vortrag sorgt eine wechselnde Betonung dafür, dass die Wiederholungen nicht monoton klingen.
Im Zusammenhang mit der Reorganisation von Märchenkenntnissen kann auch **K1**, LB, S. 96 eingesetzt werden.

Übersicht zur Teilsequenz I.2 (Seite 100 – 105)

I. Alles Märchen
2. Erkundungen im Märchenland – Märchen verstehen und nacherzählen

Texte/Bilder	Sprechen	Schreiben	Texte und Medien	Sprachbewusstsein entwickeln	Methoden
1. Grimm: Die Sterntaler	• Nacherzählen von Märchen	• Nacherzählen von Märchen • Schlüsselbegriffe suchen	• Kinder- und Hausmärchen	• Fragewörter: W-Fragen • Bedeutungslehre: Schlüsselwörter	• Schlüsselwörter • **Handlungstreppe zur Veranschaulichung des Märchenaufbaus**
2. Stichwortzettel zu „Die Sterntaler"			• **Stichwortzettel**	• Schlüsselwörter bewerten	
3. Stichwortzettel zu „Rumpelstilzchen"			• **Stichwortzettel**	• Interrogativpronomen (W-Fragen)	• Schlüsselwörter ermitteln
4. Die Brüder Grimm	• **Mündliches Nacherzählen**		• Historisches Gemälde • Dichterbiografie • Cover von Märchenbüchern		• Einsatz des Kassettenrekorders zur Aufnahme von Nacherzählungen
5. Mündliches und schriftliches Nacherzählen	• Mündliches Nacherzählen	• **Schriftliches Nacherzählen**	• Märchennacherzählungen	• Sprache mündlich und schriftlich	

Lösungsvorschläge

Seite 101

1a Stichworte zur **Einleitung:** armes Mädchen, Waise, keine Wohnung, kein Bett, nur Kleider und ein Stückchen Brot; es war aber gut und fromm, ging hinaus.
Die Begegnungen des **Hauptteils:** der arme Mann erhielt das Brot; das erste Kind bekam die Mütze; dem zweiten Kind schenkte es das Leibchen; dem dritten Kind gab es das Röcklein; dem vierten Kind reichte das Mädchen das Hemdlein.
Der **Schluss:** Das Mädchen sammelte die Taler auf, war reich.

1b Die Reihenfolge der Geschenke zeigt eine Steigerung: Das Mädchen gibt immer lebenswichtigere Dinge ab. „Sein letztes Hemd hergeben" bedeutet: das letzte Opfer bringen für einen anderen.

1c Mündliches Nacherzählen des Märchens evtl. auch in Form einer **Kettenerzählung**, die sich an den besprochenen Erzählschritten orientiert.

1d Ein typischer Märchenschluss mit einem glücklichen Ausgang: Das Mädchen wird für seine Güte reich belohnt.
Der alternative Schluss verändert den Charakter der Geschichte völlig, das Märchenhafte geht verloren.

Eine moderne Version des Sterntaler-Märchens als Anregung für die Hand des Lehrers:

Franz Mon: stern wie taler
gerannt und die schlappen verlorn und das brot blieb im halse stecken und ausgespuckt und weitergelaufen den hut in der hand durchs ganze land kein hemd mehr am leib und nichts zu beißen in der kälte vom himmel hoch kein ei kein ofen kein nichts ge-
5 laufen als wären vater und mutter hinter mir her nicht mal so viel zeit die mütze auf den kopf und das hemd zuzumachen unterm rock der flog davon und das hemd flattert auf dem feld in der draufsicht nicht zu erkennen ob männchen ob weibchen wie niedlich wie hungrig wie arm gabs ihm seins so an meinem kop-
10 fe es friert mich in der verkürzung kaum zu erkennen vor lauter bäumen lauter knöpfen kieseln brotkrümeln am weg nur die zehen die abwechselnd mal links mal rechts erscheinenden zehen die spucke bleibt weg du kaust noch hast aber keinen bissen mehr zwischen den zähnen und gabst ihm das hemd ist weg den rock
15 hältst du fest er ist dir näher am leib als das hemd in der höh weder wald noch bäume da siehst keiner und bückt sich wie vater und mutter in der verkürzung zwischen den zehen zwischen den zähnen bloß hungrig bloß bucklig mein mützchen da kam noch eins leibhaftig gerannt den kopf nach hinten gedreht und bat gib
20 mir dein hemdchen und trat zwischen die füße den rücken in der hand den bloßen rücken die hand leer und bloß fünf finger in der einen und das hemd in der andern noch näher gerückt noch weiter weg wie schnee wie fleckig wie weiß wie ein taler die nase ganz dicht auf der spur des frommen kindes dem mutter und butter

Drittes Kapitel: Jenseits der sieben Berge

vom brot aufs gesicht und taghell und schnell im handumdrehn bis auf die haare bis auf die haut geduckt und zugedeckt wies rennt wies fällt aus allen wolken auf den kopf auf den mund mit donnerstimme mein liebes kind in der diebsnacht schwer von begriff geschnappt und dingfest locker wie schnee wie ein taler wie peinlich wenns einer sähe

(Aus: Franz Mon, Gesammelte Texte 4, Poetische Texte 1971–1982, S. 130f., Gerhard Wolf Janus Press, Berlin 1977)

2 Anwendungsaufgabe für das **mündliche Nacherzählen** von Märchen, die durch die geforderten Veränderungen der Schüler neu zu motivieren vermag. Diese Aufgabe lässt sich gut in Form einer Hausaufgabe durch Stichwortnotizen vorbereiten.

3 In PA sollen die Schüler die **Handlungstreppe** zunächst betrachten und sich dann zu Auffälligkeiten äußern. Folgende Punkte können besprochen werden: Das arme Mädchen verschenkt nach und nach seine geringe Habe, bis es schließlich selbst nichts mehr besitzt. Mit jeder Gabe wird es ärmer; dies ist in den abwärtsführenden Stufen veranschaulicht. Gleichzeitig bedeutet jede Bitte nach einer Gabe eine immer schwerere Prüfung, da das Mädchen immer lebenswichtigere Sachen abgeben soll. Der Pfeil, der an Dicke und Farbintensität zunimmt, macht dies deutlich. Als das Mädchen nichts mehr besitzt, wird es durch den Sterntalerregen reich belohnt, so dass es ihm danach besser geht als je zuvor. Des Mädchens Endposition ist deshalb höher angesiedelt als seine Ausgangsposition.

3a Die Handlungstreppe für „Hans im Glück" könnte analog zu der von „Die Sterntaler" aufgebaut werden, wenn die Tauschobjekte und deren abnehmbarer Wert die Orientierungspunkte darstellen. Aber nimmt man das sich bis zum Höhepunkt am Schluss steigernde Glücksempfinden von Hans, dann müsste die Treppe aufwärts gezeichnet werden.

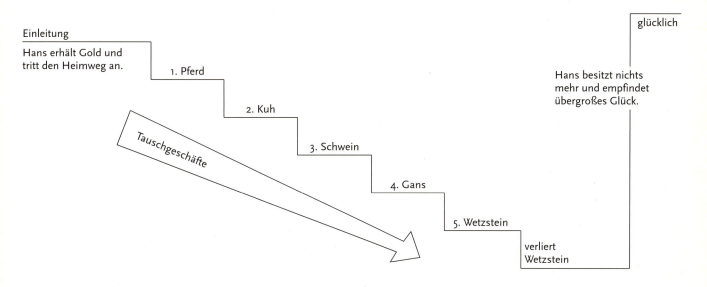

3b Die beiden Märchen sind vergleichbar aufgebaut. Eine Belohnung bleibt für Hans aus, am Schluss besitzt er gar nichts mehr. Doch er erlebt jedes Tauschgeschäft als Glück und empfindet schließlich seinen besitzlosen Zustand als das größte Glück.

3c Das Glück des Mädchens besteht materiell in der reichen Belohnung durch den Sterntalerregen. Begabte Schüler werden in Umschreibungen auf den inneren Reichtum hinweisen: Reichtum an seelischer Größe durch Selbstlosigkeit. Jeder kann das Glücksgefühl nachvollziehen. Im Gegensatz dazu ist das Verhalten von Hans nur sehr schwer nachzuvollziehen. Bei allen Tauschgeschäften wird er übers Ohr gehauen und er wirkt wie ein riesengroßer Dummkopf. Am Schluss besitzt er nichts mehr, womit eigentlich seine Dummheit bestraft wäre. Doch Hans hat die Gabe, jeden Tausch positiv zu werten, und er empfindet gerade seine Besitzlosigkeit als das größte Glück (subjektives Glücksempfinden).

Seite 102

1 Nachdem das freie Nacherzählen (SB, S. 98) vorausgegangen ist, lernen die Schüler im Folgenden, wie sie einen längeren Text für eine Nacherzählung vorbereiten können. Dabei kommt den **Schlüsselwörtern** eine besondere Bedeutung zu. Über den Vergleich der beiden Stichwortzettel erfassen die Schüler, dass v. a. Substantive und Adjektive die richtigen Stichworte sind (vgl. Beispiel a).

2a Die **Schlüsselwörter** und die entsprechenden **W-Fragen** sind: wer? – arme Müllerstochter; was soll sie tun? – Stroh zu Gold spinnen; was bedrückt sie? – weiß keinen Rat; wer hilft ihr? – kleines Männchen; was erhält es für die Hilfe? – bekommt Halsband; was tut es? – spinnt die ganze Nacht.

2b Die richtige Reihenfolge: wer/was? – Müllerstochter in großer Not; wer? – Männchen erscheint erneut; was will es? – fragt nach Lohn; was antwortet sie? – sie hat nichts mehr; was will das Männchen? – es verlangt das erste Kind; was tut es? – spinnt die ganze Nacht.

3a Die **Schlüsselwörter** sind:

Was geschieht?	Müller stirbt
Wer bekommt was?	Ältester bekommt Mühle; Zweiter bekommt Esel; Jüngster bekommt Katze
Wie ergeht es dem Jüngsten?	er ist unzufrieden
Was fordert die Katze?	Katze will Sack und Stiefel
Was tut sie damit?	erbeutet Kaninchen
Was tut sie damit?	bringt es zum König und nennt Marquis von Carabas als Spender
Was tut sie weiter?	Katze bringt dem König mehrfach Wild
Was tut sie weiter?	Katze heißt ihren Herrn im Fluss baden
Was tut sie?	versteckt Kleider ihres Herrn
Was tut sie?	ruft vorbeifahrenden König um Hilfe
Was geschieht?	König lässt den Marquis einkleiden

Was geschieht?	gemeinsame Kutschfahrt
Was geschieht?	Königstochter verliebt sich in ihn
Was macht die Katze?	Katze lässt Marquis als Besitzer von Wiese, Feld, Schloss erscheinen
Was macht die Katze?	bedroht Arbeiter und überlistet Menschenfresser
Wie reagiert der König?	König ist beeindruckt vom Besitz und bietet seine Tochter an
Was geschieht am Ende?	Hochzeit

3b Das Arbeiten bei geschlossenen Büchern erleichtert die Auswahl des Wichtigsten. Hat der Schüler den Text vor sich liegen, erscheint oft alles gleichermaßen wichtig und eine Auswahl fällt schwer.

Seite 103

1a Die Schüler sollen zu einer genauen Bildbetrachtung angeregt werden und – evtl. mithilfe der Überschrift – die dargestellte **Erzählsituation** erfassen, indem sie notieren, was die Personen tun:

Alte Bäuerin	Sitzt auf einem Stuhl, hält eine Handarbeit in der rechten Hand, erzählt und schaut dabei den rechten der beiden Männer an.
Junge Bäuerin	Steht hinter der alten Bäuerin, trägt ein Kleinkind auf dem Arm und hört zu.
Mädchen	Sitzt auf einem Hocker, schaut die Großmutter an und hört zu.
Junge	Steht in einiger Entfernung, hält eine Rute hinter dem Rücken, blickt auf die Großmutter und hört zu.
Linker Mann – vermutlich Jakob Grimm	Sitzt auf einem Stuhl, stützt die Hände auf einen Regenschirm, blickt ins Leere, scheint konzentriert zuzuhören.
Rechter Mann – vermutlich Wilhelm Grimm	Sitzt auf einem Stuhl, mit direktem Blick auf die Bäuerin, hört konzentriert zu.

1b Aus der Abbildung werden v. a. folgende Aspekte guten Erzählens deutlich, die aufmerksames Zuhören bedingen: Blickkontakt zu den Zuhörern, ruhige Körperhaltung, Unterstreichen des Erzählten durch Gestik.

1c Im LSG werden Punkte für gutes Erzählen gesammelt, besprochen und stichwortartig an der Tafel festgehalten (vgl. dazu auch den Merkkasten, SB, S. 105).

TA Gutes Erzählen

Erzählinhalt	Erzählweise
• Die richtige Reihenfolge einhalten	• Deutlich und laut genug reden
• Alle wichtigen Personen-, Orts- und Zeitangaben nennen	• Nicht zu hastig reden
• Ausführlich und anschaulich schildern	• Pausen machen
	• Wechsel von Stimme und Tempo
	• Personen eine eigene Stimme verleihen
	• Blickkontakt halten
	• Durch Mimik und Gestik das Erzählte veranschaulichen und unterstreichen

2a Die Tonaufnahme ist sehr empfehlenswert. Nur so erhält man eine objektive Grundlage für eine genaue Betrachtung und Besprechung; die gesamte Nacherzählung oder einzelne Stellen können beliebig oft abgespielt werden.

2b Da konzentrierte, erfolgversprechende Höreindrücke nur unter einer gezielten und eingeschränkten Fragestellung möglich sind, kann die Klasse zur Bearbeitung der Aufgabe in zwei Abteilungen eingeteilt werden:
Die eine Abteilung notiert z. B. wichtige Schlüsselwörter der Nacherzählung. Dabei müssen die Schüler ihre Konzentration ganz auf den **erzählten Inhalt** richten; erforderlich ist ein selektives Zuhören. In der Besprechung werden die notierten Schlüsselbegriffe miteinander verglichen (ein Schüler macht dazu seine Notizen an der Rückseite der Tafel oder auf Folie), ergänzt und auf ihre Vollständigkeit hin überprüft.

Die andere Abteilung richtet ihre Aufmerksamkeit auf die **Erzählweise**. Die beobachteten Punkte können bereits unter den Aspekten „gut" und „verbesserungsbedürftig" (evtl. in Form einer Tabelle) notiert werden.

3 Bei der Gestaltung eines Märchenbuchtisches im Klassenzimmer können sich alle Schülerinnen und Schüler einbringen, sich gegenseitig über ihre Bücher informieren, Leseanregungen erhalten und einen Einblick über die Vielzahl und die große Verbreitung von Märchen über die ganze Welt erhalten.

Seite 104

1 Es reicht zunächst aus, wenn in EA oder PA etwa die folgenden Beobachtungen notiert werden. Die Differenzierung der sprachlichen Unterschiede erfolgt in Aufgabe 2.

TA

mündliche Nacherzählung	schriftliche Nacherzählung
– kürzerer Umfang	– längerer Umfang
– eher kurze Sätze	– eher längere Sätze
– Sprechpausen und Füllwörter („hmm", „ähh" usw.)	– keine Pausen, keine Füllwörter
– Abkürzungen („möcht") und dialektale Ausdrücke („was Gescheites")	– Hochsprache
– einfache Sprache	– gewähltere Sprache
– geringe Gliederung	– Gliederung in Einleitung, Hauptteil

Anmerkungen für den Lehrer: Die **Sprache** (Wortwahl, Satzarten, Satzanschlüsse) ist der auffälligste Unterschied zwischen mündlichem und schriftlichem Erzählen. Während der **Aufbau** in der schriftlichen Fassung meist planvoller ist, sind Unterschiede, die den **Inhalt** betreffen, nicht so evident.

2 Obwohl das Begriffsinventar der Fünftklässler für eine genaue sprachliche Analyse noch nicht ausreicht, so können sie doch sprachliche Auffälligkeiten, die sich ihnen aus einer gezielten Fragestellung ergeben, in ihrer eigenen Sprache benennen und umschreiben. Z. B. beim Mündlichen (Füllwörter, Pausen, ...) und beim Schriftlichem (treffender Ausdruck, längere und schwierigere Sätze, ...).

Drittes Kapitel: Jenseits der sieben Berge **81**

2a

Wortfeld „sagen"	Wortfeld „gehen"	Adjektive (und Partizipien)	Ergebnisse des Vergleichs
sprechen, erwidern, einfallen	hinaus müssen, heranrücken, hinabsteigen	verheiratet, riesig, lecker, kühl, dick, prickelnd, siedend heiß, fett	Die Wortwahl in der *schriftlichen* Nacherzählung ist überlegter, abwechslungsreicher und anschaulicher (besonders im Bereich der Verben „gehen" und „sagen" und im Bereich der Adjektive) als in der *mündlichen* Nacherzählung. Diese ist spontaner, oft lebendiger, aber meist auch weniger durchdacht.

2b Das Herausschreiben der **Satzverknüpfungen** eignet sich als HA.

Mündliche Nacherzählung	Schriftliche Nacherzählung
Also...; Die hießen...; Und... einmal...; Und da...; Also...; Das Katherlieschen...; Und als...; Und dann...; Da wollte...; Aber plötzlich... .	Es war einmal...; Der Mann hieß...; Eines Morgens...; Ich muss heute...; Wenn ich...; Etwas lecker Gebratenes...; Geh nur...; Als nun...; Während die Wurst...; Als das Bier...; O je,... .

Ergebnis: Die Sätze der mündlichen Nacherzählung beginnen meist gleichförmig mit „und" oder mit „also"; es findet eine Reihung der Sätze statt. In der schriftlichen Nacherzählung sind die Satzanschlüsse abwechslungsreicher. Es gibt z. B. einige adverbiale Verbindungen und es werden bereits Satzgefüge verwendet.

Alternative Aufgabenstellung:
Für den Vergleich des mündlichen mit dem schriftlichen Nacherzählen ist auch ein alternatives Vorgehen möglich: Der Lehrer erstellt mit eigenem Tonbandmaterial eine **Interlinearversion**. Dazu wird ein Teil einer mündlichen Schülernacherzählung vom Tonband mit großem Zeilenabstand transkribiert. Aufgabe der Schüler ist es dann, in die Zwischenräume eine schriftliche Nacherzählung des Märchens zu schreiben. Die Schüler erkennen bald, dass der Raum dazu nicht ausreicht, und fragen nach den möglichen Ursachen. Hieran schließt sich dann eine genauere Betrachtung und sprachliche Untersuchung an, die in etwa dem obigen Vorgehen entsprechen könnte.

Unter **K1**, LB, S. 96 findet sich eine kombinierte Anwendungsübung oder KA zum schriftlichen Nacherzählen.

Übersicht zur Teilsequenz I.3 (Seite 105 – 115)

I. Alles Märchen
3. Wege der Märchenhelden – Aufbau und Merkmale von Märchen untersuchen

Texte/Bilder	Sprechen	Schreiben	Texte und Medien	Sprachbewusstsein entwickeln	Methoden
1. Perrault: Der gestiefelte Kater		• Wörtliche Rede • Dehnung	• Volksmärchen • **Handlungsaufbau**		
2. Lange Vokale		• Regeln der **Dehnung**	• Merkkasten		• Regelkasten erstellen
Trainings-Doppelseite		• **Dehnung** • Briefe schreiben • Partner- und Laufdiktat	• Gedicht • Nachschlage-Wettspiel • i-Laut-Schatztruhe • Dehnungs-Parade		• Nachschlagen in Wörterbüchern
3. Kurven veranschaulichen den Märchenaufbau		• Erzähltreppe erstellen • Verlaufskurven zeichnen	• Handlungskurve		• Handlungstreppe anlegen
4. Der typische Märchenaufbau		• Einen Merktext ergänzen	• Handlungsaufbau		
5. Fundevogel		• Textlücken füllen	• Medien: Bild und Text	• Märchenstil erkennen	
6. Märchenmerkmale		• Informationen aus Märchen sammeln und ordnen	• **Märchenmotive und -merkmale**	• Das **Numerale** (Kardinal- und Ordinalzahlen)	

Lösungsvorschläge

Seite 108

Die Erarbeitung der Handlungsstruktur von Märchen

Im Folgenden erarbeiten sich die Schüler über den Entwurf eigener Handlungskurven das typische Strukturschema vieler Märchen. Ergebnis ist die dreigliedrige Struktur, die für den Unterrichtsgebrauch vereinfacht und stichpunktartig wiedergegeben wird, mit I. Ausgangssituation, II. Weg des Helden, III. Lösung und Ende.
Schüler dieser Altersstufe haben im Allgemeinen großen Spaß an schematischen Darstellungen und Untersuchungen. Sie werden so zur Erkenntnis geführt, dass die Handlung vieler Märchen nach ähnlichen Aufbaugesetzen verläuft.

1 Für die Erarbeitung des **Handlungsablaufs** eines umfangreichen Märchens müssen die Schüler ihre Fertigkeiten (Schlüsselwörter herausschreiben, Handlungstreppe anlegen) anwenden, die sie im Zusammenhang mit der Nacherzählung erworben haben.

1a Als Jüngster erhält der Junge nur den geringsten Teil des Erbes, eine scheinbar wertlose Katze. Seine **Ausgangssituation** ist denkbar schlecht.

1b Der **Weg des Helden** ist eng verbunden mit den Unternehmungen des Katers. Dieser schenkt dem König Kaninchen (1) und Rebhühner (2), gewinnt dadurch dessen Gunst und macht den Namen seines Herrn bekannt. Trickreich verhilft der Kater seinem Herrn über weitere Stationen zum Ansehen eines vermögenden Marquis: Bad und neue Kleider (3), Wiese als Besitztum (4), Getreide (5), Schloss (6).

1c Am **Ende** heiratet der Jüngste als Marquis von Carabas die Tochter des Königs. Damit hat er durch die klug berechnende Hilfe des Katers einen unglaublichen Aufstieg geschafft.

2 Übungs- und Anwendungsformen für Rechtschreibung und Zeichensetzung im Sinne eines Spiralcurriculums:

2a Wiederholung der **Zeichensetzung bei wörtlicher Rede** (vgl. SB, S. 53f.). Die Schüler können selbst geeignete Passagen (ca. 5 – 6 Zeilen lang) im Text suchen und ihren Partnern diktieren.

2b Wiederholung der **Schreibung von i-Lauten** (vgl. SB, S. 84f.), wobei zunächst die häufigste Schreibweise, die ie-Schreibung, gefestigt werden soll.

3 Ausweitung der **Dehnung** auf die übrigen Vokale (a, e, o, u).

3a In PA sollen die Schüler und Schülerinnen selbst mögliche Schreibweisen der langen Vokale erkennen und notieren. Für die gemeinsame Besprechung empfiehlt sich der Einsatz einer Folie, die arbeitsteilig nach Lauten aufgeteilt (→ Folienstreifen) ausgefüllt werden kann. Die Tabelle könnte wie folgt ausgefüllt werden:

a	e	o	u
nahm (Z. 28)	gehen (Z. 13)	groß (Z. 15)	fuhr (Z. 43)
Paar (Z. 13)	legen (Z. 15)	tot (Z. 18)	Ufer (Z. 46)
verbarg (Z. 18)	Mehl (Z. 18)	gestohlen (Z. 65)	...
kam (Z. 98)	Elend (Z. 19)	wohlgestalt (Z. 71)	
wahr (Z. 109)	...	...	
besaß (Z. 141)			
...			

3b Die Schüler und Schülerinnen sollen die Elementarregeln für die häufigste Schreibweise der langen Vokale selbst herausfinden und benennen. Etwa folgende Ergebnisse können erwartet werden:
– Viele Wörter mit langem Vokal werden mit einfachem Vokal geschrieben
– In einigen Wörtern bekommt der lange Vokal ein „h"
– In wenigen Wörtern wird der lange Vokal verdoppelt

Seite 109

4a–c Über die Rekonstruktion des Merkkastens zur Schreibweise lang gesprochener Vokale können die Schüler und Schülerinnen die bisher von ihnen erfassten Elementarregeln überprüfen. Zudem lernen sie auf induktive Weise Fachvokabular und Kategorisierungsmöglichkeiten:
– Dunkelgrün unterlegter Kasten = Überschrift
– Mit Rechteck bezeichneter mittelgrüner Kasten = Regel
– Mit Punkt bezeichneter hellgrüner Kasten = Beispiele.

Der geordnete Regelkasten sieht wie folgt aus:

TA Merkkasten zur Schreibweise der langen Vokale

Der lang gesprochene i-Laut
☐ Der lang gesprochene i-Laut wird häufig **ie** geschrieben
  • R**ie**se, S**ie**b ...
☐ Vor allem in Wörtern aus anderen Sprachen wird der lang gesprochene i-Laut manchmal mit einfachem **i** geschrieben.
  • Masch**i**ne, Pr**i**mel ...
☐ In wenigen Wörtern wird der lang gesprochene i-Laut **ih** oder **ieh** geschrieben.
  • **Ih**r, **ih**m, **ih**nen, **ih**re, V**ieh**, es z**ieh**t ...

Lange Vokale a/e/o/u – Regeln der Dehnung
☐ Viele Wörter mit einem langen, betonten Vokal werden ohne Dehnungszeichen, also mit einfachem Vokal geschrieben.
  • T**a**t, D**o**se, **E**sel, St**u**fe, s**a**gen, w**o**
☐ Ein langer, betonter Vokal wird in manchen Wörtern mit einem Dehnungs-h gekennzeichnet. Das Dehnungs-h wird oft geschrieben, wenn ein **l, m, n** oder **r** folgt.
  • Wo**h**nung, Za**h**l ...
☐ In einigen Wörtern wird der lange, betonte Vokal verdoppelt. Der Vokal **u**, die Umlaute (**ä, ö, ü**) und Diphthonge (**au, äu, eu, ei, ai**) werden immer nur einfach geschrieben, also nicht verdoppelt.
  • W**aa**ge, **Aa**l ...
☐ Die Wortbausteine **ur-, -tum, -sam, -bar, -sal** werden immer ohne Dehnungszeichen, also einfach geschrieben.
  • **Ur**großvater, Reich**tum** ...

Seite 110/111 Trainings-Doppelseite

Erläuterungen zur Doppelseite:

Das Gedicht sowie die vorgeschlagenen Spielformen stehen im Märchenkontext und bieten motivierende **handlungs- und produktionsorientierte Verfahren** zur Einübung der Rechtschreibung. Dabei werden die Grundregeln der Dehnung wiederholt und in vielfältigen Formen altersgemäß spielerisch angewandt.

Texterläuterungen:

Gerald Jatzeks Gedicht „Rumpelstilz sucht Freunde" greift einen bekannten und mehrmals wiederkehrenden Spruch des Märchens vom „Rumpelstilzchen" auf und verkehrt ihn in „Ach wie dumm, dass niemand weiß, ...". Davon ausgehend gestaltet er in 7 zweizeiligen, paargereimten Strophen die Feststellung des Rumpelstilzchens, dass sich niemand um es bekümmert. Ganz im Gegensatz zum Märchen möchte es am Ende, dass „ein jeder weiß, dass ich Rumpelstilzchen heiß".

Drittes Kapitel: Jenseits der sieben Berge

In dem Gedicht finden sich viele Wörter mit lang gesprochenem i-Laut, die die Schüler spielerisch mithilfe der „I-Maschine" ordnen und damit die verschiedenen Schreibweisen (vgl. SB, S. 84f.) wiederholen sollen. Die Kenntnisse werden in einem zweiten Schritt an weiteren kurzen Texten gefestigt und schließlich in selbst verfassten Texten sowie in verschiedenen Diktatformen angewandt.

Das **Nachschlage-Wettspiel** verbindet eine weitere Übungsform zum lang gesprochenem i-Laut mit der Methode des Nachschlagens.

In der **Dehnungs-Parade** wird die Dehnung auf die lang gesprochenen a- bzw. e-Laute erweitert. Sie dient unter Einbezug der Motorik hier im Besonderen einer abwechslungsreichen, ganzheitlichen und affektiv positiv besetzten Einübung sowie der Wahrnehmungsschulung und Internalisierung.
Mit dem Entwurf eines **Dehnungs-Memory** werden die Kenntnisse gefestigt und spielerisch angewandt.

Ein Übungs- oder Klassenarbeitsdiktat mit den Rechtschreibschwerpunkten Dehnung und ähnlich klingende Vokale (ä–e) findet sich als **K 3**, LB, S. 98.

Seite 112

1 Zur Auswahl stehen vier unterschiedliche Handlungskurven, die je nach Zeit im LSG oder in PA (evtl. auch in kleineren Abteilungen zu je 3–4 Schülern) besprochen werden können. Angestrebt ist die stimmige Umsetzung der notierten Handlungsstationen (SB, S. 108, Aufgabe 1) in eine begründete optische Veranschaulichung.

Das Ergebnis könnte wie folgt festgehalten werden:

TA

Handlungskurve	Kurzbeschreibung	Bewertung
Nr. 1	– bis zum Schluss gleichbleibender Verlauf	– ungeeignet: steigernde Annäherung an das glückliche Ende und dessen höhere Stufe sind nicht wiedergegeben
Nr. 2	– absteigende Linie zu einem tiefen Endpunkt	– ungeeignet: die Schritte auf dem Weg zum Glück und die Endsituation sind falsch dargestellt
Nr. 3	– tiefer Ausgangspunkt, steigernde Abfolge der Stationen bis zum hoch angesiedelten Endpunkt	– schlüssige Kurve: stetig steigernde Annäherung an die hohe Endstufe entspricht dem Märcheninhalt
Nr. 4	– Über mehrere Auf- und Abbewegungen wird ein höherer Endpunkt erreicht.	– ungeeignet: Schwankungen der Kurve sind inhaltlich nicht gedeckt

2 Die zu Aufgabe 1 (SB, S. 108) notierten Stichworte (Schlüsselwörter) zu den Erzählschritten (Stationen) werden in eine entsprechende **Kurve** eingetragen:

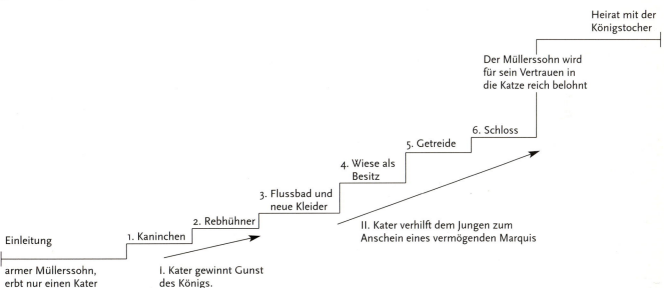

Es ist möglich, eine Handlungstreppe wie im obigen Beispiel zu wählen, oder aber auch eine ungestufte Aufwärtslinie zu zeichnen. (Vergleichbar mit dem Beispiel Nr. 3 der Handlungskurven SB, S. 96.) Es ist nicht zwingend die Zweiteilung des Hauptteils (Handlung ohne und Handlung mit dem Müllerssohn) herauszuarbeiten; in einer guten Klasse kann jedoch ein Anstoß in diese Richtung gegeben werden.

3a Eine bedrückende Ausgangssituation in Armut und ein glückliches Ende in Reichtum haben einige der bekanntesten Märchen mit dem „Gestiefelten Kater" gemein: z. B. „Aschenputtel", „Hänsel und Gretel", „Frau Holle". Doch im Verlauf der Haupthandlung unterscheiden sie sich von dem Perraultschen Märchen, da sie nicht denselben kontinuierlichen Aufstieg aufweisen.

3b Hier ist jeder einzelne Schüler aufgefordert, einen Teil seiner bisher erworbenen Kenntnisse für eine Ergebnisfixierung selbst zu formulieren. Die Form der EA bietet die Möglichkeit zur Selbstkontrolle und kann der Lernkontrolle durch den Lehrer dienen, z. B. im Rahmen einer Binnendifferenzierung: Gute Schüler arbeiten bei geschlossenen SB, während die anderen die Abbildung zum Märchenaufbau heranziehen, in der nötige Formulierungshilfen gegeben werden.

Seite 113

4 Der **Merkkasten** stellt das abschließende Ergebnis dar. Vor der Niederschrift sollte sein Inhalt laut vorgelesen und bei Bedarf besprochen werden.

Eine gültige Zusammenfassung könnte z. B. so aussehen:

> **TA**
>
> Alle Märchen haben einen ähnlichen **Handlungsaufbau:** Am Anfang stehen oft Armut, Unglück oder Ungerechtigkeit. Der Märchenheld zieht aus und muss auf seinem Weg schwierige Aufgaben lösen oder Abenteuer bestehen. Dabei setzt er seine eigene Klugheit ein oder ihm wird durch Zauberwesen (Feen, Zwerge, sprechende Tiere ...) oder Zaubermittel (Pflanzen, Steine, Sprüche ...) geholfen. Am Schluss werden die Guten belohnt und die Bösen bestraft. Das Märchen wendet sich zum glücklichen Ende. So lautet die Schlussformel oftmals: „Und wenn sie nicht gestorben sind, dann leben sie noch heute".

Methodenerläuterungen:

Das Märchen vom „**Fundevogel**" eignet sich aufgrund seiner typischen Märchenstruktur für eine ansprechende Ergänzungs- und Anwendungsaufgabe. Die Schüler können bei der **Auswertung der Bild- und Textsignale** und beim eigenen Schreiben im treffenden Märchenton ihre bisher erworbenen Kenntnisse über Märchen anwenden und vertiefen.

Um die Schüler zu einer konzentrierten Textaufnahme und zum genauen Betrachten der Bilder anzuhalten, bietet sich folgendes methodische Vorgehen an: Das Märchen wird laut in Abschnitten vorgelesen (1–20, 21–32, 33–39, 40–45, 45–57). Nach jedem Abschnitt wird eine Pause gemacht, in der die Schüler die entsprechende Illustration betrachten, und sich in Stichworten notieren, was vom Text darauf abgebildet ist. Anschließend werden die Ergebnisse miteinander verglichen und besprochen.

Seite 114

1a Freier Impuls, der nach dem gemeinsamen Lesen die Erstrezeption anstößt und im Weiteren zu einer gezielten Einarbeitung der wichtigsten Märchenmerkmale (1a und b) führt. Die auffälligsten märchenhaften Züge werden benannt und an der Tafel festgehalten: die böse Köchin, das gute Kinderpaar, das sprechende Tier, die Sprüche, die Verwandlungen, die Dreizahl (drei Knechte), der Sieg über das Böse, das gute Ende.

1b Durch die Vorgabe verschiedener Kategorien werden die Schüler zu einer differenzierteren Betrachtung der Märchenmerkmale angehalten. Die Ergebnisse von 1a können somit überprüft und erweitert werden.
Die Schüler lernen anhand des Märchens vom „Fundevogel" mehrere Märchen auf gleichbleibende Elemente hin zu untersuchen.

2a Das **bildgestützte Ergänzen** des Märchens kann zunächst mündlich im Unterricht erfolgen. Will man im Anschluss die Aufgabe 2b bearbeiten, sollten Tonaufzeichnungen gemacht werden. Die schriftliche Ausarbeitung, die eine größere Konzentration auf den vorausgehenden Text und dessen Stil verlangt, kann dann als HA gemacht werden.
Für ein stimmiges Ergebnis muss Folgendes geleistet werden:
– Text und Bilder müssen einander zunächst richtig zugeordnet werden. Schließlich gilt es, den Inhalt der alleinstehenden Bilder entsprechend zu versprachlichen.
– Zu erfassen ist das Muster, nach dem die Verwandlungen vor sich gehen: Fundevogel wird in das Große, Tragende verwandelt, Lenchen in einen Teil davon. Nach diesem Muster sind dann auch die Anweisungen der Köchin an die Knechte gestaltet: Das Tragende (Fundevogel) soll zerstört, das Beiwerk (Lenchen) zurückgebracht werden.
– Es ist zu erkennen, dass auf dem letzten Bild sowohl die Verwandlungen als auch die Bestrafung der Köchin abgebildet sind.

– Es sind bestimmte Wortlaute vorgegeben, die in der Ergänzung genauso formelhaft wiederzugeben sind. Z. B. „verlässt du mich nicht, so verlass ich dich auch nicht" oder „Da sagte Lenchen ’werde du ..., und ich ... .' " Dies ist Teil des unverwechselbaren Märchenstils, der durch einen formelhaften Schlusssatz wie „wenn sie nicht gestorben sind ... ." noch zu komplettieren ist.

Der Schlussteil bei den Brüdern Grimm lautet:

> Die Kinder sahen sie aber von weitem kommen, da sprach Lenchen ‚Fundevogel, verlässt du mich nicht, so verlass ich dich auch nicht.' Fundevogel sagte ‚nun und nimmermehr'. Sprach Lenchen ‚so werde du eine Kirche und ich die Krone darin.' Wie nun
> 5 die drei Knechte dahinkamen, war nichts da als eine Kirche und eine Krone darin. Sie sprachen also zueinander ‚was sollen wir hier machen, lasst uns nach Hause gehen.' Wie sie nach Hause kamen, fragte die Köchin, ob sie nichts gefunden hätten: so sagten sie nein, sie hätten nichts gefunden als eine Kirche, da wäre
> 10 eine Krone darin gewesen. ‚Ihr Narren', schalt die Köchin, ‚warum habt ihr nicht die Kirche zerbrochen und die Krone mit heim gebracht?' Nun machte sich die alte Köchin selbst auf die Beine und ging mit den drei Knechten den Kindern nach. Die Kinder sahen aber die drei Knechte von weitem kommen, und die Kö-
> 15 chin wackelte hintennach. Da sprach Lenchen ‚Fundevogel, verlässt du mich nicht, so verlass ich dich auch nicht.' Da sprach der Fundevogel ‚nun und nimmermehr.' Sprach Lenchen ‚werde zum Teich und ich die Ente drauf.' Die Köchin aber kam herzu, und als sie den Teich sah, legte sie sich drüberhin und wollte ihn aus-
> 20 saufen. Aber die Ente kam schnell geschwommen, fasste sie mit ihrem Schnabel beim Kopf und zog sie ins Wasser hinein: da musste die alte Hexe ertrinken. Da gingen die Kinder zusammen nach Haus und waren herzlich froh; und wenn sie nicht gestorben sind, leben sie noch.

(Aus: Kinder- und Hausmärchen, München (Artemis und Winkler) ¹⁴1993)

2b Die Tonaufzeichnungen von ein bis zwei mündlichen Fassungen werden mit schriftlichen Lösungen verglichen. Dabei ergibt sich v. a., dass der spezifische Märchenton sowie die inhaltlichen Verknüpfungen in der durchdachteren schriftlichen Fassung besser getroffen sind. Des weiteren lassen sich auch hier die Unterschiede von gesprochener und geschriebener Sprache erheben (vgl. LB, S. 80).

3 Wiederholung der Zeichensetzung bei wörtlicher Rede (vgl. SB, S. 53f.).

3a–c Die nötigen Korrekturen sind halbfett hervorgehoben:

S. 114, Z. 29f.   Da sprach Lenchen zum Fundevogel**:** „**V**erlässt du mich nicht, so verlass ich dich auch nicht**."**

S. 114, Z. 31   So sprach der Fundevogel**:** „**N**un und nimmermehr**."**

S. 114, Z. 31f.   Da sprach Lenchen**:** „**M**orgen in der Frühe wollen wir zusammen fortgehen**."**

S. 114, Z. 37f.   Da wurde ihr grausam angst, und sie sprach vor sich**:** „**W**as will ich nun sagen, wenn [...] wiederkriegen**."**

S. 114, Z. 42f.   [...] sprach Lenchen zum Fundevogel**:** „**V**erlässt du mich nicht, so verlass ich dich auch nicht**."**

S. 114, Z. 43f.   So sprach Fundevogel**:** „**N**un und nimmermehr**."**

S. 114, Z. 44f.   Da sagte Lenchen**:** „**W**erde du zum Rosenstöckchen und ich zum Röschen oben drauf**."**

S. 114, Z. 47f.   Da sprachen sie**:** „**H**ier ist nichts zu machen**."**

S. 114, Z. 51f.   Da schalt die alte Köchin**:** „**I**hr Einfaltspinsel [...] tuts**."**

Drittes Kapitel: Jenseits der sieben Berge

Seite 115

1a/b Die Ergebnisse werden in die Übersicht eingetragen (s. dazu die vollständige Tabelle als **K 2**, LB, S. 97).

2 Die Schüler untersuchen nun weitere Märchen auf gleichbleibende Elemente hin und ergänzen ihre Übersicht. Für die Besprechung in der Klasse und die fortlaufende Ergänzung und Weiterführung der Systematik ist die Übertragung der Tabelle auf Folie empfehlenswert.

2a/b/c Eine ausgefüllte Übersicht zu den Märchenmerkmalen findet sich als **K 2**, LB, S. 97.

2d Die Übersicht veranschaulicht die gattungstypologischen Charakteristika von Märchen. Über das laute Vorlesen der einzelnen Spalten können auch schwächere Schüler die Gleichheit der Motive erkennen. Das Ergebnis des Vergleichs wird unter der komplettierten Tabelle festgehalten:

> **TA** Beim Vergleich der Märchen fällt auf:
> - In Märchen spielen bestimmte Zahlwörter eine besondere Rolle, z.B. die Zahl 3 (drei Wünsche, drei Brüder, im dritten Jahr) oder die Zahl 7 (sieben Raben, sieben Geißlein, sieben Zwerge, im siebten Jahr).
> - Alle Märchen spielen in längst vergangenen Zeiten
> - Die wesentlichen Märchengestalten sind meist eindeutig gut oder böse
> - In vielen Märchen gibt es verzauberte Orte, Zaubermittel und/oder Sprüche und Verse

Als Ergebnis hat nun jeder Schüler ein vollständiges Schema zur Verfügung, aus dem er die Vielzahl der Strukturelemente der Märchen ablesen kann. Zusammen mit der optischen Darstellung des typischen Märchenaufbaus (SB, S. 112) besitzen die Schüler nun genügend „Bausteine", um selbst Märchen zu gestalten: Sie können aus dem erarbeiteten Material auswählen, es frei kombinieren, eigenes hinzufügen. Weitere Anregungen für das Verfassen eigener Märchen finden sich auf der Trainings-Doppelseite (s. SB, S. 122/123).

K 3 bietet als eine kombinierte Übungs- bzw. Klassenarbeit die Möglichkeit, die Kenntnisse über Märchenmerkmale anzuwenden bzw. zu wiederholen.

Übersicht zur Teilsequenz II.1 (Seite 116 – 118)

II. Zeit für Märchen
1. Es war einmal … – Zeitformen von Verben in Märchen und Erzählungen

Texte/Bilder	Sprechen	Schreiben	Texte und Medien	Sprachbewusstsein entwickeln	Methoden
1. Märchen haben ihre Zeit			• Märchensätze	• **Wortart Verb** • **Zeitform Präteritum**	• Informationen nachschlagen
2. Dem Präteritum auf der Spur			• Übersichtstabelle • Informationen entnehmen und in eigenen Worten wiedergeben	• **Starke und schwache Verben** • **Infinite und finite Verbformen**	• Elementarregeln formulieren
3. Fehler erkennen und richtig beschreiben		• Ein Märchen umformen und fortsetzen • Fremde Schreibprodukte überarbeiten	• Märchenausschnitt als Fehlertext		
4. Der furchtlose Krämer	• Textvortrag		• Märchenanfang • Textinhalt erfassen	• Ersatzprobe	
5. Verrätselte Fortsetzung		• einen Text überarbeiten	• Märchenende als Fehlertext • Fehler erläutern		

Lösungsvorschläge

Seite 116

1a/b Die betreffenden Wörter (*war, ging, kam, hörte*) werden untereinander an die Tafel geschrieben. Die entsprechenden Grundformen werden links davon notiert. Es können dann die Fragen nach der Wortart und dem Fachbegriff für die Zeitform gestellt werden:

> **TA**
> sein – war
> gehen – ging → **Verben** zeigen die Vergangenheit
> kommen – kam   (das **Präteritum**) an
> hören – hörte

2 In EA oder PA sollen die Schüler all diejenigen Verben mit Zeilenangabe notieren, die nicht im Präteritum stehen, diese dann ordnen und sich Gedanken über Gründe für die andere Zeitstufe machen. Das Ergebnis kann wie folgt festgehalten werden:

TA	
war eingeschlafen (Z. 5/6) hatte gesehen (Z. 7f.) war hinzugeflogen (Z. 6/7) hatte weggenommen (Z. 7/8) hatte gesetzt (Z. 8/9) war fortgelaufen (Z. 9) gefunden worden war (Z. 15) weggetragen hatte (Z. 16)	– willst ... nehmen und ... aufziehen (Z. 11–13) hab (Z. 22) will sieden (Z. 23/24) gibt (Z. 28)
→ In Abschnitten mit dieser Zeitstufe (**Plusquamperfekt**) wird von länger vergangenen Ereignissen erzählt.	→ Das **Präsens** tritt in den wörtlichen Reden auf.

3a/b Mit den Fachausdrücken aus Text 2 ist es den Schülern möglich, selbst die Regeln der Präteritumsbildung zu finden.

TA Die Bildung des Präteritums	
holen – holte brummen – brummte schauen – schaute sagen – sagte kochen – kochte hören – hörte	gehen – ging kommen – kam verlassen – verließ denken – dachte bringen – brachte stehen – stand
→ **Schwache Verben** (s. schwache Veränderung) bilden das Präteritum durch ein „**t" vor der Endung**.	→ **Starke Verben** (s. starke Veränderung) bilden das Präteritum durch die **Veränderung des Stammvokals**.

4 Die vorgegebenen Begriffe ermöglichen es den Schülern, selbst die Regel zu formulieren.

TA Regel für die Bildung des Präteritums
Das Präteritum wird durch „**t" vor der Personalendung** oder durch **Veränderung des Stammvokals** gebildet. Verben, die sich im Präteritum **stark** in ihrer **äußerlichen Form ändern**, nennt man **starke Verben**. Die Verben, deren Stamm im Präteritum unverändert bleibt, deren **äußere Form** sich also nur **schwach ändert**, werden **schwache Verben** genannt.

5a/b Die Schüler sollen die erlernten Fachbegriffe festigen, indem sie diese bei der Fehlerbeschreibung richtig verwenden: Das Präteritum aller Verben wird durch ein „-t" vor der Endung gebildet. Dies ist jedoch nur für die schwachen Verben richtig, nicht aber für die starken Verben wie „gehen", „sehen", „sprechen".

6 Übungs- und Anwendungsaufgabe, die durch die Selbstgestaltung der Fehlertexte motiviert.

Seite 117

1a Der vorlesende Schüler wird bereits beim ersten Vortrag versucht sein, die fehlenden Verben selbstständig zu ergänzen, da deren Sinnrichtung durch den Kontext leicht zu erschließen ist.

1b Inhalt und Intention des Textes sollen in eigenen Worten wiedergegeben und das fehlende Ende bemerkt werden.

2 Dieses Aufgabe bietet eine anregende Übungsvariante zur Zeitform Präteritum, die auch das Sprachgefühl der Schüler mit einbezieht, was zu interessanten Gesprächen über die Wortwahl Anlass geben kann. Die fehlenden Verbformen lauten im Originaltext in der richtigen Reihenfolge wie folgt: schlief/fing/riss/stand/aussah/trug/ging/schloss/griff/gab/setzte

3a In dieser weiteren motivierenden Übungsvariante operieren die Schüler mit der **Ersatzprobe** und üben sich dabei im Erkennen, im Umformen und im Bilden des Präteritums.

3b Besonderen Spaß vermag diese Übung zu bereiten, da es zu komisch-lustigen Veränderungen des Inhalts kommt.

4a Mit diesem Fehlertext werden induktiv die Personalformen des Verbs und die Konjugation eingeführt. Die Schüler erfassen schnell, dass die Verben im Präteritum in der falschen Form stehen, und umschreiben dies mit eigenen Worten. Das grammatische Fachvokabular kann über das gemeinsame Lesen des Merkkastens (SB, S. 118) eingeführt werden.

4b Über das Verbessern festigen die Schüler und Schülerinnen ihre Kenntnisse.

Übersicht zur Teilsequenz II.1 (Seite 119 – 123)

II. Zeit für Märchen
2. Könner in der Märchenschreibstube – Gekonnt Märchen selbst erzählen

Texte/Bilder	Sprechen	Schreiben	Texte und Medien	Sprachbewusstsein entwickeln	Methoden
1. Die Erlösung	• Wiedergabe des Ersteindrucks		• Schülermärchen • Textaufbau erkennen		
2. Textlupe zu Tanjas Märchenentwurf		• Schreibprodukte überarbeiten	• Textlupe		• Textlupe
3. Zwei neue Einleitungen	• fremde Entwürfe beurteilen		• Einleitungen (Schülerbeispiele)		
4. Die Hauptsache genau		• fremde Schreibprodukte überarbeiten (Hauptteil)	• Cluster mit Handlungsideen		• W-Fragen anwenden

Drittes Kapitel: Jenseits der sieben Berge

		• anschaulich und lebendig erzählen			
5. Stephans Vorschläge für den Märchenschluss		• fremde Schreibprodukte überarbeiten (Schluss)	• Märchenschluss		
Trainings-Doppelseite	• Märchen auf Kassette sprechen	• Märchen schreiben mit Reizwörtern • Texte in einer guten Schrift und ansprechenden Darstellung verfassen • Märchensammlung erstellen	• Bastelanleitungen (Märchenkartenspiel und -erzählwürfel)		

Lösungsvorschläge

Seite 119

1a Eine vollständige und detaillierte Untersuchung des Märchens ist an dieser Stelle nicht beabsichtigt. Die Schüler sollen nach einem lauten Lesevortrag (und eventuell einer nochmaligen stillen Textaufnahme) ihren ersten Eindruck benennen. Der Lehrer notiert die Beobachtungen und Fragen an der Notiztafel.

> **TA** **Auffälligkeiten in Tanjas Märchen „Die Erlösung"**
>
> – Der typische Märchenanfang fehlt.
> – Nähere Angaben fehlen: Warum wollen die Kinder in den Wald und warum müssen sie lange betteln?
> – Die Handlung ist unklar: Gründe für die Verwandlung der Königssöhne und das Schweigen der Prinzessin?
> – mehrmaliger Wechel der Zeitform (Präsens statt Präteritum)
> – holprige Sprache
> – Über Erlösung (s. Überschrift) wird gar nicht richtig erzählt.
> – Böse Menschen (s. Schlusssatz) kommen im Märchen überhaupt nicht vor.

1b Die Einleitung des Schülermärchens ist bereits durch die Abschnitte vorgegeben:
Einleitung: Z. 1–5
Hauptteil: Z. 6–16
Schluss: Z. 17–18

2 Die **Methode der Textlupe** eignet sich an dieser Stelle besonders dafür, die Schüler und Schülerinnen zum eigenständigen Entwickeln von Kategorien für einen sinnvollen Märchenaufbau und für spannendes Erzählen zu befähigen. Erwartungshorizont vgl. TA zu Aufgabe 1a.

Seite 120

3a Für den direkten **Vergleich** sollten Tanjas Einleitungssätze entweder an der Tafel stehen oder an die Wand projiziert werden. Die Verbesserungsvorschläge werden laut vorgelesen und daran anschließend notieren sich die Schüler die Änderungen in EA oder PA:

> **TA**
>
> | Vorschlag a | Vorschlag b |
> |---|---|
> | – Typischer Märchenanfang
– Personen werden näher beschrieben (gutmütig, verwöhnt)
– Begründungen für das Verhalten der Kinder: verwöhnt, trotzdem langweilig, heftige Streitereien ... | – Typischer Märchenanfang
– Personen und Orte werden genau und anschaulich beschrieben (lebhaft, hübsch, klein, goldgelockt, prächtig, alt, schmiedeeisern ...).
– Es wird gut begründet (verbotener Wald → seltsame Dinge).
– Durch Andeutungen (Tür, Wald, seltsame Dinge) wird Spannung erzeugt. |

3b Für die Wertung der Vorschläge können diese nochmals laut gelesen werden.
Vorschlag b ist durch die genauen Angaben zu Personen und Orten interessant gestaltet. Durch die Andeutungen, die jedoch nichts Wesentliches vorwegnehmen, erzeugt er Spannung. Vorschlag a enthält zwar auch nötige Angaben und Begründungen, baut aber keine Spannung auf.

3c In der Einleitung sollen die Personen (wer?), das Ereignis oder die Sache (was?), der Zeitpunkt (wann?) und eventuell der Ort (wo?) und gelegentlich die Art und Weise (wie?) vorgestellt werden.
Nicht immer enthält die Einleitung Antworten auf alle W-Fragen, doch sollten die Fragen nach dem Wer? und Was? immer beantwortet sein.

3d Die Einleitung erfüllt ihre Funktion, wenn sie den Leser neugierig macht und Spannung auf das Kommende erzeugt, ohne bereits zuviel zu verraten.

4 Die Schüler sollen hier mithilfe von W-Fragen den Hauptteil von Tanjas Märchen auf die Hauptsache hin untersuchen.

4a Die Überschrift sollte das *eine Ereignis* bezeichnen, über das im Hauptteil dann ausführlich erzählt wird. In Tanjas Märchen ist dies nicht der Fall: Während sie den Handlungsgang bis zur Verwandlung noch nachvollziehbar darstellt, wird vom Vorgang der Erlösung sowie dem Grund der Verwandlung nur in einem Satz bzw. überhaupt nichts erzählt. Die Prüfung mit den **W-Fragen** ergibt Folgendes:

TA

Was tat das Mädchen?	– hebt den Schlüssel auf, geht zurück ins Schloss, spricht nicht, steht auf, steckt den Schlüssel in Tür
Wo und wann geschah es?	– im Keller des väterlichen Schlosses bei Nacht
Wer war dabei?	– niemand außer dem Mädchen
Wer fragte sie was?	– Der Vater fragt nach den Brüdern.

4b Mögliche Fragen zum Handlungsgang des Märchens:
– *Warum* kann das Mädchen nicht mehr sprechen? *Wie* macht es sich seinem Vater verständlich oder *warum* unterlässt es dies?
– *Wie* fühlt sich das Mädchen dabei? *Welche* Gedanken gehen ihm durch den Kopf?
– *Warum* steckt sie den Schlüssel in die Kellertür und *warum* tut sie dies erst in der Nacht?
– *Was* erwartet oder befürchtet sie hinter der Tür? *Welche* Bewegungen (Gestik, Gebärden) macht sie?

4c Von der eigentlichen „Erlösung" wird nicht erzählt. Zusätzlich zu den Fragen in Text 4 (SB, S. 120) ließen sich noch folgende Fragen formulieren, die dabei helfen, das Wesentliche zu finden:
Was tat das Mädchen?
Wie war das genau?
Warum kam es so?
Wer war alles dabei?
Was dachte und fühlte sie?
Was sagte sie zu wem?
Wer fragte sie zu welchem Punkte was?

5a/b Nach dem Sammeln von weiteren Handlungsideen zu den in Text 4 gestellten sowie zu den selbst formulierten Fragen in EA oder PA, erstellt sich jeder Schüler einen Stichwortzettel mit einer eigenen Handlungsabfolge. Als HA wird der Hauptteil dann neu verfasst.
Ein folgerichtig aufgebauter und anschaulich erzählter **Hauptteil** könnte so beginnen:
[...] Die Prinzessin hob den Schlüssel auf und ging schweren Herzens zurück zum Schloss. Ihr Vater, der sich schon große Sorgen gemacht hatte, fragte sie nach den Brüdern. Das Mädchen wollte antworten, doch es brachte keinen Ton heraus. Da begann es schrecklich zu weinen. In den tröstenden Armen seines Vaters schlief es schließlich erschöpft ein. Die Prinzessin träumte von einer alten Tür. Sie erwachte, tastete nach dem Schlüssel in ihrem Kleid und wusste plötzlich, was zu tun war.
Vorsichtig und leise, um den ebenfalls eingeschlafenen Vater nicht zu wecken, schlich sie aus dem Zimmer und begab sich in das Kellerverlies, in das sie sich noch niemals zuvor gewagt hatte. Dort war es modrig-kalt und unheimlich. Dem Mädchen schlug das Herz bis an den Hals. Es fürchtete sich schrecklich, doch die Sorge um die Brüder trieb es weiter bis zu einer niedrigen, schweren Holztür, die im dunkelsten Winkel lag. Mit zitternden Händen holte es den Schlüssel hervor und öffnete damit das Schloss. Unter höchster Anspannung drückte es die verrostete Klinke und die Tür sprang unter schauerlichem Quietschen auf. Verschreckt starrte das Mächen in die Finsternis. Nachdem sich seine Augen an die Dunkelheit gewöhnt hatten, erblickte es einen großen, schwarzen Raben. Der hob zu sprechen an: „Sei willkommen junges Fräulein, schon lange erwarte ich dich." [...]

Seite 121

6 Die zweite Fassung ist besser, weil sie das Märchen knapp abrundet. – Die erste Fassung ist zu ausführlich, nahezu „geschwätzig"; sie erzählt von der Hochzeit beinahe wie von einer eigenen Geschichte.

7 Mögliche Schlüsse zum Märchen „Die Erlösung": Die Brüder umarmten und küssten ihre Schwester und kehrten fröhlich miteinander heim.
Oder: Der König schloss seine Kinder überglücklich in die Arme und alle lebten zufrieden bis an ihr Ende.

8 Wurden alle Schreibaufträge durchgeführt, hat jeder Schüler eine eigene überarbeitete Fassung des Märchens „Die Erlösung". Zur Rekapitulation des Erlernten soll nun jeder die Überarbeitung eines anderen Schülers gezielt auf einen sinnvollen Aufbau (vgl. SB, S. 112/Merkkasten S. 121 unten) und auf verwendete Märchenmerkmale (vgl. SB, S. 115) hin untersuchen und gegebenenfalls verbessern.

K 4 ist das Beispiel eines weniger gut gelungenen Schülermärchens, das zur Korrektur durch Schüler geeignet ist. Vgl. LB, S. 99.

Seite 122/123 Trainings-Doppelseite

Erläuterungen zur Doppelseite:
Die Märchenwerkstatt gibt zunächst spielerische Anstöße und Ideen für das Schreiben eigener Märchen:
Während beim **Märchenkartenspiel** ein gemeinsames Märchen erfunden wird, geben die selbstgebastelten **Märchenerzählwürfel** Anregungen für drei Bedingungen (Ausganssituationen, Aufgaben und Prüfungen, magische Dinge und Kräfte), die ein persönlich verfasstes Märchen enthalten soll.

Zur ansprechenden Gestaltung dieser Schülermärchen werden mehrere Anregungen gegeben:
– Für eine **Märchenkassette** bietet sich folgendes Vorgehen an: Verfassen eines eigenen Märchens, Korrekturphase, mehrere Rezitationsversuche, Berücksichtigung verschiedener Möglichkeiten (mit verschiedenen Sprechern, mit Geräuschen und Klängen) auch in Verbingung mit dem Fach Musik, Gestaltung der Kassettenhülle (Beschriftung und künstlerische Verzierung) auch in Verbindung mit dem Fach Kunst. Die Kassette kann auch mit nach Hause gegeben werden, sodass die Schüler ohne Druck auf Band sprechen und eigene Musik als Untermalung einspielen können.
– Die Gestaltung eines **Klassenmärchenbuches** ist ein anregendes Gemeinschaftswerk, das sich auch in Absprache mit dem Kunstlehrer im Sinne einer fächerverbindenden Unterrichtseinheit gestalten lässt.
Im Klassengespräch wird ein mögliches Vorgehen entwickelt, wobei darauf zu achten ist, dass die Schüler möglichst viele eigene Ideen zur Herstellung dieses Märchenbuches beisteuern.
– Die **Projektidee** geht zurück auf das Angebot einer Buchhandlung: Eine Schülergruppe bekam die Möglichkeit, gemeinsam mit dem Buchhändler ein Schaufenster mit Märchenbüchern und gemeinsam ausgewählten selbstverfassten Märchenblättern zu gestalten. Eine weitere Gruppe verfasste einen kurzen Artikel für die Schülerzeitung und ein Schüler machte die Fotos dazu.

K 5, LB, S. 100f.: Die Kopie von bespielhaften Ausschnitten schön gestalteter Schülerarbeiten aus einem Klassenmärchen können anregen und Mut machen. (Die Arbeiten sind unverändert in Satzbau, Wortwahl und Zeichensetzung. Die Texte sind noch nach der alten Rechtschreibung verfasst.)

Drittes Kapitel: Jenseits der sieben Berge   **89**

Übersicht zur Teilsequenz II.3 (Seite 124 – 133)

II. Zeit für Märchen
3. Probleme des Märchenrestaurators – Was hält den Satz zusammen?

Texte/Bilder	Sprechen	Schreiben	Texte und Medien	Sprachbewusstsein entwickeln	Methoden
1. Unter der Lupe	• Märchen nacherzählen	• einen Satz rekonstruieren	• Märchenpuzzle	• **Satzlehre: Prädikat**	
2. Fragen muss man halt können			• Lösungsbericht	• **Fragen nach Satzgliedern**	• Frageprobe
3. Viel Arbeit im Restaurationsbüro		• Sätze rekonstruieren • Satzpuzzle gestalten	• Satzpuzzle		
4. Brüder Grimm: Der süße Brei		• Fortsetzen eines Märchens	• Volksmärchen (Auszug)	• Fragen nach Satzgliedern • Prädikat • Ergänzungen	• **Umstellprobe** zur Ermittlung von Satzgliedern
5. Was Lisa beim Stöbern erlebt				• **Satzglieder bestimmen**	• Markieren mit Farbstiften • Frageprobe
6. Das Rad der Satzglieder		• Sätze generieren			
7. Maar: Land auf dem Sonntag		• Einen Text korrigieren	• Fantasiegedicht	• Satzglieder bestimmen • Personalform des Verbs	
8. Der Teufel mit den drei goldenen Haaren				• Satzglieder bestimmen • Stellung des Prädikats	• **Umstellprobe** • Satzglieder markieren • Frageprobe
9. Zwei Arten des Prädikats		• Märchenkerne rekonstruieren		• Ein- und zweiteilige Prädikate	
10. Da haben wir den Satzgliedsalat				• Sprachwissen anwenden	
11. Überbleibsel				• Satzglieder bestimmen • **Umstandsbestimmungen**	• Satzglieder farbig markieren

Lösungsvorschläge

Seite 124

1a Durch die unbeantwortete Rätselfrage (s. fehlende bzw. zerrissene Märchenbuchseite) werden Motivation und Konzentration erzeugt. Die Papierschnipsel machen den Fall zu einem Sprachproblem: Die syntaktische Rekonstruktion des Zusammenhangs wird zum Mittel der Aufklärung. Das Abschreiben und anschließende Ausschneiden der Satz- und Wortteile ermöglicht das Verschieben auf den Schülertischen.

1b Zu erwarten sind z. B. erste Versuche, den vermutlichen Inhalt der Rätselantwort mündlich zu erfassen. Findige Schüler können aber auch feststellen, dass die Antwort wohl aus zwei Sätzen besteht, da zwei normalerweise klein geschriebene Wörter mit Großbuchstaben beginnen („Eine", „Wenn man sie").

1c Lösungsversuch in EA oder PA, bei dem die genaue Benennung der Schwierigkeiten (vor allem die syntaktische Verbindung der Wörter) ebenso wichtig ist wie die Rekonstruktion der Botschaft (Aufgabe 1c): „Eine Maus benagt die Wurzel. Der Baum trägt wieder goldene Äpfel, wenn man sie tötet." oder: „[...] . Wenn man sie tötet, trägt der Baum wieder goldene Äpfel."

2 Die Schüler stellen ihre Lösungsergebnisse auf Folienstreifen bzw. an der Tafel vor und erläutern ihre Ergebnisse. Dabei muss die Klasse selbst Beurteilungskriterien finden und Unzutreffendes (z. B. Aufgabenwidrigkeiten bzw. Ungrammatisches) ausscheiden. Die richtigen Ergebnisse werden schließlich fixiert und durch Sprachbeschreibung begründet:

TA

Die Tüftelaufgabe	Beschreibung
1. Original: nur einzelne Wörter bzw. Wortteile 2. Rekonstruierte Rätselantwort: Es entsteht ein kurzer Text.	fehlende Buchstaben und Silben; durcheinander geratene Reihenfolge; Ergänzung von Buchstaben und Silben; Herstellen der richtigen Beziehungen zwischen den Wörtern. „Schlüssel" dafür ist das Prädikat

Anschließend kann die Vorgehensweise (Methode) der Schüler und Schülerinnen hinterfragt werden: Einfach geraten, probiert oder aus dem Gedächtnis rekonstruiert?
Eher nicht zu erwarten ist die Nennung der grammatisch-rekonstruktiven Methode: Von den Verben ausgehend wurden Fragen gestellt, die durch die anderen Wörter beantwortet werden konnten und dadurch den richtigen Zusammenhang ergeben haben.

3 Nacherzählen des Märchens z. B. in Form einer Kettenerzählung: Die genaue Beantwortung der Rätselfragen durch den Teufel sollte dabei ausgespart bleiben, damit es nicht zur frühzeitigen Auflösung der Rekonstruktionsaufgabe kommt.
Ist das Märchen unbekannt, lesen es die Schüler (bzw. einige Freiwillige) zu Hause nach und erzählen es in der nächsten Stunde.

Seite 125

4 Nach dem eigenen Rekonstruktionsversuch und der gemeinsamen Besprechung der Lösung und der Verfahrensweise sind die meisten Schüler in der Lage, Lisas Lösungsbericht zu ergänzen. Der vollständige Text stellt dann eine Rekapitulation der angestellten Sprachoperation dar, die in einer altersgemäßen Form der Sprachbeschreibung verfasst ist. Mit geringer Fachterminologie ist es so möglich, zu elementaren Einsichten über die Rolle des Prädikats zu kommen.

4a Die Lücken sind wie folgt zu ergänzen:

1 was ist geschehen?
2 was hat jemand getan?
3 Verben
4 Verben
5 wer oder was?
6 Verben
7 Verben
8 Verb
9 wen oder was?
10 Verben
11 Verben

4b Mögliche **Ergänzung zu Z. 11:** [...] es gab mehrere Möglichkeiten. Während zu „benagt" inhaltlich nur „Maus" passte, da „Äpfel", „Baum" und „Wurzel" nichts benagen können, ließen sich zu „trägt" sowohl „der Baum" als auch „die Wurzel" zuordnen. Zu „tötet" hätte zwar auch die „Maus" gepasst, aber die war ja schon „vergeben". Die „Äpfel" waren aus grammatischen Gründen nicht möglich, da ihre Pluralform nicht zu dem Verb im Singular passte. „Die Wurzel" oder „der Baum" wären möglich gewesen, ergaben aber keinen rechten Sinn. Demnach galt es dies noch offen zu lassen und weiterzufragen.
Mögliche **Ergänzung zu Z. 14f.:** Da hab ich gefragt: wen oder was? Zu „Maus benagt" ließ sich folgerichtig nur „die Wurzel" und zu „der Baum trägt" nur „Äpfel" ergänzen. Zu diesen beiden Kernsätzen („Maus benagt die Wurzel"/„der Baum trägt Äpfel") ließen sich die übrigen Wörter dann durch Probieren recht schnell zuordnen.

5 Da die Schüler bislang noch keine Satzglieder kennen, setzen sie die **W-Fragen** zunächst (in einer Art Vorstufe) noch mit den Wortarten in Verbindung:

TA

Frage	Wortart
was ist geschehen?	Verb
was hat jemand getan?	Verb
wer oder was?	Substantiv
wen oder was?	Substantiv, Pronomen

6 Mit ähnlichen Beispielen von Rekonstruktionsaufgaben überprüfen die Schüler ihre gewonnen Einsichten und festigen ihre Fertigkeit in der Funktionsbeschreibung.

6a Neben der Einteilung in Kleingruppen von 3 bis max. 4 Schülern ist auch die Verteilung der Aufgaben nach Bankreihen oder in PA möglich. Wichtig ist, dass mehrere Paare oder Gruppen die gleiche Aufgabe bearbeiten, da so die Ergebnisse miteinander verglichen werden können.

6b/c/d Die Rekonstruktionen ergeben folgende Märchensätze, die absichtlich aus bereits besprochenen Märchen stammen. Die genaue Zuordnung der Sätze ist eine gute Übung zur Stärkung der Konzentration.

- Der König empfing wieder mit Vergnügen die beiden Rebhühner und ließ ihr ein Trinkgeld geben. (Aus: Der gestiefelte Kater, S. 106, Z. 41f.)
- Da sammelte es die Taler hinein und war reich für sein Lebtag. (Aus: Die Sterntaler, S. 101, Z. 21f.)
- Zweimal griff der Kerl zu und hatte Rasierzeug, Seife und eine Schale voll Wasser in den Händen. (Aus: Der furchtlose Krämer, S. 117, Z. 15f.)
- Nun machte sich die Köchin selbst auf die Beine und ging mit den drei Knechten den Kindern nach. (Aus: Fundevogel, S. 114 Z. 59f.)

7a/b Mit der eigenen Gestaltung von Wortpuzzles schaffen die Schüler weitere anregende Anwendungsaufgaben. Dabei ist jedoch der Hinweis wichtig, dass das Puzzle, insbesondere bei unbekannten Texten, nicht allzu schwer gemacht werden darf. So dürfen z. B. nur die Buchstaben und Silben weggelassen werden, die leicht zu rekonstruieren sind.
Die Aufgabe könnte auch auf die Märchen begrenzt werden, die in der Motivations- und Anwendungsphase (vgl. SB, S. 98f.) nacherzählt wurden.

Seite 126

1a/b Über die Fragewörter werden die Satzglieder erfragt. Hinweise auf korrekte Antwortmöglichkeiten sind zum Teil über den Folgetext gegeben (z. B. kann in die erste Stelle nicht *ein Junge* eingesetzt werden, da das Relativpronomen *das* folgt).

TA

Wer geht hinaus?	– ein *gutes Kind*, ein *armes Mädchen* (Z. 2)
Wer begegnet ihm?	– eine *grässliche Hexe*, eine *alte Frau* (Z. 3)
Was weiß sie schon?	– seinen *Ärger*, seinen *Jammer* (Z. 3)
Was tut die alte Frau?	– sie *gab*, *überreichte*, *schenkte* (Z. 4)
Was tut das Mädchen?	– es *brachte*, es *nahm* den Topf (Z. 6)
Was essen sie?	– sie essen guten süßen *Hirsebrei* (Z. 8)
Wer ist ausgegangen?	– das *Mädchen* war ausgegangen (Z. 8)
Was tat sie?	– sie *sagte*, *befahl* (Z. 9)

2a/b/c Diese Aufgabe bietet die Möglichkeit für ein sehr schülerzentriertes Vorgehen: Durch das Schreiben der Märchenfortsetzung gestalten die Schüler selbst weiteres Übungsmaterial und festigen dabei die Erfragung mit W-Fra-

Drittes Kapitel: Jenseits der sieben Berge

gen. Die möglicherweise notwendigen Korrekturen leisten dann die Schüler selbst, da nur richtig gestellte Fragen beantwortet werden.

Im Anschluss an die Bearbeitung von Text 4 wird im Lexikon-Kasten (SB, S. 126 unten) das, was die Schüler bisher sprach-operational erfahren haben, mit der entsprechenden grammatischen Terminologie bezeichnet. Die drei wichtigsten Satzglieder (Prädikat, Subjekt und Objekt) und das Verfahren für ihre Analyse werden vorgestellt.

Seite 127

1a/b Über die **Probe mit Fragewörtern** sollen die Schüler die **Satzglieder** bestimmen. Das Unterstreichen mit festgelegten Farben fördert über das Manuell-Motorische den Behaltensprozess.

1.
Lisa	entdeckt	ein altes zerfleddertes Märchenbuch.
Wer? **Subjekt**	tut was? **Prädikat**	Wen? **Ergänzung im Wenfall**

2.
Sie	untersucht	das Buch.
Wer? **Subjekt**	tut was? **Prädikat**	Wen? **Ergänzung im Wenfall**

3.
Ein unbekanntes Märchen	weckt	ihre Neugier.
Wer? **Subjekt**	tut was? **Prädikat**	Wen? **Ergänzung im Wenfall**

4.
Einige zerrissene Seiten	erschweren	ihr	das Lesen.
Wer? **Subjekt**	tut was? **Prädikat**	Wem? **Ergänzung im Wemfall**	Wen? **Ergänzung im Wenfall**

5.
Lisa	entziffert	die zerissenen Seiten.
Wer? **Subjekt**	tut was? **Prädikat**	Wen? **Ergänzung im Wenfall**

6.
Fragen	erleichtern	ihr	diese knifflige Aufgabe.
Wer oder was? **Subjekt**	tut was? **Prädikat**	Wem? **Ergänzung im Wemfall**	Wen? **Ergänzung im Wenfall**

2 Die Anwendungsaufgabe ist für weiteres Üben vorgesehen z. B. als HA. Die Darstellung und farbige Markierung erfolgt wie in Aufgabe 1. Satzglieder, die unbekannt sind, sollen lediglich mit dem entsprechenden Fragewort versehen werden.

Erster Satz des Märchens „Der gestiefelte Kater" (SB, S. 105):

Ein Müller	hinterließ	seinen drei Kindern	als ganze Erbschaft	nur
Wer? **Subjekt**	tat was? **Prädikat**	Wem? **Ergänzung im Wenfall** Dativobjekt	**Ergänzung** (Objekt)	

seine Mühle,	seinen Esel	und	eine Katze
Wen oder was? **Ergänzung im Wenfall** Akkusativobjekt	Wen oder was? **Ergänzung im Wenfall** Akkusativobjekt		Wen oder was? **Ergänzung im Wenfall** Akkusativobjekt

Dritter Satz des Märchens „Der gestiefelte Kater" (SB, S. 105):

Der Älteste	bekam	die Mühle	der zweite	den Esel
Wer? **Subjekt**	tat was? **Prädikat**	Wen oder was? **Ergänzung im Wenfall** Akkusativobjekt	Wer? **Subjekt**	Wen oder was? **Ergänzung im Wenfall** Akkusativobjekt

und	der Jüngste	erhielt	nur die Katze.
	Wer? **Subjekt**	tat was? **Prädikat**	Wen oder was? **Ergänzung im Wenfall** Akkusativobjekt

Seite 128

1 Die zentrale Steuerungsfunktion des Prädikats wird durch den Mittelpunkt des Steuerrades optisch einprägsam veranschaulicht.

1a/b Aus dem vorgegebenen Wortmaterial lassen sich, durch die vielen Kombinationsmöglichkeiten verschiedener Subjekte bei gleich bleibendem Objekt sowie durch die Möglichkeit der Voranstellung des Objekts, eine große Anzahl von sinnvollen und richtigen Sätzen generieren:

Die böse Köchin findet den Tod.
Den Tod findet die böse Köchin.
Die böse Köchin findet Fundevogel und Lenchen.
Der Jäger findet ein Kind.
Hans findet sein Glück.
Joringel findet eine rote Blume.
Er findet seiner Jorinde eine rote Blume.
Er findet die Knechte.
Er findet die Lösung.
Sie findet die Kinder.
... ...

1c Diese schwierigere Aufgabe kann Grammatiktüftlerinnen und -tüftlern vorbehalten werden.
Sollen die Wortvorgaben „einem Rat" und „ein Ausweg" als Ergänzungen zum Prädikat „findet" passen (als Subjekte lassen sie sich nicht sinnvoll einsetzen), müssen sie in den Akkusativ gesetzt werden, da „findet" eine Ergänzung im Wenfall (Akkusativobjekt) verlangt: einem Rat (Dativ) → einen Rat (Akkusativ); ein Ausweg (Nominativ) → einen Ausweg (Akkusativ).
Die Pluralwörter „die Knechte" und „die Kinder" können nur im Singular („der Knecht", „das Kind") als Subjekte eingesetzt werden, da das Prädikat im Singular steht.
Die oben etwas weitgefasste Erkenntnis, dass Prädikat und Subjekt in Bezug auf Numerus und Person kongruent sein müssen, sind im Merkkasten kurz und verständlich zusammengefasst.

2 Über die Parallelgestaltung üben sich die Schüler weiter im Konstruieren von Sätzen und probieren dabei verschiedene Verben mit unterschiedlichem Numerus aus. Gut geeignet dafür ist PA, wobei jeweils der Vorschlag des Nachbarn bzw. der Nachbarin zu bearbeiten ist. **Beispiel:**

Kinder   das Märchen
Unerschrockene Mädchen   Krimis
Wir   *lesen*   das neueste Comic-Heft
Die Schüler   die Tafelanschriebe
Lehrer und Musiker   die Noten

Seite 129

Texterläuterungen:
Das Gedicht **„Land auf dem Sonntag"** von **Paul Maar** erhält durch das Spiel mit der Sprache seinen vergnüglichen Charakter. Der Autor hat Prädikate und Subjekte miteinander vertauscht und behandelt die Substantive wie Verben und umgekehrt. Zudem hat er bei den Zusammensetzungen Grund- und Bestimmungswort umgestellt („Scheinensonn" statt „Sonnenschein"). Dies alles bedingt einen unsinnig-lustigen Text, dessen Wirkung in einem lauten Lesevortrag bei geschlossenen Büchern gut zum Ausdruck gebracht werden kann.

1 Vor dem lauten Lesevortrag durch den Lehrer wird der Titel an die Tafel geschrieben und die Schüler und Schülerinnen äußern ihre Erwartungen, die sicher ausschließlich inhaltlich bestimmt sind.
Entweder wartet man nach dem Lesen die ersten Schülerreaktionen ab oder schickt dem Vorlesen noch einen Impuls voraus: „Was das Gedicht mit unserem momentanen Thema zu tun hat, sollt ihr selbst herausfinden."
Die ersten Schülermeldungen werden sehr wahrscheinlich begrifflich noch nicht ganz genau sein. Der Lehrer schreibt die ersten beiden Zeilen des Gedichts an die Tafel und fordert die Schüler auf, die Veränderungen Maars mit den erlernten Fachbegriffen zu beschreiben. In EA kann diese Aufgabe der Lehrer- und der Selbstkontrolle dienen.

2a/b Für das Umschreiben des Gedichts und die farbige Markierung der Satzglieder kann gut der **Computer** eingesetzt werden.

Sonntag auf dem Land

Im Sonnenschein
gurrt eine Taube.
Im Hausschatten
schnurrt eine Katze.

Im Dorfweiher
taucht tief der Frosch.
Oben am Hausdach
raucht der Schlot.

Ein Hund pinkelt
auf Mohnblumen.
Der Vater schimpft laut
im Wohnzimmer.

Es brummt eine Hummel
wie ein Lastwagen.
Sanft grunzt ein Schwein
vor der Gastwirtschaft.

Ein Sonntagsfahrer
wendet den Wagen.
Das dauert sehr lange,
drum endet das Gedicht.

Beide Fassungen, die korrigierte sowie die originale, werden laut nacheinander vorgetragen. Der vergleichende Höreindruck ergibt, dass das verbesserte Gedicht sich nicht mehr reimt und überhaupt nicht mehr lustig ist.

3–5 Da Text 8 eine erweiterte Variation zu Text 5 (SB, S. 127) darstellt, ist auch eine arbeitsteilige Bearbeitung in drei Abteilungen, mit je zwei Sätzen, ausreichend. Es ist darauf zu achten, dass unter den Sätzen genügend Abstand (ca. 3 Zeilen) gelassen wird für die Fragewörter, Satzgliedbezeichnungen und die farbige Markierung (Subjekt = blau; Prädikat = rot; Objekte = grün; Adverbiale = orange). Originalsätze haben didaktisch den Nachteil, dass sie meist mehr und Kompliziertes enthalten als die Schüler lösen können: z. B. das Genitivattribut und das präpositionale Attribut im ersten und zweiten Satz; das präpositionale Objekt im zweiten Satz. Hier lässt der Lehrer am besten Lücken und verweist auf die spätere Klärung (z. B. im 6. Schuljahr) oder gibt nur eine vorläufige Erklärung wie im zweiten Satz („für den König"). Wenn dabei das „für" markiert wird (etwa durch einen Kreis), kann eine ergänzende Erklärung später erfolgen: Es handelt sich um ein präpositionales Objekt im Akkusativ. Als Grundsatz sollte in diesen Fällen gelten: Eine Teilerklärung nur geben, wenn diese später zu erweitern ist. Sonst wird die „Lücke" belassen.

1. Das Mädchen	erzählt	die Geschichte eines Jungen mit einer Glückshaut.			
Wer? Subjekt	tut was? Prädikat	wen? Ergänzung im Akkusativ			
2. Das Glückskind	soll	für den König	die drei goldenen Haare des Teufels		holen.
Wer? Subjekt	tut was? Prädikat	Für wen? (Präpositionales Objekt)	Wen? Ergänzung im Akkusativ		tut was? Prädikat
3. Auf dem Weg zur Hölle	stellen	ihm	ratlose Menschen	drei schwierige Fragen.	
Wo? Umstandsbestimmung des Ortes	geschieht was? Prädikat	Wem? Ergänzung im Dativ	Wer? Subjekt	Wen? Ergänzung im Akkusativ	
4. Die Großmutter	zieht	dem schlafenden Teufel	nach und nach	die drei goldenen Haare	heraus.
Wer? Subjekt	tut was? Prädikat	Wem? Ergänzung im Dativ	Wie? Umstandsbestimmung der Art und Weise	Wen? Ergänzung im Akkusativ	tut was? Prädikat
5. Dabei	erwacht	der Teufel	jedes Mal	wütend.	
	tut was? Prädikat	Wer? Subjekt	Wann? Umstandsbestimmung der Zeit	Wie? Umstandsbestimmung der Art und Weise	
6. Ablenkend	stellt	die Großmutter	ihrem Enkel	die Rätselfragen des Glückskindes.	
Wie? Umstandsbestimmung der Art und Weise	tut was? Prädikat	Wer? Subjekt	Wem? Ergänzung im Dativ	Wen? Ergänzung im Akkusativ	

Drittes Kapitel: Jenseits der sieben Berge **93**

5c Die Schüler machen die Beobachtung, dass die **Prädikate** unbewegliche Satzglieder sind, die **im Aussagesatz** stets an zweiter Stelle stehen.

6a/b Die Umformung in Fragesätze ergibt: Im Fragesatz steht das Prädikat an erster Stelle (bei der Entscheidungsfrage), an zweiter bei der Ergänzungsfrage (vgl. SB, S. 35).

Seite 131

1 In den vorausgegangenen Übungen sind den Schülern bereits verschiedene Formen des Prädikats begegnet, die hier nun genau aufgeführt und benannt werden.

1a Die vorgegebene Tabelle wird um die weiteren Prädikate ergänzt:

TA

Prädikat in einem finiten Verb	Prädikat als zusammengesetztes Verb
erzählt	zieht [...] heraus
weckt	setzt [...] zusammen
erschweren	
erleichtert	

1b Beim Versuch die Prädikate aus dem Märchen vom „Fundevogel" in die Tabelle einzutragen, ergeben sich Schwierigkeiten. Die Schüler erproben eine Beschreibung und Erklärung dieser Prädikatsformen.

Seite 132

Zum Abschluss der Teilsequenz wenden die Schüler in der Rekonstruktion der Kerne aller in der Märchensequenz vorkommender Volksmärchen nochmals ihre erworbenen Kenntnisse und Fertigkeiten an. Die Ergebnisse der Arbeitsanregungen auf dieser Seite können somit zur Lern- und Erfolgskontrolle dienen.

Folgendes methodische Vorgehen bietet sich dazu an:
Alle Schüler erhalten eine Kopie von Text 10 mit Aufgabe 1, aber ohne die Aufgabenteile a–c und den Methodenkasten. Die Kopie hat den Vorteil, dass bereits integrierte Satzglieder ausgestrichen, zusammengehörende farbig markiert werden können und eine **Binnendifferenzierung** ermöglicht wird. Schüler, die sich beim Rekonstruieren der Sätze schwer tun, arbeiten mit geöffnetem SB und arbeiten mit den differenzierten Teilaufgaben a–c und dem Methodenkasten, in dem die einzelnen Schritte ebenfalls aufgezeigt sind. Die anderen lassen die Bücher geschlossen und arbeiten nur mit der Kopie.
Die im Folgenden eingeklammerten Satzgliedbezeichnungen können ausgespart bleiben.

1–3 Die **Rekonstruktion der Märchenkerne** und die **Satzgliedanalyse** ergibt Folgendes:

TA

Klug und listig	verhilft	der gestiefelte Kater	dem armen Müllersburschen		zu großem Reichtum. (aus: „Der gestiefelte Kater")
Wie? (Umstandsbestimmung der Art und Weise)	tut was? Prädikat	Wer oder was? Subjekt	Wem? Dativobjekt		Wozu? (Präpositionales Objekt im Dativ)
Wegen ihrer Boshaftigkeit	erleidet	die Köchin	am Schluss		ihr gerechtes Schicksal. (aus: „Fundevogel")
Warum? (Umstandsbestimmung des Grundes)	tut was? Prädikat	Wer oder was? Subjekt	Wann? (Umstandsbestimmung der Zeit)		Wen oder was? Akkusativobjekt
Ihrer selbstlosen Bereitschaft alles zu geben	verdankt	ein armes Mädchen	einen unermesslichen Geldsegen. (aus: „Die Sterntaler")		
Wem? Dativobjekt	tut was? Prädikat	Wer oder was? Subjekt	Wen oder was? Akkusativobjekt		
Ein armer Krämer	macht	in einem Spukzimmer	wegen seiner Unerschrockenheit	sein Glück. (aus: „Der furchtlose Krämer")	
Wer oder was? Subjekt	tut was? Prädikat	Wo? (Umstandsbestimmung des Ortes)	Weshalb? (Umstandsbestimmung des Grundes)	Wen oder was? Akkusativobjekt	

3. Vorschläge für Übungen und Klassenarbeiten – zusätzliche Materialien und Kopiervorlagen

Übersicht über die Kopiervorlagen

K1	Lügen. Märchen. Durcheinander	SB, S. 98ff.
K2	Übersicht zu den Märchenmerkmalen	SB, S. 115
K3	Nach den Brüdern Grimm: Der Bauer und der Teufel, Übungs- oder Klassenarbeitsdiktat mit Kombinationsaufgaben	SB, S. 111 SB, S. 115
K4	Ein Schülermärchen zur Beurteilung und Verbesserung	SB, S. 121
K5	Auszüge aus einem Klassenmärchenbuch	SB, S. 123

Kurzbeschreibung der Kopiervorlagen

K1 Lügen. Märchen. Durcheinander

Didaktischer Ort:

Im Zusammenhang mit der Reorganisation von Märchenkenntnissen (SB, S. 98–100) und als Anwendungsübung oder KA zum schriftlichen Nacherzählen (SB, S. 100–105).

Erläuterungen:

1. Der verrätselte Märchentext enthält vielfältige – zum Teil verdrehte bzw. vermischte – Anspielungen auf bekannte Volksmärchen, die es herauszufinden gilt:

Anspielung im Text	Titel des Volksmärchens
Holzfäller (Z. 1)	Das Waldhaus
Dummling (Z. 3)	Daumerling
Bär (Z. 5)	Schneeweißchen und Rosenrot
Rotkäppchen (Z. 8)	Rotkäppchen
meckern (Z. 9)	Tischlein deck dich
Rumpelröschen (Z. 11)	Rumpelstilzchen; Schneeweißchen und Rosenrot
Bremer Stadtmusikant (Z. 12)	Bremer Stadtmusikanten
Tischlein deck dich (Z. 13)	Tischlein deck dich
Rucke di guh!... (Z. 15)	Aschenputtel
Rotkäppchen (Z. 17)	Rotkäppchen

2. Durch die freie Auswahl kann jeweils das am besten bekannte Märchen vom Schüler zum Nacherzählen ausgesucht werden.

K2 Übersicht zu den Märchenmerkmalen

Didaktischer Ort:

Vollständige Tabelle zu den Märchenmerkmalen mit den verlangten Einträgen (SB, S. 115, Aufgaben 1b und 2a) und beispielhaften weiteren Einträgen (vgl. S. 115, Aufgabe 2b) zur Anschauung und zur entsprechenden Ergänzung.

Erläuterungen:

Die komplette Übersicht dient der Überprüfung der Schülerergebnisse und bietet weitere Beispiele.

K3 Nach den Brüdern Grimm: Der Bauer und der Teufel, Übungsdiktat und Kombinationsaufgaben

Didaktischer Ort:

Übungs- oder Klassenarbeitsdiktat mit den Rechtschreibschwerpunkten Dehnung und ähnlich klingende Vokale (ä–e) (SB, S. 111).

Anwendung bzw. Wiederholung von Kenntnissen über Märchenmerkmale (SB, S. 155) und zur Zeichensetzung bei wörtlicher Rede (SB, S. 53f.).

Erläuterungen:

1. Im Sinne des verbundenen Deutschunterrichts soll der Text nicht nur als Übungs- bzw. Prüfungstext erfahren werden. So werden über das handlungsorientierte Verfassen einer entsprechend stimmigen Fortsetzung, welche auf dem Textverständnis aufbaut, die anderen Arbeitsbereiche sinnvoll mit einbezogen. Da das Märchen zu den weniger bekannten Volksmärchen zu zählen ist, kann davon ausgegangen werden, dass die meisten Schüler den Originalschluss nicht kennen.

2. Märchenmerkmale sind:
   - Die Zeit/der Anfang der Geschichte „Es war einmal …"
   - Personen gute/böse: Bauer/Teufel
   - Zaubermittel: Schatz

K4 Ein Schülermärchen zur Beurteilung und Verbesserung

Didaktischer Ort:

Übungsaufgabe zur Beurteilung und Verbesserung eines Schülerbeispiels nach der Erarbeitung der Teilsequenz „Könner in der Märchenschreibstube" (SB, S. 119–123).

Erläuterungen:

1. *Zum Text*
   - Dieses Märchen einer Zehnjährigen zeigt eine unzureichende Gliederung nach Einleitung, Hauptteil und Schluss, befolgt nicht die typische Märchenstruktur und stellt das Geschehen sehr langweilig als unvermittelte Aneinanderreihung dar.
   - Schrift und Rechtschreibung sind insgesamt recht gut. In der Zeichensetzung und vor allem in der Sprache zeigen sich große Mängel.

2. *Erwartungen an die Schülerleistungen*

   1. Gliederung: Einleitung Z. 1–6 oder Z. 1–8, Hauptteil Z. 6–23 (Z. 8–23), Schluss Z. 23–29.
   Die *Einleitung* informiert zwar über Zeit, Personen und Ort, doch sie ist viel zu ausführlich und weitschweifig und baut keine Spannung auf das Folgende auf.
   Der *Hauptteil* bringt kaum Erzählung, reiht stattdessen verschiedene Geschehnisse aneinander. Er ist langatmig und langweilig.
   Der *Schluss* ist „fad", die Sätze sind kaum durch das Vorherige gerechtfertigt.

   2. Für die Korrektur sollen die Schüler die Fehler und Auffälligkeiten farbig unterstreichen, am Rand mit dem entsprechenden Korrekturzeichen (A, R, Z) versehen und falls nötig, über der entsprechenden Stelle einen Korrekturvorschlag machen.

   3. Den Schülern sind die typische Märchenstruktur sowie die Grundkriterien des Erzählens bekannt und sollen hier angewandt werden.
      - Die Märchenstruktur wird überhaupt nicht beachtet. Es gibt gar keine richtige Handlung. Alles ist nur unbegründet aneinandergereiht. Es fehlt ein Schwer- oder Höhepunkt und es wird nicht spannend und anschaulich erzählt.
      - Verbesserungsvorschlag: Die typische Märchenstruktur (Auszug, Aufgaben, Lohn) beachten und den Höhepunkt detailliert mit äußerer und innerer Handlung erzählen!

K 5 **Auszüge aus einem Klassenmärchenbuch**

Didaktischer Ort:
1. Als Anschauungsmaterial im Zusammenhang mit der Gestaltung eines eigenen Klassenmärchenbuches (SB, S. 123)
2. Als kombinierte Übungsarbeit im Anschluss an die Erarbeitung der Grundkriterien des Erzählens (SB, S. 108ff.)

Erläuterungen:
Die motivgleichen Märchenausschnitte sind Schülerarbeiten und unverändert in Satzbau, Wortwahl und Zeichensetzung.

Es handelt sich um eine Kombinationsaufgabe, die Folgendes verlangt:

Zu 1. Lehrerkommentar zu Beispiel 1: Die verzauberten Felder:
- Du stellst eine typische Märchensituation spannend und genau, mit Gefühlen und Gedanken dar.
- Deine Wortwahl ist treffend und abwechslungsreich. Den Märchenton hast du gut getroffen.
- Die Illustration, die den Zauberer von hinten zeigt, weckt Interesse und Spannung.

Lehrerkommentar zu Beispiel 2: Die verhexte Franza
- Dein Märchengeschehen wirkt etwas langweilig, da du an wichtigen Stellen zu wenig anschaulich erzählst. Stelle noch deutlicher die Gefühle und die Gedanken deiner Personen dar! Erzähle weniger Wichtiges kurz und knapp!
- Sprachlich fallen einige umständliche und langatmige Sätze und gleichförmige Wiederholungen zu „gehen" auf. Ansonsten ordentliche Sprache.
- Die Verzierungen haben keinen direkten Bezug zum Märchen, sie sind reiner Schmuck.

Zu 2. In der Fortsetzung soll die vorgegebene Sinnrichtung des Ausschnitts von „Die verhexten Felder" aufgenommen und folgerichtig im entsprechenden Märchenton zu Ende geführt werden. Z. B.: Gegen ein Versprechen oder eine Belohnung helfen die Zwerge dem Mädchen die Blume zu finden; durch die Blume wird die Zauberkraft des Zauberers gebrochen und die Felder werden vom Zauber befreit.

Zu 3. In eigenen Illustrationen können die Schüler das ihnen Wichtige darstellen oder dem Text durch Verzierungen eine bestimmte Stimmung verleihen.

Für die Illustration des Schülermärchens bietet sich die Anfertigung eines Passepartouts an (eine Umrahmung aus Papier oder Karton, die genügend Platz für den Text lässt), das auf die Kopie geklebt werden kann.

Lügen. Märchen. Durcheinander

Es war einmal ein reicher Holzfäller, der hatte einen Sohn und den liebte er über alles. Eines Tages sprach er zu ihm: „Hör zu, lieber Dummling! Ich will in den Wald gehen und narrische Schwammerl suchen, damit
5 wir was zu essen haben. Wenn aber der Bär kommt, so lass ihn ruhig herein. Er ist ein guter Kerl." Da sagte der Dummling: „Hutzelbeins Hündchen, hutzel hin und her, lieber Vater, bring das Rotkäppchen her!" Der alte Holzfäller meckerte und verschwand.

10 In der Zwischenzeit kam der Bär und klopfte an die Tür: „Aufmachen, mein Rumpelröschen! Ich bin's, dein Bremer Stadtmusikant! Ich hab dir zwar nichts mitgebracht, aber wir könnten ‚Tischlein deck dich' spielen." Da war der Dummling begeistert und rief:
15 „Rucke di guh! Rucke di guh! Milch ist im Schuh!"
Am Abend kehrte der Holzfäller zurück und mit ihm das Rotkäppchen. Wie freute sich der Dummling, als er die beiden wiedersah.

Tags darauf nahmen sie den Bären zu sich und lebten
20 glücklich im Wald und auf der Heide. Und wenn sie nicht gestorben sind, dann leben sie noch.
Und wenn sie noch leben, dann kannst du sie selber fragen, was sie jetzt machen und wie es ihnen geht.

(Aus: Gerda Anger-Schmidt/Renate Habinger: Neun nackte Nilpferddamen – Aller Unsinn macht Spaß. © 2003 by Niederösterreichisches Pressehaus, Druck- und Verlagsgesmbh, NP Buchverlag, St. Pölten – Wien – Linz, S. 59)

Arbeitsanweisungen:

1. Notiere alle Märchen, die hier erwähnt oder angedeutet werden.

2. Erzähle eines der Märchen schriftlich nach.

Übersicht zu den Märchenmerkmalen

Jenseits der sieben Berge — K 2

Märchen	Zeit	Personen gute/böse	Verzauberter Ort	Zaubermittel	Zahlen	Sprüche/Verse
1. Fundevogel	Es war einmal ... (Präteritum)[1]	Förster, Mutter, Fundevogel, Lenchen/Köchin, Knechte			3 Verwandlungen	– „verlässt du mich nicht, so ..." – „nun und nimmermehr"
2. Der gestiefelte Kater	Ein Müller hinterließ ... (Präteritum)[1]	Kater, Müllerssohn, König, Königstochter/Menschenfresser	Schloss	Klugheit des sprechenden Katers		– „Ihr Leute, sagt dem König, ..."
3. Jorinde und Joringel	Es war einmal ... (Präteritum)[1]	Jorinde und Joringel/Zauberin	Wald, altes Schloss	rote Zauberblume mit Perle	– 7000 Vögel – viele hundert Nachtigallen – der 9. Tag	– „Mein Vöglein, mit dem Ringlein rot ..." – „Grüß dich, Zachiel, wenn's Möndel ins Körbel scheint ..."
4. Die Gänsemagd	Es war einmal ... (Präteritum)[1]	richtige/falsche Braut	Schloss	Läppchen mit Blutstropfen	– 3 Blutstropfen – 3-mal trinkt die Kammerfrau aus dem Becher – 3 Zauberformeln	– „Wenn das meine Mutter wüsst ..." – „Falada, da du hangest ..." – „Oh, Jungfer ... Königin ..." – „Weh, weh Windchen ..."
5. Rumpelstilzchen	Es war einmal ... (Präteritum)[1]	Müllerstochter/Rumpelstilzchen	Kammer mit Stroh	Männchen, das Stroh zu Gold spinnen kann	– 3-mal soll Stroh zu Gold gesponnen werden – 3 Tage hat die Königin Zeit den Namen zu erraten	– „Heute back ich, morgen brau ich, ..."
6. Aschenputtel	Einem reichen Manne wurde ... (Präteritum)[1]	Aschenputtel/Stiefschwestern, Stiefmutter	Grab der Mutter	weißes Vögelein, Tauben	alle Tage 3-mal besucht Aschenputtel das Grab der Mutter	– „... die guten ins Töpfchen, die schlechten ins Kröpfchen." – „Bäumchen, rüttel dich und schüttel dich ..."
7. Von dem Fischer und seiner Frau	Es war einmal ... (Präteritum)[1]	Fischer/Frau	Meer	Fisch	2 x 3 Male erscheint der Fisch	– „Mantje, Mantje, Timpe Te ..." – „Geh nur nach Haus ..."
8. ...						

[1] Nicht näher bestimmbarer Zeitpunkt in der Vergangenheit

© Schöningh Verlag, Best.-Nr. 028876

Nach den Brüdern Grimm: Der Bauer und der Teufel

Es war einmal ein kluger, verschmitzter Bauer, von dessen Streichen viel Lustiges zu erzählen wäre. Am schönsten ist aber doch die Geschichte, wie er den Teufel getäuscht und zum Narren gehalten hat.

Seit dem frühen Morgen hatte der Bauer Rüben gesät und rüstete sich nun zur Heimfahrt, weil es bereits dämmerte. Da erblickte er plötzlich auf seinem Acker einen Haufen feuriger Kohlen, und als er verwundert näher trat, sah er, dass auf der leuchtenden Glut ein kleiner, schwarzer Teufel hockte.

Der Bauer bekreuzigte sich rasch, doch hinderte ihn seine Neugier am Davonlaufen. „Du sitzt wohl auf einem Schatz?", fragte er.

„Ja", antwortete der Teufel, „auf einem Schatz, der mehr Gold und Silber enthält, als du jemals gesehen hast."

Der Bauer hatte jede Scheu verloren und sprach: „Der Schatz liegt auf meinem Besitz, also gehört er mir."

„Er soll dein sein", entgegnete der Teufel ohne Zögern, „wenn du mir zwei Jahre lang die Hälfte von allem gibst, was du von diesem Feld erntest." Der gewitzte Bauer ging ohne weiteres auf den Handel ein, nachdem er dem Teufel einen Vorschlag gemacht hatte. [...]

Jenseits der sieben Berge — K 3

Arbeitsanweisungen:

1. Lass dir diesen Text diktieren.
2. Wie hat der Bauer den Teufel wohl hereingelegt? Schreibe eine Fortsetzung.
3. Stelle Merkmale zusammen, die diese Geschichte als Märchen kennzeichnen.

Originalschluss:

„Damit aber kein Streit bei der Teilung entsteht", sprach der Bauer, „so soll dir gehören, was über der Erde ist, und mir, was unter der Erde ist." Dem Teufel gefiel das wohl, aber der listige Bauer hatte Rüben gesät. Als nun die Zeit der Ernte kam, so erschien der Teufel und wollte seine Frucht holen, er fand aber nichts als die gelben welken Blätter, und der Bauer, ganz vergnügt, grub seine Rüben aus. „Einmal hast du den Vorteil gehabt", sprach der Teufel, „aber für das nächste Mal soll das nicht gelten. Dein ist, was über der Erde wächst, und mein, was darunter ist." „Mir auch recht", antwortete der Bauer.

Als aber die Zeit zur Aussaat kam, säte der Bauer nicht wieder Rüben, sondern Weizen. Die Frucht ward reif, der Bauer ging auf den Acker und schnitt die vollen Halme bis zur Erde ab. Als der Teufel kam, fand er nichts als die Stoppeln und fuhr wütend in eine Felsenschlucht hinab. „So muss man die Füchse prellen", sprach der Bauer und holte sich den Schatz.

(Aus: Bernd-R. Zabel: Diktat Plus, Schöningh, Paderborn, 1999, S. 64)

Rahmenthema: Zu den Reizwörtern „Burg", „Schlüssel", „Dreizahl" (Personen, Tiere, Dinge oder Aufgaben) ein Märchen schreiben

Jenseits der sieben Berge — K 4

Einzelthema: Die alte, verlassene Burg

Es war einmal eine Königstochter, sie wohnte in einer alten Burg, aber weil sie so alleine war, hatte sie drei Raben: der Erste hieß: Michel, der Zweite: Toni, und der dritte Rabe hieß: Alex. Die drei Raben halfen der Königstochter sehr. Sie waren nützlich bei der Arbeit von Briefen. Die Königstochter schrieb nämlich sehr gerne Briefe an ihre Freundinnen in der Stadt. Da halfen die Raben bei der Arbeit von den Briefen wegtragen und sie vom Briefkasten wieder zu bringen. Die beiden Elternteile von der Königstochter waren aber schon längst gestorben. Aber allein war die Königstochter auch nicht denn, sie hatte ja die Raben, und die jüngste war sie auch nicht mehr. Die Haustür war schon sehr alt, und das Schloß von der Haustür ebenso. Deswegen konnte der Schlüssel auch nicht mehr neu sein. Er war rostig. Aber die Tür ging jedes Mal noch auf. So ging es viele Jahrzehnte bis der Tag kam an dem die Königstochter starb. Das bekam natürlich gleich die ganze Stadt durch die Freundinnen von ihr mit. Die Königstochter wurde abgetragen und in einen schönen Sarg gelegt. Der rostige Schlüssel aber blieb in der Burg auf der Kommode in der Wohnstube liegen. Die Raben konnten durch ein kleines offenes Fenster immer aus und ein fliegen. So sagte nun einmal der Toni zum Michel (natürlich in der Rabensprache): „Du Michel sollen wir den Schlüssel vor die Tür einer der Freundinnen legen?" Darauf antwortete der Michel: „Das wäre gut denn dann könnten die Leute die schönen Möbel holen die keine haben." Gesagt, getan. Schon am nächsten Morgen legten die drei den Schlüssel vor die Tür der besten Freundin. Die kam natürlich gleich darauf auf die alte Burg und verschenkte die Möbel. Den Schlüssel aber behielt sie und bewahrte ihn gut auf. Die Freundin ging aber nicht mehr in die Burg sondern hatte nur den Schlüssel. Bis sie einmal schauen wollte wie es jetzt in der verlassenen Burg aussah. Aber in dieser Zeit hatten die Raben den Schlüssel verzaubert. Er paßte nicht mehr. Die Freundin drehte und wendete den Schlüssel aber er passte nicht. So konnte sie mit dem Schlüssel nichts anfangen. Sie warf ihn dann zum Müll. Die Raben blieben dann auch nicht mehr in der Burg und zogen aus. Die Freundin zog auch in eine andere Stadt und so entstand die verlassene Burg. Aber die Raben verlernten daß verwünschen nicht. Die drei erlebten noch viele andere Geschichten. Und wenn sie nicht gestorben sind, dann leben sie noch heute.

Nadine, 10 Jahre

Arbeitsanweisungen:

1. Nadine vergaß, Abschnitte für Einleitung, Hauptteil und Schluss zu machen. Zeichne diese in den Text ein (⌐) und begründe deine Entscheidung.

2. Korrigiere das Märchen hinsichtlich Ausdruck, Zeichensetzung und Rechtschreibung.

3. Beurteile den Schüleraufsatz unter dem Gesichtspunkt des typischen Märchenaufbaus: Ein „Held" zieht in die Welt, besteht Aufgaben (meist drei) und wird belohnt.
Notiere dabei auch einen Verbesserungsvorschlag, den du der Schreiberin geben willst.

Auszüge aus einem Klassenmärchenbuch

1. Beispiel: Die verzauberten Felder

[...] Sie ging in die Höhle hinein und erblickte eine Gestalt, die einen langen schwarzen Umhang anhatte. „Was willst du?", fragte eine tiefe Stimme. „Sind Sie der Zauberer Maral?", fragte Franza ängstlich und leise. „Ja, der bin ich", erwiderte er. „Ich bin zu Ihnen gekommen, weil Sie unsere Felder und Äcker verzaubert haben", sprach Franza, „und ich möchte Sie bitten, den Zauber wieder von dem Land zu nehmen!" „Das mache ich erst, wenn du mir eine ganz bestimmte Blume bringst!", sagte er listig. „Und nun verschwinde oder ich verzaubere dich auch noch!" Sie eilte hastig hinaus und lief traurig weiter in den Wald. Denn wo sollte sie diese Blume finden? Nach langem, vergeblichem Suchen setzte sie sich traurig auf einen Baumstamm und aß ihr mitgebrachtes Brot. Da kamen drei Zwerge vergnügt den Weg heraufgelaufen und fragten: „Ei, warum weinet ihr so sehr?" [...]

Daniela M. (11 Jahre)

2. Beispiel: Die verhexte Franza

[...] Wenn nicht, dann wird deine Tochter für immer eine Kröte bleiben." Der Bauer wusste nicht, woher er das (ganze) Gold bekommen soll. Er war sehr verzweifelt. Da kam ihm eine Idee. Er ging zum Königspalast und lief zum Prinzen. Der Prinz kannte die Tochter des Bauerns sehr gut, und der Bauer fragte ihn um Rat. Der Bauer sprach zu dem Prinzen: „Meine Tochter ist zu einer Kröte verhext worden. Der Zauberer will einen Sack voll Gold, dann verwandelte er sie wieder in meine Franza." Der Prinz ging mit dem Bauer an den Teich im Wald und da hüpfte die Franza Kröte auf des Prinzens Arm, und der Prinz küsste sie. Da wurde sie wieder die richtige Franza und alle anderen verhexten Menschen und Landschaften wieder wie früher. Der Zauberer starb vor Wut über seine gebrochene Zauberkraft, [...]

Sabrina V. (10 Jahre)

Arbeitsanweisungen:

1. Beurteile die beiden Märchenausschnitte. Schreibe dazu einen „Lehrerkommentar". Gehe darin mit mindestens je einem Satz auf
   - Inhalt,
   - Sprache und
   - Illustration des Märchens ein.
2. Schreibe eine Fortsetzung zu dem gelungenen Auftakt.
3. Gestalte eigene farbige Schmuckränder durch passende Verzierungen oder Illustrationen zu deiner Fortsetzung.

Viertes Kapitel: Durch das Jahr mit Gedichten

1. Grundsätzliche Überlegungen

Aufbau

Das vierte Kapitel beschäftigt sich sowohl mit einer literarischen Gattung, der Lyrik, wie auch mit dem Wechsel der Jahreszeiten. Beide Gegenstände strukturieren auf unterschiedliche Weise das Kapitel: Die Jahreszeiten finden sich wieder in der thematischen Gestaltung der vier Sequenzen, die progressive Einführung in das Feld der Lyrik führt zu stärker rezeptiven und parallel stärker produktivem Umgang mit Gedichten. Entscheidend für die Anordnung der verschiedenen Aufgabentypen ist das Anwachsen von Kenntnissen und Fertigkeiten im Zusammenhang mit Lyrik. Kompetenzen, die bis zum Abitur bedeutend bleiben, werden entweder eingeführt (metrische Beschreibung von Gedichten) oder aber angelegt (Textinterpretation) und vorbereitet (gestaltende Interpretation). Von großer Bedeutung ist über das ganze Kapitel hinweg die Erarbeitung und Habitualisierung von Vortragstechniken. Integriert in die Behandlung der Titelthemen finden sich Beschäftigungen mit weiteren Gegenständen aus den vier Arbeitsbereichen, insbesondere Rechtschreibung und Grammatik. Entscheidend für die Zuordnung ist sowohl die Progression innerhalb des gesamten Kapitels, als auch die Möglichkeit sinnvoller Verknüpfungen. Durch die inhaltliche Struktur des Kapitels bietet sich, im Gegensatz zu den anderen Kapiteln des Bandes, eine Segmentierung und Verteilung über das Jahr an. Dies ist leicht möglich, trägt sogar durch wiederholte Wiederaufnahme von Inhalten und Techniken zur Festigung bei. Die Arbeitsanregungen sind so gehalten, dass sie, zumindest in den ersten Teilkapiteln, nicht die Kenntnis aller vorhergehenden Kapitel voraussetzen. Lediglich das erste Kapitel sollte vollständig behandelt sein. Eine Fragmentierung kann sogar nützlich sein, da die Festigung einzelner Fertigkeiten und Kenntnisse durch die Wiederaufnahme gestärkt wird. Insgesamt ist dann freilich ein erhöhter Zeitaufwand zu berechnen. In den vier Teilsequenzen werden die Arbeitsbereiche funktional miteinander verknüpft.

I Der Herbst (Seite 136–149)

Insgesamt steht in der ersten Teilsequenz des vierten Kapitels der **AB Sprechen**, insbesondere Vortragstechniken, im Vordergrund. Es sind jedoch, mit dem Sprechen über Gedichte und dem Beginn des lyrischen Schreibens, die **AB Lesen/Umgang mit Texten und Medien/Schreiben** gleichermaßen angesprochen.

I.1 Das Jahr wird alt – Gedichte kennen lernen und vortragen (Seite 136–139)

In dieser Teilsequenz ist die Aneignung von Gedichten Thema. Zentrum ist hier das Sprechen von Gedichten ebenso wie das Sprechen über Gedichte. Die Beschäftigung gipfelt in der Planung eines Gedichtabends. Besonders die Seiten 136–139 stehen im Zeichen des Erlebens und Gestaltens mit mehreren Sinnen. Dabei findet an manchen Stellen eine Versprachlichung und damit Kognitivierung subjektiver Eindrücke statt. Es versteht sich, dass der Wechsel vom Emotional-Ästhetischen zum Kognitiven nicht unter Zeitdruck stehen darf.

Erste Trainings-Doppelseite Gedichtwerkstatt 1 (Seite 140f.)

Die Doppelseiten des Kapitels befassen sich in Progression mit dem Verfertigen und Gestalten von Gedichten. Die erste Situation greift die Textsorte Elfchen auf, die wahrscheinlich schon aus der Grundschule bekannt ist. Außerdem wird zum Suchen nach Reimwörtern angeregt.

I.2 Der Reim – Sprachklang erkennen und erproben (Seite 142–143)

Im Zentrum dieser Sequenz steht das Phänomen des Reims, seine Definition ebenso wie die Fähigkeit, Reime zu erkennen und dem jeweiligen Reimschema zuzuordnen. Mit der Unterscheidung ei – ai wird ein altersgemäßes Problem der Rechtschreibung aufgegriffen und allgemein zum Erfinden von Merkversen angeregt.

I.3 Gedichte folgen meinem Schritt – Der Takt im Gedicht (Seite 144–147)

Das Phänomen des Metrums soll in seinen verschiedenen Erscheinungsformen verstanden, aber auch sinnlich erfahren werden. Ziel der Teilsequenz ist die Fähigkeit, ein Gedicht zunächst metrisch, dann aber in all seinen formalen Besonderheiten beschreiben zu können.

Zweite Trainings-Doppelseite Gedichtwerkstatt 2 (Seite 148f.)

Auf dem jetzigen Kenntnisstand ist es möglich, nach Reim und Metrum korrekte Gedichte selbst zu erzeugen. Hierbei hilft die zweite Doppelseite mit einer Schritt-für-Schritt-Anleitung, die aber auch verschiedene Verfahren zur Wahl anbietet.

II Der Winter (Seite 150–157)

Während der **AB Sprechen** im Vergleich zur ersten Teilsequenz zurücktritt, werden die **AB Lesen/Umgang mit Texten und Medien/Schreiben** progredierend weitergeführt.

II.1 Schnee und Eis – Gedichte vergleichen (Seite 150–151)

Mit den erworbenen Kentnissen der letzten Abschnitte können Gedichte vollständig, formal und inhaltlich beschrieben und bewertet werden. Dabei ist die vergleichende Untersuchung zunächst leichter zu bewerkstelligen, da sie sich an Gemeinsamkeiten und Unterschieden orientieren kann. Auch das Verfertigen von Gedichten nach Vorgaben erreicht eine neue Stufe.

II.2 Mitten im kalten Winter – Adventsbräuche entdecken (Seite 152–155)

Inhaltliches Thema dieses Abschnittes sind Heiligenlegenden und Advents- und Weihnachtsbräuche. Als Aktivität steht das Nutzen verschiedener Informationsquellen im Vordergrund. Die Gedichte der Teilsequenz verstärken den bereits vorbereiteten Aspekt, Ungesagtes, aber im Gedicht Präsentes ins Auge zu fassen.

II.3 Weihnachten damals – Weihnachtsbräuche erlesen und erfragen (Seite 155–157)

Auszüge aus zwei bedeutenden Erzählwerken zum Thema Weihnachten, ETA Hoffmanns *Nussknacker und Mausekönig* und Charles Dickens' *Weihnachtslied in Prosa*, liefern Informationen zum Thema Weihnachten in alter Zeit und die Basis für Vergleiche mit eigenen Erfahrungen. Begleitend ist weiter die Informationsbeschaffung Thema.

III Der Frühling (Seite 158–167)

Mit der Behandlung von Pronomen und Präposition tritt in dieser Teilsequenz der **AB Sprachbewusstsein entwickeln** hinzu.

III.1 Ein neues Jahr – In Gedichten Geschichten entdecken (Seite 158–160)

In diesem Abschnitt treten Registerwechsel zwischen Lyrik und Prosa ins Blickfeld. Gedichte regen zu Fantasiegeschichten an und die in einer Bildergeschichte getroffenen Aussagen sollen in Lyrik umgesetzt werden. Damit wird, neben der kreativen

Technik des Umgestaltens, auch der Blick für literarische Gattungen und ihre Eigenheiten geschärft.

III.2 Rätselhaftes – Pronomen geben Hinweise (Seite 160–161)
Das funktional Besondere an Pronomen ist, dass sie wegen ihrer Rolle als Platzhalter von etwas sprechen können, ohne es zu benennen. Diese Besonderheit rückt sie in natürlicher Weise in die Nähe des Rätsels. Das immanent Zurückhaltende und Vorsichtige der Pronomen macht sie weiterhin sehr geeignet für Liebesgedichte. So finden sich in diesem Abschnitt neben Übungen zu Pronomen kleine Liebesgedichte und ein Rätsel. Wegen seiner Konzentration auf Pronomen konnte auch ein sprachgeschichtlich älterer Text ohne Bruch angebunden werden.

III.3 Mundarten – Die Sprache einer Gegend erkennen (Seite 161–162)
Wenn im letzten Abschnitt die zeitliche Gliederung der deutschen Sprache im Beispiel erkennbar wurde, so wird jetzt die regionale Differenzierung thematisiert. Beispiele aus einer süddeutschen wie aus einer norddeutschen Regionalsprache sind geeignet, Varianten des Deutschen erfahrbar zu machen. Dass die Texte aus dem Bereich anerkannter Hochliteratur stammen, kann dabei helfen, Mundarten und Regionalsprachen als vollwertige Varietäten und nicht als defizitäre Sprachformen wahrzunehmen.

III.4 Präpositionen – Mit kleinen Wörtern Verhältnisse erklären (Seite 162–165)
Die besondere Funktion von Präpositionen liegt darin, dass sie, indem sie Verhältnisse zwischen Objekten oder Vorgängen definieren, diesen Ort und Richtung innerhalb des gedanklichen und sprachlichen Zusammenhangs geben. Ihre Leistung ist also eine orientierende, sei das nun im Raum (Orts- und Wegbeschreibung) oder in einem Handlungsablauf (Vorgangsbeschreibung). Beide Hauptformen werden in III.4 an Texten oder Abbildungen vorgestellt und produktionsorientiert geübt.

Dritte Trainings-Doppelseite Gedichtwerkstatt 3 (Seite 166f.)
In der abschließenden Gedichtwerkstatt werden erworbene Fähigkeiten mit Arbeitsweisen am Computer kombiniert. Insbesondere Gestaltung und Layout sollen trainiert werden, bei der Anfertigung von Textblättern wie bei der Konzeption von Bildgedichten. Es werden aber auch Möglichkeiten aufgezeigt, den Computer zur Arbeitserleichterung zu nutzen, wie beim Ausprobieren von Textvarianten. Das auf Seite 171 angeregte Anfertigen eines Gedichtkalenders wird durch die allgemeinen Tipps zur Gestaltung am Computer vorbereitet.

IV Der Sommer (Seite 168–171)

IV.1 Sommer und Hitze – Gedichte selber gestalten (Seite 168–171)
Der letzte Abschnitt des Kapitels nutzt in den angeregten Arbeiten das im Kapitel Erarbeitete. Parallelgestaltungen oder Fortsetzungen von Gedichten erfordern für das Erkennen wie für das Erzeugen von poetischen Strukturen gesicherte Kenntnisse und Fertigkeiten, die in der vorangegangenen Beschäftigung mit Lyrik erworben wurden. Insofern wird hier, am Ende der Beschäftigung mit Gedichten, zu anspruchsvoller eigener Tätigkeit angeregt, aber auch eine Summe aus der geleisteten Arbeit gezogen.

Zielsetzung

Ein wesentliches **pädagogisches Ziel** des Kapitels liegt in den Bemühungen, fremde Äußerungen sorgfältig zu rezipieren und zu verstehen, aber auch eigene Äußerungsformen zu entwickeln und zu verwirklichen. Mit der Entwicklung von Schreibformen und Vortragstechniken ist die des Lesens und Zuhörens daher notwendig und funktional verbunden. Im Äußern und Wahrnehmen werden wesentliche soziale Kompetenzen trainiert und entwickelt.

Fachlich steht der Umgang mit lyrischen Texten sowie deren Erzeugung im Vordergrund. Die Schülerinnen und Schüler sollen, ausgehend von ihren aus der Grundschule mitgebrachten Erfahrungen, Kenntnisse von Gedichten und deren Strukturen erwerben, sie sollen Gedichte gestaltend vortragen können und das Verfassen von Gedichten als Möglichkeit sich auszudrücken kennen lernen.

In das Kapitel sind mit dem Pronomen und der Präposition auch grammatische Inhalte eingearbeitet. Diese werden verbunden mit Aussageabsichten eingeführt, sodass auch hier die Erarbeitung unter dem Aspekt der grundsätzlichen Ziele des Kapitels stehen.

Insgesamt bedeutet dies, dass, bezogen auf die vier Arbeitsbereiche des Deutschunterrichts, folgende Kompetenzen im Vordergrund des vierten Kapitels von *Blickfeld Deutsch 1* stehen:

a) Arbeitsbereich Sprechen
– situationsgerecht Umgangssprache, Mundart und Standardsprache verwenden [1].
– auf den Kommunikationspartner eingehen und Konflikte sprachlich lösen [4].
– Gedanken, Wünsche und Meinungen angemessen und verständlich artikulieren [5].
– in einfachen Kommunikationssituationen argumentieren und begründet Stellung beziehen [6].
– anschaulich und lebendig erzählen, sich dabei auf ihre Zuhörer einstellen und auch auf nichtverbale Ausdrucksmittel achten [7].
– Informationen adressatenbezogen weitergeben. Sie erproben dabei auch einfache Formen der Präsentation und Visualisierung [11].
– einen Text zum Vorlesen vorbereiten und sinngestaltend vortragen. Dabei stehen sie sicher vor der Klasse und halten Blickkontakt [13].
– Elementare Formen der Stimmführung anwenden (Dynamik, Tempo, Sprechpause) [14].
– Gedichte auswendig vortragen [15].

b) Arbeitsbereich Schreiben
– einfache Schreibstrategien einsetzen [24].
– Eigene und fremde Schreibprodukte überarbeiten und dabei auch Nachschlagewerke und Textverarbeitungsprogramme nutzen [25].
– Textvorgaben ausgestalten [31].
– Sprache spielerisch verwenden [36].
– Nach Schreibimpulsen schreiben [37].

c) Arbeitsbereich Lesen/Umgang mit Texten und Medien
– Methoden der Texterschließung (Markieren, Gliedern und typographisches Gestalten, auch mit dem Computer) anwenden [48].
– Ihren ersten persönlichen Eindruck wiedergeben, Unklarheiten klären und Fragen an den Text stellen [50].
– Sich im Gespräch über einen Text verständigen und ihre Aussagen am Text belegen [51].
– Inhalt und Intention altersgemäßer Texte erfassen und Bezüge zu eigenen Erfahrungen herstellen [52].
– Die Textarten Erzählung, Märchen, Sage, Schwank, Fabel, dramatische Texte, Gedicht, Bericht, Beschreibung, Jugendbuch unterscheiden und dabei wesentliche Gestaltungsmerkmale berücksichtigen [53].
– Zusammenhänge zwischen Inhalt und Gestaltung eines Textes benennen [54].
– Erste Grundbegriffe der Textbeschreibung (äußere und innere Handlung, Erzählperspektive, Wortwahl, Bilder, Stro-

phe, Vers, Reimform, Versmaß, Rhythmus) verwenden [55]. Analytische sowie handlungs- und produktionsorientierte Formen auch im selbstständigen Umgang mit Texten anwenden [56].

d) Arbeitsbereich Sprachbewusstsein entwickeln
- wesentliche Mittel unterscheiden, welche die mündliche Kommunikation beeinflussen (Gestik, Mimik, Stimme) [61].
- Auffällige sprachliche Merkmale in gesprochener und geschriebener Sprache unterscheiden [62].
- die Wortarten Verb, Substantiv, Artikel, Adjektiv, Pronomen, Präposition, Konjunktion und Adverb unterscheiden und ihre wesentlichen Leistungen benennen [63].

Methodische Zielsetzungen
Neben den in den Bildungsstandards werden auch methodische Zielsetzungen verfolgt. Dazu gehört
- Gestalten von Texten am Computer.
- Erstellen von Textblättern.
- Gestalten von Textsammlungen (Anthologien).
- Nutzung von Visualisierungstechniken (z. B. Cluster).
- Gestaltung von Parallelgedichten und Gedichtfortsetzungen.
- Lernstrategien entwickeln und einüben.
- Gedichtabende gestalten.

2. Erläuterungen und Lösungsvorschläge

Übersicht zur Teilsequenz I.1 (Seite 136 – 139)

I. Der Herbst
1. Das Jahr wird alt – Gedichte kennen lernen und vortragen

Texte/Bilder	Sprechen	Schreiben	Lesen/Texte/Medien	Sprachbewusstsein entwickeln	Methoden
1. Eduard Mörike: Septembermorgen, S. 136					
2. Elisabeth Borchers: September, S. 137	• Gedichte vorsprechen • Die eigene Meinung zu einem Gedicht äußern und begründen • Ein Gedicht in ein Bild umsetzen • Bildwörter erfinden		• Bekannte Gedichte sammeln • Zwei Gedichte miteinander vergleichen		
3. Zwei Textblätter zu „September" (Schülerbeispiele)	• Nach fertigem Textblatt vortragen				• Mit dem Textblatt einen Vortrag vorbereiten • Textblätter bewerten
4. Johann G. von Salis-Seewis: „Herbst"	• Ein vertontes Gedicht singen • Gedichte sinnbetonend und gestaltend vortragen • Gegenseitiges Vortragen		• Ein Gedicht vorlesen		
5. Christian Morgenstern: Oktobersturm	• Zusammengesetzte Wörter erfinden		• Unbekannte zusammengesetzte Wörter besprechen		• Mit einem Cluster kreativ umgehen • Einen Gedichtabend gestalten
Trainings-Doppelseite		• Selbst Gedichte schreiben			

Lösungsvorschläge

Bilderläuterungen:
Das Auftaktbild (S. 134/135) „Plage de Pourville" von Monet zeigt einen Küstenabschnitt bei sommerlichem Wetter, im Vordergrund führt ein Sandweg in leichter Biegung ins Bild hinein. Im Gegensatz zu vielen früheren Werken Monets kommt das Gemälde ohne Figuren als Staffage aus[1], ist aber auf dem Weg zur fast ausschließlichen Konzentration auf Farben noch nicht so weit wie die späten „Seerosen", die „Nymphéas". Hier ist der Gegenstand in seinen wesentlichen Zügen gut zu er-

---
[1] Anders „An der Seine bei Argenteuil" (S. 158) und „Das Mohnfeld" (S. 168), wo Menschen wichtige Gestaltungselemente sind.

kennen, deutlich wird aber die Darstellung subjektiver Wahrnehmung über Detailtreue gesetzt. Damit verhält sich das Bild wie ein Gedicht, das in seinem Fokus nicht eine Landschaft oder eine Jahreszeit, sondern deren jeweiliges Erleben durch ein personales Subjekt hat, wiewohl das Erlebte immer noch zu erkennen ist.

So ist „Plage de Pourville" ein Werk, das in mehrerlei Hinsicht Bezug zum vierten Kapitel aufweist. Neben dem Sujet, einem Weg, der in eine einer Jahreszeit zuzuordnende Naturlandschaft führt und somit den Beginn eines neuen Kapitels andeutet, ist die Machart des Werkes von besonderer Bedeutung, ja eigentliches Thema des Bildes. Eine parallele Thematisierung mit einer ganzen Reihe von im Kapitel behandelten Gedichten liegt nahe.

Mörikes „Septembermorgen" (S. 136), Morgensterns „Oktobersturm" (S. 139) aber auch Holz' „Mählich durchbrechende Sonne" (S. 170) erlauben das Anfertigen von Parallelgedichten mit dem Gegenstand des Gemäldes.

Seite 136

Bilderläuterungen:

Peter Bruegels „Heuernte" zeigt weder eine wirklich existierende Landschaft, noch werden ein belegtes Ereignis oder identifizierbare Menschen abgebildet. Thema des Bildes sind mithin nicht Individuen sondern eine Situation, die eher einer Jahreszeit als einem Jahr, eher einem Ortstyp als einem Ort zugeordnet werden kann. Das Typische, auf das das Bild Wert legt, macht es geeignet für den Einstieg in eine Beschäftigung mit thematisch jahreszeitlicher Lyrik. Zahlreiche Details der Darstellung, wie die Tätigkeiten der Personen, aber auch Umgebungsdetails, die auf den späten Sommer und den frühen Herbst verweisen, können in einem Gespräch über das Bild klären helfen, was den frühen Herbst als Jahreszeit ausmacht. So versteht sich das Auftaktbild als Angebot zum Einstieg in das Thema Jahreszeiten. Ein Klassengespräch über das Bild und die Jahreszeit schaffen den Hintergrund, vor dem Besonderheiten der nachfolgenden poetischen Äußerungen deutlicher hervortreten.

Texterläuterungen:

In Mörikes „Septembermorgen" dominieren sprachlich Laute und inhaltlich Farbtöne. Die geschilderte Welt, die als ein in sich ruhendes, harmonisches Wesen verstanden wird, wirkt selber träumend unbewusst und erhält erst durch den mit „du" angesprochenen Betrachter eine zeitliche Dimension und Ausblick auf eine Entwicklung. Auch steht der im Gedicht Angesprochene außerhalb der personifizierten Natur. Außerhalb der Betrachtungssituation wiederum steht das lyrische Ich, das nicht nur sieht, sondern beschreibt und, unterschwellig resignativ, reflektiert. Eine Verbindung des doppelten Außenstehens zu Mörikes Selbstgefühl liegt nahe.

Die Behandlung des Gedichtes in einer fünften Klasse wird natürlich nicht die Erschließung tieferer Bedeutungsschichten zum Ziel haben. Das Erleben einer harmonischen Herbststimmung aber, verbunden mit der Entwicklung eines adäquaten Gedichtvortrags, ist ebenso fruchtbar wie erreichbar. Hierzu sollte bei der Einführung des „Septembermorgens" auf Intensität des Erlebens geachtet werden. Die Schülerinnen und Schüler mit geschlossenen Augen zuhören zu lassen ist dazu ebenso geeignet wie das Ausprobieren verschiedener Vortragsarten, zum Beispiel flüsternd, mit tiefer, warmer Stimme usw. Über das pure Erleben hinaus ist es sinnvoll, zu einer emotionalen Bewertung des Gedichts aufzufordern. Auch, wenn Details noch nicht zur Sprache kommen, ist es sinnvoll zu erfragen, was an dem Gedicht gefällt oder auf andere Weise wirkt. Reim und Metrum sollten vom Lehrer aus noch nicht angesprochen werden.

Seite 137

Texterläuterungen:

Elisabeth Borchers hat in dem Band *Und oben schwimmt die Sonne davon* einen den Jahreslauf behandelnden Gedichtzyklus gestaltet. Wie in Mörikes vorstehendem "Septembermorgen" betont „September" Farben, erweitert aber das Spektrum der Bilder durch weitere, deutlich als subjektiv erkennbare Eindrücke. Personifiziert wird hier nicht die gesamte Welt, die, im Gegensatz zu Mörikes Text, belebt ist, sondern einzelne Bestandteile, wie die Sonne oder der Himmel. Der Gesamteindruck vom September entsteht durch das Zusammenspiel einzelner Wahrnehmungen. Auch sprachlich wirkt das Gedicht weniger geschlossen als der Vergleichstext, einerseits durch die freien Rhythmen, andererseits durch die Aufteilung in Strophen. Der entstehende Eindruck ist allerdings der einer Vielfalt, nicht der des Gebrochenen. Die geschilderte Welt ist insgesamt eine kindlichem Erleben nahestehende. Märchenelemente stehen ohne Bruch neben Alltagselementen und Versatzstücken aus Kinderversen (zum Beispiel das Lied „Taler, Taler, du musst wandern"). Die Fremde, sobald sie außer Sicht ist, existiert nicht oder bleibt zumindest unkonkret, ob es nun „hinterm Berg" oder „nach Afrika" heißt.

Didaktisch ist „September" sehr fruchtbar, vor allem, weil es kindlichem Erleben und kindlichem Sprechen so nahe steht. Dieser Text bietet dem gestaltenden Sprechen kaum Hindernisse, wohl aber Einstiegsmöglichkeiten, dies formal ebenso wie inhaltlich (siehe hierzu die Aufgaben 4c und 5). Für das Verständnis des Gedichtes ist die Beschäftigung mit sprachlichen Bildern von Bedeutung (Aufgabe 3). Hier kann, auch in einer fünften Klasse, wichtige Arbeit für das Verstehen von Gedichten geleistet werden.

1 In der ersten Klasse des Gymnasiums kommen zum Teil sehr unterschiedliche Lernbiografien zusammen. Eine wie immer geartete Heranführung an Gedichte kann in jedem Fall vorausgesetzt werden, es bietet nun das gegenseitige Vorstellen von bereits gelernten Gedichten die Möglichkeit, im Sprechen den Vortrag zu üben und im Zuhören das eigene Repertoire zu erweitern. Es hängt von den durch die Lehrerin/den Lehrer gesetzten Impulsen ab, welcher Aspekt im Vordergrund steht.

2 Sowohl die Entscheidung für einen Text, als auch seine Umsetzung in ein Bild setzen Beschäftigung mit dem Gedicht voraus, beziehungsweise erzwingen sie. Welcher Grund auch letztlich die Entscheidung für ein Gedicht herbeigeführt hat, es kommt in jedem Fall zu einer inhaltlichen Konkretisierung, die die weitere Arbeit erleichtert.

3 Der spielerische Umgang mit sprachlichen Bildern bereitet die eigene Produktion lyrischer Texte vor, sensibilisiert aber auch für die in „September" verwendeten Bilder (wandernder Taler, Knopf am Matrosenkleid). Dabei sollten die einzelnen Bilder auch näher untersucht werden. Was bedeutet es denn, wenn die Sonne als freundliches Gesicht erlebt wird, was, wenn sie sich als brennend forschendes Auge darstellt? Natürlich lässt sich die Aufgabe auch erweitern, indem der Mond oder ein einzelner Baum umschrieben und verglichen werden.

4a Indem die Entscheidung für ein Gedicht begründet wird, wird sie bewusst gemacht. Es findet die Versprachlichung eines ästhetischen Urteils statt. Auf höherem Niveau wird die Fähigkeit dazu noch in der Oberstufe von Bedeutung sein. In diesem Fall soll erst einmal das Sprechen über Urteile diffuse Eindrücke konkretisieren helfen. Wichtig ist, dass ein solches Gespräch ergebnisoffen geführt wird.

4b Das Abschreiben ist eine häufig vernachlässigte Form der Textaneignung, bei der überlesene Details ins Bewusstsein dringen ebenso wie sprachliche Auffälligkeiten. Das Gefühl der Wertschätzung eines Textes, das durch das Abschreiben befördert wird, ist mehr als nur positiver Nebeneffekt.

4c Das gestaltete Sprechen, das noch mehrfach im Verlauf des Kapitels Thema werden wird, ist ein weiterer Weg der Textaneignung. Bei dieser Aufgabe ist es besonders wichtig, dass sich jede Schülerin/jeder Schüler eigenständig Gedanken zum angemessenen Vortrag macht, da nicht nur der Text, sondern auch das individuelle Textverständnis und das ästhetische Urteil sich in einer solchen Gestaltung ausdrücken.

Methodenerläuterungen:
Das **Textblatt** ist ein Hilfsmittel bei der Vorbereitung des mündlichen Vortrags, aber auch Instrument zur Konkretisierung eigenen Textverständnisses. Gesetzte Pausen gliedern einen Text, markierte Wörter fokussieren auf Inhalte und Klänge. Eine während der Arbeit entstehende Erweiterung des Inventars an Markierungszeichen ist durchaus sinnvoll. Die gesamte Gestaltung legt darüber hinaus wesentliche interpretatorische Aspekte fest, indem Stimmungen verwirklicht, aber auch zwischen Nähe und Distanz zum Gesprochenen entschieden wird.

5a Hier können und sollen Zugänge zu einem nun bekannten Gedicht vortragend ausprobiert werden. Wichtig ist zu erkennen, dass verschiedenartige Fassungen möglich, ja sogar sinnvoll sind. Das eigene Textblatt wird durch die Fassungen im Deutschbuch nicht korrigiert oder bewertet.

5b Diese Arbeitsanregung setzt die vorhergehende dahingehend fort, dass die beim Sprechen gesammelten Eindrücke nun versprachlicht und damit kognitiv fassbar gemacht werden. Dieser Prozess wird verstärkt, wenn man das gefällte ästhetische Urteil begründen lässt.
Beispiel: „Wenn ich ,alle' betone, habe ich den Eindruck, dass alles ganz fertig ist." „Nein, ,Arbeit' muss betont werden, damit man merkt, dass die Sonne gearbeitet hat und müde ist."

Seite 138

Texterläuterungen:
Das Gedicht „Herbst" (ursprünglich „Herbstlied") von Johann Gaudenz von Salis-Seewis ist heute vor allem als Text eines Volksliedes bekannt. Im Original umfasst es noch zwei weitere Strophen, die ebenso singbar sind wie die drei angegebenen.

Wie die volle Traube
Aus dem Rebenlaube
Purpurfarbig strahlt!
Am Geländer reifen
Pfirsiche mit Streifen
Rot und weiß bemalt.

Sieh! Wie hier die Dirne
Emsig Pflaum und Birne
In ihr Körbchen legt,
Dort mit leichten Schritten
Jene goldne Quitten
In den Landhof trägt.

Eine Textänderung hat sich dauerhaft etabliert: Im Original steht statt „ihren Ringeltanz" „deutschen Ringeltanz". In der heute gängigen und auch im Schülerband abgedruckten Fassung ergibt sich durch die Änderungen ein Text, der stärker den frühen Herbst als allgemeinen Zustand, ja geradezu als Lebensgefühl ausdrückt. Konkretere Angaben wie die Nationalität oder die wirtschaftliche Organisationsform („Landhof"), aber auch die Nennung weiterer Früchte, werden zugunsten eines glättenden Idealbildes vom Herbst in der Landwirtschaft zurückgestellt. Für die Verwendung im Unterricht in der Unterstufe ist die ansonsten fragwürdige Akzentverschiebung hilfreich. Die sprachlich wie inhaltlich eingängigen Strophen lassen sich ohne weiteres lesen, verstehen und singen. Überhaupt ist die sehr gelungene musikalische Umsetzung ausgesprochen motivierend und geeignet, sich dem lautlichen Phänomen Lyrik von einer anderen Seite her zu nähern. Besonders die später folgende Einführung der Metrik wird durch die Beschäftigung mit Liedern stark erleichtert. Inhaltlich ist ein Vergleich des Liedtextes mit dem Auftaktbild auf Seite 136 sinnvoll.

1 Der Erfolg weiterer Beschäftigung mit „Herbst" wird davon abhängen, wie eindringlich das Phänomen Herbstlied erlebt worden ist. So ist es sinnvoll, dem gemeinsamen Lesen und Singen genug Zeit einzuräumen. Auch instrumentale Begleitung ist hilfreich.

2 Bei der Lösung dieser Aufgabe werden Vorkenntnisse der Schülerinnen und Schüler, vor allem aber das persönliche Reimgespür aktiviert. Es wird eine induktive Vorarbeit für die spätere Einführung des Reims geleistet, auf die bei der Begriffsbildung zurückgegriffen werden kann. Sogar das Reimschema kann Thema werden, wenn Schülern die Reimstruktur des Gedichtes auffällt.

Herbst

Bunt sind schon die Wälder,
Gelb die Stoppelfelder,
Und der Herbst beginnt.
Rote Blätter fallen,
Graue Nebel wallen,
Kühler weht der Wind.

(Strophen 2 und 3 entsprechend)

3 Diese Aufgabe steht in direktem Zusammenhang zu Aufgabe 1. Während dort aber eine vorgegebene Verbindung von Inhalt und Klang umgesetzt werden musste, geht es nun darum, dem Inhalt zum passenden Klang, wenn auch nur Sprachklang, zu verhelfen. Beim „Septembermorgen" zum Beispiel werden, bei allen zu erwartenden individuellen Gestaltungsunterschieden, weiche Tönungen vorherrschen, besonders in „In warmem Golde fließen". Wie detailliert der Zusammenhang zwischen Lyrik und Musik behandelt wird, hängt von der durch die Lehrperson gewählten Akzentsetzung ab. Es ist aber leicht möglich, „Herbst" von Salis-Seewis gesungen und gesprochen zu beschreiben.

4 In dieser Aufgabe soll das Inventar an Beschreibungsmöglichkeiten für Klangliches und Stimmungen in lyrischen Texten erweitert werden. Es ist durchaus sinnvoll, Wörterlisten anzulegen, die bei späteren Beschreibungen von Texten verwendet werden können. Solche Wörterlisten können in Form von Tabellen, geordnet nach Sinnen, angelegt werden.

Sehen	Hören	Fühlen
bunt	rauschend	kalt
dunkel	leise	frisch
...	...	...

5 Ein Gedichtabend, wie er auf der gegenüberliegenden Seite vorgeschlagen wird, erfordert in seiner Vorbereitung die Entwicklung sowohl von grundsätzlichen Vortragsfertigkeiten in Verbindung mit dem Textblatt, als auch einer Sensibilität im Hören poetischer Texte. Dabei ist vor allem die gegenseitige Beratung von großer Bedeutung. Dazu sind die

Schülerinnen und Schüler nach dem Vorangegangenen recht weitgehend selbst in der Lage. Nicht allein die Verbalisierung von Eindrücken und eigenen Vorstellungen wird trainiert, sondern auch die taktvolle Äußerung von Kritik, wie auch deren Aushalten. Es ist sinnvoll, solche Kritik in Form von Ratschlägen formulieren zu lassen.

Seite 139

Texterläuterungen:

Morgensterns „Oktobersturm" vermittelt, auch wegen seiner Syntax, die fast ganz ohne finites Verb auskommt, einen atemlosen Eindruck. Auch die beiden Neologismen im Gedicht („Lebenssturmträume" und „Blättergeplauder") wirken fast wie zufällig zusammengeweht. Im Gegensatz zu den grotesken und sprachkritischen „Galgenliedern" steht „Oktobersturm" in einem melancholischen Grundton, was die andere Seite des Lyrikers Morgenstern ausmacht. In die Betrachtung des äußeren Geschehens („Schwankende Bäume im Abendrot") schleicht sich, ausgelöst durch die von den Bildern erzeugte Stimmung, der Gedanke an eigenes Sterben ein („Lebenssturmträume von purpurnem Tod"). Äußeres und inneres Geschehen finden in der Engführung „nachtkalte Schauder" zusammen. Didaktisch fruchtbar wird „Oktobersturm" sowohl durch die melancholische Herbststimmung, der nachgegangen werden kann, als auch durch den schöpferischen Umgang mit Sprache, der Anstoß zu eigenen Bildungen werden kann.

1 Neologismen bieten den Vorteil für Deutungen, dass nicht erst eingefahrene Alltagsbedeutungen überwunden werden müssen. Besonders bei der Klärung des Wortes „Lebenssturmträume" als Hinweis auf mögliche Gemeinsamkeiten zwischen den Wetterereignissen und dem eigenen Leben kann darüber hinaus das Phänomen der Metapher vorbereitet werden, ohne die Nähe zum Vergleich zu suchen.[2]

2 Diese Aufgabe ist eine Variante des Metaphernspiels, bei dem aus gängigen Wörtern neue Fügungen erzeugt werden, wobei die Bestandteile des neuen Begriffs aus verschiedenen Bereichen stammen sollen (zum Beispiel „todmüdes Herbstblatt"). Dabei kann die Bedeutung der neuen Fügung auf Anhieb einleuchten („Blättergeplauder") oder auch nähere Untersuchung erfodern („Lebenssturmträume"). Im Spiel mit den Elementen eines Herbstclusters ergibt sich, zufällig oder gezielt, neues Material für selbst gestaltete Gedichte, wobei die Grenzen des Clusters nicht zu eng gewählt werden dürfen. Weitere Beispiele für solche Fügungen sind „träger Nebel", „untröstlicher Regen" und „Herbstlaubfest".

Methodenerläuterungen:

Die Vorbereitung eines Gedichtabends, ob als eigenständige Veranstaltung oder als Teil eines Programms, aktiviert alle bisher erlernten Vortragsfertigkeiten und gibt der Arbeit am gestaltenden Sprechen ein Ziel, das darüber hinaus noch ein gemeinsames Ziel der Klasse ist. Wichtig ist, dass ein hinreichend großes Inventar an Gedichten zur Verfügung gestellt wird, aus dem die Schülerinnen und Schüler auswählen können.[3] Findet der Gedichtabend zu einem späteren Zeitpunkt statt, sollten dringend auch Eigenproduktionen der Schülerinnen und Schüler eingebunden werden.

Seiten 140/141 – Trainings-Doppelseite

Die erste der drei Gedichtwerkstätten knüpft an mutmaßliche Erfahrungen aus der Grundschule an. Das Elfchen gehört zu den gängigen Gedichtformen, die bereits in der Grundschule geübt werden.[4] Die formalen Anforderungen sind minimal. Für das Gelingen des Schreibprozesses ist die Herstellung des angemessenen Rahmens entscheidend. Dazu gehört die Bereitstellung von hinreichenden Zeitreserven ebenso wie die Schaffung einer ruhigen und konzentrierten Atmosphäre. Auch die vorherige gemeinsame Erstellung von Wortspeichern und -feldern ist sehr hilfreich. Allerdings gibt es zu der Textsorte Elfchen durchaus verschiedene Anforderungen, so dass es sinnvoll ist, zunächst die Erfahrungen aus der Grundschulzeit aufzurufen und gemeinsam zu vereinheitlichen.

Wo die Elfchen bereits leicht fallen, kann eine Intensivierung mit der Anfertigung von Haikus versucht werden. Das Haiku besteht aus drei Zeilen zu 5 – 7 – 5 Silben, die eine Situation oder Stimmung darstellen (siehe hierzu auch BFD 2, Seite 154).

Im zweiten Teil der Reimwerkstatt steht der spielerische Umgang mit Reimwörtern im Zentrum. In der ersten Variante werden Reimpaare zu einem bestehenden Wort gebildet. Hier können besonders gut Gruppen in einen Wettstreit treten. Der zweite Fall legt Wert auf eine möglichst große Zahl von zueinander passenden Reimwörtern. Das Bild liefert eine Fülle von Anstößen zu Ausgangswörtern. In der letzten und anspruchsvollsten Variante steht am Ende ein fertiges Gedicht. Es ist nicht sinnvoll, hier metrische Korrektheit zu verlangen. Entscheidend ist vielmehr, dass einem Gegenstand (dem Bild) Reimpaare abgewonnen werden, zum Beispiel

Boot – rot
Mast – Palast
Welle – helle
Baum – Traum
Meer – her
besonnt – Horizont
Strand – gesandt.

Ergiebig wird die Suche erst, wenn nicht nur nach Substantiven oder sichtbaren Inhalten gesucht wird.

Texterläuterungen:

In „Die Drachen" von Wilhelm Busch liegt erstmals ein Erzählgedicht vor, in diesem Fall die gereimte Fassung einer humoristischen Erzählung (Fortsetzung und Schluss s. **K1**, S. 126). Der Unterschied der Gattung zur bisher betrachteten Lyrik kann, muss aber nicht thematisiert werden. Allerdings können veraltete Wendungen wie „intim bekannte Knaben" (Vers 2) Klärung erfordern.

Die fehlenden Reimwörter sind „haben", „gehabt", „sind", „Wiese" und „sitzen". Allerdings sind auch andere Ergänzungen sinnwahrend möglich. Schülerlösungen sollten nicht auf Richtigkeit, sondern auf Stimmigkeit überprüft werden. Dies gilt natürlich erst recht für die geforderte Fortsetzung des Gedichtes.

---

[2] Zum Umgang mit bildlicher Sprache siehe auch: Günter Waldmann: *Produktiver Umgang mit Lyrik*, Baltmannsweiler (Hohengehren), 8. Aufl. 2003, besonders S. 160ff.
[3] Sehr hilfreich ist von Evelyne Polt-Heinzl/Christiane Schmidjell (Hrsg.): *Die Poesie der Jahreszeiten*. Ditzingen (reclam), 2001.
[4] Sehr tauglich nicht nur für die Arbeit an der Grundschule ist: Claus Forytta/Eva Hanke (Hrsg.): *Lyrik für Kinder – gestalten und aneignen*. Arbeitskreis Grundschule 1989.

Übersicht zur Teilsequenz I.2 (Seite 142 – 143)

I. Der Herbst
2. Der Reim – Sprachklang erkennen und erproben

Texte/Bilder	Sprechen	Schreiben	Lesen/Texte/Medien	Sprachbewusstsein entwickeln	Methoden
1. Martin Auer: Sinnloses Gedicht		• Ein Gedicht vervollständigen	• Reime bewerten		
2. Siegfried August Mahlmann: Herbstlied	• Einen Gedichtausschnitt in eigenen Worten ausdrücken		• Ein Reimschema markieren und benennen • Assonanzen erkennen	• Die Orientierung des Reimes am Sprachklang erkennen	• Reimschemata markieren
3. Günter Ullmann: Herbstwind		• Einen Gedichtvortrag vorbereiten • Parallelgedichte verfassen			
4. Das a- und i-Gedicht (Schülerbeispiel)	• Ein Gedicht fortsetzen • Merkverse zu grammatischen Phänomenen erfinden			• Schreibweisen differenzieren (ei/ai)	• Mit Merkgedichten grammatische Phänomene einprägen

Lösungsvorschläge

Seite 142

Die fehlenden Passagen lauten:
„... überflüssig," (Vers 5)
„... vollkommen müßig," (Vers 6)
„... kein Genuss." (Vers 7)
„... Nach der achten Zeile ist Schluss." (Vers 8)

Martin Auers „Unnützes Gedicht" spricht vom inhaltlich wie formal schlechten Dichten. Absichtsvoll ist das Metrum weniger regelmäßig als nötig, die Verse werden beharrlich Zeilen genannt und als positiv wird einzig hervorgehoben, dass nach der achten Zeile Schluss ist. Die Stärke, und auch der didaktische Wert des Gedichtes liegt in der Depotenzierung des lyrischen Sprechens. Es gibt schlechte Gedichte, schlechtes Dichten und der Überdruss an Gedichten kann sogar Thema eines Gedichtes werden.

1a–b In der Ergänzung des Gedichtes geht es zwar auch um das Schaffen von zum Inhalt passenden Reimpaaren, ganz bestimmt aber nicht um formale Stimmigkeit oder Schönheit. Zur Wahl des gelungensten Endproduktes gehört auch, dass ein geeigneter Vortragsstil gefunden wird.

Texterläuterungen:

Siegried August Mahlmann ist heute, wenn überhaupt, nur noch in Zusammenhang mit den Gedichten bekannt, die von berühmteren Zeitgenossen vertont worden sind. Dabei erlebten seine lyrischen Werke zu Beginn des 19. Jahrhunderts sogar mehrere Auflagen. Das „Herbstlied" wirkt in der Wahl der Bilder, wie auch in deren Deutung vergleichsweise konventionell. Auch die Wendung ins Innere ist nicht überraschend und, bis auf die positive Sicht des Winters, nicht auffällig. Hier ist die Zurücknahme des Lebens, innerlich wie äußerlich, durch die Bewahrung wesentlicher Gehalte zum reinigenden Akt geworden, nicht so sehr für das lyrische Ich, das im Hintergrund bleibt, als für Mensch und Natur allgemein. Interessant ist der Vergleich dieses Gedichts mit der sehr persönlichen „Winternacht" Eichendorffs (S. 151). Das „Herbstlied" bleibt spürbar allgemeiner und formelhafter, bei formaler wie inhaltlicher Stimmigkeit. Die zu erschließende Aussage vom nur äußerlichen Sterben der Natur im Winter findet sich in den letzten zwei Versen. Eine Übertragung auf die Situation des Menschen wird lediglich angeboten.

Didaktisch ist gerade das Regelhafte und Allgemeine des Gedichts von Nutzen. Das Versmaß kann leicht erkannt, ja rekonstruiert werden, die sprachlichen Bilder leuchten unmittelbar ein, es liegt hier ein unterrichtstaugliches Naturgedicht in Normalform vor.

2 „Schmuck" und „Keim" im Gedicht lassen sich materiell konkret verstehen. Die Übertragung und Anwendung der Begriffe auf den Menschen (und nicht auf das lyrische Ich) ist möglich. Die Schülerinnen und Schüler entscheiden durch ihre Umschreibung selber, was sie für wichtig halten. Es handelt sich hier ja noch nicht um eine mehrere Ebenen berücksichtigende Interpretation, sondern um eine Übersetzung, die mit einer Schwerpunktsetzung notwendig einhergeht.

3a–b Die Herstellung der ursprünglichen Anordnung der Verse zusammen mit deren Markierung erfordert, vom Phänomen ausgehend, das Erkennen von Reimen und ihre Zuordnung zueinander. Was im nachfolgenden Kasten erläutert wird, klärt sich hier induktiv am einzelnen Fall.

Die Vöglein im Walde sangen,
Wie schweigt der Wald itzt still!
Die Lieb ist fortgegangen,
Kein Vöglein singen will.

Die Liebe kehrt wohl wieder
Im künftigen lieben Jahr,
Und alles tönt dann wieder,
Was hier verklungen war.

Der Winter sei willkommen,
Sein Kleid ist rein und neu!
Den Schmuck hat er genommen,
Den Keim bewahrt er treu.

Viertes Kapitel: Durch das Jahr mit Gedichten

4 Das Anlegen eines Reimspeichers im Sinne eines sich erweiternden Reimlexikons sichert und habitualisiert einerseits neu erworbene Kenntnisse, andererseits ist ein solcher Speicher, zumal wenn er weiter fortgeführt wird, ein sinnvolles Hilfsmittel für weiteres Dichten.

5 Die Assonanz wird als Randphänomen des Reims eingeführt. Sie tritt bereits in Mörikes „Septembermorgen" (S. 136) auf („Wiesen"/„fließen"), aber auch bei Busch (S. 141: „sie"/„Müh"). Auch bei den Reimspielen der ersten Gedichtwerkstatt werden Assonanzen auftauchen und von Schülerinnen und Schülern moniert werden. Wichtig ist, sie als Phänomen, nicht aber als Mangel zu besprechen. Anlass zum Gespräch über „falsche" Reime bietet Mascha Kalékos Gedicht:

Ungereimtes über den Iltis

Ihr sagt: Es reimt sich nicht auf *Iltis*?
Ich sag, es reimt sich doch. Was gilt is?
Ihr sagt: Es reimt sich nichts auf *Menschen*?
– Na, wennschen!

Wisst ihr, was „falsche" Reime machen,
Wenn sie sich ansehn? Nun, sie lachen.

(Aus: Mascha Kaléko: Die paar leuchtenden Jahre. © 2003 Deutscher Taschenbuch Verlag, München, S. 141)

6a–b Diese Aufgabe dient gleichzeitig der Habitualisierung der Kenntnisse, aber auch der Bewusstmachung von Unterschieden zwischen Gedichten mit und ohne Reim, bzw. der Wirkung des Reims. In einem Wettspiel ist auch der Weg vom Reimschema zum Gedicht fruchtbar. Die Schülerinnen und Schüler isolieren Reimschemata und stellen sie der Klasse vor, die dann wiederum das dazugehörige Gedicht finden muss. Nicht sinnvoll ist die Frage nach dem Reimschema bei der Betrachtung von Gedichten in freien Rhythmen. Das gilt für die Elfchen, aber auch für „September" von Elisabeth Borchers.

Texterläuterungen:
In Günter Ullmanns „Herbstwind" werden verschiedene Erscheinungsformen des Windes im Herbst in Form von Versatzstücken zusammengestellt, um wie in einer Collage ein übergeordnetes Thema darzustellen. Das Gedicht bleibt formal wie inhaltlich einfach, Zentrum ist die positive Grundstimmung, die an verschiedenen Punkten explizit gemacht wird. Didaktisch ist das Gedicht insofern fruchtbar, als es den bisher erworbenen Fertigkeiten der Schülerinnen und Schüler kaum Widerstand durch Komplikationen entgegensetzt, darüber hinaus in seiner Grundstimmung leicht eindeutig zu erfassen ist. Handwerklich ist das Bauprinzip interessant. Das Zusammensetzen eines Gesamtbildes aus untereinander unverbundenen Einzelbildern eignet sich als Ausgangspunkt für eigenes Schreiben von Parallelgedichten.

7–8 Da die Erstellung des Textblattes bereits Deutungsentscheidungen erzwingt, ist die Arbeit an einem gemeinsamen Textblatt Anlass zu einem Deutungsgespräch im Plenum. Dieser Prozess sollte mit besonderer Sorgfalt begleitet werden, da hier fundamentale Fertigkeiten der Gedichtinterpretation eingeübt werden.

9 Das Parallelgedicht ist eine Arbeitsform, die besonders gut strukturelle Merkmale und Bauprinzipien lyrischer Textsorten bewusst macht, aber auch anwenden lehrt. Gleichzeitig hilft sie beim Verfassen eigener Texte, weil sie eine Art Vorlage an die Hand gibt. Im weiteren Verlauf sind auch inhaltlich weiter entfernt liegende Parallelbildungen denkbar, wie „Erfreuliche Schulstunde" oder „Langweilige Schulstunde".

Das „a- und i-Gedicht" knüpft an die Tradition der Merkverse an, die in der schulischen Tradition bereits sehr alt ist. In diesem Fall hilft es beim Lernen von aus der Lautung oder der grammatischen Struktur nicht erschließbaren Sonderschreibungen. Beim Fortsetzen oder Entwerfen ähnlicher Gedichte sollte nicht zu streng auf formale Perfektion geachtet werden, da so die Arbeit an selbst erstellten Lernhilfen unnötig gebremst würde.

10a–b Die Fortsetzung eines Merkversgedichts leistet bereits bei der Erstellung wertvolle Wortschatzarbeit. In Gruppenarbeit (einer der seltenen Fälle, in denen das Formulieren in der Gruppe produktiv sinnvoll ist) werden Fortsetzungen erstellt, die später in einem Wettkampf gegen die von anderen Gruppen erreichten Ergebnisse antreten müssen. Zum späteren Memorieren der Verse siehe den M-Kasten auf derselben Seite.

11 Alle Sonderschreibungen der deutschen Rechtschreibung eignen sich für Merkverse der beschriebenen Art. Neben den eu-Schreibungen bieten sich auch solche an, die lautlich eindrucksvoll sind, wie zum Beispiel zz oder ph. Je auffälliger der Klang ist, desto leichter fällt das Lernen und desto bereitwilliger wird in der Klasse vorgetragen.

Übersicht zur Teilsequenz I.3 (Seite 144 – 147)

I. Der Herbst
3. Gedichte folgen meinem Schritt – Der Takt im Gedicht

Texte/Bilder	Sprechen	Schreiben	Lesen/Texte/Medien	Sprachbewusstsein entwickeln	Methoden
1. Karlhans Frank: Im September sieht der Clown	• Einen zum Text passenden Vortrag gestalten • Passende Reimwörter ergänzen		• Die Stimmung eines Gedichts besprechen		• Eine Gedichtsammlung anlegen
2. Den Takt des eigenen Namens finden	• Betonungen durch bewusstes Sprechen hörbar machen			• Betonungen im eigenen Namen entdecken • Unterschiede in der Betonung von Namen verschiedener Sprachen untersuchen	

3. Dieter Brembs: Das Drachenabeceh		• Ein Gedicht fortsetzen	• Die Stimmungen zweier Gedichte vergleichen • Eine Beschreibung regelmäßigen Betonungswechsels formulieren		
4. Selma Meerbaum-Eisinger: Kastanien	• Betonungen in rhythmisches Laufen umsetzen		• Gedichte metrisch vergleichen • Ein Gedicht metrisch beschreiben		
5. Robert Gernhardt: Wenn die weißen Riesenhasen	• Reim und Metrum im Vortrag umsetzen	• Einen Lexikonartikel verfassen • Ein Parallelgedicht verfassen	• Eine Leerstelle ausfüllen (Definition eines Begriffes)		
Trainings-Doppelseite		• Eigene Gedichte verfassen			• Eine Gedichtsammlung anlegen

Lösungsvorschläge

Seite 144

Im Gedicht „Im September sieht der Clown" gelingt es, dass die gängige Thematik des Verlustes im Herbst in eine des gelassenen Verschenkens umgemünzt wird. Dabei bleibt der Text bis in die letzte Strophe hinein ambivalent. Der Wandel vom Verlust zum Hergeben, vom Erleiden zum aktiven Handeln vollzieht sich sichtbar in der Abfolge der verwendeten Verben. Formale Besonderheit des Gedichtes ist, dass der erste, in das Reimschema eingebundene Vers als Überschrift abgesetzt ist. Der didaktische Wert des Gedichts liegt zum einen in der besonderen Behandlung der Themen Herbst und Verlust. Vergleiche lohnen sich mit Siegfried August Mahlmanns „Herbstlied" (S. 142) ebenso wie mit Eichendorffs „Winternacht" (S. 151), die beide eigene Lösungen für die gleiche Grundsituation vorschlagen. Besonders geeignet ist „Im September sieht der Clown" weiterhin für eine Untersuchung der Stimmung, die nicht bei der Beschreibung eines Eindrucks verharrt, sondern in der Wortwahl nachweisbar an einer spezifisch herbstlichen Stimmung arbeitet.

1 Die Ergänzung der Reime mit vorgegebenen Reimwörtern verfolgt kein gestalterisches Ziel, sondern macht auf Anordnung und Zugehörigkeit von Reimen aufmerksam. Dies ist eine wesentliche Vorarbeit für die folgende Aufgabe.

2a–b In dieser Aufgabe wird den Schülerinnen und Schülern eine Deutung des Textes abverlangt, die sich nicht in der Zuweisung einer immer gleichen Stimmung erschöpft. Es ist gerade in diesem Fall sinnvoll, die Entscheidung begründen zu lassen, da der Text zahlreiche Indizien auf der Ebene der Wortwahl bereithält, die eine begründete Entscheidung ermöglichen. Ein Gespräch in der Klasse wird wahrscheinlich darauf hinauslaufen, dass es traurige (besonders die erste Strophe), aber auch eindeutig positive (vor allem die letzte Strophe) Passagen in dem Gedicht gibt. Ausschlaggebend wird das positive Ende sein.
Die Deutungsentscheidung schlägt sich sinnvoll in der Gestaltung eines Vortrags mit Konsequenzen für Betonung und Dynamik nieder. Besonders der Umschwung in der letzten Strophe ist direkter Ausdruck des Textverständnisses.

Seite 145

Der Wechsel von betonten und unbetonten Silben beim Sprechen ist im Grunde etwas unbewusst Beherrschtes. Unsicherheiten entstehen erst dann, wenn Lernende beginnen, darüber nachzudenken. So ist es für eine Bewusstmachung wichtig, mit besonders vertrautem Wortmaterial zu beginnen, zum Beispiel dem eigenen Namen. Ähnlich gut abrufbar ist auch die Betonung häufig verwendeter Namen, also der der Klassenkameraden.

3a–b Das sich selbst zuhörende Sprechen des eigenen Namens ist zunächst ein hochkonzentrierter Akt. In der Folge aber, wenn es auch um andere Namen geht, bieten sich bewegtere Übungen an, zum Beispiel das Vorstellungsspiel. Dabei gehen die Schülerinnen und Schüler durch das Klassenzimmer und stellen sich einander gegenseitig bei jedem Zusammentreffen mit dem eigenen Namen vor. Das Sprechen des eigenen Namens wird mit betonendem Klatschen begleitet. In einer zweiten Runde spricht jeder seinen Partner mit dessen Namen an, wobei der bei Bedarf korrigiert.

4–5 Diese Aufgabe ist geeignet, die bisher erzielten Erkenntnisse zu sammeln und zu ordnen. In einem weiteren Schritt werden neue, mehrsilbige Namen dazugenommen, die die verschiedenen Metren vorbereiten helfen.

6 Die Betonung von Eigennamen hängt wesentlich von der Herkunftssprache ab. Endsilbenbetonung verweist mit einem hohen Maß an Wahrscheinlichkeit auf das Französische als Quellsprache, die Untersuchung lässt sich aber beliebig auf andere Sprachen ausdehnen. Je nach Zusammensetzung der Klasse ist es sinnvoll, Namen aus einer Sprache zu sammeln und gemeinsam auf ihre Betonung zu untersuchen. In jedem Fall ist es ein wesentliches Ergebnis, dass die Unterscheidung von betonten und unbetonten Silben beschreibungsfähigen Regelmäßigkeiten folgt.
Die Untersuchung kann durch mehrsilbige Namen und ihre Merkmale erweitert werden: Claríssa, Sabrína, Bénjamin, Andréas usw. Nach Gesetzen, die die Betonung aller Namen erklären, sollte nicht gesucht werden. Die Sprachen, aus denen die heute geläufigen Vornamen kommen, sind zu zahlreich und verschieden.

Viertes Kapitel: Durch das Jahr mit Gedichten

Texterläuterungen:
„Das Drachenabeceh" von Dieter Brembs arbeitet spielfreudig mit erfundenen Namen, denen es gelingt, trotz ihrer eigentlichen Inhaltsleere sprechend zu wirken. Man kann Wesen wie „Gnoloton" oder „Hydraulolux" durchaus auch aufgrund ihres Namens beschreiben lassen. Das Metrum folgt einem regelmäßigen Trochäus, der es möglich macht, Betonungen der unbekannten Namen zu erschließen. Hier liegt auch der vorrangige didaktische Wert des Gedichtes an dieser Stelle.

7a–b Die beim Untersuchen der eigenen Namen erzielten Ergebnisse, besonders aber die entwickelte Sensibilität für Betonungen allgemein, helfen bei der Aufgabe, ganz und gar unbekannten Namen Betonungen bindend zuzuweisen. Dabei hilft, dass automatisch von regelmäßiger Betonung eines lyrischen Textes ausgegangen wird. In die Richtung der Regelmäßigkeit werden auch zu erwartende Erklärungen für die Bestimmbarkeit der Betonungen gehen.

8 Eine wie immer geartete Fortsetzung des Gedichtes wird zwei Gesetzmäßigkeiten folgen müssen. Zum einen muss der gleichmäßige Trochäus weiter durchgehalten werden, zum anderen müssen die weiterhin erfundenen Namen dem Alphabet folgen. Die Fortsetzung des Originals lautet:

Muckschluck.
Nasch
und Oxoho
hatten einen grünen Po.
Plumulum
Qüliwam
plantschten
sonntags
gern im Schlamm.
Rätscheltätschel
und Schulu
schauten dabei
lieber zu.
Töckmöck,
Umpf und Valotrom,
Wammelwusch
und Xacholon
gaben von sich
manchen Ton.
Ysoprül
und Zammelzot
stellten sich auch
gerne tot.

(Dieter Brembs: Das Drachenabeceh, aus: Hans-Joachim Gelberg (Hrsg.): Überall und neben dir. Gedichte für Kinder, Beltz & Gelberg in der Verlagsgruppe Beltz, Weinheim und Basel 1986)

Seite 146

Texterläuterungen:
Selma Meerbaum-Eisinger, geboren in der Bukowina und entfernt verwandt mit Paul Celan, hat wahrscheinlich 57 Gedichte verfasst, bevor sie 1942 im Alter von 18 Jahren in einem Arbeitslager starb. „Kastanien" ist eine Thematisierung des Herbstes aus dem Jahre 1939, der es gelingt, bei der Stimmung eines Herbsttages zu bleiben, ohne die Überhöhung in allgemeinere Assoziationen wie Abschied, Tod oder Alter vorzunehmen. Die leise Schwermut des Abschieds bleibt, wenngleich spürbar, im Hintergrund. Thematisiert wird zumindest, wenn auch nicht an prominenter Stelle, der Abschied vom Sommer. Zu einem besonderen Gedicht wird „Kastanien" durch die nicht explizit gemachte, aber in den Details wie in der Ausdrucksweise manifeste dichte Stimmung. In der spürbaren Weichheit des Textes liegt auch die direkteste didaktische Nutzbarkeit des Gedichtes. Eine systematische Untersuchung der verwendeten Wörter kann in plausibler Weise Stimmungen erklären helfen. Dies ist bereits für die auf den Seiten 148/149 folgende Gedichtwerkstatt von großer Bedeutung.

1 Am Beginn dieser Aufgabe sollten zunächst die Stimmungen der einzelnen Gedichte beschrieben werden. Beim sich anschließenden Vergleich der zwei in der Stimmung so unterschiedlichen Gedichte „Kastanien" und „Herbstwind" ist es von Bedeutung, über den globalen Eindruck hinauszukommen und anhand von Untersuchungen einzelner Passagen und Ausdrücke zu klären, wie es den Gedichten gelingt, mit erkennbaren Ähnlichkeiten in Situation und Inventar so fundamental unterschiedliche Stimmungen zu erzeugen. Besondere Aufmerksamkeit sollte den Adjektiven und ihrer Verwendung gelten.

2–4 Die Teilaufgaben 2–4 nähern sich, beschreibend, vergleichend und in der Bewegung erprobend, der metrischen Beschreibung lyrischer Texte. Fachbegriffe im eigentlichen Sinn sind dazu noch nicht erforderlich, im Zentrum der Untersuchung sollen die sprachlichen Phänomene stehen. Das Erlaufen von Betonungen sollte nicht nur an Versen des gerade untersuchten Gedichtes erprobt werden, sondern die Schülerinnen und Schüler durch Auswahl verschiedenster Textbeispiele in unterschiedlichste Betonungssituationen bringen. Sinnvolle Alternative zum Erlaufen sind Erklatschen und Erklopfen.

5 Diese Teilaufgabe fasst das bisher Erarbeitete zusammen und erfordert die Zuführung der im unter dem Gedicht stehenden L-Kasten erklärten Fachbegriffe. Diese kommen erst jetzt ins Spiel, da die Phänomene vertraut geworden sind und bieten lediglich Zuwachs an Möglichkeiten der Benennung.

Eine mögliche Lösung ist:
Das Gedicht „Kastanien" von Selma Meerbau-Eisinger besteht aus drei Strophen. Die erste umfasst fünf, die zweite sieben, die dritte sechs Verse. Der erste Vers der ersten Strophe steht im vierhebigen Trochäus mit weiblicher Endung.

Es ist freilich sehr sinnvoll, die neu erworbenen Begriffe nun in metrischen Beschreibungen bereits bekannter Gedichte zu trainieren.

Seite 147

Texterläuterungen:
Gernhardts Gedicht „Wenn die weißen Riesenhasen" spielt in auffälliger Weise mit Homonymen. Darüber hinaus schafft es mit der Erfindung rätselhafter Tierarten und ihres Verhaltens eine Traumwelt, die, auch durch die Festschreibung des Datums, an dem es diese Welt gibt, deutlich außerhalb der Alltagsrealität liegt. Dabei werden nicht, wie zum Beispiel im „Drachenabeceh" (S. 145), völlig neue Wörter erzeugt, das Märchenhafte entsteht aus der ungewöhnlichen Kombination von Alltagsbegriffen. Hier liegt auch die Parallelität zu der lautlichen Besonderheit des Gedichtes. So wie in der Kombination vertrauter Wörter neue Wesen entstehen, entfalten lautlich gleiche Wörter in ihrer Schreibung und in ihrer Position im Satz unterschiedliche Gehalte.
„Wenn die weißen Riesenhasen" ist einerseits in seinem Bauprinzip gut zu verstehen und zu beschreiben. Das erleichtert eine formale Beschreibung, die Reim und Metrum gleichermaßen berücksichtigt. Darüber hinaus ist mit dem sehr ein leuchtenden Bauprinzip eine motivierende Grundidee gegeben.

Beides zusammen legt das Verfassen von Parallelgedichten nahe.

1 Die Beschreibung eines im Gedicht – und nur da – existierenden Wesens ist keineswegs nur Anlass zu freiem Erfinden. Die Angaben zu den Felsenquallen, die der Text hergibt, sind ernstzunehmende Informationen, die berücksichtigt werden wollen. Somit bereitet diese Teilaufgabe auf bescheidener Stufe die gestaltende Interpretation vor, indem sie die Bedeutung einzelner Textinformationen herausstellt.

Beispiel: „Die Felsenqualle ist ein recht fettes Tier, das in Gruppen an felsigen Küsten lebt. Sie ist sehr leicht zu fangen, da sie Spaß daran hat, in Fallen zu geraten."

2 Diese Aufgabe fordert erstmals dazu auf, die komplette formale Beschreibung eines lyrischen Textes anzufertigen. Die Ausführung in Partnerarbeit ist beim Erreichen der Vollständigkeit hilfreich. Es ist sinnvoll, den Begriff der formalen Beschreibung erst dann einzuführen, wenn, nach Lösung dieser Teilaufgabe, das Phänomen bereits bewältigt ist.

Beispiel: „Wenn die weißen Riesenhasen" von Robert Gernhardt umfasst zwei Strophen, von denen die erste zehn, die zweite nur zwei Verse aufweist. Das Gedicht ist durchgehend im Paarreim und im vierhebigen Trochäus abgefasst. Bis auf die letzten vier Verse des Gedichtes stehen überall weibliche Endungen.

3 Zu diesem Zeitpunkt berücksichtigt eine „angemessene Vortragsweise" nicht mehr nur den Inhalt und eventuell lautliche Besonderheiten, sondern auch Reim und Metrum eines Gedichtes. Eine mögliche Gefahr liegt in der naheliegenden Überbetonung der metrischen Gestalt, eine positive Möglichkeit in der Nutzung der neuen Kenntnisse für den gestaltenden Vortrag. Im vorliegenden Fall ist sowohl eine das Geheimnisvolle, aber auch eine das Lustige des Gedichtes betonende Vortragsweise denkbar.

4a–b Das Verfassen eines Parallelgedichtes ist unter anderem ein Verfahren der Textaneignung. Das Parallelgedicht verlangt nämlich, dass man sich auf Bauprinzipien und inhaltliche Strukturen des Ausgangstextes einlässt und diese adaptiert.

Beispiel:
Gestern, nach geraumem Suchen,
Wollt' ich eine Buche buchen.
Mit den mitgeführten Zeichen
Wollt' ich eine Eiche eichen.
Keine Ruhe konnt' ich finden,
Außer unter linden Linden.

Der anschließende Gedichtvergleich überprüft einerseits das Gelingen des Parallelschreibens, andererseits werden die gelernten Fachbegriffe und das Erkennen von Strukturen trainiert.

Seiten 148/149 – Trainings-Doppelseite

Die Gedichtwerkstatt 2 bietet verschiedene Wege zum eigenen Gedicht an. Dabei eignen sich die Aktivitäten des ersten Blockes gut als gemeinsame Einstimmung in das gewählte Thema und zur Aktivierung des Wortschatzes. Sobald es allerdings ans Formulieren geht, ist die Einzelarbeit unabdingbar.
Die gesamte Gedichtwerkstatt eignet sich für ein mehrstündiges Projekt, aber auch für einen Vormittags- oder Nachmittagsblock. In diesem Fall ist die zusätzliche Ausstattung mit Bewegungsspielen und Reim- und Metrumübungen sinnvoll. Auch eine Organisation der Schreibwerkstatt als Freiarbeitsprozess ist denkbar. Die empfohlene Textsammlung sollte zeitlich getrennt vom Schreibprozess gestaltet werden, um Zeit zum sorgfältigen Überarbeiten der Texte zu lassen.

„Das Lied im Käfig", ein authentisches Schülerbeispiel aus der Klasse 5, gibt eine Vorstellung davon, wie beiläufig Reim und Metrum nach progressiver Einführung als Gestaltungselemente genutzt werden können. Die fehlende Hebung des letzten Verses ist dabei durchaus kein Fehler, sondern Teil des im Gedicht angesprochenen Verstummens. Tatsächlich ist mit ungewöhnlichen und erstaunlichen Ergebnissen zu rechnen.

Übersicht zur Teilsequenz II.1 (Seite 150 – 151)

II. Der Winter
1. Schnee und Eis – Gedichte vergleichen

Texte/Bilder	Sprechen	Schreiben	Lesen/Texte/Medien	Sprachbewusstsein entwickeln	Methoden
1. Christian Morgenstern: Der Seufzer	• Umsetzung eines Gedichtes in ein Bild				
2. Joseph von Eichendorff: Winternacht		• Ein Gedicht zu einer gewählten Stimmung schreiben	• Die Sprechhaltungen zweier Gedichte miteinander vergleichen • Zwei Gedichte formal und inhaltlich miteinander vergleichen		
3. Christian Morgenstern: Erster Schnee	• Eine Leerstelle im Vortrag umsetzen		• Eine Leerstelle deuten • Das lyrische Ich verschiedener Gedichte charakterisieren • Die Haltung eines lyrischen Ichs entwerfen		

Lösungsvorschläge

Seite 150

Bilderläuterungen:
Das Gemälde „Winterlandschaft mit Staffage" markiert den Beginn einer neuen Teilsequenz. Es eignet sich zur Einstimmung auf die neue Jahreszeit. Methodisch bietet sich, besonders wegen der detailreichen Gestaltung, der gelenkte Spaziergang durchs Bild als Variante der Traumreise mit geöffneten Augen an.

Texterläuterungen:
„Der Seufzer" von Christian Morgenstern stammt aus der Sammlung der *Galgenlieder* von 1905. Bekannt wurde es allerdings, wie die anderen Galgenlieder auch, zunächst über den Vortrag auf der Bühne. „Der Seufzer" bezieht seine Faszination aus der Tatsache, dass er etwas Unsichtbares sichtbar macht, vor allem aber ein Detail menschlichen Ausdrucks selbst zur handelnden Person werden lässt. Diese ausgestaltete Personifizierung gelingt so sehr, dass es möglich ist, sich den Seufzer als konkrete Gestalt vorzustellen. In den beiden Besonderheiten, in der Konkretisierung eines Geräusches, aber auch in der Konzeption für den mündlichen Vortrag, liegt Potenzial für den Unterricht. Die Schülerinnen und Schüler können die behauptete Absurdität zu einer stimmigen Situation weitergestalten und im Vortrag darstellen.

1 Wieder ist die Gestaltung eines Bildes nicht Selbstzweck sondern Mittel zur Aneignung des Textes, indem sie zur Konkretisierung auch von Details zwingt. Es muss übrigens keineswegs eine Deutung des Seufzers erzeugt werden, die die groteske Situation erklärt oder aufhebt. Häufig hat der gemalte Seufzer menschliche Gestalt, bisweilen aber sind nur zarte Schleier zu sehen.
Die Existenz des eislaufenden Seufzers wird in der Regel fraglos akzeptiert. Das bei der Konkretisierung erzeugte Textverständnis ist Grundlage und Prüfstein des sich sinnvoll anschließenden Vortrags.

Seite 151

Texterläuterungen:
Joseph von Eichendorffs „Winternacht" gibt ein auch in einer fünften Klasse gut fassbares Beispiel für die Korrespondenz zwischen Innen- und Außenwelt in einem lyrischen Text. An der Abbildung des lyrischen Ichs und seiner Einsamkeit in dem winterlichen Baum lässt sich auch der große didaktische Gewinn erzielen, den dieses Gedicht birgt. Die Schülerinnen und Schüler können unmittelbar die Bedeutung des lyrischen Ichs verstehen und es von der Person des Autors unterscheiden. Sie können die Nähe zwischen innerer und äußerer Stimmung nachfühlen und beschreiben lernen. Sogar das Nutzen einer derartigen Korrespondenz für das eigene Schreiben kann sinnvoll angestrebt werden.

2 In dem hier geforderten Gespräch über das Gedicht wird bereits ein hohes Maß an kognitiver Äußerungsfähigkeit über Lyrik verlangt. Die Überforderung der Schülerinnen und Schüler wird aber vermieden, indem der Zugang zur zentralen Aussage gefühlsmäßig vorbereitet werden kann. Zu erwarten sind Beiträge zur traurigen Stimmung des ersten und frohen Stimmung des zweiten Gedichtes, aber auch spontane Aussagen zur Parallele zwischen Baum und lyrischem Ich in „Winternacht" wurden schon erlebt. Eine weitere Hilfe für die Bewältigung der Aufgabe bietet sich in der Vorentlastung durch einen Bildimpuls an. Besonders nahe stehen der „Winternacht" einige Gemälde von Caspar David Friedrich, die einsame Bäume und Menschen in Herbst und Winter thematisieren. Ein stummer Einstieg mit Bildfolie empfiehlt sich sehr.

3 Nach der Erforschung der zentralen Stimmung und der besonderen Konzeption des Gedichtes bietet es sich an, in einer vergleichenden Untersuchung mehrerer Texte auch Details zu berücksichtigen. Diese Aufgabe bietet sich auch zur Bearbeitung in kleineren Gruppen an. Beschreibungen von Form und Stimmung können auch so abgefasst sein, dass das dazugehörige Gedicht in einem Wettspiel erraten werden muss. Es empfiehlt sich, hierbei erst die formale und dann die Stimmungsbeschreibung präsentieren zu lassen, um für Progression in der Schwierigkeit zu sorgen. Neben der inhaltlichen Arbeit steht hier auch das mündliche Präsentieren von Arbeitsergebnissen als Unterrichtsziel.

4 Die Umsetzung des bei der Analyse Gelernten in eigenes Schreiben ist eine hohe Form der Aneignung, bietet aber auch die Möglichkeit, für das eigene Dichten neue Ausdrucksformen zu gewinnen. Die Begutachtung durch Lehrerin oder Lehrer bedarf besonderer Sorgfalt, da einerseits das Gelernte umgesetzt werden soll, andererseits aber die Freiheit des Gestaltens gewahrt bleiben soll.

Texterläuterungen:
„Erster Schnee" hebt sich spürbar von den „Galgenliedern" ab. Nicht das Absurde oder die produktiv umgekehrte Sicht der Welt stehen im Vordergrund, sondern die sehr zarte Zugewandtheit einem Du gegenüber. Zur besonderen Zartheit des Gedichtes trägt bei, dass Gefühle und Stimmungen nicht thematisiert werden, die Beziehung des lyrischen Ichs zur „zierlichsten Gestalt" lässt sich vor allem durch das Epitheton „zierlichste" und durch die Existenz der Leerzeile erschließen, durch beide Phänomene aber mit großer Sicherheit.
In der Eigenart des Gedichtes, Ungesagtes unüberhörbar zu machen, liegt auch großer didaktischer Nutzen. Die Schülerinnen und Schüler können zu den erlernten Fähigkeiten der Textanalyse diejenige neu kennen lernen, im Wortsinn zwischen Zeilen zu lesen. Das Ausfüllen von Leerstellen, das hier im ersten Ansatz geübt wird, wird ja im weiteren Verlauf des Deutschunterrichts bis zum Abitur immer wichtiger werden.

5 Genau auf die Deutung der Leerzeile zielt auch diese Aufgabe. Die Deutung, dass die Leerzeile als Sprech- oder Denkpause den Akt des Erinnerns beinhaltet, ergibt sich aus dem Lesen und Sprechen, beeinflusst aber auch die Vortragsgestaltung.

6a–b Diese Aufgabe knüpft an Aufgabe Nr. 3 an, erweitert sie aber um den konkreten Auftrag, die jeweilige Hauptperson des Gedichtes genauer zu untersuchen. In allen Fällen ist eine enge Beziehung zwischen lyrischem Ich und seiner Umgebung mit Auswirkung auf die jeweilige Stimmung zu beobachten, in „Winternacht", zum Beispiel, wird die Verbindung zwischen Baum und lyrischem Ich häufig ungefragt von Schülern hergestellt. Es ist von großer Bedeutung, dass bei der gemeinsamen Bearbeitung nicht nur Eindrücke ausgetauscht werden, sondern auch Gründe für die Richtigkeit eigener Eindrücke gesucht werden. Bereits in der fünften Klasse sollte dem Eindruck von Beliebigkeit bei der Deutung lyrischer Texte entschieden widersprochen werden. Die zweite Teilaufgabe fordert zur gemeinsamen Konzeption eines Paralleltextes auf, die in Einzelarbeit konkretisiert werden kann. Die Konsequenzen aus dem Jahreszeitenwechsel sollten aber bereits im Gespräch deutlich werden.

Übersicht zur Teilsequenz II.2 (Seite 152 – 153)

II. Der Winter
2. Mitten im kalten Winter – Adventsbräuche entdecken

Texte/Bilder	Sprechen	Schreiben	Lesen/Texte/Medien	Sprachbewusstsein entwickeln	Methoden
1. Die heilige Barbara			• Informationen über eine Legende finden • Adventsbräuche sammeln • Informationen zu Heiligen sammeln		• Schriftliche und mündliche Informationsquellen erschließen
2. James Krüss: Am Tage von Sankt Barbara			• Ein Gedicht mit einer Legende vergleichen		
3. Nikolaus und der Sturm (nach der legenda aurea)	• Gesammelte Informationen in einem Gedicht umsetzen		• Informationen zu einer historischen Person sammeln		• Eine Sammlung von Bildern und Texten zusammenstellen
4. Elisabeth Borchers: Dezember	• Verschiedene Vortragsweisen ausprobieren • Die geeignete Vortragsweise herausfinden	• Ein Adventsgedicht schreiben	• Andeutungen in einem Gedicht vereindeutigen		
5. Christine Busta: Der Stern	• Ein erzählendes Gedicht nacherzählen		• Texte herausfinden, auf die ein Gedicht sich bezieht		
6. Aus dem Lukas-Evangelium: Die Weihnachtsgeschichte			• Weihnachtsbräuche mit einem Bibeltext vergleichen		

Lösungsvorschläge

Seite 152

Texterläuterungen:

Die Legende von der heiligen Barbara findet sich, neben vielen anderen, in der wohl bekanntesten mittelalterlichen Sammlung, der *legenda aurea*. Diese sammelt, um das Jahr 1200, einige hundert der bekanntesten Heiligenlegenden. Einige der heute noch im Bewusstsein der Öffentlichkeit verbliebenen Heiligenfeste sind in der Regel an besondere Gewohnheiten gebunden, wie zum Beispiel in Deutschland das Fest des St. Martin oder das des St. Nikolaus. In Schweden ist der 13. Dezember, das Fest der heiligen Lucia, ein besonders beliebtes Fest. Der Text zur heiligen Barbara verfolgt an dieser Stelle der Unterrichtseinheit mehrere Ziele. Zum einen wird eine neue Textsorte eingeführt, die besonders in ihrer Verwandtschaft zur Fabel oder der Herkunftssage das Sprechen über Gattungen fortführt. Die Suche nach weiteren Legenden schult darüber hinaus Recherchefähigkeiten, vor allem aber ist die Beschäftigung mit Legenden verbunden mit dem Kennenlernen von teils vergessenen Aspekten der eigenen Kultur (beziehungsweise der, in der man lebt).

1a–c Die Arbeitsanregungen fordern schrittweise zur Informationssuche zum Thema Heilige und Legenden auf. Dabei soll, wenn möglich, auch die Verbindung zum eigenen Namen erforscht werden. Als erste Informationsquellen sind Legendensammlungen und Namenwörterbücher, aber auch Enzyklopädien geeignet. Über Bräuche erfährt man in der Regel einiges von älteren Menschen aus dem persönlichen Umfeld. Die gesamte Anregung eignet sich gut zur Bearbeitung im Rahmen eines Projektes, auch in fächerverbindendem Unterricht mit dem Fach Religion. Die Präsentation von Ergebnissen einzelner Sucharbeit eignet sich darüber hinaus als selbstständige Schülerleistung.

2 Das Gedicht von James Krüss lässt die ursprüngliche Heiligenlegende auffallend unberührt. Stattdessen liegt das Gewicht vollkommen auf dem Brauch, Kirschbaumzweige termingerecht an Weihnachten zum Blühen zu bringen. Bei einem Vergleich zweier Texte verschiedener Gattungen ist der inhaltliche Vergleich der sinnvollste, aber gerade dort, wo Sach- und literarischer Text nebeneinander stehen, nicht einfach. Die Arbeitsanregung kann sinnvoll erfüllt werden, indem Textinformationen gesammelt und in einer Tabelle einander zugeordnet werden. Es werden hier Fähigkeiten geübt, deren mangelhafte Beherrschung im Zuge der Pisa-Studie besonders auffiel.

Tabelle:

Legende	Krüss-Gedicht
Geschichte der Barbara	Weihnachtsschmuck
Vergangenheit	Rezept, Anleitung

Seite 153

Texterläuterungen:

Im Falle des heiligen Nikolaus sind Geschichte, Legende und volkstümliche Erzählungen besonders dicht miteinander verwoben. Bereits im Mittelalter finden sich zahlreiche Geschichten, die wundertätiges Handeln des Heiligen wiedergeben, aber auch bildliche Darstellungen verweisen auf diese Überlieferungen. Gleichzeitig verbinden viele Kinder mit dem Namen Nikolaus ein konkretes Datum und einen konkreten Brauch.

3–5 Die erlernten Recherchetechniken werden im Verlauf der Arbeitsanregungen angewendet, aber auch erweitert, indem das eigene persönliche Umfeld zur Informationsquelle wird, wie auch die zu Aufgabe 1a–c genannten Quellen. Erfolgsversprechend ist in diesem Fall auch die Suche nach bildlichen Darstellungen in Kirchen der Umgebung. Die abschließende Sammlung der Arbeitsergebnisse ist besonders wichtig, um die Bemühungen der Schülerinnen und Schüler am Ende der Beschäftigung nicht zu entwerten.

6 Den umgekehrten Weg zur Informationsisolierung aus Texten geht diese Aufgabe, indem vor dem Hintergrund bekannter Informationen ein lyrischer Text gestaltet werden soll. Bei der Präsentation von Ergebnissen kann in diesem Fall auch die Sachrichtigkeit eines poetischen Textes eine Rolle spielen.
Beispiel:
Der heilige Nikolaus im Sturm
Einst fuhr der heilige Nikolaus
In einem Schiff aufs Meer hinaus.
Der Teufel aber folgte leise
Dem Heiligen auf seiner Reise,
Und als, dieweil die Donner rollten,
Matrosen Segel bergen wollten,
Verhinderte der Teufel dies,
…

Am Ende wird der Teufel vom Heiligen aus dem Segel vertrieben.

Seite 154

Texterläuterungen:

„Dezember" von Elisabeth Borchers ist ein ausgesprochen suggestives Gedicht, indem es Stimmungen nicht benennt, sondern evoziert. Dazu gehört, dass es, als eminent adventliches Gedicht, den Advent nicht nennt und dass es die Bilderwelt eines Weihnachtsliedes („Es kommt ein Schiff geladen") ausführt, wiederum ohne expliziten Hinweis. Hier findet sich eine Parallelität zu Morgensterns Gedicht „Erster Schnee", in dem ebenfalls der Ausdruck von nicht Gesagtem zentrales Stilmerkmal ist. Der Charakter des Verweisens stärker als des Benennens äußert sich auch in der auffallenden Häufung der Partikel „da" und „es". So gelingt es, die adventliche Stimmung mit einem starken Eindruck von Vertrautheit zu verbinden. Diese Betonung einer sehr dichten Stimmung ist sehr hilfreich beim Finden der passendsten Vortragsweise und, in der Folge, beim Intensivieren der Höreindrücke.

1 Das Wortmaterial des Gedichtes ist im Grunde von großer Einfachheit. Dennoch lohnt es sich, das Textverständnis gezielt zu erfragen, da gerade der stark andeutende Stil Verständnisprobleme erzeugt und gleichzeitig verschleiert.

[5] Siehe hierzu auch Elisabeth Paefgen: „Textnahes Lesen". In: Jürgen Belgrad/Karlheinz Fingerhut (Hrsg.): Textnahes Lesen. Annäherungen an Literatur im Unterricht. Baltmannsweiler 1998, S. 14–23.

2–3 Auch das noch kaum besprochene Gedicht lässt kaum einen unpassenden Vortrag zu. Das Zwingende des stimmigen Sprechens wird aber erst wirklich greifbar, wenn bewusst Unpassendes ausprobiert wird. Es geht hierbei allerdings eher um die Wahl von Grundstimmungen, als um Variationen in der Gestaltung eines Textblattes.
Wenn die passgenaue Vortragsweise ermittelt ist, hilft der Einzelvortrag der konzentriert zuhörenden Klasse dabei, gezielt Eindrücke zu sammeln.

4a–b Wieder ist es Ziel einer Parallelgestaltung, sich eine Gestaltungstechnik anzueignen. Gleichzeitig aber wird durch das Aussparen vertrauter und abgenutzter Begrifflichkeit bereichernde Wortschatzarbeit geleistet. Über die Rückmeldung der Klasse ist in diesem Fall eine sehr valide Erfolgskontrolle möglich.

Texterläuterungen:

Christine Bustas Gedicht „Der Stern" ähnelt in mancher Hinsicht „Dezember" von Elisabeth Borchers. Auch „Der Stern" verweist auf andere Texte und Geschichten, zum Beispiel in der Nennung des Kolumbus und seiner Reisen, aber auch in der der Weisen aus dem Morgenland. Allerdings steht hier stärker eine Idee, die des Aufbruchs, im Vordergrund als eine Stimmung. Im Unterricht wird es nicht darum gehen können, diese Idee umfassend zu klären. Verse wie „durch die Wüste in die Armut reisen", stellen hohe Anforderungen an das Weltwissen der Rezipienten. Auf der Sachebene hingegen bietet das Gedicht befriedigende Deutungsmöglichkeiten für eine fünfte Klasse.

5 Die im Gedicht verborgenen Geschichten, vor allem die von der Entdeckung Amerikas und verschiedene Episoden der Weihnachtsgeschichte (die Hirtenpassage wie die der heiligen drei Könige) fordern einerseits zum Wiedererkennen auf, in der Folge aber auch zum mündlichen Nacherzählen. Es ist sicher sinnvoll, das zum Nacherzählen Gelernte (S. 104/105) an dieser Stelle zu reaktivieren.

6 Die hier gestellte Aufgabe ähnelt ersten Schritten hin zur gestaltenden Interpretation. Doch anders als in der Aufgabe zu Gernhardts Gedicht „Wenn die weißen Riesenhasen" (S. 147, Aufgabe 1a–b) soll hier eine ganze Geschichte entstehen. Möglich ist zum Beispiel die Beschreibung der Reise als Traumerlebnis. Auch ist bei der Gestaltung eine Vielzahl von Textinformationen zu berücksichtigen. Die Gewichtung zwischen Textnähe und Gestaltungsfreiheit sollte vorab entschieden und deutlich gemacht werden.

Texterläuterungen:

Der Bekanntheitsgrad der Weihnachtsgeschichte unter Schülerinnen und Schülern einer fünften Klasse ist nur schwer einzuschätzen. Der Text gehört, ob nun in Luthers Fassung oder einer sprachlich moderneren Form, zum Grundbestand deutschsprachiger Literatur. Das Bemühen um seine Vermittlung bedarf somit keiner zusätzlichen Legitimation. Didaktisch fruchtbar ist allerdings zusätzlich der Aspekt der inhaltlichen Entwicklung bis in die Moderne.
Nicht nur wie viel der ursprüngliche Text beinhaltet, kann Schülerinnen und Schüler erstaunen, sondern auch wie wenig er von dem enthält, was im allgemeinen Bewusstsein als selbstverständliche Zutat gespeichert ist.

1 Die kritische Suche im Text nach Bekanntem verfolgt hier das Ziel der sorgfältigen Textaneignung durch verzögertes und reflektiertes Lesen, wie es sich besonders bei tatsächlich oder scheinbar sehr vertrauten Texten empfiehlt.[5] Bei der Konkretisierung des eigenen Vorwissens ist es hilfreich, traditionelle Abbildungen als Bildimpuls hinzuzuziehen.

Übersicht zur Teilsequenz II.3 (Seite 155–157)

II. Der Winter
3. Weihnachten damals – Weihnachtsbräuche erlesen und erfragen

Texte/Bilder	Sprechen	Schreiben	Lesen/Texte/Medien	Sprachbewusstsein entwickeln	Methoden
1. Ernst Theodor Amadeus Hoffmann: Nussknacker und Mausekönig (Auszug)			• Leerstellen im Text ausfüllen • Die Lektüre mit eigenen Erfahrungen vergleichen • Weihnachtsbräuche aus verschiedenen Ländern miteinander vergleichen • Informationen zur Geschichte von Weihnachtsbräuchen sammeln		
2. Charles Dickens: Ein Weihnachtslied in Prosa (Auszug)			• Informationen aus dem Text erschließen • Zwei Erzähltexte inhaltlich miteinander vergleichen		

Lösungsvorschläge

Seite 155

Texterläuterungen:

Nussknacker und Mausekönig von Ernst Theodor Amadeus Hoffmann (erschienen 1816) ist einer der bekanntesten Texte in der deutschsprachigen Literatur, die Weihnachten thematisieren. In für Hoffmann typischer Weise steht dabei dicht neben dem Alltäglichen und fast Idyllischen stets das Unheimliche und Dämonische. Diese Zusammenstellung, die schon recht junge Lesende fesselt und in ihrer psychologischen Hintergründigkeit in der Oberstufe erschlossen werden kann, macht aus dem Kunstmärchen einen didaktischen Glücksfall. In einer fünften Klasse wird man nicht den ganzen Text behandeln können und wollen. Es kann aber von der Beschäftigung mit einem Auszug durchaus der Anreiz zur privaten Lektüre des Werkes ausgehen. Die auf Seite 155/156 abgedruckte Passage ist der durch Auslassungen geraffte Einstieg in das Märchen. Dargestellt findet sich ein für das gehobene Bürgertum im Deutschland des frühen 19. Jahrhunderts nicht untypischer Weihnachtsabend aus der Sicht der wartenden Kinder. Der Text vereint Bekanntes aus der eigenen Erfahrung mit historisch Fremdem und liefert so eine ausgesprochen günstige Ausgangssituation für eine sorgfältige Textaneignung.

Seite 156

1 Der Suchauftrag dient der Konzentration auf Textdetails zur Förderung des textnahen Lesens. Eine Ergänzung durch ähnliche Suchaufträge und weitere Textausschnitte ist denkbar und sinnvoll. So können Schülergruppen nach verschiedenen Informationen suchen und ihre Ergebnisse der Klasse vorstellen. Als weiterer Suchauftrag zur abgedruckten Passage bietet sich an, einen Grundriss der im Text erwähnten Räume zu zeichnen und zu erläutern. Ein weiterer geeigneter Textausschnitt ist die sich im Märchen unmittelbar anschließende Beschreibung der Bescherung.

2 Im Zentrum dieser Aufgabe steht einerseits die Versprachlichung eigener Erfahrungen, andererseits die Akzentuierung dessen, was im vorliegenden Text fremd ist. Als Methode bietet sich das möglichst offene Unterrichtsgespräch an.

3–5 Ähnlich wie zu den Heiligenlegenden und -bräuchen kann auch zu weihnachtlichem Brauchtum intensiv recherchiert werden. Wichtig ist auch hier wieder die zu erreichende Vielfalt der Informationsquellen. Die Ausgiebigkeit des Suchens und Zusammentragens hängt unter anderem davon ab, wie vertraut die Schülerinnen und Schüler inzwischen mit den benötigten Techniken sind. In die systematische Internetverwendung wird ja erst im Kapitel 5 eingeführt. Allerdings stehen auch andere Quellen zur Verwendung, wie zum Beispiel Kinder- und Jugendbücher. Schwedische Weihnachtsbräuche zum Beispiel sind in den Werken Astrid Lindgrens sehr gut aufgearbeitet.
Der Aufgabenblock eignet sich für Projektarbeit, ebenso für den fächerübergreifenden Unterricht mit den Fächern Religion und Geschichte.

6 Der Brauch, einen Weihnachtsbaum aufzustellen, ist urkundlich seit der Zeit um 1600 belegt. Die Information kann aus guten Enzyklopädien, aber auch aus Fachwörterbüchern, zum Beispiel dem *Handwörterbuch des deutschen Aberglaubens* bezogen werden.

Seite 157

Texterläuterungen:

Ein Weihnachtslied in Prosa (A Christmas Carol, erschienen 1843) von Charles Dickens ist eines der beliebtesten Werke eines

Viertes Kapitel: Durch das Jahr mit Gedichten

schon zu Lebzeiten sehr anerkannten Schriftstellers. Im Gegensatz zu vielen seiner sehr scharf soziale Kritik äußernden Romanen betont die Weihnachtserzählung die Wandlung eines Geizhalses zu einem mitfühlenden und großzügigen Menschen. Auffällig ist das Maß, in dem erfahrungsgemäß Unterstufenschüler auf das Werk ansprechen. Auszugsweises Vorlesen oder freies Nacherzählen lohnen sich sehr. Von *Oliver Twist* und *David Copperfield* existieren bearbeitete Fassungen, die die Eigenlektüre sprachlich erleichtern.
Die abgedruckte Textpassage schildert ein Weihnachtsfest bei den Cratchits, der Familie eines armen Schreibers. Die Beschreibung erzeugt ein idyllisches, nicht aber unrealistisches Bild der Familiensituation. So ist es möglich, direkte Vergleiche zu der bei Hoffmann geschilderten Situation zu ziehen.

| **1** | Aus dem Text heraus können fünf Kinder Bob Cratchits ermittelt werden. Tiny Tim, ein weiteres Kind, wird in dieser Passage nicht erwähnt. |

| **2** | Ein aussagekräftiger Vergleich zwischen beiden Textpassagen setzt voraus, dass geeignete Suchaufträge gegeben werden. Beide Texte geben Rückschlüsse auf die Wohnsituation der Familien (Leben in einem Raum versus Leben mit „Prunkzimmer"), die bereits ermittelte Familiengröße oder Unterschiede in der Kleidung (die Puppe Maries ist reicher ausgestattet als Mrs. Cratchit). Gemeinsamkeiten und Unterschiede ergeben sich in Stimmung und Erwartungsfreude der beteiligten Kinder. Der gemeinsam angestellte Vergleich kann sich sinnvoll in einer Tabelle niederschlagen. |

Übersicht zur Teilsequenz III.1 (Seite 158 – 160)

III. Der Frühling
1. Ein neues Jahr – In Gedichten Geschichten entdecken

Texte/Bilder	Sprechen	Schreiben	Lesen/Texte/Medien	Sprachbewusstsein entwickeln	Methoden
1. Eduard Mörike: Er ist's	• Einen Gedichtvortrag gestalten • Gedichtvortrag im Chor nach dem Textblatt üben	• Ein Textblatt anlegen	• Eine Metapher klären		
2. Elisabeth Borchers: März					
3. Christian Morgenstern: Das ästhetische Wiesel		• Eine Fantasiegeschichte zu einem Gedicht schreiben	• Eine formale Eigenheit des Gedichtes inhaltlich begründen		
4. Dirk Browne: Hägar		• Schreiben eines Gedichtes nach vorgegebenem Inhalt	• Über das Schreiben von Gedichten nachdenken		

Lösungsvorschläge

Seite 158

Bilderläuterungen:
Im Gegensatz zu den bisherigen Auftaktbildern liegt in „An der Seine bei Argenteuil" der Akzent nicht auf erkennbaren Details, sondern auf der Wirkung von Licht und Farben. Zwar sind einzelne Personen zu erkennen, ebenso weiter entfernte Boote und Gebäude, häufig aber erfordert eine Beschreibung von Einzelheiten schon eine recht weit gehende Deutung. Hier liegt auch eine Möglichkeit für die Behandlung des Bildes im Unterricht. Die Fragen, ob weiter hinten auf oder an der Wasserfläche ein Feuer ausgebrochen ist, oder wie viele Personen auf dem Uferweg zu erkennen sind, erfordern, dass eigene Sichtweisen entschieden und verteidigt werden. Diese sind, gerade bei dem vorliegenden Gemälde, keineswegs beliebig, ebenso wenig aber eindeutig. Methodisch bietet sich das offene Gespräch an. Die Zusammenführung zum Deutungskonsens kann dagegen schädlich sein. Der Hauptertrag des Gespräches liegt in der Entwicklung und Versprachlichung eigener Sichtweisen.

Texterläuterungen:
Eduard Mörikes Gedicht „Er ist's" behandelt eher die Vorahnung auf den Frühling als den Frühling selbst. So werden auch eher Vorzeichen als Eigenschaften des Neubeginns thematisiert. Mit der Handlung der Antizipation und Erwartung korrespondiert auch die formale Gestalt des Gedichtes. Das schrittweise Aufgeben der regelmäßigen Gestalt im Verlauf des Gedichtes läuft parallel zum Wechsel vom scheinbar präsenten zum erhofften Frühling am Ende des Gedichtes. Dass dabei der positive Grundton nicht aufgegeben wird, ist eine der Leistungen dieses Werkes.
Didaktisch sehr ertragreich ist, dass sich zu „Er ist's" bei Schülerinnen und Schülern spontan ein emotionales und intellektuelles Verständnis einstellt, Einzelheiten aber sehr wohl der sorgfältigen Klärung bedürfen. Darüber hinaus stellt die Unregelmäßigkeit der Form eine hohe Herausforderung an den Vortrag, insbesondere den Chorvortrag.

| **1a–b** | Zur Feinklärung dieses Gedichtes muss nachgefragt werden, da das spontane Verständnis des Textes kaum Spontanfragen weckt. Es ist dringend darauf zu achten, dass bei der Beschäftigung mit dem „blauen Band" oder dem „ahnungsvoll" in Vers 4, aber auch dem „Harfenton" eine tatsächliche Bereicherung des Verständnisses entsteht, und nicht der Eindruck des Zerredens, unter dem schulische Beschäftigung mit Lyrik ohnehin häufig leidet. Das „blaue Band" kann als das Blau des Frühlingshimmels, aber auch als Frühlingswind, wie bisweilen auf barocken Gemälden zu sehen, verstanden werden. |

2a–c Der Chorvortrag eines Gedichtes, besonders aber eines formal anspruchsvollen Gedichtes, verlangt sorgfältige Vorbereitung. Das vorgeschlagene Verfahren zielt auf das größtmögliche Maß an Schüleraktivität, indem jeder ein Textblatt entwirft und die gesamte Klasse – unter Einbeziehung des gebildeten Textverständnisses – sich für eine Vortragsart und damit für ein Verständnis entscheidet. Es ist sogar möglich, denjenigen, dessen Textblatt ausgewählt wurde, als Chorleiter vor die Klasse zu stellen und ihn mit sprachlichen und gestischen Signalen den Vortrag leiten zu lassen.

Seite 159

Texterläuterungen:

Auch „März" von Elisabeth Borchers beschreibt nicht eigentlich den Frühling. Hier ist, so scheint es, vom Tod eines Schneemannes die Rede. Erst im letzten Vers erfolgt die Umwandlung des Todes in eine Reise. Der Frühling bricht gleichsam nebenher aus, indem Grün wächst und Zugvögel von der Sonne hergetrieben werden. So ist „März" in erster Linie die Geschichte eines Schneemannes, die, aus der angenommenen Sichtweise heraus, ein ambivalentes Bild des Frühlings enthält.
Didaktisch interessant ist genau diese Geschichte, da das Gedicht so nachdrücklich den ungewohnten Blick auf den Frühling anbietet.

Texterläuterungen:

„Das ästhetische Wiesel" ist eines der bekanntesten Galgenlieder Morgensterns. Der Clou dieses Gedichtes liegt in der dichtestmöglichen Verbindung von Form und Inhalt. Was im Gedicht geschieht, wird vom Reim bestimmt. Das Wiesel ist in doppeltem Sinne ein ästhetisches, denn es erweist sich durch sein Verhalten als schönheitsliebend und durch seine klangliche Gestalt im Zusammenhang mit Kiesel und Geriesel als schön. Das Mondkalb kommentiert nicht nur, es versucht Ähnliches, ist aber nicht ästhetisch, und so wirkt der Reim in der letzten Strophe eben auch etwas gewaltsam.
Im Gegensatz zu „März" schildert „das ästhetische Wiesel" keine Begebenheit, sondern eine Situation. Dennoch liegt hier die Frage nach der hinter der Situation liegenden Geschichte sehr nahe. Die einzunehmende Perspektive ist weniger klar. Das Mondkalb erzählt ohnehin schon, aber auch das lyrische Ich ist als Betrachter und Erzähler sehr plausibel.

3 Beide Gedichte wecken Neugier auf das nicht Gesagte, eine Fortsetzung oder eine Vorgeschichte. „Das ästhetische Wiesel" sollte inhaltlich und formal geklärt werden, um nicht als schwieriger Text bei der Auswahl benachteiligt zu werden. Auch wird eine Fantasiegeschichte zum „Wiesel" offene Fragen des Textes beantworten müssen, „März" verlangt hingegen stärker eine erweiternde Ausgestaltung, die allerdings möglicherweise die Geschichte über das im Text Geschilderte hinaus fortsetzt. Wichtig ist die saubere Trennung zwischen gemeinsamer Textklärung und individuellem Gestalten.

4 Die erste und schnelle Antwort auf die Frage nach der Silbentrennung steht im Gedicht selbst: „um des Reimes Willen" wird das Wort getrennt. Näher betrachtet und mit den anderen Reimen des Gedichtes verglichen bietet sich eine gemeinsame kritische Sicht auf den Reim an. In dieser Aufgabe liegt die Chance zu gemeinsamem Spekulieren. „Warum macht das Mondkalb so etwas?", ist eine spielerische und ernsthafte Frage. Im Anschluss an das Gespräch lohnt sich eine Wiederaufnahme der Reimspiele aus der ersten Gedichtwerkstatt, um das Ästhetische auch selbst auszuprobieren.

Seite 160

Texterläuterungen:

Der Comic von Dirk Browne setzt das Wissen um das Zusammenspiel von Inhalt und Form beim Verfassen von Gedichten voraus. Gewissermaßen begnügt sich Hägar, der Wikingerhäuptling, mit dem Eindruck, den der Frühlingsausbruch bei ihm hinterlässt, den Ausdruck, also die sprachliche Gestaltung, überlässt er seinem Gehilfen Sven Glückspilz, der auch in anderen Episoden oft schwierige und unangenehme Aufträge bekommt, bisweilen sogar unmögliche zu erfüllende. Der didaktische Wert der Episode liegt in seiner Thematisierung poetischen Sprechens und seiner handwerklichen Probleme. Schülerinnen und Schüler, die in ihrer Beschäftigung mit lyrischen Texten und lyrischem Schreiben bis zu dieser Seite vorgedrungen sind, sind in der Lage, das Thema anhand ihrer bisherigen Erfahrungen zu besprechen.

5 Selbstverständlich hat Hägar nicht Recht. Erstens gehört, wie die Schülerinnen und Schüler wissen, mehr zum Dichten als zu „reimen". Zum anderen leugnet das „nur noch", dass mit dem Versprachlichen des Eindruckes die Arbeit des Dichtens erst beginnt. Im Gespräch könnte auffallen, dass bereits zu Beginn der zweiten Zeile der Fehler angelegt ist, als Hägar behauptet, er habe sich „ein Frühlingsgedicht ausgedacht". Er hat aber erst Eindrücke gesammelt, ohne eigentlich zu dichten. Das Gespräch in der Klasse sollte nicht folgenlos bleiben, sondern in den Ergebnissen gesichert werden. Ein denkbares Ergebnis ist: „Ein Gedicht gibt es erst dann, wenn es seine sprachliche Gestalt gefunden hat."

6 In dieser Aufgabe soll, Übungen der zweiten Gedichtwerkstatt entgegengesetzt, Inhaltliches zum fertigen Gedicht ergänzt werden und nicht ein Reimschema ausgefüllt werden. Dabei gibt das Wortmaterial selbst keinerlei Hilfe wie Reimpaare oder metrische Anregungen. Inhaltlich verbindlich ist es gleichwohl und ermöglicht eine nachvollziehbare Bewertung der Ergebnisse, je nachdem, wie treffend die Vorgaben umgesetzt worden sind.

Übersicht zur Teilsequenz III.2 (Seite 160 – 161)

III. Der Frühling
2. Rätselhaftes – Pronomen geben uns Hinweise

Texte/Bilder	Sprechen	Schreiben	Lesen/Texte/Medien	Sprachbewusstsein entwickeln	Methoden
1. Das älteste deutsche Liebesgedicht (anonym)				• Mittelhochdeutsche Wörter klären • Einen mittelhochdeutschen Text ins Neuhochdeutsche übertragen	

Viertes Kapitel: Durch das Jahr mit Gedichten **119**

2. Anfrage (Schülerbeispiel)		• Eine gegliederte Pronomentabelle anlegen	• Ein Parallelgedicht mit der Vorlage vergleichen	• Pronomen in Gedichten sammeln	
3. Ein Rätsel		• Die Pronomentabelle fortsetzen • Eigene Rätsel verfassen	• Das Rätsel lösen	• Das Pronomen als Mittel zur Verrätselung verwenden • Die verschiedenen Pronomen systematisieren	

Lösungsvorschläge

Seite 160

Texterläuterungen:

Das Minnelied „Dû bist mîn" vereinigt mehrere zu behandelnde Aspekte in sich. Zum einen fügt es sich, als frühes Beispiel deutschsprachiger Liebeslyrik, in das jahreszeitliche Umfeld des Frühlings ein, zum anderen lernen die Schülerinnen und Schüler hier einen sehr zugänglichen Text aus einer früheren Stufe des Deutschen kennen.
Schließlich spielen Pronomen, der inhaltliche Gegenstand der Teilsequenz, in dem Gedicht eine bedeutende Rolle. Durch die Verwendung von Pronomen an der Stelle von Namen oder Bezeichnungen werden Adressatin/Adressat und Sprecherin/Sprecher weitestgehend verrätselt. Der Text spricht von einem Geheimnis in das Geheimnis wahrender Weise. Darin wird eine Grundeigenschaft von Pronomen sichtbar, auf Konkreta oder Abstrakta zu verweisen, ohne sie zu benennen.

1 „mîn" und „dîn" bedeuten neuhochdeutsch „mein" und „dein", entsprechend „sîn" = „sein" (im süddeutschen Raum haben hier Dialektsprecher die Gelegenheit, ihre sprachliche Kompetenz zur Klärung einzubringen), „beslozzen" bedeutet „eingeschlossen", „sluzzelîn" „Schlüsselchen".

2 Die Übersetzung hat reine Verständnissicherung zum Ziel, ist also von kreativem Schreiben zu unterscheiden. Mithin ist es nicht sinnvoll, gereimte Texte zu erzeugen. Eine denkbare Übersetzung ist:
Du bist mein, ich bin dein.
Darauf kannst du dich verlassen.
Du bist eingeschlossen
in meinem Herzen,
das Schlüsselchen ist verloren:
Deshalb musst du für immer darin bleiben.

Seite 161

Das Schülerbeispiel „Anfrage" führt das unbestimmte Sprechen der Vorlage fort. Hier allerdings rührt sie auch daher, dass der Adressat offenbar noch nicht bestimmt ist. Sprachlich erweitert der Text das Inventar an Pronomen, indem er Interrogativpronomen verwendet.

3 Der Vergleich beider Texte im Gespräch kann zu der Erkenntnis führen, dass im Schülerbeispiel sogar dem lyrischen Ich die Verweisperson unbekannt ist.

4 Die Aufgabenstellung verzichtet auf den Begriff Pronomen. Es sollen zunächst Erscheinungsformen und Funktion der Wortart untersucht werden, bevor die Einordnung ins Haus der Wörter erfolgt.

steht für ein Substantiv	zeigt seinen Besitzer an	fragt nach einem Substantiv
du ich wir	mein meinem unser dein	wer wessen

5 Gesucht ist der eigene Name.

6 Die gesuchten Pronomen sind „er, ihr, ihn, eure, euch". Als Erweiterung der Tabelle finden sich auch zwei Demonstrativpronomen (das, die).

7 Im spielerischen Umgang mit Pronomen soll die Kenntnis der Wortart und ihrer Verwendung eingeübt werden. Es ist sinnvoll, die Ergebnisse der Klasse vorstellen und von ihr lösen zu lassen. Wer ein Verweiswort erkennt, darf sein Rätsel als nächstes vorstellen.

Die Pronomen

Im erklärenden Text zur neuen Wortart sind die Wörter „unter anderem" besonders wichtig. Es muss geklärt werden, vielleicht an den in Text 3 aufgefallenen Demonstrativpronomen, dass es noch weitere Gruppen von Pronomen gibt, die nur an dieser Stelle noch nicht behandelt werden.

Übersicht zur Teilsequenz III.3 (Seite 162 – 163)

III. Der Frühling
3. Mundarten – Die Sprache einer Gegend erkennen

Texte/Bilder	Sprechen	Schreiben	Lesen/Texte/Medien	Sprachbewusstsein entwickeln	Methoden
1. Johann Peter Hebel: Wächterruf	• Mundartliche Gedichtstrophen ins Hochdeutsche übertragen		• Mundartgedichte kennen lernen	• Mundartliche Ausdrücke klären und vergleichen	• Mundartliche Vorträge aufnehmen und besprechen
2. Theodor Storm: Gode Nacht					

Lösungsvorschläge

Seiten 162–163

Texterläuterungen:

Die mundartlichen Gedichte von Hebel („Wächterruf") und Storm („Gode Nacht") thematisieren beide das Ende des Tages. Der „Wächterruf" spricht in der Öffentlichkeit einer Stadtgemeinde, „Gode Nacht" dagegen evoziert eine familiär private Situation. Beiden Texten aber ist eigen, dass sie angesichts der Nacht auf affirmative Weise eine Stimmung der Geborgenheit schaffen. An dieser Stimmung ist auch die Verwendung der Mundart beteiligt, die grundsätzlich eher nähesprachlich wirkt. Gleichzeitig führt das Lesen bzw. Hören der Gedichte zu der Erkenntnis, dass nicht nur historischer, sondern auch regionalsprachlicher Abstand innerhalb der eigenen Sprache Übersetzungen nötig macht. Je nach Zusammensetzung der Klasse kann die regionale Sprachkompetenz von Schülerinnen und Schülern beim Lesen wie beim Klären von Wörtern ausgenutzt werden.

1a–b Schwer verständliche Wörter lassen sich entweder aus dem Zusammenhang verstehen, wie „Ölfi" durch „D'Glocke het Ölfi gschlage" (Hebel, Vers 8), oder aber durch die Anwendung von Regeln, wie der, dass im Alemannischen häufig das Wortende die Tendenz hat zu schwinden („i" – ich, „e" – ein, „no" – noch etc.). Neu erworbene Kompetenz sollte sinnvoll angewendet werden, wie in der Übersetzung einzelner Strophen der vorliegenden Gedichte. Auch hier gilt, dass die Erhaltung des Inhalts gegenüber der des Reims den Vorrang haben muss.

Mögliche Übertragungen der jeweils ersten Strophe sind:

Wächterruf
Hört, was ich euch sagen will: Die Glocke hat Zehn geschlagen. Jetzt betet und geht zu Bett, und wer ein ruhiges Gewissen hat, der schlafe sanft und gut. Im Himmel wacht ein freundliches Auge die ganze Nacht lang.

Gute Nacht
Durch die stillen Straßen geht klar der Glockenschlag. Gute Nacht, dein Herz will schlafen, und morgen ist wieder ein Tag.

2 Die Suche nach dem authentischen Vortrag mundartlicher Gedichte führt einerseits zu Tonaufnahmen, die helfen, die Regionalsprache kennen zu lernen. Ein Kassettengerät reicht für eine brauchbare Aufnahme aus. Überlegen, aber in der Bedienung anspruchsvoller sind Mini-Disc-Recorder. Methodisch wird durch solche Aufnahmen die Befragung oder das Interview vorbereitet.

Übersicht zur Teilsequenz III. 4 (Seite 163 – 165)

III. Der Frühling
4. Präpositionen – Mit kleinen Wörtern Verhältnisse klären

Texte/Bilder	Sprechen	Schreiben	Lesen/Texte/Medien	Sprachbewusstsein entwickeln	Methoden
1. Regina Schwarz: Wo man Geschenke verstecken kann, S. 163		• Einen Gedichtabschnitt umschreiben • Ein Parallelgedicht verfassen	• Textinformationen isolieren	• Ortspräpositionen in einem Gedicht auffinden	
2. Peter Huchel: Ostern in Alt-Langerwisch, S. 164		• Textinformationen in eine Beschreibung umformen	• Fachbegriffe isolieren	• Weitere Präpositionen in ihrer Funktion erkennen • Verschiedene Präpositionen systematisieren	
3. Bastelüberraschungen in Eiern versteckt		• Bastelanleitungen mit Präpositionen verfassen			
Trainings-Doppelseite		• Gedichte variieren	• Gestaltungsübungen mit dem Computer		• Textblatt mit dem Computer verfassen

Lösungsvorschläge

Seite 163

Texterläuterungen:

Das Gedicht „Wo man Geschenke verstecken kann" thematisiert eine Situation, die in direktem Zusammenhang mit Ostern steht. Zum Verstecken von Geschenken gehört gleichzeitig das Sprechen über Orte, dies aber ist ein wesentlicher Bereich für die Verwendung von Präpositionen. So dient dieses Gedicht, das sich ausgesprochen unproblematisch und zugänglich zeigt, als Zugang zum Phänomen der Präpositionen, zunächst den Ortspräpositionen.

1 Im Gespräch über das beste Versteck wird über Orte und Positionen im Raum verhandelt, dies unter Verwendung von Ortsadverbien. Die Verwendung muss nicht thematisiert werden, von Bedeutung ist das räumliche Denken und seine Versprachlichung.

2a–b In dieser Aufgabe wird die Aufmerksamkeit auf das grammatische Thema der Teilsequenz gelenkt und die erste Materialsammlung aus dem Text und aus dem eigenen Weitererfinden heraus angelegt. Beim gegenseitigen Vorstellen der Listen ist es sinnvoll, die verwendeten Ortsadverbien gemeinsam zu markieren, denn nicht jedes der „kleinen Wörter" ist eine Präposition.

Viertes Kapitel: Durch das Jahr mit Gedichten

Verstecke
<u>im</u> Keller
<u>hinter</u> Kartoffelkisten
<u>zwischen</u> Computerlisten
<u>in</u> alten verstaubten Bauerntruhen
<u>unter</u> die Matratze
...
<u>neben</u> Märchenbücher
...

3a–b In dieser Aufgabe wird durch die Variation der Positionen im Raum aus den einzelnen Partikeln eine Gruppe von Wörtern, dies aber nicht durch Isolation und Kategorisierung, sondern durch Arbeit mit der noch nicht benannten Wortart. Ein Lösungsbeispiel ist:

Wo man zerbrechliche Geschenke nicht verstecken sollte
Im Keller unter Kartoffelkisten,
beim Schreibtisch auf Computerlisten
...
Unter dem eigenen Kopfkissen ist
Ein Versteck, das wohl niemand vergisst.

4 Mit diesem Schreibauftrag wird das Thema Verstecke abgeschlossen. Die Präpositionen werden weiter geübt und, in selbst erworbener Kenntnis ihrer Funktion, gefestigt und geübt. Es ist sinnvoll, Ergebnisse vorstellen zu lassen, nicht aber auf die Präpositionen gesondert hinzuweisen.

Seite 164

Texterläuterungen:
In Peter Huchels Gedicht „Ostern in Alt-Langerwisch" geht es um einen Hasen im Frühling, der sich am Ende in der Folgerung des lyrischen Ichs als der Osterhase herausstellt. Das Gedicht folgt dem vom Hasen zurückgelegten Weg und lenkt so den Blick des Betrachters an einer Fülle von Frühlingsindikatoren vorbei. Damit entsteht ein Frühlingsbild von, durch Jagd und Flucht bedingt, hoher Rasanz. Die Verwendung von Ortsadverbien wird erweitert durch die dynamischen Bewegungsbeschreibungen mit Richtung („durch den Distelwust"), in denen häufig die Bildung mit Akkusativ notwendig wird.

5 Die Aufgabe dient zum einen der Textverständnissicherung, zum anderen wird der Umgang mit den nun bekannten Ortsadverbien weiter geübt. Die Bearbeitung sollte zu schriftlichen Prosatexten führen, die am Ende verglichen werden können.

6 Die Sammlung von im Text vorhandenen zusammengehörigen Begriffen leistet systematische Wortschatzarbeit. Außer Wörtern zur Beschreibung von Hasen können in Huchels Gedicht noch weitere Wortgruppen verfolgt werden, wie zum Beispiel die Benennungen von Pflanzen und Pflanzenteilen. Die entstehenden Listen sind außerdem für spätere Übungen verwendbar, da die gesammelten Substantive im Text in den meisten Fällen mit verschiedenen Präpositionen kombiniert sind.

7a–b Hier werden in einem ersten Schritt Erscheinungsformen des bereits bekannten Falles gesammelt, während in der Anschlussaufgabe eine funktionale Erweiterung des Systems stattfindet. Für das Gespräch, das der Entdeckung und Klärung neuer Aufgaben von Präpositionen dient, sollte genug Zeit eingeplant werden, da es sich hier um die Entwicklung grammatischer Kategorien aus der Anschauung heraus und somit um einen wichtigen Erkenntnisprozess handelt. Ergebnis sollte eine mehrspaltige Tabelle sein, in der Präpositionen nach ihren Funktionen geordnet sind.

Ort	Zeit	Art und Weise
im Laubloch ins Gestrüpp am Bärlapp	da wir Kinder waren	mit seinen Grannehaaren ohne Löwenzahn im Zickzacklauf

Seite 165

8 Bastelanleitungen gehören, als Spezialfall der Vorgangsbeschreibung, zu einer stark mit Präpositionen arbeitenden Textsorte. In den abgedruckten Bilderfolgen sind lokale Beziehungen durch Zeichnungen und Pfeile, temporale durch die Nummerierung der Arbeitsschritte bezeichnet. Weitere, besonders modale und finale, müssen aus dem Verständnis des Vorgangs heraus ergänzt werden.

Beispiel:
Verbinde die Füße **mit** (lokal) dem roten Haken. **Nach** (temporal) dem ersten Arbeitsschritt musst du die Beine **in** (lokal) das Gehäuse setzen. Dieses wird **mit** (modal) einem Rahmen gesichert. Wenn das Telefon, **vom** (kausal) Hörer gezogen, **an** (lokal) der Tischkante ankommt, hält es an.

Seiten 166/167 – Trainings-Doppelseite

Auf der dritten Werkstatts-Doppelseite ist die Gestaltung von Gedichten am Computer, aber auch ihre Überarbeitung und gezielte Umarbeitung Thema. Im Hintergrund steht immer auch das Ziel, das Arbeiten mit Texten am Computer zu üben.
Mit dem Spaltengedicht in „Das Jahr im Gedicht" und dem Bildgedicht auf der gegenüberliegenden Seite werden zwei Gattungen angeboten, die notwendig mit der Raumverteilung auf einer Seite arbeiten. Im Falle des Spaltengedichts wird der Umgang mit Tabellen geübt, beim Bildgedicht ist die Erzeugung eines nicht kontinuierlichen Textes Ziel. In beiden Fällen werden lyrische Ausdrucksformen, aber auch Inhalte des Faches ITG erarbeitet.
Die Gestaltung des Textblattes fordert zur Suche nach Sonderzeichen und Markierungsmöglichkeiten heraus. Auch hier steht neben dem Arbeitsergebnis das Ziel der Entwicklung bzw. Festigung von Arbeitsweisen im Blick.
Die Erzeugung von Variationen oder Parallelgedichten ist, literaturdidaktisch gedacht, ein wichtiger Vorgang zur Aneignung eines Gedichtes. Am Computer können Funktionen wie das Ersetzen oder Überschreiben, aber auch das parallele Bearbeiten mehrerer Dokumente geübt werden.
Insgesamt eignen sich die Anregungen der Doppelseite für Übungsstunden, in denen im freien Arbeiten der Umgang sowohl mit Lyrik, als auch mit dem Computer im Zentrum steht. In beiden Bereichen sollen wichtige Gestaltungskompetenzen erworben werden.

Übersicht über die Teilsequenz IV.1 (Seite 168 – 171)

IV. Der Sommer
1. Sommer und Hitze – Gedichte selbst ausgestalten

Texte/Bilder	Sprechen	Schreiben	Lesen/Texte/Medien	Sprachbewusstsein entwickeln	Methoden
1. Hermann Hesse: Sommermittag auf einem alten Landsitz (Anfang)		• Ein Gedicht fortsetzen			• Ein gereimtes Gedicht formal und inhaltlich fortsetzen
2. Theodor Storm: August		• Inserat-Gedichte verfassen			
3. Arno Holz: Mählich durchbrechende Sonne	• Das Gedicht angemessen vortragen	• Ein Parallelgedicht verfassen	• Bildhafte Ausdrücke des Gedichtes klären		• Ein Schmuckblatt gestalten
4. Elisabeth Borchers: August			• Ungewöhnliche Beschreibungsweisen klären		• Einen Gedichtkalender gestalten

Lösungsvorschläge

Seite 168

„Sommermittag auf einem alten Landsitz" (Fortsetzung):

Wir sitzen lang im Schatten, alte Leute,
Ein Buch im Schoß, geblendete Augen senkend,
Freundlich gewiegt vom sommerlichen Heute,
Doch heimlich der Vorangegangenen denkend,
Für die nicht Winter mehr noch Sommer tagen
Und die doch in den Hallen, auf den Wegen
Uns nahe sind und unsichtbar zugegen
Und zwischen Dort und Hier die Brücke schlagen.
(24.6.1941)

(Aus: Hermann Hesse, Sämtliche Werke, Band 10: Die Gedichte, © Suhrkamp Verlag, Frankfurt a. M. 2002)

Texterläuterungen:
Hesses „Sommermittag auf einem alten Landsitz" ist eigentlich ein Gedicht des Erinnerns und Gedenkens an Verstorbene. Die erste, im Schülerband abgedruckte Strophe, erhält diesen Aspekt aber erst durch die zweite, die nur im Lehrerband zu finden ist, zugewiesen. Der den Schülerinnen und Schülern zugängliche Text spricht beschreibend von dem Zeitabschnitt an heißen Sommertagen, der als „Pans Stunde" schon früh in der Literatur Gegenstand geworden ist. Im Unterricht wird daher auch die Stimmung dieser Stunde Gegenstand eines klärenden Gespräches sein. Die Hinwendung zum Erinnern und Gedenken muss nicht thematisiert werden.

1 Für eine gelungene Fortsetzung des Gedichtes ist die kognitive Klärung des Textes von großer Bedeutung, ebenso wie die emotionale Annäherung. Für beides, welchen methodischen Zugang man auch immer wählt, ist also genug Zeit zu veranschlagen. Es bietet sich an, die beschriebene Situation durch Umsetzung in ein Bild zu konkretisieren, mehrfaches Vorsprechen und Sprechen ist dringend zu raten. Zur Anfertigung einer Fortsetzung sind die Schülerinnen und Schüler handwerklich zu diesem Zeitpunkt ohne Zweifel in der Lage. Es ist sinnvoll, sie mit Vorgaben, die das Vorgehen lenken, nicht zu sehr einzuengen. Besonders wichtig ist, dass die gestalterische Arbeit nicht folgenlos bleibt. Die fertigen Gedichte müssen präsentiert werden. Der Vortrag vor der Klasse eignet sich dazu genauso wie die Anfertigung einer Gedichtgalerie für das Klassenzimmer. Auch die Rückmeldung des Publikums an die Schreibenden ist unabdingbar und kann im Klassengespräch oder aber über Textzettel erfolgen.

Seite 169

Texterläuterungen:
Das „Inserat" ist ein Gedicht um Höflichkeit und heitere Resignation. Das Bewusstsein, Diebstähle nicht verhindern zu können, führt nicht zu hilflosem Zorn, sondern zu einem Ausdruck der eigenen Wünsche ebenso wie zum Versuch eines Gespräches mit den Adressaten. Die in den wenigen Zeilen verborgene Lektion zielt nicht auf Obstdiebe, sondern bietet Menschen, die eine Verhaltensweise bemängeln wollen, eine mögliche sprachliche Haltung an. Hier liegt auch der didaktische Wert des Gedichtes. Tadel und sogar Unmut können so geäußert werden, dass aus sprachlicher Sorgfalt und Respekt vor dem Gegenüber ein sprachliches Kunstwerk entsteht, das zumindest nicht weniger Wirkung als ein Verbotsschild hat.

2 Ziel der hier angeregten Parallelgedichte ist der poetisch gestaltete Ausdruck eigener Wünsche und Beschwerden. Aber auch die Verschriftlichung von Umgangsregeln in der Klasse kann die Form eines Gedichtes annehmen. Es ist dringend anzuraten, die erzeugten Gedichte nicht folgenlos zu lassen. Für dichterisch gestaltete Rügen oder Klassenregeln bietet sich das Aufhängen im Klassenzimmer von selbst an.

Beispiel:
Kleine Bitte
Wenn du Gedanken besonderer Klasse
Bei dir führst, und entschlossen bist,
Uns sie alle wissen zu lassen,
So bitten wir dich, wenn das möglich ist,
Uns anderen, die wir nicht so gut denken
Zumindest mit so viel Zeit zu beschenken,
Dass wir unsre bescheidenen Gaben,
Auszuführen Gelegenheit haben.

Seite 170

„Mählich durchbrechende Sonne" von Arno Holz ist ein Lehrstück, das bei allem Exemplarischen nicht wie ein Lehrbuchbeispiel wirkt. Es wird der Weg von sinnlichen Wahrnehmungen der Außenwelt bis hin zum reinen Erleben der eigenen Existenz beschrieben. Dieser Weg von außen nach innen sollte sich auch in der Präsentation des Gedichtes niederschlagen. Der auf Folie übertragene Text kann Zeile für Zeile aufgedeckt und so verzögert aufgenommen werden. Begleitend sollte der Text gesprochen oder laut gelesen werden.

3–4 Das Gespräch über den Text wird zunächst die Situation des lyrischen Ichs zu fassen versuchen, dann aber sollte die Entwicklung der Erlebnisrichtung von außen nach innen Thema werden. Eine Sicherung der Gesprächsergebnisse ist vor allem dann nicht erforderlich, wenn diese im direkten Anschluss der folgenden Arbeitsanregungen genutzt werden. Der Gedichtvortrag nämlich wird sich danach richten und von der Klasse daran bemessen werden, inwiefern es ihm gelingt, das Erarbeitete umzusetzen. Möglicherweise muss gar kein Textblatt zur Gestaltung des Vortrags vorgeschaltet werden.

5a–b „lichtwühlig", „lichtblendig" und „lichtwogig" sind Neubildungen, die versuchen, den Eindruck des Sonnenlichts auf das lyrische Ich zu fassen. Es ist sinnvoll, die Wörter getrennt und in Absetzung voneinander klären zu lassen. Auch sollten die Klärungsergebnisse in Form eines Lexikoneintrags gesichert werden. Die durch Punkte markierten Pausen im Text sind nicht eigentliche Leerstellen wie die Leerzeile in „Erster Schnee" (Seite 151), sondern verfestigte Pausen im Ringen um Sprache. Sie können leicht in Rückgriff auf den gemeinsamen Vortrag geklärt werden.

6 Auch diese Arbeitsanregung ist noch ein Akt der Textaneignung, indem Stimmigkeit Kriterium für das Gelingen der Illustration ist. Die Frage, ob ein gegenständliches Bild oder reine Farbigkeit besser zum Gedicht passen, kann Ausgangspunkt für ein Gespräch sein, mit dem eine fünfte Klasse keineswegs überfordert ist, wohl aber zu treffenden Aussagen über den besonderen Text gelangen kann.

7 Der gestaltende Auftrag schließlich lädt dazu ein, die besprochene besondere Ausdrucksform selber anzuwenden. Die Aufgabe bedarf keiner besonderen Lenkung und kann gut in eine Hausaufgabe ausgelagert werden. Bei Bearbeitung im Klassenzusammenhang bedarf die Herstellung der angemessenen Schreibatmosphäre besonderer Sorgfalt. Die Einspielung passender Musik kann förderlich sein (Erik Saties „Gymnopédies" passen atmosphärisch und historisch gut zu dem impressionistischen Gedicht).

Seite 171

Texterläuterungen:

Das Kapitel schließt mit einem weiteren Gedicht aus dem Jahreslauf von Elisabeth Borchers. Das Gedicht über den August fasst die quasi magische Atmosphäre drückend heißer Tage im Stillstand des Hochsommers in eindringliche Bilder. Stillstehendes gerät in Bewegung und die beschriebene Welt erscheint latent bedrohlich. So ist es auch sinnvoll, in der Arbeit mit Schülerinnen und Schülern die Abweichungen des im Text Geschilderten von Alltagserfahrungen zu thematisieren.

8a–b Abweichungen von der Alltagsrealität sind: „da wachsen die Bäume in den Himmel", „Die Blumen wollen so groß sein ...", „da gehen rote Pilze durch den Wald". Die Sonne ist freilich wirklich „so heiß, dass man sie nicht anfassen kann", die Abweichung liegt hier in der impliziten Unterstellung, zu andern Zeiten könne man sie anfassen.
In der Besprechung können Besonderheiten wie die genannten durchaus auf Besonderheiten des Erlebens zurückgeführt werden. Hilfreich ist hier der Rückgriff auf das Gedicht von Arno Holz (Seite 170). Von der Thematisierung der Metapher, die an dieser Stelle unübersehbar im Raum steht, ist aber abzuraten. Die Systematisierung, insbesondere die Abgrenzung vom Vergleich, stellt zu diesem Zeitpunkt eine Überforderung dar.

3. Vorschläge für Übungen und Klassenarbeiten – zusätzliche Materialien und Kopiervorlagen

Übersicht über die Kopiervorlagen

K1	Fortsetzung und Schluss von Wilhelm Busch: „Die Drachen"	SB, S. 141
K2	Weitere, zum Kapitel passende Gedichte	SB, S. 136ff.
K3	Gedichte, die Sprachliches thematisieren	SB, S. 142ff.
K4	Vorschlag für eine Klassenarbeit	SB, S. 171

Kurzbeschreibung der Kopiervorlagen

K1 Fortsetzung und Schluss von Wilhelm Busch: „Die Drachen"

Didaktischer Ort:

Die im Schülerband vorgesehenen Arbeiten mit „Die Drachen" setzen die Fortsetzung des Gedichtes nicht voraus, als Ergänzung und Abschluss der Beschäftigung eignet sich die aber sehr. In sehr leicht rezipierbarer Form liegt ein Beispiel für die Gattung des Erzählgedichtes vor, das zum Sprechen, aber auch zum Nachahmen anregt.
Der Text eignet sich sehr zum verzögerten Vorlesen, an geeigneten Stellen kann das Reimwort erraten werden, die motivierende Wirkung zum Verfassen eigener Erzählgedichte ist beträchtlich.

Erläuterungen:

1. Das gemeinsame Sprechen des Gedichtes kann zu einem Ritual und dem Prozess der sich erweiternden Textkenntnis zu Beginn jeder Lyrikstunde werden. Es können, einfach durch Vor- und Nachsprechen wie gemeinsame Rezitation, in kurzer Zeit beträchtliche Fortschritte erzielt werden.
2. Kapitel 2 und 3 des Schülerbandes haben sich bereits mit Techniken des Erzählens beschäftigt. Busch führt hier eine neue Möglichkeit vor, Ereignisse gestaltet zu berichten. Spätestens nach der zweiten Gedichtwerkstatt (S. 148/149) sind die Schülerinnen und Schüler in der Lage, eigene oder vorgefundene Erzählungen in Gedichtform zu fassen.

K2 Weitere, zum Kapitel passende Gedichte

Didaktischer Ort:

Die hier aufgeführten Gedichte lassen sich als Ergänzung der Sammlung im Schülerband nutzen. Abgesehen von „Erste Sonne" sind sie jahreszeitlich nicht eindeutig gebunden und können da eingesetzt werden, wo für die erarbeiteten Phänomene und Techniken weitere Trainingsmöglichkeiten gebraucht werden.

Erläuterungen:

Das Gedicht „Nachts" von Joseph von Eichendorff thematisiert sehr eindringlich die Stimmung einer alleine erlebten Sommernacht. Es eignet sich gut zum Vergleich mit „Winternacht" auf Seite 151 des SB, besonders unter dem Aspekt von positiv und negativ erlebtem Alleinesein.
In „Es ist Schnee gefallen", das wahrscheinlich aus dem 17. Jahrhundert stammt, ist ähnlich wie in „Winternacht" (SB, Seite 151) oder „Mählich durchbrechende Sonne" (SB, Seite 170) die Beziehung zwischen Innen und Außen Thema.
Die fehlenden Reimworte im Gedicht von Busch „Die drei Tanten" sind in der Reihenfolge ihres Vorkommens „denken", „schenken", „Grün", „leiden", „recht" und „bedanken". Zur Herstellung der Originalfassung muss inhaltliche wie formale Stimmigkeit beachtet werden. Das Gedicht sollte also erst behandelt werden, wenn die sachlichen Grundlagen gelegt sind. Dies ist spätestens zum Zeitpunkt der zweiten Gedichtwerkstatt der Fall.
Beim Gedicht von Bongs „Erste Sonne" kann die Aufteilung in Verse aufgehoben und, je nach beabsichtigter Wirkung, wiederhergestellt werden. Die Anfertigung eines Textblattes ist sehr fruchtbar.

Unabhängig vom Ort des Unterrichtszusammenhangs eignen sich alle Gedichte aber auch für die individuelle Erarbeitung für einen Gedichtabend (S. 139) oder den gemeinsamen Vortrag. Es sei an dieser Stelle auf das Textquellenverzeichnis des Schülerbandes (S. 231–234) hingewiesen. Die dort angeführten Gedichtsammlungen bieten reiche Bestände an weiteren geeigneten Texten.

K3 Gedichte, die Sprachliches thematisieren

Didaktischer Ort:

Die hier aufgeführten Texte samt ihren Arbeitsanregungen nehmen verstärkt sprachliche Aspekte auf. Dies geschieht einerseits durch die Konzentration auf rein klangliche Phänomene („Das Gruselett"), andererseits durch das Aktivieren von einem Wortfeld („Gehen–laufen–springen"). Schließlich wird auch noch über das Wesen des Reims nachgedacht, dies über das reine Funktionieren hinaus.

Erläuterungen:

Alle Texte sind Angebote an Klassen, die sich für eine Vertiefung des im Schülerband Gelernten interessieren. Die besondere Möglichkeit der Texte auf diesem Blatt liegt im Nachdenken über das Rezipierte, hierauf zielen auch die Arbeitsanregungen. Dabei besteht auch die Möglichkeit, das Erlebte nicht kognitiv, sondern kreativ, zum Beispiel durch Parallelgestaltungen, umzusetzen.

Formal setzt „Die Dinge reden" von Bydlinski die Reimspiele aus der ersten Gedichtwerkstatt fort (SB, S. 141). Es macht aber auch deutlich, dass sich die Effekte des Reimens nicht im Lautlichen erschöpfen. Denn in einem Fall verweist das Reimwort auf Funktionales („Brillenbügel" – „Nasenflügel"), oder etwas recht Wuchtiges offenbart seine Sehnsucht nach Zierlichem („Tiefkühltruhe" – „Stöckelschuhe"). Das Aussprechen dessen, was innerlich beschäftigt, ist, wie die Standuhr sagt, das, was ein Gedicht ausmacht.

Lösungsvorschläge:

Aufgabe 1: Die Frage, warum denn die Dinge sich gerade diese Reimworte auswählen, ist für das Verständnis von Bedeutung. Als Vorübung kann überlegt werden, welche anderen Reime denn möglich wären (ferne Hügel, Mittagsruhe, Doppelstecker).
Aufgabe 2: Das Gedicht fordert zur Fortsetzung recht nachdrücklich auf. Sinnvoll ist es, auf den Unterschied zwischen nur korrekt Gereimtem und den Fügungen zu unterscheiden, die sich fruchtbar mit den „Dingen" auseinander setzen.

Das „Gruselett", das bereits im Titel eine neue lyrische Gattung zu gründen vorgibt, ist nahezu reine Lautlichkeit. Außer „grausig" gibt kein Wort einen semantisch eindeutigen Hinweis auf das Gruselige, allenfalls Anklänge werden gegeben („gaustert", rote Fingur"). Anklang und Hinweis sind denn auch die beherrschenden Aspekte des Gedichtes, dessen Thema Klang und Stimmung des Gruselns ist.

Aufgabe 3: Eine inhaltliche Klärung des Textes kann nicht weit führen, der sinnvollste Einstieg erfolgt über das gemeinsame oder einzeln vorbereitete Sprechen. Klang und Stimmung sind dann sehr wohl mit Gewinn zu besprechen.

Das Besondere an „Gehen–laufen–springen" von Künzler-Behncke ist die Beschränkung auf Verben aus dem Wortfeld der Bewegung zu Fuß, diese auch noch stets in der ersten Person Singular. Dass trotzdem ein so lebendiges Gedicht, das von Schülerinnen und Schülern gerne gesprochen wird, herauskommt, liegt an dem Variationsreichtum des Wortfeldes, wie auch an der Anschaulichkeit der Wörter.

Aufgabe 4: Der Vortrag und seine Vorbereitung stehen auch bei diesem Gedicht im Vordergrund der Bearbeitung. Hier allerdings kann die gesprochene Bewegung auch noch in ausgeführte Bewegung, ja geradezu in szenische Darstellung umgesetzt werden.

Aufgabe 5: Es bietet sich die Anregung zu Parallelgedichten an, die Bewegungsarten, aber auch Zustandsarten thematisieren können. Vielversprechend sind dabei Stimmen von Mensch und Tier, aber auch Positionen im Raum.

K 4 Vorschlag für eine Klassenarbeit

Didaktischer Ort:
Der Aufbau der Klassenarbeit folgt einer Progression in Kenntnissen und Fertigkeiten, die an den Gang durch das Lehrbuchkapitel angelehnt ist. Es steigt aber auch der Grad der Offenheit, die für die Beantwortung besteht.

Erläuterungen:
Die geforderte Leistung betrifft Sachwissen über Fachbegriffe, aber auch analytische Fertigkeiten. Die Gewichtung der einzelnen Aufgaben in einer Bewertung der Klassenarbeit ist bewusst nicht vorgenommen worden. Sie richtet sich nach im Unterricht vorgenommenen Gewichtungen und Erfahrungen mit Stärken und Schwächen der Klasse.

Das Gedicht, aus dem die verwendeten Strophen stammen, heißt „Katz und Maus" und ist von Wilhelm Busch.

Lösungsvorschläge:
Aufgabe 1: Diese Aufgabe ist recht einfach zu lösen, es treten aber erfahrungsgemäß auch Assonanzen statt Reimwörtern auf, also zu „Macht" „Saft". Für das Reimwort zu „Clown" gilt es das Wissen umzusetzen, dass für den Reim nur der Klang entscheidet, nicht aber die Schreibung. „braun" als Lösung ist also zulässig, wird aber ohne die Sachkenntnis nicht gefunden.

Aufgabe 2: Die hier geforderte Sachkenntnis findet sich auf Seite 142 im SB formuliert. Natürlich ist jede zutreffende Formulierung der Sachverhalte richtig.

Aufgabe 3: Die Gedichtstrophe steht im regelmäßigen Trochäus mit abwechselnd männlicher und weiblicher Endung (Beschreibung SB, Seite 146). Die Aufgabe fordert zunächst das Erkennen des Metrums und seine Markierung, dann die Versprachlichung der Erkenntnisse. Beide Leistungen sollten getrennt bewertet werden.

Aufgabe 4: Die angeführte Strophe steht im Kreuzreim. Abgeprüft wird die Kenntnis des Reimschemas und der Markierungsweise.

Aufgabe 5: Diese Aufgabe ist gestaltend aufzufassen. Das Metrum in der Schülerleistung ist richtig oder falsch gebildet, der inhaltliche Anschluss mehr oder weniger gelungen.

Aufgabe 6: Die Bewertung der sechsten Teilaufgabe ist schwerer als die der anderen in Noten zu fassen, innere Stimmigkeit und sprachliches Geschick sind aber durchaus einer Bewertung zugänglich. Hier gehört aber zur Bewertung in jedem Fall ein erläuternder Kommentar.

Wilhelm Busch (1832 – 1908): Die Drachen

(SB, S. 141, Fortsetzung und Schluss)

[...]
Und als Fritze dies bejaht,
Schreitet man sofort zur Tat.
Doch was Conrad anbetraf,
Der geht weiter klug und brav.

5 Trefflich gut geht die Geschichte.
Franz hat Zöpfel seine Früchte.
Lirum larum! Dachte er –
Fritze hin und Fritze her!
Ich genieße, was ich habe! –
10 Damit ist der freche Knabe,
Grad als wäre nichts passiert,
Äpfel essend fortmarschiert.
Saftig kann man's knirschen hören.
Soll das Fritzen nicht empören?

15 Mit dem Fuße und mit Krachen,
Geradesweges durch den Drachen,
Gibt er Franzen rücksichtslos
Einen wirkungsvollen Stoß.

Franz, der dieses krummgenommen,
20 Ist sofort herumgekommen.

Und es hebt sich und es saust
Seine zorngeballte Faust
Durch den vorgeschützten Drachen,
Gleichfalls unter großem Krachen,
25 Dergestalt in Fritzens Nacken,
Dass er meint, er muss zerknacken.

Jetzt sucht jeder sich zu decken,
Und es wird so mit den Pflöcken,
Wo die Schnur herumgewickelt,
30 Emsig hin und her geprickelt.

Franz zuerst durch kühnes Wagen
Trifft genau auf Fritzens Magen.

Dafür sticht ihn Fritz, der Flinke,
in das Nasenloch, das linke.

35 So entspinnt sich auf die Länge
Ein direktes Handgemenge,
Was zunächst und augenscheinlich
Für die Ohren äußerst peinlich.

Dennoch wird der Kampf zuletzt
40 Noch am Boden fortgesetzt.

Grad kommt Zöpfel wie gewöhnlich,
Um sich wieder mal persönlich
Und gewiss zu überzeugen,
Dass sein Obst noch an den Zweigen.
45 „Wer" – ruft er – „hat dies getan?"
Damit stockt sein Sprachorgan.

Ha! Jetzt wird er grausam heiter.
Er entdeckt die beiden Streiter.

Fritze kriegt den ersten Schlag,
50 Weil er am bequemsten lag.

Und der Franz war schon vergnügt,
Dass er siegt und oben liegt;
Bis die Peitsche wieder pfiff
Und auch ihn empfindlich kniff.

55 Gern entrönnen nun die beiden,
Um das Weitre zu vermeiden,
Wären nicht die nötgen Beine
Tief verwickelt in die Leine. –
Also folgt der Rest der Hiebe. –
60 Zöpfel tut's mit Lust und Liebe.

Sorgsam sammelt hierauf Zöpfel
Seine hoch geschätzten Äpfel.
Einer nur ist angenagt,
Was jedoch nicht viel besagt;
65 Und so kehrt er hocherfreut
Heim in seine Häuslichkeit.

Aber ach, wie traurig stand's
Um den Fritze und den Franz.
So viel ist gewiss für sie:
70 Ihre Drachen steigen nie,
Während Conrad seiner schon,
Dieser Erdenwelt entflohn,
Höher stets und höher steigt,
Bis man vor Erstaunen schweigt.

(Aus: Sämtliche Werke und eine Auswahl der Skizzen in 2 Bänden, Bd. 1, Bertelsmann Verlag, Gütersloh 1959, S. 434ff.)

Joseph von Eichendorff (1788 – 1857):
Nachts

Ich stehe in Waldesschatten
Wie an des Lebens Rand,
Die Länder wie dämmernde Matten,
Der Strom wie ein silbern Band.

5 Von fern nur schlagen die Glocken
Über die Wälder herein,
Ein Reh hebt den Kopf erschrocken
Und schlummert gleich wieder ein.

Der Wald aber rühret die Wipfel
10 Im Traum von der Felsenwand.
Denn der Herr geht über die Gipfel
Und segnet das stille Land.

(Aus: Echtermeyer/von Wiese (Hrsg.): Deutsche Gedichte,
Bagel Verlag, Düsseldorf 1982, S. 382)

Wilhelm Busch (1832 – 1908):
Die drei Tanten

Die erste alte Tante sprach:
Wir müssen nun auch dran ___,
Was wir zu ihrem Namenstag
Dem guten Sophiechen ___.

5 Drauf sprach die zweite Tante kühn:
Ich schlage vor, wir entscheiden
Uns für ein Kleid in Erbsen- ___,
Das mag Sophiechen nicht ___.

Der dritten Tante war das ___:
10 Ja, sprach sie, mit gelben Ranken!
Ich weiß, sie ärgert sich nicht schlecht
Und muss sich auch noch ___.

(Aus: Echtermeyer/von Wiese (Hrsg.): Deutsche Gedichte,
Bagel Verlag, Düsseldorf 1982, S. 519)

Unbekannter Dichter:
Es ist ein Schnee gefallen

Es ist ein Schnee gefallen,
Und ist es doch nit Zeit,
Man wirft mich mit den Ballen,
Der Weg ist mir verschneit.

5 Mein Haus hat keinen Giebel,
Es ist mir worden alt,
Zerbrochen sind die Riegel,
Mein Stüblein ist mir kalt.

Ach Lieb, lass dichs erbarmen,
10 Dass ich so elend bin,
Und schließ mich in dein Arme,
So fährt der Winter hin.[1]

(Aus: Echtermeyer/von Wiese (Hrsg.): Deutsche Gedichte,
Bagel Verlag, Düsseldorf 1982, S. 71)

Ralf Bongs (1907 – 1981):
Erste Sonne

In den dürren Zweigen
der nackten Bäume
sitzen Krähen.
Bei ihnen Stare.
5 Fernab schwarzweiße Elstern.
Sie schelten.
Ab und an fliegt ein Vogel
weg.
Er wird von allen verfolgt.
10 Sie kehren zurück.
Sie schelten.
Das Jahr steigt langsam.
Von Morgen zu Morgen.
Im Baum sitzt der Frühling.
15 Er wartet.
Er lacht
leise.

(Aus: Hans-Joachim Gelberg (Hrsg.): Überall und neben dir.
Gedichte für Kinder. Beltz und Gelberg in der Verlagsgruppe Beltz,
Weinheim und Basel 1986, S. 260)

---

[1] „So fährt der Winter hin." → Dann geht der Winter fort.

Durch das Jahr mit Gedichten K 3

Georg Bydlinski (*1956): „Die Dinge reden"

„Ich reime mich auf Zuckerbäcker",
sagt der alte Rasselwecker.

„Ich reime mich auf Nasenflügel",
sagt der linke Brillenbügel.

5 Es brummelt stolz die Tiefkühltruhe:
„Ich reime mich auf Stöckelschuhe."

Und die Standuhr sagt:
„Merkt ihr es nicht?
Wir sind ein Gedicht."

(Aus: Hans-Joachim Gelberg (Hrsg.): Überall und neben dir. Gedichte für Kinder. Beltz und Gelberg in der Verlagsgruppe Beltz, Weinheim und Basel 1986, S. 112)

Christian Morgenstern (1871 – 1914): „Gruselett"

Der Flügelflagel gaustert
durchs Wiruwaruwolz,
die rote Fingur plaustert,
und grausig gutzt der Golz.

(Aus: Ursula Remmers/Ursula Warmbold (Hrsg.): Im Land der Fantasie. Reclam Verlag, Stuttgart 2003, S. 45)

Rosemarie Künzler-Behncke (*1927): „Gehen–laufen–springen"

Ich gehe – ich eile – ich laufe – ich springe
ich renne – ich rase – ich sause – ich schwinge
ich flitze – ich wandre – ich schlendre – ich schreite
ich hüpfe – ich hopse – ich tänzle – ich gleite
5 ich stelze – ich taumle – ich torkle – ich schleiche
ich stampfe – ich tripple – ich hinke – ich weiche
ich humple – ich schlurfe – ich bummle – ich schwanke
ich husche – ich trotte – ich trödle – ich wanke ...

(Aus: Hans-Joachim Gelberg (Hrsg.): Überall und neben dir. Gedichte für Kinder. Beltz und Gelberg in der Verlagsgruppe Beltz, Weinheim und Basel 1986, S. 98)

Arbeitsanweisungen:

1. Sucht ähnlich wie im Gedicht von Bydlinski andere passende Reimwörter.
2. Setzt das Gedicht fort.
3. Tragt das „Gruselett" sinngestaltend vor.
4. „Stellt" das Gedicht von Künzler-Behncke „dar".
5. Verfasst ein Parallelgedicht, in dem z. B. Formen des Stehens eine Rolle spielen.

Viertes Kapitel: Durch das Jahr mit Gedichten   **129**

Durch das Jahr mit Gedichten   **K 4**

Klassenarbeit – Thema: Lyrik

1. Suche zu jedem der nachfolgenden Wörter ein passendes Reimwort. Sammle die Ergebnisse in einer Tabelle.

Hase	Ratte	Turm	Luft	Macht	ge-kommen	Ge-schenke	viel	Ohren	Clown

2. Erkläre die Begriffe „Reim" und „Assonanz".

_____

_____

_____

3. Markiere in der nachstehenden Gedichtstrophe die betonten Silben und formuliere eine metrische Beschreibung.

   Miezel, eine schlaue Katze,
   Molly, ein begabter Hund,
   Wohnhaft an demselben Platze,
   Hassten sich aus Herzensgrund.

   _____

   _____

4. Markiere und benenne das Reimschema der folgenden Gedichtstrophe.

   Schon der Ausdruck ihrer Mienen
   Bei gesträubter Haarfrisur
   Zeigt es deutlich: Zwischen ihnen
   Ist von Liebe keine Spur.

   _____

   _____

5. Vervollständige die folgende Gedichtstrophe, die zu den beiden letzten gehört. Achte dabei auf das richtige Metrum und den inhaltlichen Anschluss:

   Doch wenn Miezel in dem Baume,

   _____ entwich

   _____ im Traume

   _____ außer sich.

   (Wilhelm Busch: Hund und Katze, aus: Evelyne Polt-Heinzl/Christiane Schmidjell (Hrsg.): Das ABC der Tiere, Reclam Verlag, Stuttgart 2003, S. 55)

6. Die drei bisherigen Strophen gehören zum gleichen Gedicht. Verfasse eine oder mehrere Folgestrophen.

   _____   _____

   _____   _____

   _____   _____

   _____   _____

© Schöningh Verlag, Best.-Nr. 028876

Fünftes Kapitel: Lebenswelten

1. Grundsätzliche Überlegungen

Aufbau

Die erste Sequenz umfasst zwei Teilsequenzen, die Tiere in Menschenhand thematisieren. Der Einstieg erfolgt über ein literarisches, historisch verfremdetes Beispiel. Im Folgenden wird die Mensch-Tier-Beziehung aktualisiert.
Der zweite Teil des Kapitels stellt die Fabeln in den Mittelpunkt. Der Mensch tritt in diesen Stellvertretergeschichten nicht direkt in Aktion. Er kann aber aus dem typischen Verhalten der Tiere bzw. Pflanzen lernen.

I.1 Eine Tiererzählung – Wie Wörter zu Substantiven (Nomen) werden (Seite 174–179)

Die Beschäftigung mit dem Gedanken, wie wir Menschen mit der Natur bzw. Tieren umgehen, wird am literarischen Beispiel angeknüpft. Das Verhältnis zwischen Mensch und Hund entspricht noch immer unseren gegenwärtigen Idealvorstellungen, aber der dargestellte Umgang mit dem Tier wird heute kritisch hinterfragt. Was damals noch selbstverständlich den Unterschied zwischen Mensch und Tier ausmachte, wird heute unter der Prämisse der Schöpfung und des Mitgeschöpfs anders bewertet. Was damals als angemessener Umgang mit dem Hund betrachtet wurde, wird heute als Tierquälerei oder unangemessenes Verhalten angesehen. Während die Merkmale der Erlebniserzählung wiederholt und gefestigt werden, liegt der Schwerpunkt im **AB Sprachbewusstsein entwickeln** auf der Substantivierung der Verben und Adjektive.

I.2 Ein Tier halten – Recherchieren, argumentieren und andere überzeugen (Seite 179–191)

Der Hund ist das thematisch verbindende Element zwischen dem vorangegangenen literarischen und den folgenden Sachtexten. Viele Kinder wünschen sich ein Haustier, bes. einen Hund. Daher hat diese Argumentationssituation auch erzieherischen Charakter, wenn sich die Schülerinnen und Schüler damit auseinander setzen, ob sie wirklich in der Lage sind, einen Hund artgerecht zu halten. Der **AB Lesen/Umgang mit Texten und Medien** wird in dieser Teilsequenz an Sachtexten bzw. nonverbalen Texten (Schaubildern, Diagrammen, Tabellen) bearbeitet, aus denen Informationen zur Argumentation und Beschreibung gewonnen werden. Dadurch entstehen enge Verknüpfungen zu den **AB Sprechen** und **Schreiben.**

II.1 Von Tieren lernen – Fabeln als Stellvertretergeschichten verstehen (Seite 192–199)

Im Kontrast zu den informierenden Sachtexten stehen die nun folgenden Fabeln, womit auch hier der **AB Lesen/Umgang mit Texten und Medien** dominiert. Allerdings verlangen diese Texte einen anderen Umgang, denn sie wollen unterhalten und nachdenklich stimmen, indem sie zur Interpretation herausfordern. Aus dem Verhalten und den Eigenschaften der Protagonisten lassen sich Parallelen zum menschlichen Leben und Verhalten ziehen. Das eigene Handeln wird dadurch hinterfragt und reflektiert. Das Verrätseln allgemeingültiger Wahrheiten durch das Verlegen der Handlung ins fantastische Tierreich schafft die nötige Distanz und reizt zur Nachahmung. Nachdem die Bauweise der Fabeln dechiffriert worden ist, können die Schülerinnen und Schüler eigene Ideen ins Gewand der Fabeln kleiden. In diesem Zusammenhang ist die korrekte Anwendung des Präteritums von Bedeutung, weshalb sich gegen Ende der Teilsequenz der Schwerpunkt auf den **AB Sprachbewusstsein entwickeln** verschiebt.

II.2 Verrückte Tierwelt – Einzelwörter und Komposita trennen (Seite 202–207)

Dem Tier- bzw. Naturmotiv der Fabelwelt treu bleibend, beschäftigt sich die letzte Teilsequenz mit Fabel-, Gedicht- und Liedtexten. Nun rückt der **AB Schreiben** in den Vordergrund, wenn die Wort- und Silbentrennung auf der Grundlage der Wortbildung untersucht wird. Bei der Silbentrennung drängt sich das Arbeiten mit Liedern geradezu auf, bei denen Silben auf Töne verteilt werden. Das aus der Grundschule bekannte Klatschen oder Schwingen der Silben wird durch eine Melodie noch leichter begreifbar.

Zielsetzung

Die <u>pädagogische Zielsetzung</u> dieses Kapitels ist, den Schülerinnen und Schülern zu vermitteln, dass sie für sich und andere Verantwortung übernehmen, wenn sie z. B. ein Haustier halten oder anderen Menschen im Spiel oder bei der Arbeit begegnen. Sie sollen in die Lage versetzt werden, situationsgerecht zu argumentieren oder zu informieren. Dabei gilt es, aus den Stärken und Schwächen anderer durch die Vermittlung des literarischen Vorbilds (z. B. in der Fabel) zu lernen. So kann in der Klasse ein Lernraum geschaffen werden, in dem jede und jeder gemäß ihrer und seiner Fähigkeiten eigene Meinungen und angeeignetes Wissen einbringen kann. Dadurch wird das Unterrichtsgespräch und Vorformen der Präsentation geübt.

Die <u>fachliche Zielsetzung</u> des fünften Kapitels ergibt sich aus seiner Stellung im fortgeschrittenen Schuljahr. Viel bereits Gelerntes wird wieder aufgegriffen, ggfs. wiederholt und z. T. in neuem Kontext angewandt. Besonderes Augenmerk gilt hier der Recherchearbeit und der Arbeit mit dem PC. Dabei werden folgende Kompetenzen besonders gefördert:

a) Arbeitsbereich Sprechen
Die Schülerinnen und Schüler können
- situationsgerecht Umgangssprache, Mundart und Standardsprache verwenden [1]
- aufmerksam zuhören, Sprechabsichten erkennen und sach-, situations- und adressatenbezogen auf andere eingehen [2]
- auf den Kommunikationspartner eingehen und Konflikte sprachlich lösen [4]
- Gedanken, Wünsche und Meinungen angemessen und verständlich artikulieren [5]
- in einfachen Kommunikationssituationen argumentieren und begründet Stellung beziehen [6]
- Informationen beschaffen (aus Lexika, Bibliotheken, durch einfache Recherche mit dem Computer) [10]
- Informationen adressatenbezogen weitergeben. Sie erproben dabei auch einfache Formen der Präsentation und Visualisierung. [11]
- [...] in einfacher Weise Personen, Gegenstände und Vorgänge beschreiben [12]

b) Arbeitsbereich Schreiben
Die Schülerinnen und Schüler können
- Texte in einer gut lesbaren Schrift und einer ansprechenden Darstellung verfassen [23]
- einfache Schreibstrategien einsetzen [24]
- eine Erzählung sinnvoll aufbauen [28]
- Techniken des Erzählens anwenden (Erzählperspektive, äußere und innere Handlung, Dehnung und Raffung, Dialog) [29]
- nach literarischen Mustern erzählen [30]

- Textvorgaben ausgestalten [31]
- Informationen beschaffen und adressatenbezogen weitergeben [33]
- in einfacher Weise Personen, Gegenstände und Vorgänge beschreiben [35]
- Sprache spielerisch verwenden [36]
- nach Schreibimpulsen schreiben [37]
- die Grundregeln der Rechtschreibung anwenden ([...] gleich und ähnlich klingende Laute, [...], Großschreibung, Silbentrennung) [39]

c) Arbeitsbereich Lesen/Umgang mit Texten und Medien
Die Schülerinnen und Schüler können
- die Möglichkeiten einer Bibliothek nutzen [46]
- gezielt Informationen aus Texten, Bildern, Tabellen und Grafiken entnehmen und in eigenen Worten wiedergeben [49]
- ihren ersten persönlichen Eindruck wiedergeben, Unklarheiten klären und Fragen an den Text stellen [50]
- sich im Gespräch über einen Text verständigen und ihre Aussagen am Text belegen [51]
- die Textarten Erzählung, [...], Fabel, [...] Gedicht, Bericht, Beschreibung unterscheiden und dabei wesentliche Gattungsmerkmale berücksichtigen [53]

d) Arbeitsbereich Sprachbewusstsein entwickeln
Die Schülerinnen und Schüler können
- die Wortarten Verb, Substantiv, [...], Adjektiv, [...] und Adverb unterscheiden und ihre wesentlichen Leistungen benennen [63]
- zwischen infiniten und finiten Verbformen, starken und schwachen Verben unterscheiden. Sie beherrschen das Formensystem der Verben. [64]
- die grammatischen Zeiten (Tempora) verwenden und ihre Funktionen beschreiben [65]
- Substantivierungen erkennen [68]
- Hauptsätze und Nebensätze unterscheiden [74]
- Wörter gleicher Herkunft in Wortfamilien zusammenfassen. Sie erkennen dabei Wortbausteine und nutzen ihr Wissen bei der Rechtschreibung. [78]
- Möglichkeiten der Wortbildung (Zusammensetzung, Ableitungen mit Präfixen und Suffixen) unterscheiden [79]
- die entsprechenden grammatischen Fachbegriffe verwenden [80]

Das fünfte Kapitel fördert die **Methodenkompetenz** durch
– das Anlegen und Verwenden eines Clusters
– das Verbessern von Fehltertexten
– das Anfertigen einer Parallelgestaltung
– das Verbalisieren eines Schaubilds
– die Präsentation von Ergebnissen
– die Internetrecherche
– die Bildrecherche
– die Buchrecherche
– die Inszenierung einer komplexen Situation

Die erste **Trainings-Doppelseite** des fünften Kapitels fordert die Verwendung der verschiedenen Tempora am Beispiel der Fabel ein. Die zweite wiederholt spielerisch die im Kapitel aufgearbeiteten Rechtschreibprobleme (Konjunktion „dass", Substantivierung, ähnlich klingende Laute, Silbentrennung, Satzzeichen).

2. Erläuterungen und Lösungsvorschläge

Übersicht zur Teilsequenz I.1 (Seite 174 – 179)

I. Tiere in Menschenhand
1. Eine Tiererzählung – Wie Wörter zu Substantiven (Nomen) werden

Texte/Bilder	Sprechen	Schreiben	Texte und Medien	Sprachbewusstsein entwickeln	Methoden
1. London: Ruf der Wildnis	• adressatenbezogen informieren	• schriftliches Erzählen • kreatives Schreiben • Großschreibung	• Tiererzählung • Erlebniserzählung	• **Substantivierung** (1)	• Visualisierung: Cluster
2. Bucks Herkunft		• Großschreibung	• Tiererzählung	• **Substantivierung** (2)	• Fehlertext verbessern
3. Der Schilderwald		• Großschreibung	• Ge- und Verbote	• **Substantivierung** (3)	• Parallelgestaltung
4. Aus Substantiven können auch Adjektive werden		• Laufdiktat		• Adjektivbildung durch Ableitung	

Lösungsvorschläge

Bilderläuterungen:

Die Auftaktseiten illustrieren das Kapitelthema anschaulich: Der Mensch (hier: das Kind in der fünften Klasse) nimmt Kontakt zur Natur (hier: zu einem Haustier) auf. Der Blickkontakt zeigt die intensive Beschäftigung miteinander. Ein Geben und Nehmen kann die Folge sein, ein Lernen voneinander. Folgerichtig schließt sich an die Darstellung des Verhältnisses zwischen Mensch und Hund in der ersten Sequenz die zweite mit der literarischen Gattung der Fabel an.

Seite 176

Texterläuterungen:

Der naturalistisch[1] ausgerichtete amerikanische **Kurzroman** *The Call of the Wild* von Jack London erschien 1903 und bildet zusammen mit den Kurzgeschichten über das Leben[2] in Alas-

---
[1] Propyläen Geschichte der Literatur. Literatur und Gesellschaft der westlichen Welt. Frankfurt a. M. (Ullstein, Propyläen), 1988. Bd. 5: Das bürgerliche Zeitalter 1830–1914, S. 274.
[2] Z.B.: The Son of the Wolf (1900), White Fang (1906).

ka einen „informellen Zyklus"³ über die Erfahrungen des Autors als Goldgräber im Klondike-Gebiet (1897/98): Leben in einer Abenteurergesellschaft, Umgang mit Hunden und Wölfen, Überleben in der Eiswüste.

The Call of the Wild ist eines der besten und erfolgreichsten Werke Londons, das heute vorwiegend als **Jugendbuch** gelesen wird. Beeinflusst ist dieses Werk nicht nur von Darwins Evolutionstheorie, sondern auch von Kiplings *Jungle Book* (1894), besonders von den darin enthaltenen Mowgli-Geschichten.

Es darf aber nicht als harmlose Tier- oder Abenteuergeschichte unterschätzt werden, da sie stark anthropomorphisierende Züge aufweist. Der an Müßiggang gewöhnte Haushund wird in die brutale Welt der Schlittenhunde entführt und muss hart arbeiten und sich im Überlebenskampf gegen Artgenossen, grausame Besitzer und die Unbilden der Natur durchsetzen. Dabei beweist er sich durch Mut, Stärke und Schlauheit. Seine Liebe und Anhänglichkeit zu seinem freundlichsten Herrn, John Thornton, beweist der Hund Buck diesem, indem er ihm einmal das Leben rettet und ihn, als er bei einem Indianerüberfall ums Leben kommt, an seinen Mördern rächt. Die Entwicklung vom Haus- zum Wildtier, dessen unzivilisierte Instinkte noch durch die Bindung an seinen Herrn Thornton gebremst wurden, nimmt nun ihren Lauf: Buck wird Anführer eines Wolfsrudels. Damit gesellt sich zum Entwicklungs- noch ein Individuationsprozess: Dem (sozial)darwinistischen⁴ Prinzip der Rangordnung wird der Vorzug von einer menschlichen Gesellschaft mit ihren durchaus konträren Möglichkeiten gegeben.⁵ Gegenüber anderen Erzählungen Londons, wie z. B. *Batard* (erschienen in *The Faith of Men*, 1904), geht es nun nicht mehr lediglich um die „atavistische[r] Regression"⁶ (aus der Zivilisation zurück in die Natur), sondern auch um die fortschrittliche „Entwicklung zu einem vollwertigen Tierleben hin (Initiation und Integration in die Tierwelt)".⁷

Dieses Handlungs- und Weltmodell übertrug Jack London in späteren Werken auf das menschliche Zusammenleben, besonders in *The Sea-Wolf* (1904). Damit beschreiten seine zentralen Figuren denselben Weg wie viele andere amerikanische Romanhelden des 19. und 20. Jahrhunderts, „die vor der Zivilisation ebenfalls in die natürliche Ordnung fliehen und einen (auch gesellschaftlichen) Neubeginn versuchen".⁸

Der hier gewählte Auszug paart Elemente des Lapidaren mit ansteigender Spannung, die besonders durch die prahlerische Rede und Gegenrede, Gesprächspausen und den Erzählfluss hemmende Einschübe (Kaufangebot, Wetten, Beschreibung Bucks und Thorntons) aufgebaut wird.

Das Tier wird als Medium menschlichen Fehlverhaltens missbraucht; es dient der Befriedigung egoistischer Großmannssucht.

Mit Fünftklässlern können sowohl Elemente der Spannung (z. B. in einer **Spannungskurve** veranschaulicht) untersucht als auch im Unterrichtsgespräch die **Textaussage** ermittelt werden. Der Text kann als HA zum Vorlesen vorbereitet werden. Die **Lesestaffel** kann hier sinnvoll und gewinnbringend eingesetzt werden, denn die Schülerinnen und Schüler überlegen sich dabei schon mögliche Sinnabschnitte und beginnen so mit einer rudimentären Gliederung dieses langen Textes.

1 Diese Aufgabe stellt eine Variante zum Schreiben eines Übersichtssatzes dar. Der Inhalt der Geschichte muss vergegenwärtigt werden. Allerdings erhalten die Schülerinnen und Schüler eine Hilfestellung durch die angebotenen Überschriften, die verschiedene Schwerpunkte setzen bzw. das Geschehen aus unterschiedlichen Perspektiven betrachten.

Der erste Vorschlag bleibt im Beliebigen und würde auf viele Hundegeschichten passen. Der zweite verlässt scheinbar die Mensch-Hund-Beziehung und konzentriert sich auf die zwischenmenschlichen Geschehnisse, auf die der Hund aber dann wesentlichen Einfluss nehmen wird. Die dritte Überschrift betrachtet die historische Tiererzählung mit modernen Augen und erkennt, dass wir heute nicht mehr den gleichen Umgang mit Tieren pflegen wie die Menschen früherer Zeit. Während damals eine deutlich hierarchische Stufung betont worden ist, tendieren wir heute im Gegensatz dazu zu einer Vermenschlichung unserer Haustiere, die dem Tier ebenfalls nicht gerecht wird.

Ein den Inhalt der Tiererzählung interpretierendes Unterrichtsgespräch entwickelt sich aus den verschiedenen Argumenten für oder gegen bestimmte Überschriften. Dennoch sollte noch der Überblick über den Gesamttext im Vordergrund stehen, nicht das detaillierte Deuten einzelner Passagen.

2 Den Schülerinnen und Schülern wird mit dieser Aufgabe Gelegenheit gegeben, ihre modernen Vorstellungen vom Umgang mit Tieren zu formulieren. Sie mischen sich in die Handlung ein im Stil des **eingreifenden Lesens**, das die **gestaltende Interpretation** vorbereitet. Man kann diese Stelle auch für ein szenisches Spiel nützen.

Wichtig ist, dass sich die Schülerinnen und Schüler die vom Text vorgegebene Situation vergegenwärtigen und sich der daraus resultierenden Vorgaben bewusst werden. Sie werden so an die Textarbeit herangeführt. Fantasie allein genügt nicht, die Vorschläge müssen sich an der gegebenen Situation messen lassen.

Man könnte beispielsweise nach Z. 25 in die Handlung eingreifen und versuchen, die Situation zu deeskalieren. Thornton ist „in seinem eigenen Bluff gefangen" (Z. 17f.) und sollte trotzdem sein Gesicht wahren können. Matthewsons Beutel Goldstaub liegt provokativ auf dem Tisch. Vielleicht könnte man laut lachend dem einen zu seinem schönen Hund gratulieren und dem anderen seinen Beutel zuschieben und für alle etwas zu trinken bestellen.

3 Die Aufgabe gibt die Bezeichnung der Textsorte vor (**Erlebniserzählung**). Der Cluster weist auf einige spezifischen Merkmale hin und unterstützt die Schülerinnen und Schüler bei der Visualisierung eines komplexen Sachverhalts. Diese vervollständigen den Cluster und weisen die verschiedenen Merkmale am vorliegenden Text nach. So werden sie an die analytische Textarbeit herangeführt, sie arbeiten selbstständig und werden mit Lern- und Arbeitsstrategien bekannt gemacht. Sie erkennen, dass einer Bewertung eine gründliche Untersuchung vorangehen muss.

Der Cluster könnte folgendermaßen ergänzt werden:

TA

Cluster um „Erlebniserzählung" mit folgenden Ästen: Höhepunkt; Z. 1-3: Ort, Thema genannt; Einleitung; Raffung; ...; Dehnung; Hauptteil; ...; Schluss; Spannung; ...

---
³ Kindlers Neues Literatur-Lexikon, hrsg. v. Walter Jens, Kindler, München, 1988, Bd. 10, S. 560.
⁴ Propyläen, S. 274.
⁵ Kindlers, S. 561.
⁶ ebd.
⁷ ebd.
⁸ ebd.

Die Punkte deuten an, wo die Textbelege (s. Tabelle unten) angeführt werden können.

Merkmale der Erlebniserzählung	im Text
Einleitung	Z. 1–3: Ort, Thema genannt Z. 3–8: Hinführung zum Konflikt/zur Auseinandersetzung
Hauptteil	Z. 9–116: Der Konflikt/die Auseinandersetzung (hier: die Wette) wird geschildert.
Schluss	fehlt hier!
Höhepunkt	Z. 114ff.: Die Spannung ist am größten.
Dehnung	Z. 9–12: Wiederholung der Bedingungen Z. 17–25: Der Schrecken wird ausgemalt (z.T. mit innerem Monolog, z.T. Situationsbeschreibung). Z. 37–43: ausführliche Situationsbeschreibung Z. 52–57: kaum Nebensätze, eine Art innerer Monolog Z. 66–75: Beschreibung Bucks verzögert den Fortgang der Erzählung Z. 109–114: ausführliche Beschreibung Z. 68f., 76–78, 92f., 107f., 116: Verzögerung durch Beschreibung der Zuschauerreaktionen
Raffung	Z. 2f.: Die Prahlereien könnten ausführlich erzählt werden.
Spannung	sehr spannend durch die häufige Dehnung des Geschehens

Die Merkmale der Erlebniserzählung sind somit erfüllt, die Spannung ist groß, wodurch eine positive Bewertung gerechtfertigt ist.
Dass der Schluss fehlt, kann die Schülerinnen und Schüler zu eigenen Entwürfen anregen. Das Original ist als Kopiervorlage **K 1** im LB, S. 149 zu finden.

4 Die Schüler lernen **substantivierte Verben bzw. Adjektive** kennen und achten auf die Wortumgebung.

Zeile	Substantivierung	Umgebung	Wortart
Z. 48	das Losreißen	bestimmter Artikel	Verb
Z. 64	ohne Zögern	unbestimmte Mengenangabe	Verb
Z. 67	etwas Großes	unbestimmte Mengenangabe	Adjektiv
Z. 103	ein Knistern	unbestimmter Artikel	Verb
Z. 105	das Knistern	bestimmter Artikel	Verb
Z. 106	zum Knacken	(Präposition +) bestimmter Artikel	Verb

Seite 178

1 Die Einteilung in verschiedene Arbeitsgruppen mit kleinen Textabschnitten begrenzt die vom Schüler zu bewältigende Stoffmenge, und dennoch wird der gesamte Text besprochen. Indem die Schülerinnen und Schüler bei jedem Zweifel an der Groß- bzw. Kleinschreibung die Regeln wiederholen, prägt sich dies allmählich schon im Laufe des Unterrichts ein, was durch HA und weitere Übungen vertieft werden kann (siehe **K 3**, LB, S. 150).
Als verbindliche Lösung kann **K 2** (siehe LB, S. 149) auf Folie kopiert dienen (die Randspalte abdecken!), indem Wort für Wort die Groß- oder Kleinschreibung überprüft wird.

2 Nachdem mit Aufgabe 4 (SB, S. 176) auf das Problem der Substantivierung aufmerksam gemacht und dieses Phänomen im Lernkasten (SB, S. 177) erklärt worden ist, erproben die Schülerinnen und Schüler nun das Gelernte im Textzusammenhang.
Sie unterstreichen die Substantivierungen in ihren abgeschriebenen Textpassagen und notieren die Wortumgebung, indem sie die Tabelle übernehmen (vgl. Randspalte der **K 2**, LB, S. 149)

3 Denkbar wären Sätze, wie:
Das Tragen von Hunden ist zu unterlassen.
Das Mitbringen großer Hunde kann nur bei Einhaltung des Leinenzwangs gestattet werden.
Die Schülerinnen und Schüler könnten darauf kommen, dass solche Sätze „gestelzt" wirken. Das kann damit erklärt werden, dass die Substantivierung meist in Gebrauchsanweisungen bzw. in der Fachsprache verwendet wird, wobei Sachverhalte jeweils möglichst knapp und präzise dargestellt werden sollen.

Seite 179

4a/b Treten Substantivierungen in einem Text gehäuft auf, spricht man von einem **Nominalstil**. Dieser erinnert an Fachsprache, verkürzte Ausdrucksweise (vgl. im SB, S. 178/Text 3) oder das sog. „Beamtendeutsch", wirkt weniger elegant als spröde. Deshalb wird man in der **Aufsatzerziehung** die Verwendung von Substantivierungen eher vermeiden wollen, auch wenn deren Behandlung aus orthographischen Gründen notwendig ist.
Guter Ausdruck im Aufsatz zeichnet sich auch durch Abwechslung aus: Um Wortwiederholungen zu vermeiden, kann es sinnvoll sein, aus Substantiven Adjektive zu bilden, was hier geübt wird.

Substantiv	-lich	-ig
Schwester	schwesterlich	
Bruder	brüderlich	
Ecke		eckig
Ekel		ek(e)lig
Tod	tödlich	
Welle		wellig
Nerven		nervig
Sache	sachlich	
Stachel		stach(e)lig
Hügel		hüg(e)lig
Güte		gütig
Eile		eilig
Wald		waldig
Wahnsinn		wahnsinnig
Herrschaft	herrschaftlich	
Vorbild	vorbildlich	
Flecken		fleckig
Winter	winterlich	
Sommer	sommerlich	

5a/b Die Schülerinnen und Schüler lassen sich von den gesammelten Adjektiven zu einer abenteuerlichen Geschichte anregen. Sie achten auf die Kleinschreibung der Adjektive und unterscheiden sie von substantivierten Adjektiven.

Die Arbeitsergebnisse werden zur Abwechslung als Diktat ausgetauscht. Die Konzentrationsfähigkeit wird durch das Laufdiktat besonders trainiert.

Übersicht zur Teilsequenz I.2 (Seite 179 – 191)

I. Tiere in Menschenhand
2. Ein Tier halten – Recherchieren, argumentieren und andere überzeugen

Texte/Bilder	Sprechen	Schreiben	Texte und Medien	Sprachbewusstsein entwickeln	Methoden
1. Heimtiere in Deutschland	• ein Schaubild versprachlichen		• **Schaubild** (1): Diagramm	• verschiedene Möglichkeiten der Versprachlichung erproben	• Visualisierung • **ein Schaubild (Diagramm) anfertigen**
2. Ich hätte so gerne einen Hund!	• Wünsche angemessen formulieren • ein Streitgespräch vorbereiten und durchführen • Rollenspiel	• Zeichensetzung (Satzgefüge)	• Streitgespräch	• **Kausalsatz** (1)	• Gesprächsführung • Ergebnispräsentation als Rollenspiel
3. Mach dir ein Bild!	• sich informieren	• ein Tier beschreiben (1)			• **Recherche** (1): Internet-, Bildrecherche
4. Mein Lieblingshund		• ein Tier beschreiben (2)		• anschauliche Adjektive • Aufbau einer Beschreibung	• ein Schülerbeispiel verbessern
5. Ein Hund in einer Erzählung		• ein Tier beschreiben (3)	• Novelle	• anschauliche Adjektive • Aufbau einer Beschreibung	• ein literarisches Beispiel untersuchen und bewerten
6. Ein Besuch in der Bibliothek			• **Sachtext** (1)		• **Recherche** (2): Bibliothek
7. Der familienfreundliche Hund	• sich und andere informieren		• **Sachtext** (2)		
8. Das Internet gibt Auskunft	• sich und andere informieren		• **Sachtext** (3)		• **Recherche** (3): Internetrecherche
9. Tierische Gesellschaft	• sich und andere informieren		• **Schaubild** (2)		
10. Ein Schaubild lesen und verstehen	• sich und andere informieren		• **Schaubild** (3)		
11. Wie viele Hunde leben ungefähr in den einzelnen Ländern?	• sich und andere informieren		• **Schaubild** (4): Statistik		
12. Ein Brief an Oma			• persönlicher Brief	• **Adverbien** (1)	
13. Das Haus der Wörter				• **Adverbien** (2)	
14. Es gibt L..te, die tragen ihre M..se …				• gleich- und ähnlich klingende Laute (1)	
15. das „äu-eu-Memory"		• Rechtschreibung		• gleich- und ähnlich klingende Laute (2)	• spielerisches Üben

Fünftes Kapitel: Lebenswelten 135

Lösungsvorschläge

Seite 179

1 Der Moderationstext führt grundlegende Argumente für die Tierhaltung auf (Nahrung, Kleidung, Hüte- und Jagdtätigkeit), die auch heute noch gelten. Außerdem könnten genannt werden:
- spezialisierte Hilfe (Spür-, Such-, Schutz- und Blindenhunde, Brieftauben, Schweine zur Trüffelsuche, Delfine und Robben als Minensucher, Falken und Frettchen zur Jagd)
- Dekoration (Zierfische und -vögel, Schlangen, Frösche, Kröten und Echsen)
- Sport/Wettkampf (Rennpferde, Laufhunde; Kampfhähne und -hunde, was allerdings als Tierquälerei anzusehen, in anderen Ländern aber durchaus alltäglich ist)
- Pädagogik (Kinder übernehmen Verantwortung, bauen eine Beziehung auf)
- Therapie (Körperbeherrschung und Muskelstärkung beim Reiten und Voltigieren).

2 Verschiedene Ausdrucksmöglichkeiten können an der Tafel gesammelt werden. Da die sprachliche Umsetzung sicherlich vielen Schülerinnen und Schülern schwer fällt, kann man drei Sätze auswendig lernen lassen.

TA

Ein Schaubild in Worte fassen

In Deutschland werden 4,7 Millionen Hunde gehalten.
Außerdem leben in diesem Land 6,9 Millionen Katzen.
In Deutschland gibt es (existieren) 3 Millionen Aquarien.
Die Deutschen halten 4,9 Millionen Ziervögel.
Neben Hunden, Katzen, Fischen und Ziervögeln leben 5,7 Millionen weitere Kleintiere in deutschen Haushalten.

3a Rangfolge der Häufigkeit:
6,9 Millionen Katzen
5,7 Millionen Kleintiere
4,9 Millionen Ziervögel
4,7 Millionen Hunde
3,0 Millionen Aquarien (mit einer unbekannten Zahl an Fischen!).

3b/c Die Schülerinnen und Schüler reflektieren Möglichkeiten der Visualisierung. Die Vorschläge sollen das schnelle Erfassen des Inhalts ermöglichen (Größe, Vergleich). Z. B.:
- entsprechende Tiere in verschiedenen Größen

- Säulendiagramm

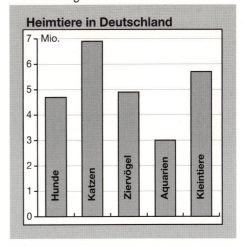

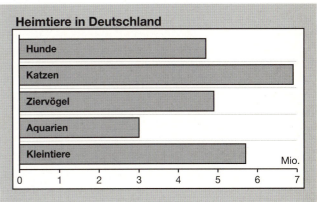

- Kuchen- oder Kreisdiagramm

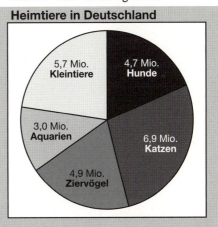

Die Schülerinnen und Schüler vergleichen die verschiedenen Darstellungsformen:
Säulendiagramme lassen eher die absolute Menge erahnen.
Kuchendiagramme zeigen eher, in welchem Verhältnis die verschiedenen Teile zueinander stehen.
Bilder verwirren eher, da sie ungenau sind.
Die Schülerinnen und Schüler überlegen, welche Skalierung sinnvoll sind (1, 2, 3 ... oder 2, 4, 6 ... oder 0,5, 1, 1,5 ...).
Je nach Computerprogramm ist das Erstellen eines Diagramms relativ einfach. Nur die Beschriftung der Achsen kann Probleme bereiten. Ggf. müssen Zusätze wie „in Mio." ergänzt werden.

Seite 180

1a–d Vorbereitung: Es werden Karteikarten in zweierlei Farben und Tapeten, Pinnwände o. Ä. in der Anzahl der arbeitenden Gruppen zur Verfügung gestellt. Später werden entsprechende Befestigungsmaterialien benötigt.

Die Schülerinnen und Schüler lernen eigene Wünsche und Gedanken angemessen zu formulieren. Sie achten beim **Argumentieren** besonders auf Begründungen und verwenden dazu **Kausalsätze**. Sie üben sich außerdem in Gruppenarbeit und lernen eine Methode zur Vorbereitung eines Streitgesprächs kennen. Die Vorstellung der Arbeitsergebnisse in Form eines Rollenspiels bietet sich an, weil sich dabei rasch zeigt, ob die Argumente, Einwände und Gegenargumente überzeugen. Außerdem wird damit eine Abwechslung in der Methode einer Ergebnispräsentation dargestellt. Zu beachten ist, dass die Schülerinnen und Schüler nachfragen, wenn sie etwas nicht verstanden haben, dass sie jeder Gruppe eine Rückmeldung darüber geben, ob das vorgestellte Gespräch wirklich so ablaufen könnte. Einige Argumente werden sicherlich mehrfach genannt. Am Schluss kann man die Doppelungen aussortieren und das Gespräch mit den Eltern neu gestalten, indem versucht wird, alle gesammelten Argumente in sinnvoller Reihenfolge zu verwenden.

2 Der Impuls regt die Schülerinnen und Schüler an, das obige Vorgehen zu reflektieren. Wenn man sich mögliche Einwände oder Gegenargumente im Voraus überlegt, kann man bereits bei seiner eigenen Argumentation darauf eingehen und dem Gesprächsgegner den Wind aus den Segeln nehmen.

3a/b Begründungen werden meist als Kausalsätze formuliert. Beim Unterstreichen werden diese mit dem dazu gehörigem Komma erkannt.

Seite 181

1 Die beiden aus dem Rahmen fallenden Bilder zeigen ein Hotdog (wörtlich: heißer Hund) und Präriehunde, gesellig lebende Nagetiere. Die Schülerinnen und Schüler lernen, dass Suchmaschinen die eingegebenen Suchbegriffe im weiteren Sinne auslegen, sodass eine große, manchmal nicht überschaubare Menge an Treffern erzielt wird. Deshalb ist es bei der **Internetrecherche** sinnvoll, weitere Stichworte einzugeben oder den Begriff zu präzisieren (z. B. Haushunde, Hunderassen), um die Auswahl einzuengen.

2a/b Bei diesem induktiven Vorgehen entwickeln die Schülerinnen und Schüler selbst Kriterien für eine gelungene Beschreibung. Sie bewerten die Ergebnisse ihrer Mitschüler und begründen ihre Meinung.

Seite 182

3 Bewertung des Schülerbeispiels:

TA	Bewertung des Schülerbeispiels
gelungen	verbesserungsfähig
Fachbegriffe („Hängeohren", Z. 1; „Fang", Z. 3; „tiefer [Brustkorb]", Z. 7; „Jagdhund", Z. 8)	umgangssprachlicher Ausdruck („recht kuschelig", Z. 2)
wichtige Details (z. B. Fell, Größe, Verwendung)	Ausdruck: Doppelung („nicht sehr klein, sondern eher größer", Z. 2f.)
korrekter Satzbau	unpräziser Ausdruck („nicht nur eine Farbe", „an seinen vier Beinen etwas länger [...] Schwanz", Z. 5–7)
korrekte Rechtschreibung und Zeichensetzung	chaotischer Aufbau (Ohren, Fell, Größe, Augen ...)

4 Eine gelungene Beschreibung stellt zuerst den Gegenstand/die Person/das Tier vor und geht vom Groben ins Detail. So kann sich der Zuhörer/Leser ein Bild vom Beschriebenen machen. Hier z. B.:

5 Besonders Adjektive wirken anschaulich, da sie Größe, Beschaffenheit, Farbe usw. treffend beschreiben. In der Vorstellung des Zuhörers/Lesers entsteht somit ein präzises Bild.

6 Dass dieser Auszug aus *Krambambuli* von Marie von Ebner-Eschenbach (1830–1916) stammt, wird nicht weiter thematisiert, weil nicht der literarische Text, sondern die Beschreibung, ein sachlicher Text, im Vordergrund stehen soll. Außerdem wird diese Erzählung erst in höheren Klassen gelesen.
In einer ersten inhaltlichen Annäherung an den Text suchen die Schülerinnen und Schüler Belege für bzw. gegen die These derselben Rasse. Sie wenden dabei die Regeln der Argumentation an und bilden Kausalsätze.

7 Nun folgt die Feinanalyse unter den vorgegebenen Gesichtspunkten. Eine Tabelle ermöglicht einen übersichtlichen Vergleich:

	Melanies Text	Die Erzählung
Aufbau		
Wortarten	Adjektive (z. B. „klein", Z. 2) Substantive als Fachbegriffe (z. B. „Hängeohren", Z. 1)	Adjektive (z. B. „groß", Z. 7) Substantive als Fachbegriffe (z. B. „Abzeichen", Z. 5)
Ausdruck (Stil)	anschaulich beschreibend (z. B. „langen Schwanz", Z. 6f.) Fachsprache (z. B. „Fang", Z. 3)	anschaulich beschreibend (Z. 5–7) Fachsprache (z. B. „Witternase", Z. 10) Fremdwörter („Piedestal", Z. 11)

Als weiteres Übungsmaterial oder zur Binnendifferenzierung kann **K 4**, LB, S. 151 eingesetzt werden.

Seite 183

1

TA	Informationssuche in der Bibliothek

– das Schlagwort („Hund") im Zettelkasten oder am PC suchen
– auf einem Notizzettel die Standortbezeichnung (Buchstaben und Zahlen) der in Frage kommenden Bücher notieren
– sich in der Bibliothek orientieren, um das gesuchte Regal zu finden
– die notierten Bücher anschauen und die wichtigsten auswählen
– im Lesesaal bzw. am Arbeitsplatz die Bücher durchblättern und Notizen machen oder die Bücher ausleihen, um sie zu Hause zu bearbeiten

Fünftes Kapitel: Lebenswelten **137**

Seite 184

2a–d Nachdem die Schülerinnen und Schüler nun wissen, wie man beim Recherchieren vorgehen muss, unternehmen sie den praktischen Versuch in einer Bibliothek. Auch kleine Büchereien sollten dieser einfachen ersten Annäherung an eine Rechercheaufgabe gewachsen sein.
Gegenüber den vorherigen Überlegungen stellt diese Aufgabe eine zusätzliche Anforderung, da sich die Schülerinnen und Schüler zunächst über die verschiedenen Hunderassen informieren müssen, um dann eine ihrer Einschätzung nach seltene, eher unbekannte Rasse auszusuchen.
Für die Ermittlung des Recherchekönigs empfiehlt sich folgendes Vorgehen:
Auf einem Wandplakat werden alle erarbeiteten Hunderassen gesammelt. Die Mitschülerinnen und Mitschüler kreuzen die zweite Spalte an oder schreiben auf eine Karteikarte, was sie über diese Rasse wissen. Diese Information wird verdeckt in die dritte Spalte gepinnt.

Hunderasse	kenne ich nicht	darüber weiß ich
Neufundländer	...	...
...	...	...

Nach dem Vortrag der Rechercheergebnisse vor der Klasse oder in Arbeitsgruppen, werden die verdeckten Karten vorgelesen. Die Klasse/Gruppe entscheidet, ob diese Hunderasse als sehr bekannt, wenig bekannt oder unbekannt gelten darf. Die Gruppensieger treten dann im Plenum gegeneinander an. Die Klasse kürt den Recherchekönig.

3 Die Schülerinnen und Schüler reflektieren ihr Vorgehen und fertigen eine **Vorgangsbeschreibung** an, wodurch sich das neu erworbene Wissen festigt. Der Aufbau kann sich am Tafelanschrieb zu SB, S. 183/Aufgabe 1, orientieren, sollte aber eigene Erfahrungen widerspiegeln.

Seite 185

Aus Platzmangel können im Buch nur zwei Beispiele abgedruckt werden. Es ist sinnvoll, weitere zwei bis drei Hunderassen in den Vergleich mit aufzunehmen, evtl. solche, die bereits recherchiert worden sind (SB, S. 184/Aufgabe 2).

4a Weitere Fragen könnten lauten:
– Ist der Hund anfällig für bestimmte Krankheiten?
– Besteht ein besonderer Pflegeaufwand (Fell, Auslauf ...)?
– Warum passt dieser Hund besonders gut zu unserer Familie?
– Wie viel kostet ein Welpe dieser Rasse?
– Wie hoch ist die Hundesteuer in der Heimatgemeinde?

4b Informationen finden die Schülerinnen und Schüler in Sachbüchern (Bibliotheken), im Internet oder durch Befragung (Interview) von Experten (Hundehalter im Bekanntenkreis oder Mitarbeiter im Tierheim oder in einer Tierhandlung).

5 Die bisher geleistete Recherchearbeit wird zu einem Vergleich genutzt. Die gesammelten Informationen werden dabei unter bestimmten Aspekten zusammengestellt. Damit üben die Schülerinnen und Schüler die wichtige Arbeitstechnik des **Exzerpierens.**

6 Das Hundequartett ist eine spielerische Variante einer reduzierten Präsentation. Man kann die Karten am Computer gestalten lassen und dabei das Tippen, Formatieren und Einfügen von Bildern üben.

Seite 186

7 Die Schülerinnen und Schüler erkennen Gemeinsamkeiten und Unterschiede der verschiedenen Informationsquellen und lernen, ihre Vor- und Nachteile einzuschätzen.

TA

Sachbücher	Bewertung		Internet
Texte und Bilder	ähnlich/gleich		Texte und Bilder
Stichwortverzeichnis am Ende des Buches mit Seitenverweisen	aufwändiges Blättern	schnelles Weiterklicken, Hilfe beim Finden weiterer Stichwörter	wichtige Stichwörter und weitere Adressen zum Anklicken
begrenzte Auswahl an Büchern	übersichtliches Arbeiten	Gefahr, in der Fülle den Überblick zu verlieren	ungeheure Mengen an Information
aus der Bibliothek	größerer Zeitaufwand (Weg), aber für jeden zugänglich	jederzeit von der Schule oder Zuhause aus arbeiten, aber nicht jeder hat zu Hause einen Internetanschluss	am PC
Bücher können über längere Zeit ausgeliehen werden.	Die Arbeit kann leicht unterbrochen und wieder aufgenommen werden, indem man die wichtigen Seiten mithilfe eingelegter Zettel markiert oder die Abschnitte mithilfe von Klebezetteln.	Die Wiederanknüpfung an eine unterbrochene Arbeit ist schwieriger, da man die gelesenen Stellen nicht markieren kann.	Die im Internet verbrachte Zeit kostet Geld.
Exzerpte anfertigen	aufwändiger, später muss eine Reinschrift angefertigt werden	leichter, schneller, eine saubere Darstellung mit Bildern lässt sich ohne viel Mehraufwand bewerkstelligen	Stellen markieren und kopieren
Bücher können veraltet sein.	ist bei diesem Thema unwahrscheinlich	bereits gefundene Seiten können aus dem Netz genommen und somit nicht mehr zugänglich sein, aber neuere Forschungsergebnisse oder aktuelles Zahlenmaterial ist abrufbar	Das Internet wird ständig überarbeitet.

8 Die Schülerinnen und Schüler erproben am besten in Arbeitsgruppen die Internetrecherche, da Versierte den anderen leicht Hilfestellung leisten können. Das **Arbeiten im Team** wird dabei geübt.

Seite 187

1 Die Schülerinnen und Schüler sollten auch überlegen, was man unter „Bedarfsartikel und Zubehör" verstehen kann, nämlich z. B. Vogelkäfig, Badevorrichtung, Katzenklo, Kratzbaum, Hundeleine ...

2 Hunde stehen zwar an vierter Stelle der am häufigsten gehaltenen Haustiere, bei den Kosten jedoch an zweiter. Daraus lässt sich ableiten, dass Hundehaltung, abhängig von der Größe des Tieres und seiner Ausstattung, teuer werden kann. Folgekosten der Hundehaltung sind z. B. Versicherung, Tierarzt, Haltevorrichtungen im Auto (Netz oder Gurte), Hundehütte, evtl. Regenmäntelchen ...

3 Passende Überschriften sind:
– Hunde- und Menschenjahre
– Hundealter in Menschenjahre umgerechnet
– Vergleich des Alters von Hund und Mensch.

4 Die Schülerinnen und Schüler lesen eine Spalte der tabellarischen Grafik in einer sinnvollen Reihenfolge, z. B.: Der Hund einer Riesenrasse mit 4 Jahren entspricht altersmäßig einem Menschen mit 40 Jahren.

Seite 188

5a/b Die Schülerinnen und Schüler lernen verschiedene Möglichkeiten der Darstellung in einem Diagramm kennen. Dabei entdecken sie spezifische Ausdrucksmöglichkeiten der jeweiligen Darstellungsform.
Eine Möglichkeit ist die Darstellung in einem **Säulendiagramm**, in dem sich allerdings das Verhältnis Hunde/Menschen nicht direkt ablesen lässt:

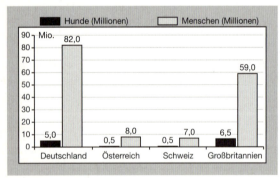

Zur Darstellung dieses Verhältnisses eignet sich das **Kuchen-** oder **Kreisdiagramm**:

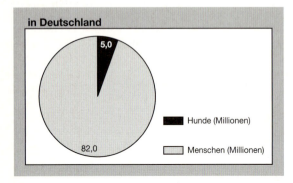

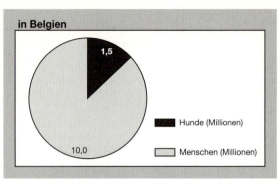

Legt man mehr Wert darauf, zu zeigen, wie viele Menschen bzw. Hunde in den verschiedenen Ländern leben, eignet sich auch das **Liniendiagramm**:

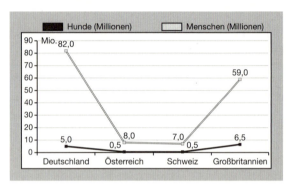

6a–c Mithilfe des Beispielsatzes kann anschaulich gemacht werden, was man unter „Hund pro Mensch" versteht (zahlenmäßiges Verhältnis Hunde zu Menschen). Die Schülerinnen und Schüler üben das Lesen und Verstehen einer Tabelle, indem sie jede Zeile in einen Satz fassen. Durch die Wiederholung festigt sich das Verständnis. Gute Schülerinnen und Schüler werden aber auch versuchen abwechslungsreiche Sätze zu formulieren. Wichtig ist auch zu zeigen, dass Vergleiche der verschiedenen Zeilen innerhalb derselben Spalte möglich sind, wodurch sich weitere Informationen der Tabelle erschließen lassen.

7a/b In einer zweispaltigen Tabelle (Tierart, Anzahl) können die Informationen gesammelt werden.
Ein Säulendiagramm erleichtert den Vergleich, wie viele Individuen einer Tierart gehalten werden. Ein Kreisdiagramm zeigt deutlich, wie viele verschiedene Tierarten gehalten werden. Auch das Verhältnis von Schülerinnen und Schülern zu Kaninchen bzw. Hunden lässt sich abbilden.

Seite 189

1a/b Durch die Verbesserungen klingt Melanies Text flüssiger. Sie verwendet dabei **Adverbien**. Diese binden die Sätze eng an einander an.

Fünftes Kapitel: Lebenswelten 139

2a/b Adverbien in Text 12:

TA

Ergänzungen zu ...

Ort	Zeit	Art und Weise	Grund
dort (Z. 9)	heute (Z. 3, 7)	vielleicht (Z. 5)	deshalb (Z. 3)
hinaus (Z. 11)	sofort (Z. 4)	ununterbrochen (Z. 14)	damit (Z. 7)
da (Z. 15)	schon lange (Z. 5f.)		darum (Z. 14)
	endlich (Z. 7)		nämlich (Z. 16)
	bereits (Z. 9)		
	zunächst (Z. 12)		
	gleich (Z. 15)		

3 Es bietet sich an, das beim Recherchieren (SB, S. 183–186) erarbeitete Material für die **Hundebeschreibung** zu nutzen. Auch auf die Satzanschlüsse unter Verwendung von Adverbien sollte geachtet werden. Man kann zur schülerzentrierten Aufsatzkorrektur das Textlupenverfahren (s. SB, S. 26f.) anwenden lassen.

4 Hilfe zur Selbsthilfe ist in der **Rechtschreibung** besonders wichtig. Oft hilft es, eine **Ableitung** des zu schreibenden Wortes zu bilden:
weißt < wissen
Das stimmlose „ß" steht nach langem Vokal bzw. Diphthong und wird nach kurzem Vokal zu „ss".
Bellen ↔ Bällen < Ball
Ähnlich klingende Vokale werden durch Ableitung verwandter Wörter bestimmt, wobei Umlautungen deutlich werden.
hält < halten ↔ [es] hellt auf < aufhellen; [es wird] hell; die Helligkeit
hält < halten ↔ es hallt < hallen; der Hall
Die Konsonantenkombination des Wortstamms (halt-) bleibt beim Konjugieren erhalten.
Auch Merksätze können Hilfen sein:
„Nach kurzem Vokal stehen mehrere Konsonanten (**Konsonantenschärfung**)", z. B. halten, bellen.

Seite 190

5 Das „Haus der Wörter" ist folgendermaßen zu ergänzen:

Wortarten		Beispiel
Das **Adverb** (Umstandswort)		
• **Lokaladverbien** (Ortsangaben)	Unterscheidung der Adverbien	• hier, dort, da drinnen, hierher, unten, dorthin, links, nirgendwo
• **Temporaladverbien** (Zeitangaben)		• jetzt, sofort, noch heute, endlich, gestern, morgens, oft, nie, seither, dann
• **Modaladverbien** (Angaben zur Art und Weise)		• gern, sehr, anders, nur, vielleicht, ebenso, umsonst, nicht, kaum, fast, sogar
• **Kausaladverbien** (Angaben des Grundes)		• darum, also, deshalb, trotzdem, somit, folglich, daher, infolgedessen

Seite 191

1 Zur Selbstkorrektur kann man den folgenden Text kopiert an die Schülerinnen und Schüler ausgeben:

Es gibt Leute, die tragen ihre Mäuse ...

Es gibt Leute, die tragen ihre Mäuse heute noch auf den Markt, um als Käufer einen Hund zu erwerben. Ein Hund ist teuer, manche rühmen ihn wegen seiner Treue. Wohnen Hunde in Häusern, findet man oft feuchte Räume. Dann ist die Reue groß und viele Kinder heulen. Ich weiß das, denn ich hatte mal einen Hund. Der war zwar ein guter Läufer, aber er hatte viele Läuse. Deshalb musste ich eines Tages zu meinem Vermieter, der gerade bei der Heuernte war. Er sagte zu mir: „Wenn ich die Spreu vom Weizen getrennt habe, ..."

TA

Merke: Bilde Ableitungen!
Wörter, die mit **äu** geschrieben werden, lassen sich von verwandten Wörtern mit **au** ableiten.

Mäuse < Maus
Käufer < Kauf
Häuser < Haus
Räume < Raum
Läufer < Lauf
Läuse < Laus

2 Ein Nonsenstext macht Fünftklässlern Spaß und es lassen sich viele verschiedene Wörter mit -eu-/-äu- einbauen.
Zur Überprüfung kann ein Partner- oder Laufdiktat eingesetzt werden. Man kann aber auch die Banknachbarn im Zweifelsfall Ableitungen bilden lassen.
Weitere Wörter mit eu:
Feuer, Beute, erbeuten, Eule, Keule, Beutel, beuteln, Seuche, keuchen, scheuchen, leuchten, meucheln, neu, Euter, Beule, Meute, meutern, Streu, (zer)streuen, Freunde, Freude, freuen, Verbeugung, (ver)beugen, Deutung, deuten, Zeuge, (er)zeugen, scheu, deutsch, keusch ...
Weitere Wörter mit äu:
Räuber, Zäune, Säule, Knäuel, Säue, Häute, Gräuel, Säure, säuern, Bäuerin, läuten, räumen, Räume, räudig, Säume (Pl. von Saum), (ver)säumen, Bläue (des Himmels), (ver)bläuen, (ver)äußern, räuspern, säuseln, (Er)Läuterung, (er)läutern, Säufer, Täufer, Täufling, Bäume, Träumer, Träume, träumen, Schäume, schäumen, Bräune, bräunen, Gläubiger, gläubig, träufeln, Enttäuschung, (ent)täuschen ...

3a/b Zunächst werden quadratische Kärtchen aus festem Karton zugeschnitten. Zu jedem Wort wird ein passendes Bild gemalt oder gezeichnet. Man kann jedes Kind ein oder mehrere Paare anfertigen lassen, wobei Doppelungen vermieden werden sollen. Lässt man Schwarzweißzeichnungen anfertigen, können die Paare für alle Kinder der Klasse kopiert werden, **sodass** individuelles Übungsmaterial für zu Hause entsteht. Will man das Memory bei der **Freiarbeit** einsetzen, empfiehlt sich das Laminieren, um die Haltbarkeit zu erhöhen.

Übersicht zur Teilsequenz II.1 (Seite 192 – 199)

II. Der Mensch inmitten der Welt
1. Von Tieren lernen – Fabeln als Stellvertretergeschichten verstehen

Texte/Bilder	Sprechen	Schreiben	Texte und Medien	Sprachbewusstsein entwickeln	Methoden
1. Äsop: Der Löwe und die Maus			• Fabel (1)		• Erzählabschnitte als Bildergeschichte gestalten
2. Eigenschaften von Löwe und Maus in der Fabel		• beschreiben		• treffende Adjektive finden	
3. Äsop: Wolf und Lamm	• Sprechabsichten erkennen	• ein Geschehen wiedergeben	• Fabel (2)		• Inszenierung einer Gerichtsverhandlung
4. Äsop: Die Fichte und der Brombeerstrauch	• argumentieren	• Parallelgestaltung	• Fabel (3)	• Kausalsatz (2)	
5. Nach Äsop: Der Fuchs und der Ziegenbock		• eine Fabel schreiben	• Fabel (4)	• Satzbau (Prädikat) • Adverbien (3)	
6. Fuchs und Wolf beim Fischestehlen	• situationsgerecht Umgangssprache, Mundart und Standardsprache verwenden		• Fabel (5)	• auffällige sprachliche Merkmale in gesprochener und geschriebener Sprache unterscheiden	
7. Luther: Vom Raben und Fuchse	• Standardsprache verwenden	• Rechtschreibung: dass • Kommasetzung bei dass	• Fabel (6)	• Konjunktion „dass"	
8. Die Energiesparlampe und die Kerze		• eine Moral formulieren	• Fabel (7)	• die grammatischen Zeiten (**Tempora** [1]) verwenden und ihre Funktionen beschreiben	
Trainings-Doppelseite			• Fabel (8)	• die grammatischen Zeiten (**Tempora** [2]) verwenden und ihre Funktionen beschreiben	

Lösungsvorschläge

Seite 192

1a/b Die verschiedenen Erzählschritte der Fabel werden als Bilder festgehalten. Die Schülerinnen und Schüler bewerten im anschließenden Gespräch die Relevanz der gewählten Szenen. So machen sie sich den Handlungsablauf klar (wichtig für die Nacherzählung, propädeutisch für die Inhaltsangabe) und finden den Höhepunkt der Fabel.
Unerlässliche Stationen sind:
– Der Löwe packt die Maus.
– Der Löwe lässt die Maus frei.
– Die Maus befreit den gefangenen Löwen.

2a Die Schülerinnen und Schüler übernehmen die Tabelle auf ein Blatt und ergänzen sie:

TA Eigenschaften von Löwe und Maus in der Fabel

der Löwe	die Maus
hochnäsig	ängstlich
groß	klein
arrogant/eingebildet	schwach
stark/überlegen	unterwürfig
aggressiv	schlau/einfallsreich
großmütig/großzügig	hilfsbereit
humorvoll	ehrlich
	dankbar
	belehrend

Fünftes Kapitel: Lebenswelten **141**

Zur Auswertung kann man Karteikarten in zwei verschiedenen Farben (z. B. gelb für den Löwen, grau für die Maus) verteilen, auf die die Schülerinnen und Schüler jeweils ein Adjektiv schreiben, das den Löwen bzw. die Maus beschreibt. Nachdem die Klasse entschieden hat, ob das Adjektiv zutrifft, werden die Karten mit Heftstreifen auf die Innenseiten der Seitentafeln aufgeklebt, wobei man jeweils einen Cluster mit dem Löwen bzw. der Maus im Mittelpunkt gestalten kann.

2b Viele der gesammelten Eigenschaften stehen in Opposition zueinander. Nachdem das erkannt worden ist, werden Kärtchen aus den beiden Clustern gepaart und auf den Mittelteil der Altartafel nebeneinander angeordnet. So entsteht eine neue Tabelle, in der nun Adjektive als Oppositionspaare einander gegenüberstehen. Die restlichen Kärtchen von den Seitentafeln werden zuletzt noch in beliebiger Reihenfolge in die neue Tabelle eingeordnet. Die Schülerinnen und Schüler übernehmen nun diese gemeinsam erarbeitete Zusammenfassung der Arbeitsergebnisse.
An dieser frühen Stelle soll noch keine Übertragung auf das menschliche Verhalten gemacht werden, es sei denn, die Schülerinnen und Schüler sprechen dies an. Dass die Tiere als Stellvertreter agieren, soll allmählich entwickelt werden. Den Schülerinnen und Schülern soll Gelegenheit gegeben werden, diesen Zusammenhang selbst aufzuspüren.

Seite 193

3 Über diesen Impuls kann sich in der Klasse eine **Diskussion** über den Charakter der beiden Protagonisten ergeben. Die Schülerinnen und Schüler versetzen sich in die Figuren hinein und fühlen als Menschen. Sie erkennen, dass dies keine Tiergeschichten sind, sondern dass die Tiere als Stellvertreter für menschliche Typen stehen. Durch die Verfremdung fällt es leichter, Kritik zu üben, besonders an Mächtigen und Herrschenden. An dieser Stelle kann man auf Äsops Kurzbiografie (SB, S. 194) eingehen und erläutern, dass er seine Fabeln in einer Zeit erzählt hat, in der die Menschen sich nicht länger von einigen wenigen Aristokraten beherrschen lassen wollten, sondern erstmals in der Geschichte Demokratie anstrebten, wobei politische Entscheidungen durch die Bürgerversammlung getroffen wurden.
Es ist sinnvoll, besonders als Vorbereitung der in der folgenden Aufgabe 4 vorgeschlagenen Gerichtsverhandlung, die Eigenschaften schriftlich, z. B. in Form eines Clusters oder einer Tabelle, festzuhalten, wie das die Schülerinnen und Schüler bereits geübt haben (vgl. SB, S. 192/Aufgabe 2a/b).

4a/b Durch das Arbeiten in Gruppen üben die Schülerinnen und Schüler ihre Teamfähigkeit und sie konzentrieren sich auf eine bestimmte Perspektive: Was spricht gegen das Lamm? Was spricht für den Wolf? Sie ziehen immer wieder den Text heran, um nach genauer Analyse der Gesprächssituation und -führung Argumente zu finden. Sie achten auf Wortwahl, Intention des Sprechers und Wirkung seiner Sprachhandlung. Die Schülerinnen und Schüler sammeln Argumente und Gegenargumente, sie entwickeln eine **Argumentationskette**, wie sie es bereits im SB, S. 180/Aufgabe 1a–c, geübt haben. Sie bereiten eine Anklageschrift, eine Verteidigungsrede, ggfs. Zeugenaussagen und einen Urteilsspruch vor.
Der Wolf könnte z. B. behaupten, er habe schon wiederholt Nachteile durch die Familie des Lamms erlitten (Warnung an potenzielle Beute, die zu Misserfolg bei der Jagd und damit zu Hunger führten, einer existenziellen Bedrohung, üble Nachrede, die seinem Ansehen bei anderen Wölfen schade, frühere Vergiftungsversuche ...) und habe seine bisherige Gutmütigkeit schließlich bereut, die letztlich ausgenutzt worden sei. Er habe sich nun nichts mehr gefallen lassen und sich endlich den gehörigen Respekt verschaffen wollen.
Die Anklage könnte anführen, dass das Lamm rein körperlich der Stärke des Wolfs nichts entgegenzusetzen hatte und dieser sich deshalb hätte zügeln müssen, auch wenn er verärgert gewesen sei. Die Behauptungen des Wolfs seien unbewiesen und außerdem unglaubwürdig.
Während der Aufführung der Gerichtsszene halten Angehörige von Opfer und Täter, Zuschauer und Journalisten ihren Eindruck stichwortartig fest. So sind alle Schülerinnen und Schüler der Klasse beschäftigt und konzentrieren sich auf das Gerichtsspiel. In einer selbstgewählten Form geben sie dann (als Hausaufgabe) unter Verwendung ihrer Notizen perspektivisch gefärbt ihren Eindruck von der Gerichtsverhandlung wieder. Dabei schreibt z. B. die Mutter des Lammes am Abend in ihr Tagebuch (Erinnerungen an ein unschuldiges, gutmütiges oder hinterhältiges, nervtötendes Kind), ein Zuschauer erzählt seiner Frau von der Verhandlung (Eindruck, den die Argumentation hinterließ), ein Journalist veröffentlicht in der Tageszeitung einen Bericht über die Gerichtsverhandlung... Die an der Aufführung Beteiligten können im Hausaufsatz ihr Erleben dieser Verhandlung wiedergeben, z. B. als Gedankenstrom.

5 Dieser kurze Text bietet sich als Übung für ausdrucksstarkes oder szenisches **Lesen** an.
Die Schülerinnen und Schüler argumentieren und wiederholen dabei die Kausalsätze.

6 Durch die Parallelgestaltung erschließt sich der Sinn der Fabel leichter, denn die Schülerinnen und Schüler müssen sich z. B. überlegen, welche Eigenschaften ein Mensch haben muss, der sich für unentbehrlich hält (vgl. Lösung zu Aufgabe 7!). Sie begreifen somit die Fabel als Stellvertretergeschichte, die letztlich auf Belehrung des Menschen abzielt.

7 Bisher ist nur von einer Aussage der Fabel die Rede. Die Schülerinnen und Schüler können durch ihrer Formulierungen selbst herausfinden, dass die Fabeln Aufforderungscharakter haben. Sie wollen die Menschen bewegen, über ihr Handeln nachzudenken. Vielleicht kommen die Schülerinnen und Schüler so selbst auf den Begriff „Lehre" oder „Moral". Die im SB ausgesparte Moral dieser Fabel lautet:

Leute gibt es, denen flugs gerät,
was anderen niemals oder spät;
doch schafft dies immer auch Verpflichtung,
während wir andern gern mal nichts tun.

Die Schülerlösungen können als Binnendifferenzierung mit dieser gereimten Moral verglichen werden. Auf den ersten Blick dürften sie wenig Gemeinsamkeiten aufweisen.
Erwartet werden kann z. B.:
- Die Fichte nimmt sich ziemlich wichtig und bedenkt die Folgen ihrer Prahlerei nicht.
- Der Brombeerstrauch bleibt lieber unauffällig und lebt so sicherer.
- Wer nützlich oder gar unentbehrlich ist, muss auch mit unangenehmen Folgen rechnen.

Damit sich die Zusammenfassung in einem übersichtlichen Satz ausdrücken lässt, kann man von den Protagonisten abstrahieren. Damit ergibt sich die typische Form der sog. Moral, wie sie die Schülerinnen und Schüler schon im SB, S. 192/T 1/Z. 10f. kennen gelernt haben.

Seite 195

1 Eine Hilfe bei der Rekonstruktion des Satzbaues bietet das Prädikat, das immer an zweiter Stelle im Satz steht und so ein wenig hilft, das Durcheinander zu gliedern.

Der verbesserte Texte kann mithilfe der folgenden Lösung, die auf Folie kopiert oder als Arbeitsblatt ausgegeben wird, schülerzentriert korrigiert werden.

Nach Äsop (6. Jh. v. Chr.): Der Fuchs und der Ziegenbock

Ein Fuchs fiel in einen Brunnen und kam nicht wieder heraus. Nach langer Zeit kam ein durstiger Ziegenbock an diesen Brunnen und fragte den Fuchs, ob das Wasser gut sei. Der listige Fuchs sah seine Rettung und begann, das Wasser zu loben. Er sagte, das Wasser sei ausgezeichnet, und riet dem Ziegenbock herabzusteigen.

Durstig, wie dieser war, stieg er, ohne zu zögern, hinab. Er dachte, dass er mit dem Fuchs zusammen wieder hinaufsteigen würde, wenn sein Durst gestillt sei.

Als er unten angekommen war, ergriff der Fuchs das Wort und sagte: „Ich weiß nur eins, nämlich, dass unsere Rettung von dir abhängt. Stemme deine Vorderbeine an die Brunnenmauer und halte deine Hörner hoch. Ich werde dann hinaufklettern und dich nachher an den Hörnern hinaufziehen." Der Ziegenbock stimmte dem Plan zu, und der Fuchs kletterte von dessen Beinen auf die Schultern, über die Hörner und war oben. Er war gerettet, kümmerte sich aber nicht mehr um den Ziegenbock.

Daraufhin warf ihm der Ziegenbock vor, das Versprechen gebrochen zu haben. Der Fuchs beugte sich hinunter und sagte: „He, Freundchen, wenn du mehr Verstand hättest als Barthaare am Kinn, hättest du, bevor du runterkamst, überlegen müssen, wie du wieder hinaufkommst."

So sollten alle vernünftigen Menschen erst zu Ende denken, bevor sie etwas beginnen.

(Aus: Fabeln von Äsop. Eine Auswahl aus dem Griechischen, neu verfasst und übertragen von Jakovos Papadopoulos, Fischer Verlag, Franktfurt a. M., 1989, S. 27)

2 Die **Moral** dieser Fabel leuchtet ein, denn ein Zeichen vernünftiger und denkender Menschen ist, dass sie Konsequenzen ihres Handelns im Voraus bedenken und einkalkulieren. Allerdings rechtfertigt diese Erkenntnis nicht das gemeine Verhalten des Fuchses. Schließlich ist er selbst in den Brunnen gefallen, ob aus Unachtsamkeit oder durch ein Unglück bleibt offen, ist auf die Hilfe anderer angewiesen und nützt dann seinen Retter schamlos aus. Er hat nicht das Recht, sich als Lehrmeiser aufzuspielen und den Ziegenbock in Gefahr zu bringen. Der Leser soll nicht das Verhalten des Fuchses zum Vorbild nehmen, sondern daraus lernen, sich nicht wie der Ziegenbock auf andere zu verlassen, sondern selbstständig und eigenverantwortlich zu denken.

3a–c Der Lernkasten (SB, S. 194) schließt die schülerzentrierte Erarbeitung der Fabelmerkmale ab und fasst das Gelernte zusammen. Bei Bedarf kann dies ein skizzenhafter Tafelanschrieb noch einmal verdeutlichen:

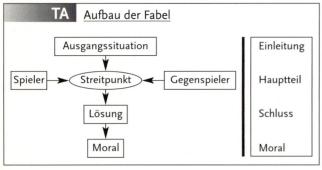

Das theoretische Wissen wird nun in seiner bewussten Umsetzung gefestigt. Dabei werden auch die Adverbiale wiederholt, wenn die Schülerinnen und Schüler auf gelungene Satzverknüpfungen achten.

Alternativ zur modernen Version können auch Fabeln mit „klassischen" Figuren geschrieben werden (vgl. K 5, S. 152).

Seite 196

4a/b Lautes Lesen erleichtert das Textverständnis auch für nicht niederdeutsch Sprechende, weil man eher gewohnt ist, andere Dialekte zu hören als sie lediglich als Schriftbild vorliegen zu haben.

Im Unterrichtsgespräch machen sich die Schülerinnen und Schüler Gedanken über Sprache, wobei erste Ansätze einer Metasprache ausgebildet werden. Sie machen sich bewusst, dass **Dialekte** auch eine sprachliche Form darstellen, die durchaus literaturfähig ist. Wichtige Unterschiede zur Hochsprache bestehen nicht nur in der Lautung, im Tonfall, der Sprachmelodie, sondern auch in der Verwendung anderer Wörter, die in der Hochsprache eventuell gar nicht (mehr) existieren.

4c Textnahe, hochdeutsche Umschreibung der niederdeutschen Dialektfabel:

Einst hatte der Wolf den Fuchs doch auch angeführt. Der Wolf sagt zu ihm: „Gevatter, weißt du nichts zu essen (leben)?"

„Ja", sagt der Fuchs, „ich werde uns etwas beschaffen. Ich werde mich auf den Weg hinlegen und mich tot stellen. Wenn dann der Fischfahrer kommt, wird er mich wohl auf seinen Wagen schmeißen, und dann schmeiße ich die Fische alle einen nach dem anderen herunter. Wenn es alle sind, dann komme ich auch, und dann wollen wir sie (für) uns auflesen."

Wie (Als) der Fuchs sagt, so kommt es. Er legt sich wie (für) tot in den Weg. Der Fischfahrer kommt daher (an) und denkt, als er den toten Fuchs sieht: „Den nimmst du mit, sein Fell ist etwas wert!" Und so schmeißt er ihn auf den Wagen und fährt weiter. Mein Fuchs aber geht her (bei) und schmeißt hinter seinem Rücken alle (die) Fische einen nach dem anderen herunter, und dem letzten springt er hinterher (nach) und will nun an die Mahlzeit gehen.

Da steht aber der Wolf vor ihm und hat die Fische gleich hinter dem Wagen aufgelesen und dem Fuchs keinen mehr übrig gelassen.

Als der Fuchs sich hierüber beklagt, (dann) sagt der Wolf: „Du hattest da ja viele liegen. Warum hast du nicht zuerst an dich gedacht?"

Veraltete Wendungen können auch freier, sinngemäß übersetzt werden, wie z. B.: „Gevatter" > Kumpel; „weißt du nichts zu leben?" > „weißt du, wo wir etwas zu essen finden?"

4d Die Begrenzung der Übung auf die wörtliche Rede unterstreicht den Unterschied zwischen geschriebener und gesprochener Sprache. Dialekt ist genuin gesprochene Sprache und unterliegt damit anderen Ausdrucksregeln als die Schriftsprache. Vieles kann man zwar *so sagen*, aber nicht *so schreiben* (Aufsatzerziehung zum gewählten Ausdruck!).

Die Umschreibung in einen anderen Dialekt kann die Verwandtschaft beider Dialektformen aufzeigen oder auch die Verwendung ganz anderer Wörter und Satzbaupläne. Die Schülerinnen und Schüler erfahren ihren Dialekt, der ihnen oft genug Schwierigkeiten im Deutschunterricht macht (besonders bei Aussprache, Ausdruck, Grammatik und Rechtschreibung), unter einem neuen Aspekt als einen Gegenstand der Germanistik. Wenn den Schülerinnen und Schülern noch ein bisschen über die Geschichte der deutschen Sprache erzählt wird, für die die Dialekte unabdingbar sind, eröffnet sich ihnen eine neue Sichtweise.

Die Schülerinnen und Schüler beschäftigen sich mit ersten Ansätzen einer Lautlehre. Sie stellen Regelmäßigkeiten in der Lautverschiebung der Dialekte gegenüber der Hochsprache fest, z. B. in Text 6: p > f (up > auf), t > z (to > zu), t > s (wat, laten > was, lassen), k > ch [hh] (ick, ok > ich, auch), ie [î] > ei (schmieten, Malhtiet > schmeißen, Mahlzeit), û > au (up > auf).

Das Einbeziehen lokaler Dialektstücke ist hier denkbar, um eine breitere Vergleichsbasis zu schaffen. Auch ein Blick auf das Englische, das der niederdeutschen Lautung noch näher steht als die süddeutschen Dialekte, ist ergiebig, z. B.: p > pf, f (pipe > Pfeife), t > z/s (toll > Zoll, let > lassen), k > [hh] (cake > Kuchen), î [ei] > ei (bite > beißen).

Bei diesen Überlegungen kann die im SB, S. 196 abgebildete Dialektkarte gute Dienste leisten. Im Unterrichtsgespräch tauschen die Schülerinnen und Schüler ihre Erfahrungen mit verschiedenen Dialekten aus. Man kann außerdem einen kurzen Text auswählen, der an verschiedene Dialektsprecher aus dem Verwandten- und Bekanntenkreis versandt wird, mit der Bitte, den dialektalen Vortrag dieses Textes auf Kassette aufzuzeichnen. Ein Vergleich der Versionen macht die Dialektkarte anschaulich.

TA Verwendung von Dialekt und Hochsprache

Dialekt	Hochsprache
mündlich	schriftlich
unter Dialektsprechern, z. B. beim Bäcker auf dem Dorf, im Freundeskreis, in der Familie ...	gegenüber Fremden, die den Dialekt nicht verstehen können
	gegenüber hochdeutsch Sprechenden
	am Telefon
	gegenüber Respektspersonen
⇒ Man ist entspannt unter seinesgleichen.	⇒ Man kennt seine Gesprächspartner (noch) nicht oder möchte nicht altmodisch oder rückständig erscheinen.

Seite 197

5 Die Fabel in heutiger Sprache:

Martin Luther (1483–1546): Vom Raben und dem Fuchs

Ein Rabe hatte einen Käse gestohlen und setzte sich auf einen hohen Baum und wollte ihn verzehren. Da er aber, wie es seine Eigenart ist, nicht schweigen kann, wenn er isst, hört ihn ein Fuchs über dem Käse keckern und lief zu ihm hin und sprach: „O Rabe, nun habe ich mein Lebtag (Leben lang) keinen schöneren Vogel an Federn und Gestalt gesehen als dich. Und wenn du auch so eine schöne Stimme zum Singen hättest, so sollte man dich zum König über alle Vögel krönen."
Den Raben kitzelt ein solches Lob und Schmeicheln, fing an, wollte seinen schönen Gesang hören lassen und als er den Schnabel öffnete, entfiel ihm der Käse. Den nahm der Fuchs behände, fraß ihn und lachte über den törichten Raben.
Hüte dich, wenn der Fuchs den Raben lobt.
Hüte dich vor Schmeichlern, die schinden und schaben usw. (das Fell abziehen und das Leder [ab]schaben).

6 Die Schülerinnen und Schüler tauschen ihre Meinungen und ihr Wissen über diese Textsorte aus. Dadurch, dass sie einen stereotypen Satzbau dabei anwenden, üben sie das Verständnis für die Konjunktion „dass" ein. Eine Verbindung des Rechtschreibbewusstseins (-ss) mit der Satzzeichenlehre (Komma) wird hergestellt.

7 Eine passende Moral könnte lauten:
– Altbewährtes wird selten unnütz.
– Hochmut kommt vor dem Fall.
– Alles hat zwei Seiten.
– Manchmal kommt Hilfe von unscheinbarer Seite.
– Verachtet Geringes nicht, denn es hat auch seine Aufgabe im Leben.

8 Die Tempora der Verben:

blickte herunter (Z. 1f.)	→ Präteritum
lag (Z. 2)	→ Präteritum
kannst Leid tun (Z. 3)	→ Präsens
sprach (Z. 3)	→ Präteritum
bist veraltet (Z. 4)	→ Präsens
bin (Z. 4)	→ Präsens
begonnen hat (Z. 5)	→ Perfekt
strahle (Z. 6)	→ Präsens
ruße (Z. 7)	→ Präsens
tropfe (Z. 7)	→ Präsens
versehe (Z. 7)	→ Präsens
überrollt (Z. 8)	→ Präsens
wird vermissen (Z. 8)	→ Futur I
hatte beendet (Z. 9)	→ Plusquamperfekt
erschütterte (Z. 10)	→ Präteritum
verlosch (Z. 10)	→ Präteritum
breitete sich aus (Z. 11)	→ Präteritum
war ausgefallen (Z. 11f.)	→ Plusquamperfekt
tastete sich heran (Z. 13)	→ Präteritum
ergriff (Z. 13)	→ Präteritum
zündete an (Z. 13f.)	→ Präteritum
sprach (Z. 14)	→ Präteritum
haben (Z. 14)	→ Präsens

8b Die Erzählzeit ist hier das Präteritum. Wird vorher Geschehenes berichtet, wird die **Vorzeitigkeit** durch das Plusquamperfekt ausgedrückt (vgl. Z. 9). Die wörtliche Rede steht gewöhnlich im Präsens. Vorzeitigkeit bedarf hier des Perfekts (vgl. Z. 4f.).

Seite 200/201 – Trainings-Doppelseite

Erläuterungen zur Doppelseite:

Das Tempora-Trainingsangebot kann für **Freiarbeit**, für **Binnendifferenzierung** oder als weiteres **Übungsmaterial** genutzt werden.
Im Sinne des **verbundenen Deutschunterrichts** wird anhand der intensiv besprochenen Textsorte Fabel die Wirkung der Tempora erprobt (Text: Der Eisvogel). Dabei wird die Bildung der Verbformen geübt.
„Übung macht den Meister", wird aber mitunter als langweilig empfunden. Deshalb wird ein **spielerischer** Ansatz geboten: Die Schülerinnen und Schüler basteln zuerst einen Würfel, der mit den fünf bereits behandelten Tempora beschriftet wird. Wer den Würfel nicht basteln will, kann einen gewöhnlichen Würfel mit den Zahlen 1 bis 6 mitbringen lassen: Die Zahlen stehen dann für die Tempora:
1: Plusquamperfekt, 2: Präteritum, 3: Perfekt, 4: Präsens, 5: Futur I, 6: Joker.
Im Spiel löst jeder Schüler eine überschaubare Aufgabe (einen Satz). Der Wettkampfcharakter unter einem gewissen Zeitdruck erfordert mehr Aufmerksamkeit als das stupide Konjugieren eines Verbs durch alle Temporaformen. Außerdem wird der Fabeltext bei der neu zusammengestellten Runde wiederholt, wodurch sich Wörter und Wendungen einprägen und das Sprachbewusstsein der Schülerinnen und Schüler erweitert wird.
Dass die Temporaformen des Verbs auch den Ablauf eines Geschehens (Vor- und Nachzeitigkeit) verdeutlichen, wird am

zweiten Text (Das Schilfrohr und der Ölbaum) geübt. Es ist für die Aufsatzerziehung wichtig, frühzeitig das Sprachbewusstsein für die regelhafte Anwendung bestimmter Tempora bei Vorzeitigkeit zu schärfen.

Übersicht zur Teilsequenz II.2 (Seite 202 – 207)

II. Der Mensch inmitten der Welt
2. Verrückte Tierwelt – Einzelwörter und Komposita trennen

Texte/Bilder	Sprechen	Schreiben	Texte und Medien	Sprachbewusstsein entwickeln	Methoden
1. de La Fontaine: Ratsversammlung der Ratten		• Schärfung	• **Fabel** (9)	• **Tempora** (3)	• Methoden der Texterschließung
2. Ausschnitt aus einem Schmuckblatt		• Trennung (1)	• Fabel		• ein Schmuckblatt gestalten
3. Stöckle: Am Fuß des Baumes		• **Trennung** (2)	• Lyrik	• **Komposita** (1)	
4. Maar: Allerlei Tierisches			• Lyrik	• **Komposita** (2) • **Ableitungen** (1)	
5. Ein Stamm, viele Verzweigungen				• **Komposita** (3) • **Ableitungen** (2)	
6. Schnell zusammengesetzt und leicht getrennt		• **Silbentrennung** (1)		• **Komposita** (4) • **Ableitungen** (3) • Silbe	
7. Der Kuckuck und der Esel		• **Silbentrennung** (2)	• Lyrik (Lied)	• **Silbe** (1)	
8. Morgenstern: Das große Lalula		• **Silbentrennung** (3)	• Lyrik • Nonsenstext	• **Silbe** (2)	
Trainings-Doppelseite		• **Rechtschreibprobleme**			• spielerisches Üben

Lösungsvorschläge

Seite 202

1a/b Die Schülerinnen und Schüler erkennen die Textaussage: Die Schelle am Hals des Katers soll die Ratten rechtzeitig vor ihrem Feind warnen. Aber keiner ist bereit, die gefährliche Aufgabe zu übernehmen, denn alle wollen persönlich unbeschadet den Erfolg ihrer Idee genießen.

2a Der Text lässt sich folgendermaßen gliedern:

Abschnitt	mögliche Überschrift
V. 1 – 8	Das Problem der Ratten
V. 9 – 13	Eine willkommene Gelegenheit
V. 14 – 21	Der Plan
V. 22 – 25	Die vergebliche Suche
V. 26 – 32	Lehre für die Menschen

2b Der Kater steht für zupackende, erfolgreiche Menschen, die rücksichtslos ihre Pläne verfolgen und dabei das Elend anderer gar nicht wahrnehmen. Die Ratten dagegen gleichen Menschen, die zwar viel reden und auch schimpfen, aber nicht handeln. Sie trauen sich nichts zu und bleiben daher untätig, überlassen es anderen, sich zu engagieren, da sie selbst nichts riskieren wollen.

3 Die Tempora in V. 1 – 13:

Vers	Verb	Tempus
V. 2	verwirrte	Präteritum
V. 3	gab	Präteritum
V. 4	waren gesunken	Plusquamperfekt
V. 5	blieb	Präteritum
V. 6	hatten	Präteritum
V. 7	waren	Präteritum
V. 8	sei (Konjunktiv)	Präsens
V. 9	besuchte	Präteritum
V. 11	vertat	Präteritum
V. 12	ging	Präteritum
V. 13	verhandelte	Präteritum

Fünftes Kapitel: Lebenswelten   145

4 Doppelkonsonanten in Text 1:

ck	ll	mm	nn	rr	ss	tt	tz
Speckfresser (V. 1, 7, 16)	voller (V. 5)	Ratsversammlung (Überschrift)	zubenannt (V. 1)	verwirrte (V. 2)	Speckfresser (V. 1, 7, 16)	Ratten (Überschrift, V. 2, 27)	Vorsitzer (V. 14, 20)
	allgemeinen (V. 15)	stimmten (V. 20)	Mann (V. 14)	Herrn (V. 20)	dass (V. 3, 17)	hatten (V. 6)	Katz (V. 26)
	Schelle (V. 16, 22)	dumm (V. 23)			fressen (V. 6)	Rattenrest (V. 12)	Schatz (V. 27)
	falls (V. 17)	kümmerte (V. 25)			müsse (V. 15)	stattlicher (V. 14)	Satz (V. 28)
	allein (V. 19)	Versammlung (V. 26)			wusste (V. 19)	Mittel (V. 19)	unnützen (V. 29)
	allen (V. 21)				Lasst (V. 29)		

Achtung: dasselbe (V. 28) und unnützen (V. 29): keine Konsonantendoppelung, sondern Ergebnis einer Kompositumsbildung!

Seite 203

1 Die Aufgabe und die Abbildung (Text 2) geben einen Impuls, um über Silbentrennung nachzudenken. Die vorher behandelte Doppelkonsonanz (SB, S. 202/Aufgabe 4) kann ebenfalls als Hinweis gewertet werden, da den Schülerinnen und Schülern bekannt sein sollte, dass ein Wort zwischen den Doppelkonsonaten getrennt werden kann, wenn sie zwischen Vokalen und nicht am Wortende stehen.
Komposita kann man an ihren Wortgrenzen trennen, z. B. Speck-fresser.
Doppelkonsonanten lassen sich trennen, wenn sie zwischen Vokalen und nicht am Wortende stehen, z. B. Rat-ten, aber Zucker.

2a–c Hier wird schülerzentriert die Bildung von Komposita erarbeitet. Es sollen dazu Wörter herausgeschrieben werden, die noch keine Zusammensetzungen darstellen, also: Fuß (Überschrift, V. 1), Baum (Überschrift), Wurzel (V. 1), Boden (V. 7), Zehen (V. 9), Zweig (V. 13). Aufgrund der weit gefassten Aufgabenstellung („Wörter") können auch andere Wortarten exzerpiert werden, z. B. fassen (V. 5), bleiben (V. 7). Substantive und Verben können Bestandteile eines zusammengesetzten Wortes sein, z. B. anfassen, verbleiben, ebenso Adjektive, wie grün (V. 13): grasgrün. Dagegen finden sich für Wörter wie z. B. oder, nicht, (V. 5), im (V. 11) und, einen (V. 13) keine Zusammensetzungen. Auf (V. 7) kann zu darauf, hinauf, dem (V. 7) zu seitdem zusammengesetzt werden.
Die Illustration zu Text 3 intendiert zwar das Herausschreiben von Substantiven, aber es dient der Auseinandersetzung, wenn die Schülerinnen und Schüler auch andere Wortarten testen. Erste Ergebnisse werden als vorläufige Regeln festgehalten, wie z. B.:

– Substantiv + Substantiv, z. B. Wurzelfuß
– Substantiv + Adjektiv, z. B. wurzellos
– Vorsilbe + Substantiv + Endung, z. B. verwurzelt
– Vorsilbe + Verb, z. B. geblieben.

Bei einer Klasse, die enger geführt werden muss, oder um unnötige Verwirrung zu vermeiden, kann hier der Arbeitsauftrag so gelenkt werden, dass nur Substantive herausgeschrieben werden. Die weiteren Möglichkeiten werden nach einer intensiven Behandlung der Komposita aus Substantiven im SB, S. 204/Aufgabe 6 aufgegriffen.

3 Am Beispiel der Komposita aus zwei Substantiven kann man über den Fugenlaut sprechen:
Schwein**e**speck, Kalb**s**braten, Gäns**e**fleisch (hier sogar mit Umlaut).

4a/b Spielerisch wird nun die Bildung von Komposita aus Substantiven geübt, wobei Fugenlaute vermieden werden sollen, um die Wortgrenzen, an denen getrennt werden kann, deutlicher zu machen.

Seite 204

5a Die Einschränkung, dass bei Tausch von Grund- und Bestimmungswort ein Tier entstehen muss, schließt die Wörter „Nasenmaus" und „Doppelhahn" aus.

5b/c Mit dem Gelernten dürfen die Schülerinnen und Schüler nun spielerisch umgehen, kreativ werden und Wortkombinationen ausprobieren.

6 Falls das Augenmerk bei der Bearbeitung der Aufgabe 2–4 (SB, S. 203) ausschließlich auf Substantive gerichtet war, werden nun weitere Wortarten untersucht.

Seite 205

1a–c Das Gelernte erfährt eine kreative und spielerische Anwendung. Die Wortbäume können im Klassenzimmer als Wortwald ausgestellt werden.
Die Bezeichnung der Äste kann mündlich erfolgen, wenn die Schülerinnen und Schüler ihre Ergebnisse präsentieren. Man kann aber auch an die Astspitzen/in einen Laubbüschel „Adjektiv" usw. schreiben lassen.

2a/b Unterschiedliche Bildungsmöglichkeiten:

Beispiel	Zusammensetzung	Ableitung
Zehen|wurzel	Substantiv (Nomen) + Substantiv (Nomen)	
tier|isch		durch Nachsilbe
Fuchs|schwanz	Substantiv (Nomen) + Substantiv (Nomen)	
Faul|baum	Adjektiv + Substantiv (Nomen)	

Spring|kraut	Verb + Substantiv (Nomen)	
ge|fällt		durch Vorsilbe
Bieg|sam|keit		durch Nachsilben
Laub|baum	Substantiv (Nomen) + Substantiv (Nomen)	
ver|bunden		durch Vorsilbe
Strick|netz	Verb + Substantiv (Nomen)	
rot|blau	Adjektiv + Adjektiv	
Wachs|tum		durch Nachsilbe
Stamm|silbe	Substantiv (Nomen) + Substantiv (Nomen)	
Wort|stamm	Substantiv (Nomen) + Substantiv (Nomen)	
un|ge|wöhn|lich		durch Vorsilben und Nachsilbe
mächt|ig		durch Nachsilbe

Seite 206

3a/b Die Illustration (Text 6) deutet an, wie die Regel zur Trennung der Komposita lauten könnte:
Wo Wörter zusammengesetzt worden sind, kann man sie meist auch wieder trennen. Das gilt für Substantiv + Substantiv, Adjektiv + Adjektiv, Substantiv + Verb und Zusammensetzungen mit Vorsilben.
Aufpassen muss man dagegen bei Ableitungen. Nachsilben reagieren wie die in Aufgabe 3b angeführten Wörter aus **Silben**: Der (letzte) Konsonant muss mit auf die neue Zeile, z. B. tierisch, Fla-sche, Gärt-ne-rei, Ma-schi-ne.

4a/b Wenn man über Silben spricht, liegt es nahe, auf die Grundschulerfahrung der Schülerinnen und Schüler zurückzugreifen. Sie haben schon Wörter geklatscht oder geschwungen oder spätestens beim Singen Wörter in Silben zerlegt. So zeigt man ihnen auf, dass sie schon über Problemlösungsstrategien verfügen und diese nun anwenden können. Sie haben jetzt ein Repertoire aus verschiedenen Methoden zur Verfügung, aus dem sie die für sie selbst passende herausfinden können. So lernen sie, Problemlösungsstrategien anzuwenden und zu entwickeln.
Aus der Rechtschreibdidaktik ist bekannt, wie wichtig die synchrone Verarbeitung miteinander vernetzter Gehirnareale ist, wobei die Synchronisierung der visuellen, auditiven Wahrnehmung mit der Artikulation und Bewegung betont wird.[9] Die Beziehung zwischen Rhythmus und Sprache wird im Lied optimal genutzt, um eine bessere Konzentration durch Rhythmisierung zu erreichen. Deshalb sollen die Schülerinnen und Schüler beim Schreiben die Silben (leise) mitsprechen.[10] Auf „das schwingende Sprechschreiben mit hörbarer Stimme"[11] sollte Wert gelegt werden. Diese „Mitsprechstrategie"[12] hilft, jeden Laut und damit jeden Buchstaben wahrzunehmen und damit Schreibfehler zu vermeiden. Das Schwingen ist aber auch allgemein bei Rechtschreibproblemen anzuwenden, wenn z. B. die durch Verlängerung mit Auslautverhärtung in der gesprochenen Sprache bei Endungen erprobt wird (Berg → Berge, Käfig → Käfige, Rad → Räder).[13]

5 Die Wörter sollten so oft wie möglich getrennt in die Tabelle übernommen werden.

Ein- und mehrsilbige Wörter aus Text 7:

einsilbige Wörter	mehrsilbige Wörter
der	Ku-ckuck
und	E-sel
die	hat-ten
Streit	ei-nen
wer	bes-ten
wohl	sän-ge
am	schö-nen
zur	Mai-en-zeit
sprach	a-ber
das	bes-ser
kann	lieb-lich
ich	san-gen
fing	al-le
gleich	bei-de
an	
zu	
schrein [aber: schrei-en!]	
es	
fiel	
ein	
klang	
so	
schön	
von	
fern	
nah	
sie	

Im Lied wird zwar i-a auf zwei Töne gesungen, aber in der Silbentrennung wird kein einzelner Buchstabe am Wortende abgetrennt, weil der Bindestrich genau so viel Platz kostet wie der abzutrennende Buchstabe einnimmt.

6 Hier wird der Stoff des Liedes auf seine Fabeltauglichkeit hin überprüft, wodurch die Fabelmerkmale wiederholt werden:
Anfangs sind die beiden Tiere Gegenspieler („hatten einen Streit"), dann findet sich aber eine Lösung: gemeinsam klingt es schön, obwohl sie sich beweisen wollten, dass jeder besser sei als der andere. Moral: Aus Schlechtem kann Gutes erwachsen, eine unerwartete Wende!
Die Schülerinnen und Schüler gestalten somit eine Fabel nach einer groben Vorlage, müssen aber die Feingestaltung selbst leisten.

Wer Spaß am musikalischen Syllabieren gefunden hat, findet ein weiteres Beispiel in den Kopiervorlagen (**K 6** , LB, S. 153).

---

[9] vgl. Hans-Joachim Michel (Hg.): FRESCH. Freiburger Rechtschreibschule, Lichtenau, AOL-Verlag, 2004, S. 14f.
[10] ders., S. 15
[11] ders., S. 16
[12] ders., S. 17
[13] ders., S. 18ff.

Fünftes Kapitel: Lebenswelten **147**

Seite 207

7a/b Gute Schüler könnten auf die Idee kommen, dass man sich einig sein muss, keine Komposita in diesem Nonsenstext zu sehen. Da diese an der Wortgrenze getrennt werden, können Lautkombinationen entstehen, die mit der Silbentrennung nicht zustande kämen, z. B. Friedrichsau.
Der Vorteil des Nonsenstextes liegt darin, dass sich die Schülerinnen und Schüler nicht von einem Inhalt ablenken lassen, sondern ihre Konzentration auf das Syllabieren richten; Wörter werden also genau betrachtet und Vokale müssen erkannt, offene und geschlossene Silben unterschieden werden. Trotz dieser Anstrengung wirkt ein Nonsenstext gerade wegen seiner Sinnlosigkeit motivierend. Konsonantenschärfung kann hier allerdings nicht wiederholt werden.
Die Lösung lautet:

Krok-lok-waf-zi? Se-me-me-mi!
sei-o-kron-tro – pra-flip-lo:
Bif-zi, baf-zi; hu-la-le-mi:
quas-ti bas-ti bo...
La-lu la-lu la-lu la-lu la!

Hon-tra-ru-ru mi-ro-men-te
zas-ku zes rü rü?
En-te-pen-te, lei-o-len-te
klek-wa-puf-zi lü?
La-lu la-lu la-lu la-lu la!

Si-ma-rar kos mal-zi-pem-pu
sil-zu-zan-kunk-rei!
Mar-jo-mar dos: Quem-pu Lem-pu
Si-ri Su-ri Sei!
La-lu la-lu la-lu la-lu la!

7c Um eine passende Melodie zu finden, muss man sich auf die Wirkung der Laute (dunkle, helle Vokale) konzentrieren und die davon ausgehende Stimmung (vgl. Gedichtinterpretation!) erfassen. Man kann Vorüberlegungen anstellen: Wird es ein schauriges oder ein liebliches Lied? Als Anregung kann auch das So-sam-Spiel dienen (vgl. Sechstes Kapitel, S. 214!).
Hier kann eine Zusammenarbeit mit dem Musiklehrer, ggf. eine Aufführung bei einem Elternabend, beim Schulfest, bei der Einführung der nächsten Fünftklässler erwogen werden.

Eine weitere Möglichkeit der Verfremdung ist neben dem Nonsens- ein fremdsprachlicher Text. Ein Liederbeispiel findet sich bei den Kopiervorlagen (**K 7** , LB, S. 155).

Seite 208/209 – Trainings-Doppelseite

Erläuterungen zur Doppelseite:

Hier werden spielerisch alle Rechtschreibprobleme, die in diesem Kapitel behandelt worden sind, noch einmal aufgegriffen. Der Spielplan kann im aufgeschlagenen Buch benutzt oder kopiert werden. Das Spiel kann auch bei der **Freiarbeit** eingesetzt werden. Als Figuren können Ein- oder Zwei-Cent-Stücke dienen oder man lässt Spielfiguren basteln, die vielleicht Tiere aus den Fabeln aufgreifen, was die Illustration nahelegt. Die gestellten Aufgaben sollen Vorlage für weitere, selbst erfundene Rechtschreibherausforderungen sein. So bleibt das Spiel länger spannend. Es kann auch immer wieder zwischendurch zur Binnendifferenzierung herangezogen werden. Aktuelle Rechtschreibprobleme können damit jeweils geübt werden. Miteinander spielen können Banknachbarn, Buben mit Mädchen, Rechtschreibprofis mit Übenden, Fensterseite mit Wandseite usw. Wechselnde Kombinationen erhöhen den Reiz und können auch der Durchmischung der Klasse dienen, um Cliquen aufzusprengen.

3. Vorschläge für Übungen und Klassenarbeiten – zusätzliche Materialien und Kopiervorlagen

Übersicht über die Kopiervorlagen

K1	fehlender Schluss der Originalerzählung	SB, S. 177
K2	Lösung der Aufgabe zur Substantivierung von Adjektiven und Verben	SB, S. 178
K3	weitere Übungsaufgabe zur Substantivierung und zum Schreiben des Schlusses einer Erzählung	SB, S. 178
K4	Beschreibung eines Hundes mithilfe vorgegebener Fachbegriffe, Stichwörter und einer Abbildung, verbunden mit einem kleinen Rechercheauftrag, Fachbegriffe im Lexikon nachzuschlagen	SB, S. 182
K5	Eine Fabel schreiben mithilfe von Steckbriefen	SB, S. 195
K6	Silben erkennen und auf die Noten einer Melodie verteilen	SB, S. 206
K7	Silben in einem fremdsprachlichen Text erkennen und auf die Noten einer Melodie verteilen	SB, S. 207

Kurzbeschreibung der Kopiervorlagen

K 1 Jack London (1876–1916): Ruf der Wildnis [Auszug]

Didaktischer Ort:

Nachdem sich die Schülerinnen und Schüler Gedanken über den Aufbau einer Erzählung gemacht haben, beschäftigt sie sicherlich auch der fehlende Schluss. Das Original ist deshalb hier abgedruckt, um einerseits die Neugierde zu befriedigen, aber auch, um eine Weiterarbeit an diesem Text zu ermöglichen.

Erläuterungen zu den Aufgaben:

1. Bei der Suche nach einer passenden Überschrift (SB, S. 176/Aufgabe 1) haben sich die Schülerinnen und Schüler bereits Gedanken über Thorntons Verhalten gemacht. Nachdem nun der Originalschluss bekannt ist, könnten sie ihre früheren Überlegungen noch einmal reflektieren und ihre früheren Standpunkte überprüfen.
2. Aus diesen Überlegungen ergibt sich womöglich das Bedürfnis, der Geschichte eine andere Wendung zu geben. Hier ist Raum für eigene Vorstellungen.
3. Man kann diese Erzählung zu einem Bericht umformen lassen, um die Unterschiede beider Textarten herauszuarbeiten oder den Bericht zu wiederholen.

K 2 Lösung zu SB, S. 178/Aufgabe 1 und 2

Didaktischer Ort:

Die Kopie der Lösung kann zur Selbstkontrolle mit nach Hause gegeben werden oder auf Folie der Eigenkorrektur im Unterricht dienen.

Erläuterungen zu den Aufgaben:

Der Text gibt die korrekte Schreibung wieder (vgl. Aufgabe 1). Am Rand findet sich die Wortart, die in der Tabelle (vgl. Aufgabe 2) einzutragen ist. Dabei steht auch die die Substantivierung auslösende Wortumgebung, die von den Schülerinnen und Schülern in die Tabelle eingetragen werden sollte.
Dadurch, dass nicht die in der Aufgabe verlangte Tabelle korrekt ausgefüllt dargestellt ist, wird von den Schülerinnen und Schülern ein aufmerksames Vergleichen der Lösung mit der eigenen Arbeit verlangt, wobei sich die Regeln der Substantivierung nachhaltiger einprägen können.

K 3 Das Ende von Bucks Geschichte

Didaktischer Ort:

Dieser Text stellt ein weiteres Übungsangebot dar und variiert die Verfremdung durch durchgängige Großschreibung. Er kann zur Binnendifferenzierung oder als Überprüfung des Lernerfolgs nach der Behandlung der Substantivierung eingesetzt werden.

Erläuterungen zu den Aufgaben:
1./2. Die abgedruckte Lösung kann zur Selbstkontrolle ausgegeben oder für die gemeinsame Besprechung auf Folie kopiert werden.
3. Dieser Text deutet die weitere Entwicklung von Jack Londons Erzählung an. Die Schülerinnen und Schüler müssen überlegen, wem Buck auf der Lichtung begegnet und warum ihn dieses Zusammentreffen so tief beeindruckt. Der domestizierte, verwöhnte Haushund hatte sich unter harten Bedingungen an das Leben als Schlittenhund gewöhnen müssen, wodurch seine Instinkte geweckt und gestärkt wurden. Nun trifft er auf einen Wolf, der in ihm die Erinnerung an seinen Ursprung heraufbeschwört. Buck kehrt nicht mehr ins Lager zurück, sondern wird zum Anführer des Wolfsrudels und findet so zurück zu seinen Wurzeln in Freiheit und in der wilden Natur. Dieser Ausgang ist im vorliegenden Text angedeutet, aber auch andere Lösungen sind denkbar. Die Schülerinnen und Schüler müssen zumindest die Leerstelle des Heulenden sinnvoll füllen: Es ist ein Tier („Keulen", „Schnauze") das durchdringend heult, also vermutlich ein Wildhund oder Wolf.

K 4 Beschreibung eines Hundes

Didaktischer Ort:
Nach der Erarbeitung einer Beschreibung kann dieses Material als weiteres Übungsangebot oder zur Binnendifferenzierung eingesetzt werden. In Variation zu den im SB abgedruckten Beispielen können sich die Schülerinnen und Schüler auf den Aufbau der Erzählung konzentrieren, da die Wortwahl (Fachbegriffe und passende Adjektive) weitgehend vorgegeben ist.

Erläuterungen zu den Aufgaben:
1. „Fang" bedeutet Schnauze, „Stop" ist das „Treppchen" im Profil des Hundekopfes auf Augenhöhe zwischen Nasenrücken und Stirn, „Scherengebiss" heißt, dass die Schneidezähne der Oberkiefer ohne Zwischenraum über denen des Unterkiefers stehen, „Läufe" ist die Bezeichnung für die Beine, „Rute" für den Schwanz des Hundes.
2. Getreu dem Motto „Vom Groben ins Detail" bietet sich folgende Reihenfolge an:
   – Name
   – Rasse/Verwendung
   – Herkunft
   – Schulterhöhe
   – Farbe und Haar
   – Kopf mit Augen, Ohren, Gebiss
   – Hals
   – Körper
   – Läufe
   – Pfoten
   – Rute

Da dieser Auszug aus einer systematischen Abhandlung stammt, stehen hier Verwendung und Herkunft am Anfang, weil die Hunde grob nach ihrer Zweckmäßigkeit für den Menschen eingeteilt sind (Schäfer-, Wach- und Schutz-, Laufhund ...). Aus Sicht der Kinder dürfte die Verwendung eher ein unwichtigeres Detail darstellen und könnte somit auch am Schluss stehen.

K 5 Das Fabelkartenspiel

Didaktischer Ort:
Nachdem nun alle Fabelmerkmale erarbeitet sind, können die Schülerinnen und Schüler selbst versuchen, solche Texte zu schreiben. Dabei wiederholen sie das Gelernte und wenden selbstständig und kreativ ihr Wissen an.

Erläuterungen zu den Aufgaben:
Die Schülerinnen und Schüler erstellen evtl. arbeitsteilig oder als Hausaufgabe eine Art Steckbrief der typischen Fabeltiere. Dazu kann man sie zu vorgegebenen Tieren oder allgemein in Fabeln recherchieren lassen, welche typischen Eigenschaften den Tieren dort zugeordnet werden. Die Ergebnisse werden auf Kartons in Spielkartengröße geschrieben und ggf. mit einem Bild geschmückt (vgl. Vorschlag auf der Kopiervorlage). Jedes Kind zieht zwei Karten und überlegt, ob sich die beiden Tiere als Spieler und Gegenspieler eignen (z. B. Löwe und Lamm, Löwe und Fuchs). Ggfs. muss so lange gezogen werden, bis sich ein entsprechendes Paar findet, denn Lamm und Esel sind kaum als Gegenspieler denkbar. Dabei überlegen sich die Schülerinnen und Schüler bereits, in welchen Konflikt die beiden geraten könnten und wie ihre typischen Eigenschaften zu einer lehrreichen Erzählung verarbeitet werden könnten. Nach Erstellung einer Stichwortsammlung und Gliederung wird auf ein DIN-A4-Blatt die Fabel mit Moral geschrieben. Die Ergebnisse können in verschiedener Form präsentiert werden (als Wandzeitung im Klassenzimmer, bei einem Elternabend oder beim Schulfest, als Fabelbuch, das für alle Schülerinnen und Schüler kopiert wird, als Vorlesewettbewerb, auf Kassette aufgenommen).
Auch für die Freiarbeit ist der Einsatz dieser Fabelkarten geeignet.

K 6 Silben schreiben und singen

Didaktischer Ort:
Die Schülerinnen und Schüler haben erkannt, wie Wörter getrennt und in Silben eingeteilt werden. Sie festigen ihr Wissen durch weitere Übungen. Vielleicht haben die Schülerinnen und Schüler Freude am Singen und sind dadurch motiviert(er) Silben zu bilden. Auch eine Zusammenarbeit mit dem Fach Musik ist hier denkbar.

Erläuterungen zu den Aufgaben:
1. Der Text der Strophen wird in Silben aufgeteilt, die meist auf eine Note der Melodie gesungen werden. Da nicht alle Strophen dieselbe Silbenzahl aufweisen, wird an manchen Stellen eine halbe Note gesungen, wenn eine Silbe zu vertonen ist oder auch zwei Viertelnoten, wenn es gilt zwei Silben zu verteilen. Diese Stellen sind leicht an den gestrichelten Haltebögen erkennbar. Die gestrichelte Linie besagt, dass je nach Text hier die beiden Viertelnoten als eine halbe Note gehalten oder als zwei Viertelnoten gespalten werden. Die Silben werden mittig unter die dazu gehörige Note geschrieben. Die Lösung ist auf K6/2 zu finden.
2. Zunächst wirkt dieser Text nicht wie eine Fabel, da hier ein nicht näher typisierter „Vogel" und ein für die Fabel eher untypischer Mensch auftritt. Dennoch kann dieser als Gegenspieler zum Vogel aufgefasst werden, der nicht in angemessener Weise auf den Gesang reagiert. Die Verallgemeinerung des Vogelkots als Mist (mit seiner weiteren Bedeutung von „minderwertiger Qualität") erfüllt die Bedingungen einer Moral in der Fabel.

K 7 Auch in Fremdsprachen sind Silben erkennbar

Didaktischer Ort:
Dieses Lied eignet sich als weiteres Übungsmaterial oder für eine Wiederholung bzw. Überprüfung des Gelernten. Trotz der Fremdsprache wird nichts falsch gemacht, wenn man die Silben nach der bekannten Weise bildet und auf die einzelnen Noten verteilt.

Erläuterungen zu den Aufgaben:
1. Zunächst betrachten die Schülerinnen und Schüler den Text, den sie überwiegend nicht verstehen werden. Daher können sie damit umgehen wie mit Morgensterns Nonsenstext (SB, S. 207). Sie konzentrieren sich auf die gelernten Regeln und können mit Bleistiftstrichen die Wörter in Silben einteilen.
2. Danach schreiben sie die Silben mittig unter die abgedruckten Noten.

Lebenswelten K1

Jack London (1876 – 1916): Ruf der Wildnis (Auszug)

Dann ruckte der Schlitten vorwärts wie in einer schnellen Folge von Stößen, kam aber zwischendurch nie ganz zum Stehen ... einen Zoll ... zwei Zoll ... drei Zoll ... Die Stöße wurden deutlich kleiner; wie der Schlitten an Schwung gewann, fing er sie auf, bis er sich stetig vorwärts bewegte.

Ein Seufzer der Erleichterung ging durch die Menge, man wagte wieder zu atmen. Thornton lief hinterher und spornte Buck mit kurzen Zurufen an. Die Entfernung war abgesteckt und als sich Buck dem Holzstoß näherte, der das Ende der Hundertmeterstrecke bezeichnete, brandete Beifall auf und wuchs und mündete in lautes Gebrüll, als er die Zielmarke passierte und auf Kommando anhielt. Alle waren von dem Schauspiel ergriffen, selbst Matthewson. Hüte und Handschuhe flogen in die Luft. Die Menschen schüttelten einander die Hände und ein allgemeiner Freudentaumel brach aus.

Thornton aber fiel neben Buck auf die Knie. Stirn lag an Stirn und er schüttelte ihn hin und her. Leute, die in der Nähe standen, hörten ihn auf Buck einreden, lange und inbrünstige Verwünschungen, aber es klang sanft und liebevoll. „Alle Wetter, Sir, W-wetter", stotterte der reiche Minenkönig, „i-ich gebe I-ihnen t-tausend für ihn, Sir, eint-tausend, Sir – z-zwölfhundert, Sir!"

Thornton erhob sich. Seine Augen waren feucht. Tränen liefen ihm die Wangen hinab. „Nein, Sir", erwiderte er dem Minenkönig. „Scheren Sie sich zum Teufel!"

Buck ergriff Thorntons Hand mit den Zähnen. Thornton schüttelte ihn hin und her. Die Zuschauer blieben in respektvoller Entfernung, jeder spürte, was hier vor sich ging, und keiner wollte stören.

(Aus: Jack London, Ruf der Wildnis, W. Fischer-Verlag, Göttingen 1976², S. 95f.)

Arbeitsanweisungen:

1. „Puh, das ging ja noch mal gut aus!" – „Also, in Wirklichkeit ging das sicherlich nicht so einfach!" – „Der Kerl hat überhaupt nicht kapiert, was er Buck da eigentlich antut!" Sprecht über die verschiedenen Meinungen zu diesem Schluss der Erzählung.

2. Schreibt einen eigenen, möglichen Schluss.

3. In der Zeitung erscheint am nächsten Tag ein Bericht über das Ereignis.

Lebenswelten K2

Lösung zu SB, S. 178, Aufgaben 1 und 2

Bucks Herkunft

Buck war nicht in Alaska geboren worden. Über seine ersten Lebensjahre gibt es noch einiges Interessante zu erzählen:
Das Auffallendste an Buck war seine Größe, die er seinem Vater Elmo, einem riesigen Bernhardiner, verdankte. Hingegen gab ihm seine Mutter, eine irische Schäferhündin, seine Haltung, die etwas Würdiges an sich hatte, mit auf den Lebensweg. Buck verbrachte seine ersten vier Jahre im sonnigen Tal von Santa Clara in einem großen Haus mit viel Grün darum herum, das zum Springen, Jagen, aber auch zum Faulenzen einlud. Das Schönste war für Buck, sommers am Schwimmbecken, winters dagegen am Kamin zu liegen. Sein Leben lang war ihm nichts Schlimmes widerfahren und er ahnte nicht, dass etwas Seltsames im Gange war und sein Schicksal verändern sollte.
Manches Böse erwächst aus der Spielleidenschaft, der leider auch der Gärtner Manuel verfallen war. Da ihm beim Bezahlen seiner hohen Schulden das Geld ausging, stahl er Buck und verkaufte den Starken an einen Händler, der gesunde Schlittenhunde für Alaska suchte. Dort wurden sehr viele solcher Zugtiere benötigt, da mit dem Entdecken großer Goldlager viele Abenteurer sich auf die Suche nach dem großen Reichtum machten.
Buck musste die Reise in den hohen Norden antreten und sich in sein Schicksal fügen, sein Sträuben half nichts. Später fand er allerdings sogar Freude am Ziehen des Schlittens. Außerdem machte er in Alaska nicht nur unangenehme Erfahrungen, sondern erlebte auch viel Gutes von den Menschen dort.

einiges vor Adjektiv
das vor Partizip

etwas vor Adjektiv

viel vor Adjektiv
zum = zu dem vor Verb (dreimal)
das vor Adjektiv
nichts vor Adjektiv
etwas vor Adjektiv
manches vor Adjektiv
beim = bei dem vor Verb
den vor Adjektiv

mit dem vor Verb

sein vor Verb
am = an dem vor Verb
viel vor Adjektiv

Lebenswelten K 3

Das Ende von Bucks Geschichte

DURCH DAS WETTEN AUF BUCKS KRAFT HATTE JOHN THORNTON SECHZEHNHUNDERT DOLLAR VERDIENT, WOMIT ER UND SEINE FREUNDE HANS UND PETER DIE REISE NACH OSTEN BEZAHLEN KONNTEN. DORT WOLLTEN SIE GOLD SUCHEN. DAS GEPÄCK BESTAND IM WESENTLICHEN AUS MUNITION UND WERKZEUG, SO DASS HAUPTSÄCHLICH FRISCHFLEISCH AUF DEM SPEISEZETTEL STAND.
FÜR BUCK WAR ES EINE EINZIGE FREUDE, DIESES JAGEN, FISCHEN UND ENDLOSE WANDERN DURCH FREMDE GEGENDEN. WOCHENLANG WAREN SIE UNTERWEGS, BLIEBEN ABER HIN UND WIEDER EINIGE TAGE AN EINEM ORT. DANN WAR BUCK FREI UND STÖBERTE IN DER UMGEBUNG DES LAGERS.
EINES NACHTS VERNAHM ER EIN LANG GEZOGENES HEULEN, DAS IHN IN UNRUHE VERSETZTE. SEIN DAVONSCHLEICHEN WURDE IM LAGER NICHT BEMERKT. ETWAS SELTSAMES GING IN BUCK VOR, ALS ER SICH DEM RUF NÄHERTE. ER SPÜRTE, DASS ETWAS SEIN LEBEN ENTSCHEIDEND BESTIMMENDES VOR IHM LAG. AUF EINER LICHTUNG FAND ER IHN: ER SASS AUF DEN KEULEN, DIE SCHNAUZE ZUM HIMMEL GERICHTET UND SEIN KLAGENDES HEULEN FUHR DURCH MARK UND BEIN ...

Arbeitsanweisungen:

1. Schreibe den Text in korrekter Rechtschreibung ab.
2. Unterstreiche die Substantivierung mit ihrer entsprechenden Wortumgebung: substantivierte Verben rot, substantivierte Adjektive bzw. Partizipien gelb.
3. Schreibe einen möglichen Schluss für Bucks Geschichte.

Lösung:

Durch das Wetten auf Bucks Kraft hatte John Thornton sechzehnhundert Dollar verdient, womit er und seine Freunde Hans und Peter die Reise nach Osten bezahlen konnten. Dort wollten sie Gold suchen. Das Gepäck bestand im Wesentlichen aus Munition und Werkzeug, so dass hauptsächlich Frischfleisch auf dem Speisezettel stand.
Für Buck war es eine einzige Freude, dieses Jagen, Fischen und endlose Wandern durch fremde Gegenden. Wochenlang waren sie unterwegs, blieben aber hin und wieder einige Tage an einem Ort. Dann war Buck frei und stöberte in der Umgebung des Lagers.
Eines Nachts vernahm er ein lang gezogenes Heulen, das ihn in Unruhe versetzte. Sein Davonschleichen wurde im Lager nicht bemerkt. Etwas Seltsames ging in Buck vor, als er sich dem Ruf näherte. Er spürte, dass etwas sein Leben entscheidend Bestimmendes vor ihm lag. Auf einer Lichtung fand er ihn: Er saß auf den Keulen, die Schnauze zum Himmel gerichtet und sein klagendes Heulen fuhr durch Mark und Bein ...

Kennzeichnung hier durch verschiedene Unterstreichungen:

substantiviertes Verb mit Wortumgebung
substantiviertes Adjektiv bzw. Partizip mit Wortumgebung

Beschreibung eines Hundes

GRAHUND[1] – Schwedischer Grauhund

Ursprung und Verwendung
Für einige rein durchgezüchtete Rassen der vielen Schläge unter den sehr alten skandinavischen Jagdhundrassen, die zu den Spitzen und den Polarhunden gehören, bestehen Standards. Die FCI erkannte den Grahund als schwedisch-norwegische Rasse an.

Äußere Kennzeichen
Kopf: Breiter Schädel, starker Fang, der wenig kürzer ist als der Schädel, und fast kein Stop. *Augen:* Dunkelbraun. *Ohren:* Stehend. *Scherengebiss. Hals:* Mittellang und stark. *Körper:* Kurz, mit tiefer, breiter Brust und gut gewölbten Rippen. *Läufe:* Mittellang mit schweren Knochen. *Pfoten:* Klein und schmal. *Rute:* Geringelt. *Haar:* Ziemlich lang, gerade und hart, mit weicher Unterwolle, auf Kopf und an der Vorderseite der Beine kürzer.

Charakter
Selbstbewusst, freundlich zu eigenen Leuten, energisch.

(Aus: Anna Gondrexon, Hunderassen der Welt. Über 300 Hunderassen, farbig abgebildet und beschrieben, BLV Bestimmungsbuch, BLF Verlagsgesellschaft, München, Bern, Wien, ²1976, S. 154f., Originaltitel: Guide to the dogs of the world © Andromeda Publishing)

Schulterhöhe
Rüde: 52 cm
Hündin: 49 cm

Farbe
Grau in verschiedenen Tönen; Unterwolle hellgrau.

Arbeitsanweisungen:
1. Schlage die dir unbekannten Fachbegriffe in einem Lexikon nach.
2. Beschreibe diesen Hund mithilfe der abgedruckten Stichwörter. Achte auf die Reihenfolge und die Satzverknüpfungen.

---

[1] der Grahund (< schwed. grå = grau + schwed. hund = Hund)

Fachbegriffe für die Beschreibung eines Hundes

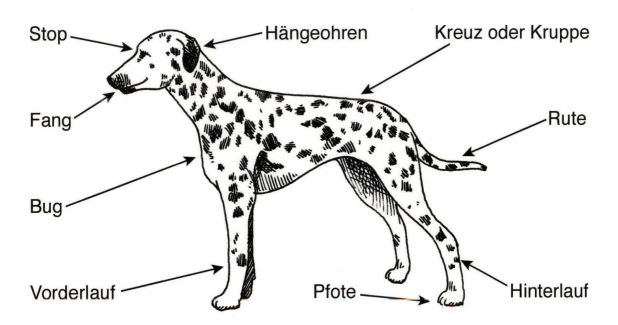

Das Fabelkartenspiel

Lebenswelten — K 5

Der Esel:

dumm, einfältig, töricht, vorlaut, störrisch

Die Eiche:

groß, erhaben, standhaft, stark, eingebildet

Der Zaunkönig:

klein, fröhlich, bescheiden, laute, schöne Stimme

Arbeitsanweisungen:

1. Gestalte Fabelkarten nach den abgebildeten Beispielen für verschiedene Fabeltiere.
   Tipp: Blättere verschiedene Fabeln durch und prüfe, welche Tiere gewöhnlich auftreten.

2. Lege eine Stichwortsammlung mit Gliederung für eine eigenen Fabel an:
   - Suche dir zwei Figuren als Spieler und Gegenspieler in einer bestimmten Situation aus.
   - Überlege dir eine Aussage der Geschichte.
   - Fasse diese in einer Moral zusammen.

3. Schreibe die Fabel sauber auf ein DIN-A4-Blatt. Du kannst auch ein Bild dazu malen.

Silben schreiben und singen

Ein Vogel saß auf einem Baum

Zwischenspiel:

1. Ein Vogel saß auf einem Baum, und unten ging ein Mann. Da sprach der Vogel: „Ei der Daus, dem zeig ich, was ich kann, dem zeig ich, was ich, zeig ich, was ich, zeig ich, was ich kann!"

2. Er ließ sodann von oben her sein schönstes Lied erschallen. Doch weil der Mann nicht aufwärts sieht, da lässt er etwas fallen, da lässt er etwas, lässt er etwas, lässt er etwas fallen.

3. Das merkte sich der Mann im Nu. Jetzt sah er gleich nach oben. Und da das Resultat[1] ihn traf, da fing er an zu toben, da fing er an zu, fing er an zu, fing er an zu toben.

4. Nun fragt ihr mich nach der Moral vom Vöglein und dem Mann: Die Kunst hat's schwer heut allzumal. Der Mist kommt immer an, der Mist kommt immer, Mist kommt immer, Mist kommt immer an.

Arbeitsanweisungen:

1. Schreibe den Liedtext der vier Strophen unter die Noten.
2. Am Schluss ist von einer Moral die Rede. Überlege, ob dies eine Fabel ist.

---
[1] das Resultat (< frz. résultat = Ergebnis): das Ergebnis

Ein Vogel saß auf einem Baum (Lösung)

Auch in Fremdsprachen sind Silben erkennbar

Bejvavalo dobre
(Wenn man immer jung wär')

Text:
Bejvavalo, bejvavalo, bejvavalo dobre, bejvavalo, bejvavalo, bejvavalo dobre, za nasich mladejch let bejval svet jako kvet, bejvavalo, bejvavalo, bejvavalo dobre.

Übersetzung:
Wenn man immer jung wär', dann wär' die ganze Welt immer ein Blumenfeld.

Arbeitsanweisungen:

1. Dies ist ein tschechisches Lied. Aber auch in dieser Fremdsprache sind Silben erkennbar.
2. Schreibe den Liedtext unter die Noten.

Lösung:

Sechstes Kapitel: Vorhang auf!

1. Grundsätzliche Überlegungen

Aufbau

Das letzte Kapitel des Bandes, es umfasst zwei Sequenzen bzw. drei Teilsequenzen, dient der Vertiefung und Anwendung des Gelernten am Schuljahresende.

Die Form des Projektes stellt dabei eine sehr anspruchsvolle und komplexe Herausforderung dar, durch die die Selbstständigkeit der Schülerinnen und Schüler gefördert wird. Außerdem bietet die offene Unterrichtsform eine Möglichkeit, die Schülerinnen und Schüler auch am Ende des Schuljahres für eine motivierte Mitarbeit zu gewinnen.

I.1 Wie schlüpfe ich in eine Rolle – Von der Textvorlage zur gespielten Szene (Seite 212 – 219)

Die erste Teilsequenz schafft zunächst durch einen kurzen Dialog Sprech-, Spiel- und Schreibanlässe. Dadurch werden Grundlagen für die folgende Projektarbeit geschaffen. Im **AB Sprechen** werden die Formen des Textvortrags, der Improvisation und des Rollenspiels geübt und angewandt: Im Rahmen zweier Spiele üben die Schülerinnen und Schüler verschiedene Ausdrucksweisen. Bei der Beschäftigung mit zwei Trainings-Doppelseiten sollen Spielideen umgesetzt werden: Dabei wird auf die Mimik und Gestik beim Sprechen Wert gelegt; Schülerinnen und Schüler imaginieren, Pantomime wird geübt; es wird Atem- und Stimmtraining durchgeführt.

Als Vorbereitung auf die geplante Inszenierung wird gelernt, wie man ein Regiebuch anlegt.

I.2 Wir eröffnen eine Theaterwerkstatt – Von der Erzählung zum Theaterstück

Den Ausgangstext für die Erarbeitung eines eigenen Theaterstücks bildet Asimovs Kurzgeschichte „Die Schule". Zunächst werden Fertigkeiten im **AB Texte und Medien** erworben. Die Schülerinnen und Schüler arbeiten den Prosatext in eine Spielvorlage um; dabei gliedern sie den Text in Erzählschritte und lernen, wie man einen Prosatext dialogisieren kann. An dieser Stelle wird ihnen außerdem die Unterscheidung zwischen den grundlegenden literarischen Gattungen bewusst. Die Schülerinnen und Schüler lernen durch die Projektarbeit auch zentrale Begriffe des Themenbereichs „Theater" kennen. Dem im Bildungsplan verankerten Bereich „Szenisches Verfahren" wird in beiden Teilsequenzen besondere Aufmerksamkeit zuteil.

II.1 Das sind wir und unsere Schule – Ein Projekt zur Begrüßung der neuen Fünftklässler (Seite 225 – 226)

Auch die zweite Sequenz des Kapitels hat Projektcharakter. Ausgangspunkt ist neben den didaktisch-methodischen Möglichkeiten (Szenisches Spiel, offene Unterrichtsformen), die sich bieten, auch ein pädagogischer Aspekt: Am Ende des Schuljahres sollen sich die inzwischen erfahrenen Fünftklässler noch einmal in die Situation des Schulanfangs am Gymnasium zurückversetzen. Sie sollen sich fragen, wie sie aus ihrer Sicht den neuen Fünftklässlern den Start erleichtern könnten. Der im Buch vorgeschlagene Weg ist eine Art Revue, eine Show, die Schülerinnen und Schüler gestalten und schließlich zur Begrüßung der neuen Fünftklässler am Beginn des neuen Schuljahres vorführen.

Die Schülerinnen und Schüler werden aufgefordert, aus ihren Erfahrungen während des ersten Jahres am Gymnasium eine Stoffsammlung zu machen. Sie sollen sich in einem weiteren Schritt Gedanken zu möglichen Textarten bzw. Präsentationsformen machen.

Das Schülerbuch enthält Angebote für die Gruppenarbeit. Die Arbeitsanregungen sollen die Schülerinnen und Schüler dazu motivieren, bereits im Verlauf des Schuljahres Erarbeitetes wieder aufzugreifen. Das Angebot ist bewusst offen angelegt – Akzentsetzungen durch die Schülerinnen und Schüler sind natürlich erwünscht. Vor allem werden die Schülerinnen und Schüler im Bereich der **Methoden** gefördert: Sie beschaffen sich Informationen und geben sie weiter; außerdem lernen sie präsentieren und werden mit der Metaplanmethode bekannt gemacht.

Zielsetzung

Wie die Kapitelüberschrift „Vorhang auf" bereits verdeutlicht, steht das szenische Spiel im Zentrum. Durch den Projektcharakter liegt eine Prozess- und Ergebnisorientierung vor, durch die Methodenkompetenz und kommunikative Kompetenz gefördert werden. Darüber hinaus dient Theaterspielen der ganzheitlichen Persönlichkeitsentwicklung: Es fördert die Kreativität, es motiviert, es wirkt sich positiv auf gruppendynamische Prozesse aus, es fördert die Wahrnehmungsfähigkeit und das Einfühlungsvermögen. Durch das Imaginieren wird die Vorstellungskraft gefördert. Hier liegen die wesentlichen **pädagogischen Ziele**.

Bezogen auf die vier Arbeitsbereiche des Faches Deutsch werden folgende Kompetenzen vermittelt:

a) Arbeitsbereich Sprechen
- auf den Kommunikationspartner eingehen und Konflikte sprachlich lösen [3]
- Informationen adressatenbezogen weitergeben, Erproben von einfachen Formen der Präsentation und Visualisierung [11]
- über Erlebtes berichten und in einfacher Weise Personen, Gegenstände und Vorgänge beschreiben [12]
- einen Text zum Vorlesen vorbereiten und sinngestaltend vortragen [13]
- elementare Formen der Stimmführung anwenden [14]
- einzeln und zusammen Spielideen umsetzen, auch pantomimisch [16]
- grundlegende Formen von Sprechweise und Körperhaltung verwenden [18]
- Techniken der Figurencharakterisierung anwenden (Mimik, Gestik, Kostüme, Requisiten) [19]
- Kurze Szenen improvisieren [20]
- einen kurzen Erzähltext dialogisieren und in eine Spielvorlage umsetzen [22]

b) Arbeitsbereich Schreiben
- eigene Schreibprodukte überarbeiten und dabei auch Nachschlagewerke und Textverarbeitungsprogramme nutzen [25]
- Informationen beschaffen und adressatenbezogen weitergeben [33]
- Sprache spielerisch verwenden [36]

c) Arbeitsbereich Lesen/Umgang mit Texten und Medien
- die Möglichkeiten einer Bibliothek nutzen [46]
- Methoden der Texterschließung anwenden [48]
- die drei grundlegenden literarischen Gattungen unterscheiden [53]
- Zusammenhänge zwischen Inhalt und Gestaltung eines Textes benennen [54]
- analytische und handlungs- und produktionsorientierte Formen auch im selbstständigen Umgang mit Texten anwenden [56]

d) Arbeitsbereich Sprachbewusstsein entwickeln
- wesentliche Mittel unterscheiden, welche die mündliche Kommunikation beeinflussen (Gestik, Mimik, Stimme) [61]

Im Bereich der **methodischen Ziele** stehen in der ersten Sequenz vor allem die Verfahren des szenischen Spiels im Vordergrund. In der zweiten Sequenz wird die Metaplan-Methode als Ausgangsbasis für ein Projekt angewandt.

2. Erläuterungen und Lösungsvorschläge

Übersicht zur Teilsequenz I.1 (Seite 212 – 219)

I. Wir spielen Theater
1. Wie schlüpfe ich in eine Rolle – Von der Textvorlage zur gespielten Szene

Texte/Bilder	Sprechen	Schreiben	Texte und Medien	Sprachbewusstsein entwickeln	Methoden
1. Ein Dialog nach Peter Härtling	• Textvortrag		• dramatischer Text		
2. Szenenfotos	• Improvisation • Standbilder besprechen				• Standbilder zuordnen und Zuordnung begründen
3. Regieanweisungen	• Rollenspiel • Figurencharakterisierung	• Regiebuch	• Regieanweisungen	• verbale und nonverbale Ausdrucksmittel	• Regiebuch anlegen
4. Zwei Spiele	• Spielideen umsetzen • Pantomime • Sprechweise			• nonverbale Ausdrucksmittel • Wortfeld: Gefühle	• Imaginieren
Trainings-Doppelseite 1	• Spielideen umsetzen • Mimik/Gestik • Improvisieren				• Imaginieren • Pantomime
Trainings-Doppelseite 2	• Improvisieren • Sprechweise und Körperhaltung		• Sachtexte	• Bedeutung von Atmung und Stimme	• Pantomime • Atem- und Stimmtraining

Lösungsvorschläge

Seite 212

Texterläuterungen:
Der Text nach Peter Härtling stellt ein **Streitgespräch** dar, es ist von der Form her ein dramatischer Text, allerdings ohne Regieanweisungen. Es werden zwei völlig unterschiedliche Haltungen sichtbar: B hat Interesse daran, mit A ins Gespräch zu kommen. Er will Begründungen für As Aufforderung erhalten und argumentiert anschließend logisch. Er erkennt, dass er nur durch Nachgeben eine Schlägerei verhindern kann. A begibt sich überhaupt nicht auf die Ebene des Argumentierens, er sucht Streit um jeden Preis.
Die Anonymisierung hilft, das Problem zu verallgemeinern; so erfolgt keine voreilige Bedeutungszuschreibung, die ein Gespräch über die Situation einengen würde.
Durch das Spielen der Szene wird der Unterschied zwischen der Textvorlage und der Realisierung deutlich; dies sollte zur Gestaltung eines **Regiebuches** für die Aufführung führen.

1 Geübt wird das sinngestaltende Lesen. Es bietet sich auch an, dass nur die vortragenden Schülerinnen und Schüler wissen, welchen Typ sie verkörpern sollen – der Rest der Klasse soll raten.

Seite 213

2 Durch diese Aufgabe wird die Zielsetzung „Standbilder bauen und besprechen" vorbereitet. Bei der Zuordnung der Bilder zu den Textstellen sollen die Schülerinnen und Schüler ihre Entscheidung begründen. Sie achten auf Mimik, Gestik und Körperhaltung.
Bild 1: Es passt zum Beginn des Dialogs, wobei man nicht festlegen muss, welche Stelle von Z. 1–9 die passendste ist. Man kann sich vorstellen, dass Gestik und Mimik der Schülerin auf der rechten Seite auf die besonders aggressive Stelle hindeuten, als A sagt: Weil du jetzt mein Feind bist (Z. 9).
Bild 2: Die Schülerin auf der linken Seite will auf friedliche Weise argumentieren (Gesichtsausdruck, Haltung der Hände), während die andere auf die Argumentation nicht eingeht und Streit sucht (Z. 14–16).
Bild 3: Die Schülerin auf der linken Seite spricht möglicherweise den Schlusssatz – wobei man darüber diskutieren kann, ob sie das auf diese engagierte Weise tun würde.
Die Schülerin rechts zeigt Wirkung, schaut der Gegnerin wutentbrannt ins Gesicht und signalisiert durch ihre Körperhaltung Aggressivität.

3 Das **Stegreifspiel** wird in Partnerarbeit vorbereitet. Wichtig ist dabei, dass die Schülerinnen und Schüler die Verhaltensweisen von A und B in Szene setzen, wobei es nicht darauf ankommt, den Text wörtlich wiederzugeben.

Seite 214

4a/b Der Begriff **Rollenspiel** ist hier im Sinne von „Inszenieren der Spielvorlage" gemeint – die Schülerinnen und Schüler sollen die beiden im Dialog vorgegebenen Rollen ausgestalten.

Sie machen sich das Zusammenwirken von sprachlicher und nichtsprachlicher Ausdrucksweise bewusst. Das Regiebuch kann in Gruppen erarbeitet werden. Die Ergebnisse werden ausgetauscht und durch die Umsetzung ins Spiel überprüft.

Das Spiel a) ist ein sehr beliebtes Aufwärmspiel für das szenische Spielen und dient der Schulung des Ausdrucks durch Stimme und Intonation. Die Spieler können sich ganz auf den Gefühlsausdruck konzentrieren, ohne auf den Inhalt zu achten. Dieses Spiel lässt sich gut auch auf andere Unterrichtssituationen übertragen. Nach der Lektüre von literarischen Texten wäre z. B. denkbar, dass sich die Schülerinnen und Schüler in die Lage der Protagonisten hineinversetzen und deren Gefühle auf diese spielerische Weise artikulieren.
Im Spiel b) wird auf unterhaltsame Weise der Einsatz von Mimik und Gestik geschult.

Seiten 216/217 – Trainings-Doppelseite

Diese Doppelseite soll die Schülerinnen und Schüler dazu anleiten, mit den verschiedenen Sinnen zu imaginieren. Sie sollen sehr konzentriert versuchen, sich in die angegebene Situation hineinzuversetzen. Für die Übungen ist es wichtig, dass sie in völliger Stille durchgeführt werden.
Es bietet sich auch an, Schülerinnen und Schüler die Rollen als Spielleiter zu übertragen. Als Sitzordnung eignet sich ein Stuhlkreis.
Aus der großen Auswahl von Büchern zum Themenkomplex „szenisches Spiel" haben sich unter anderen folgende als sehr hilfreich erwiesen:
– Augusto Boal: *Theater der Unterdrückten. Übungen für Schauspieler und Nicht-Schauspieler.* Frankfurt (edition suhrkamp) 1989. Boal stellt eine große Anzahl von Übungen zu folgenden Bereichen vor: Gehen, Atmen, Stimme, Raum, Improvisation, Sinneswahrnehmung. Außerdem beschreibt er die Geschichte und die Ziele seines Theaters.
– Claus Bubner, Christiane Mangold: *Schule macht Theater.* Braunschweig (Westermann Schulbuchverlag) 1995. Die Autoren machen Vorschläge, wie Grundkenntnisse des Theaterspielens vermittelt werden können. Neben theoretischen Überlegungen enthält jedes Kapitel des systematisch aufgebauten Buches Trainingsübungen und Anleitungen zu Spielversuchen.
– Wolfgang Mettenberger: *Tatort Theater. Kleiner Leitfaden für „Schauspieler".* Offenbach (Burckhardthaus-Laetare Verlag) 1993. Der Autor bietet eine klar gegliederte und praxisbezogene Hinführung zum szenischen Spiel: Aufwärmen, Vertrauensbildung, Gestik, Mimik, Körpersprache, Atem und Stimme, Rollen, Regie, Bühne, Technik, Requisiten.
– Eckhard Lieck: *Theater aus der Hosentasche oder: Schülerinnen und Schüler auf Erkenntnisreise Theater: Sketche und Stegreifideen.* Lichtenau (AOL Verlag) 1994. Hier handelt es sich um ein winziges Taschenbuch mit vielen praktischen Spielideen.
– Josef Broich: *Anwärmspiele.* Köln (Maternus Verlag) 2005. Ein praktisches Buch mit einer großen Anzahl von Spielen.

Seiten 218/219 – Trainings-Doppelseite

Während es auf der vorigen Doppelseite mehr um das Vorstellungsvermögen geht, steht hier der darstellende Aspekt im Vordergrund. Deshalb ist es auch durchaus sinnvoll, einen Teil der Gruppe die anderen beobachten und beschreiben zu lassen. Die Schülerinnen und Schüler, denen die Darstellung am besten gelingt, können sagen, worauf sie besonders Wert gelegt haben.
Für die pantomimische Kette (Übung b) wären z. B. folgende Geschichten denkbar:

Die Maus: jemand strickt, hört ein Geräusch! Ängstliches Herumsehen und -suchen. Lichter anmachen, Suche unter dem Bett, hinter dem Vorhang. Nichts! Wieder stricken, wieder ein Geräusch. Da: eine Maus! Flüchten auf den Stuhl!

Die Uhr: Ein Kind zieht sich in großer Eile an, kämmt sich die Haare, isst schnell etwas, schaut auf seine Uhr, horcht und stellt fest: Sie steht. Es schüttelt, nimmt sie vom Handgelenk ab, stößt an den Tisch damit – vergeblich. Schließlich wirft es sie auf den Boden, legt das Ohr an die Uhr. Tatsächlich, sie funktioniert wieder. Es springt auf, streichelt die Uhr aus lauter Freude, bindet sie wieder um das Handgelenk. Es setzt seine Mütze auf, nimmt die Schulmappe und rennt los.

Weitere Themen: Babysitter/Kind wickeln; Lehrer gibt Klassenarbeit zurück; Kuchen backen …

Übersicht zur Teilsequenz I.2 (Seite 220 – 224)

1. Wir spielen Theater
2. Wir eröffnen eine Theaterwerkstatt – Von der Erzählung zum Theaterstück

Texte/Bilder	Sprechen	Schreiben	Texte und Medien	Sprachbewusstsein entwickeln	Methoden
1. Asimov: Die Schule	• Text zum Vorlesen vorbereiten		• Kurzgeschichte • Text gliedern • gezielt Informationen entnehmen und wiedergeben		• Lesestaffel
2. Auszug aus dem Regiebuch		• Dialogisieren	• Textarten • Regieanweisung • Regiebuch	• Ausdrücken von Gefühlen durch Sprache	• Prosatext dialogisieren
3. Aufgabenverteilung	• Szenische Verfahren				• Inszenieren
4. Programmheft gestalten	• Spielideen umsetzen	• Erzählen, Informieren, Visualisieren	• Programmheft		• Textverarbeitung am Computer

Lösungsvorschläge

In dieser Teilsequenz wird exemplarisch das Umsetzen eines Erzähltextes in eine Spielvorlage gezeigt. Die Inszenierung der Spielvorlage kann zugleich Teil eines Projekts zur Begrüßung der neuen Fünftklässler im folgenden Schuljahr sein. Dieses Projekt wird in der folgenden Teilsequenz (II,1) vorgestellt.

Seite 220

Texterläuterungen:
Bei Isaak Asimovs Text handelt es sich um eine im 22. Jahrhundert spielende Kurzgeschichte, deren Offenheit des Anfangs und Schlusses besonders ins Auge fällt.
Der Fund „eines richtigen Buches" wird für das elfjährige Mädchen Margie zum außergewöhnlichen Ereignis (Z. 1–3). Im Gespräch mit dem dreizehnjährigen Tommy, der das Buch auf dem Dachboden gefunden hat, löst das Thema des Buches, Schule, einen Wutausbruch Margies auf den „mechanischen Lehrer" aus, der gerade durch den Schulinspektor repariert werden soll (Z. 22–54).
Tommy erläutert die Eigenarten der im Buch beschriebenen alten Schule, die Margie plötzlich so sehr neugierig machen, dass die Mutter energisch auf den Beginn des Unterrichts drängen muss (Z. 55–97). Missmutig begibt sich Margie ins Schulzimmer; der Vergleich der elektronisch durch den „mechanischen Lehrer" vermittelten Instruktion mit dem personalen Unterricht durch einen lebendigen Lehrer lässt das Mädchen nicht mehr los (Z. 98–117).

Seite 221

1a Als Vorbereitung der Gruppenarbeit sollten die Schülerinnen und Schüler den Text mit der entsprechenden Aufgabenstellung zu Hause gelesen haben. Die Methode der Lesestaffel ist deshalb geeignet, weil durch sie bereits eine Gliederung des Textes geleistet wird und der Erarbeitung einer Gliederung für die Szenen der Spielvorlage dient. In der Gruppe werden die verschiedenen Lösungen besprochen. Anschließend trägt eine Gruppe den Text vor.

1b Nach dem Vortrag werden verschiedene Vorschläge diskutiert und inhaltlich begründet. Folgende Gliederung bietet sich an:
1) Z. 1–3: Das Ereignis: Tommy findet das Buch.
2) Z. 4–11: Was Margie von ihrem Großvater über Bücher weiß.
3) Z. 5–23: Gespräch zwischen Tommy und Margie.
4) Z. 24–28 und Z. 51–54: Margie und der mechanische Lehrer.
5) Z. 29–50: Der Schulinspektor
6) Z. 55–62: Fortsetzung des Gesprächs zwischen Tommy und Margie.

Bei der Diskussion der Vorschläge könnte sich ergeben, dass man das Gespräch zwischen Margie und Tommy in zwei Themen aufteilt:
a) Z. 12–19: Bücher im Vergleich zum Fernseher.
b) Z. 20–23 und Z. 55–62: Das Buch über die „alte Schule".

In diesem Fall könnte man Margie die Informationen, die sie von ihrem Großvater hat (Z. 4–11), in das Gespräch mit Tommy (Z. 12–19) einflechten lassen.

2 Das Gespräch führt bereits in Richtung Inszenierung – das Datum (2157) legt die Zeit fest und könnte auf einem Kalender gezeigt werden. Der mechanische Lehrer und das Lernverfahren erfordern jedoch Fantasie und Geschick der Schülerinnen und Schüler in Bezug auf Kostüme, Bühnenbild und Requisiten.

3 Der Textauszug soll exemplarisch zeigen, was beim Dialogisieren zu beachten ist (siehe Methodenkasten).

3a/b Der Textauszug bezieht sich auf Z. 22–28 und macht deutlich, dass es beim Dialogisieren nicht um ein kleinschrittiges, wörtliches Übertragen geht; vielmehr sollen sich die Schülerinnen und Schüler in Situation und Figuren hineinversetzen und auf dieser Basis die Szene ausgestalten.
Änderungen:
Z. 1: Regieanweisungen ergänzen Margies Äußerung (Z. 22)
Z. 4: Tommys Reaktion ist im Original nicht erwähnt.
Z. 5–10: Der Erzählerbericht wird zum Bericht Margies ausgestaltet; ihre Wut auf die Schule wird durch die Satzarten (Einwortsätze, Ausrufesätze) und ihre Wortwahl (Verben wie „hassen", „wegwerfen", Adjektive wie „blöd" „langweilig") deutlich.
Z. 11f.: Tommys Reaktion ist im Original nicht erwähnt.
Z. 14ff.: Wörtliches Aufnehmen von Tommys Äußerungen, Anknüpfen an das Gesagte: Wieder wird der Erzählerbericht zu emotionalen Äußerungen Margies ausgestaltet.

Seite 222

4a In arbeitsteiliger Gruppenarbeit bearbeitet jede Gruppe einen Erzählabschnitt. Anschließend erfolgt der Vortrag im Plenum. Die Gruppenarbeit hat den Vorteil, dass die einzelnen Gruppen ein überschaubares Pensum vor sich haben und die Ausgestaltung sehr detailliert vornehmen können. Ein Nachteil besteht darin, dass die Übergänge Probleme bereiten könnten (vgl. 4b).

4b Im Unterrichtsgespräch wird auf mögliche Unstimmigkeiten eingegangen, die Übergänge zwischen den einzelnen Szenen werden abgestimmt.

5 Zunächst wird übersichtlich auf Folie, an der Tafel oder auf einem Plakat festgehalten, welche Aufgaben für die erfolgreiche Durchführung des Projekts zu erledigen sind. Die Schülerinnen und Schüler sollen hier ihre Wünsche eintragen – anschließend geht man im Gespräch auf mögliche Probleme bei der Aufgabenverteilung ein. Solche Gespräche sollte man nicht bloß pragmatisch im Sinne einer schnellen und sinnvollen Aufgabenverteilung betrachten; sie sind wichtig für das soziale Lernen der Schülerinnen und Schüler.
Es bietet sich hier bereits ein Ausblick auf das Projekt zur Begrüßung der neuen Fünftklässler an (S. 209ff.), für das ebenfalls Aufgaben zu verteilen sind. Schülerinnen und Schüler, deren Wünsche jetzt zurückgestellt werden mussten, können dann möglicherweise einen Ausgleich erhalten.

Seite 223

6 Der Vorteil des Wandplakats besteht vor allem darin, dass es immer im Klassenzimmer präsent ist. Es ist wichtig, auf Größe, große Schrift und genügend Zwischenraum zu achten.

7 Schreibformen, die man im Verlauf des Schuljahres gelernt hat, werden hier in einer realen Schreibsituation angewandt.
Beispiele: Erlebniserzählungen (SB, S. 24f.), Nacherzählung (SB, S. 105), Erzählen (SB, S. 52), Steckbrief schreiben (SB, S. 31, S. 91).

[8] Schülerinnen und Schüler können hier die Fertigkeiten, die sie im Deutschunterricht für den Bereich ITG erworben haben, anwenden. Die in diesem Zusammenhang nötige Binnendifferenzierung innerhalb der Klasse ist hier möglich.

[9] Weitere Aufgaben: Bericht in der Schülerzeitung; Einladungen, Probenplan, Ergänzung des Regiebuchs bei den Proben, Tontechniker, Beleuchtung, Maske.

Übersicht über die Teilsequenz II.1 (S. 225 – 226)

II Wir empfangen die Neuen
1. Das sind wir und unsere Schule – ein Projekt zur Begrüßung der neuen Fünftklässler

Texte/Bilder	Sprechen	Schreiben	Texte und Medien	Sprachbewusstsein entwickeln	Methoden
1. Vorschläge für eine Begrüßungsfeier	• Vorschläge machen • den eigenen Standpunkt vertreten				• Informationen beschaffen und weitergeben • Projekt • **Metaplanmethode**
2. Ideenbörse: Wir stellen den Neuen unsere Schule vor		• Beschreiben • Kreatives Schreiben	• Verschiedene Textarten • Programmheft	• Sprache und Textarten	• Präsentieren

Lösungsvorschläge

Seite 225

[1] Am Anfang soll eine motivierende Beschreibung des Ziels stehen. Dabei sollten die Schülerinnen und Schüler über die eigenen Erfahrungen als Fünftklässler zu Beginn des Schuljahres sprechen: Was hat oder hätte ihnen damals den Start an der neuen Schule erleichtert? Ausgehend von dieser Frage ergeben sich bereits Inhalte für die Feier. Ein möglicher Text für diesen Einstieg ist die Kopiervorlage **K 4**, LB. S. 166. Die im Buch abgedruckten Beispiele sind selbstverständlich nur Anregungen; die Schülerinnen und Schüler sollen selbst die Themen finden – die Motivation ist auf diese Weise deutlich größer. Das Projekt bietet ihnen auch die Möglichkeit, eigene Texte, die im Verlauf des Schuljahres entstanden sind, zu präsentieren.

[2] Die Kärtchen werden so an der Pinnwand geordnet, dass sich ca. 4 Themen ergeben – wie z. B. bei der „Ideenbörse" auf S. 226.

[3] Die Kleingruppen haben die Aufgabe, die auf den Kärtchen enthaltenen Ideen aufzugreifen und zu ergänzen.

S. 226

[4] Ausgehend von den Vorschlägen in der „Ideenbörse" sollen die Schülerinnen und Schüler in Gruppenarbeit das für ihre Schule Typische und für die neuen Fünfer Erwähnenswerte aufgreifen und eigene Ideen entwickeln.
In einem weiteren Schritt machen sie sich Gedanken, wie die Informationen auf verständliche und unterhaltsame Weise dargeboten werden können. Dabei können sie auf Formen zurückgreifen, die im Verlauf des Schuljahres gelernt wurden: Erlebniserzählungen, Gedichte, Steckbriefe, Stegreifspiel, Sketsche, Szenen, Interviews, Lieder, Witze. Die Gruppen stellen sich also folgende Fragen:
– Was stellen wir den neuen Fünfern vor?
– Wie gestalten wir es, dass es verständlich und unterhaltsam ist?
– Was können wir aus unserer Arbeit im Verlauf der Klasse 5 übernehmen?

[5] Die Gruppen stellen ihre Ergebnisse im Plenum vor. Gemeinsam wird überlegt, welche Reihenfolge sinnvoll ist und wie die Übergänge gestaltet werden können. Möglicherweise entscheidet die Klasse sich für einen oder mehrere „Showmaster", die durch das Programm führen.

[6] Für die Aufführung soll ein Programmheft vorgelegt werden (vgl. auch S. 223, Arbeitsanregung 8). Als Ergänzung wäre es vor allem wichtig, Informationen abzudrucken, die die neuen Fünfer am Anfang des Schuljahres benötigen: Plan des Schulhauses mit den wichtigsten Personen, Information über den Vertretungsplan; wichtige Namen und Telefonnummern.

[7] Bereits zu Beginn des Schuljahres sollte man mit den Kunst- und Musiklehrern über das Projekt sprechen und sie in die Planung mit einbeziehen.

3. Vorschläge für Übungen und Klassenarbeiten – zusätzliche Materialien und Kopiervorlagen

Übersicht über die Kopiervorlagen

K1	Michael Hell: Der Lottogewinn	SB, S. 215
K2	Karl Valentin: Der Radfahrer	SB, S. 215
K3	Jean Tardieu: Die Auskunft	SB, S. 215
K4	Die neue Schule	SB, S. 225

Kurzbeschreibung der Kopiervorlagen

K1 bis K3

Didaktischer Ort:
1. Anwendung und Übungen der Fertigkeiten, die im Schülerband auf den Seiten 212 bis 219 vermittelt werden
2. Zusätzliches Spielangebot für das Projekt „Begrüßungsfeier" im Schülerband S. 225f.

Erläuterungen:
In Gruppenarbeit sollen Schülerinnen und Schüler die Aufgabe selbstständig bewältigen und die Szenen dem Rest der Klasse vorspielen.

Die Szenen können eingesetzt werden als zusätzliches Übungs- und Spielangebot zum SB, S. 219.

Gedacht ist auch an Schülerinnen und Schüler, die im Schülerband auf Seite 222 keine Rolle erhalten, aber sehr gern spielen wollen. Gelungene Szenen könnten auch im Rahmen der Begrüßungsfeier (SB S. 226) präsentiert werden.

K4

Didaktischer Ort:
Einstimmung auf das Projekt „Begrüßungsfeier" im SB auf Seite 225.

Erläuterungen:
Der Text kann als Ausgangspunkt und Motivation für das Projekt eingesetzt werden. Die Schülerinnen und Schüler werden aufgefordert, sich an ihren eigenen Schulbeginn in Klasse 5 zu erinnern. Das Beispiel des Mädchens, das im Schulaufsatz seine Erfahrungen beschreibt, bietet einen guten Anlass dazu. Denkbar wäre auch eine von diesem Text ausgehende Improvisation oder eine auf dessen Basis selbstständig erarbeitete Spielvorlage.

Michael Hell (*1937): Der Lottogewinn

Regieanweisungen	
Wie wird gesprochen?	Was geschieht? (Mimik, Gestik, Bewegung)

Personen: Vater   Sigrid
            Stimme im Fernseher   Mutter
            Paul   Großmutter

Samstagabend. Auf der Bühne sitzt der Vater und sieht fern. Im Fernsehen wird die Ziehung der Lottozahlen angekündigt. Der Vater steht auf und holt sich Schreibblock und Kugelschreiber. Nach den ersten beiden gezogenen Zahlen eilt er zur Wand, an der ein Zettel hängt mit
5 *den Zahlen, die er immer spielt. Der Fernseher steht entweder außerhalb der Bühne, und man hört die Ansage vom Tonband, oder es wird, wenn das Gerät auf der Bühne steht, eine Videoaufnahme gezeigt.*

VATER: Mensch, mit zwei Zahlen bin ich schon dabei.
   (Er eilt zurück zu seinem Stuhl und sieht gebannt auf den Fern-
10 *sehschirm. Die dritte Zahl fällt. Er schreibt sie auf, eilt zu seinem Zettel.)*
VATER: Die hab' ich auch. Die hab ich auch. Ein Dreier ist sicher.
   (Er eilt zurück zum Fernseher, bleibt jetzt stehen. Die vierte Zahl fällt. Er schreibt sie hastig auf und stürzt zu seinem Zettel an der
15 *Wand.)*
VATER: Ein Vierer, jawohl! Jetzt wird's interessant. Jetzt wird's spannend.
   (Die fünfte Zahl fällt. Der Vater stürzt wieder zu seinem Zettel.)
VATER: Hurra, ein Fünfer! Ein Fünfer! Verdammt noch mal, jetzt
20 die Zusatzzahl oder ein Sechser. Es wär' fantastisch. Jetzt noch 24, und ich bin Millionär. Ich werd' verrückt.
STIMME IM FERNSEHER: Die sechste Ziffer ist 24.
VATER: Hurra, ich bin Millionär! Mama, Oma, Pauli, Sigrid, herkommen, herkommen! Wir sind Millionäre!
25 *(Er reißt die Zimmertür auf und schreit wie ein Wilder hinaus. Ins Zimmer stürzen Paul, Sigrid, Mutter und Großmutter.)*
VATER: Pauli, gib den Lottozettel her. Du hast doch für mich gespielt, als ich verreist war. Schnell, bring den Zettel!
   (Paul lässt niedergeschmettert den Kopf hängen.)
30 VATER: Was ist, was ist? Bring den Zettel, schnell: Die Durchschrift.
PAUL: Ich hab' nicht gespielt, Papa.
VATER: Was soll das heißen? Was soll das heißen, du hast nicht gespielt?
PAUL: Ich hab' mir ein Eis gekauft für das Geld, Papa.
35 VATER: Du hast dir ein Eis gekauft?
PAUL: Ich hab' mir gedacht, du gewinnst ja sowieso nicht. Du hast ja noch nie gewonnen.
   (Wie lässt sich die Szene fortsetzen? Wie reagieren die Familienmitglieder? Ist ein glückliches Ende denkbar?)

(Aus: Barbara Deimel (Hrsg.): Theater für Kinder und Jugendliche. München (Grafenstein) 1984, S. 99.)

Arbeitsanweisungen:

1. Lest die Szene mit verteilten Rollen.
2. Ergänzt die Regieanweisungen (vor allem zur Sprechweise).
3. Schreibt eine Fortsetzung der Szene.
4. Übt die Szene ein und spielt sie.

Karl Valentin (1882 – 1948): Der Radfahrer

SCHUTZMANN: Halt!
VALENTIN *blinzelt den Schutzmann an.*
SCHUTZMANN: Was blinzeln Sie denn so?
VALENTIN: Ihre Weisheit blendet mich, da muss ich meine Schnee-
5 brille aufsetzen.
SCHUTZMANN: Sie haben ja hier eine Hupe, ein Radfahrer muss
doch eine Glocke haben. Hupen dürfen nur die Autos haben,
weil die nicht hupen sollen.
VALENTIN *drückt auf den Gummiball*: Die meine hupt nicht.
10 SCHUTZMANN: Wenn die Hupe nicht hupt, dann hat sie doch auch
keinen Sinn.
VALENTIN: Doch – ich spreche dazu! Passen Sie auf, immer wenn
ich ein Zeichen geben muss, dann sage ich „Obacht"!
SCHUTZMANN: Und dann haben Sie keinen weißen Strich hinten
15 am Rad!
VALENTIN: Doch! *Zeigt seine Hose.*
SCHUTZMANN: Und Rückstrahler haben Sie auch keinen.
VALENTIN: Doch! *Sucht in seinen Taschen nach.* Hier!
SCHUTZMANN: Was heißt in der Tasche – der gehört hinten hin.
20 VALENTIN *hält ihn auf die Hose*: Hier?
SCHUTZMANN: Nein – hinten auf das Rad – wie ich sehe, ist das ja
ein Transportrad – Sie haben ja da Ziegelsteine, wollen Sie denn
bauen?
VALENTIN: Bauen – ich? Nein! Warum soll ich auch noch bauen?
25 Wird ja so viel gebaut.
SCHUTZMANN: Warum haben Sie dann die schweren Steine an Ihr
Rad gebunden?
VALENTIN: Damit ich bei Gegenwind leichter fahre, gestern in der
Früh zum Beispiel ist so ein starker Wind gegangen, da hab ich
30 die Steine nicht dabeigehabt, ich wollt nach Sendling nauffah-
ren, daweil bin ich nach Schwabing nunterkommen.
SCHUTZMANN: Wie heißen Sie denn?
VALENTIN: Wrdlbrmpfd.
SCHUTZMANN: Wie?
35 VALENTIN: Wrdlbrmpfd.
SCHUTZMANN: Wadlstrumpf?
VALENTIN: Wr – dl – brmpfd!
SCHUTZMANN: Reden S' doch deutlich, brummen S' nicht immer
in Ihren Bart hinein.
40 VALENTIN *zieht den Bart herunter*: Wrdlbrmpfd.
SCHUTZMANN: So ein saublöder Name! – Schaun S' jetzt, dass Sie
weiterkommen.
VALENTIN *fährt weg, kehrt aber noch einmal um und sagt zum Schutz-
mann:* Sie, Herr Schutzmann –
45 SCHUTZMANN: Was wollen Sie denn noch?
VALENTIN: An schönen Gruß soll ich Ihnen ausrichten von meiner
Schwester.
SCHUTZMANN: Danke – ich kenne ja Ihre Schwester gar nicht.
VALENTIN: So eine kleine stumpferte – die kennen Sie nicht?
50 Nein, ich hab mich falsch ausgedrückt, ich mein, ob ich meiner
Schwester von Ihnen einen schönen Gruß ausrichten soll?
SCHUTZMANN: Aber ich kenne doch Ihre Schwester gar nicht –
wie heißt denn Ihre Schwester?
VALENTIN: Die heißt auch Wrdlbrmpfd.

(Aus: Karl Valentin, Gesammelte Werke in einem Band, S. 202–203 © Piper Verlag GmbH, München 1985.)

Regieanweisungen

Wie wird gesprochen?	Was geschieht? (Mimik, Gestik, Bewegung)

Arbeitsanweisungen:

1. Lest die Szene mit verteilten Rollen.
2. Erstellt ein Regiebuch.
3. Übt die Szene ein und spielt sie.

Jean Tardieu (1903 – 1995): Die Auskunft

Vorhang auf!

DER BEAMTE *brüllt im schroffen Ton*: Herein! *Der Kunde tritt nicht ein.*
DER BEAMTE *noch lauter*: Herein! *Der Kunde tritt ein, noch verschüchterter als soeben.*
DER KUNDE *tritt zum Schalter*: Verzeihen Sie ... Bin ich hier richtig ... beim Auskunftsbüro?
DER BEAMTE *öffnet geräuschvoll den Schalter*: Ja.
DER KUNDE: Oh gut! Sehr gut. Sehr gut ... Ich komme nämlich ...
DER BEAMTE *unterbricht ihn grob*: Ist es wegen einer Auskunft?
DER KUNDE *glücklich*: Ja, ja! Genau das. Ich komme ...
DER BEAMTE *wie oben*: Warten Sie!
DER KUNDE: Verzeihung, warten worauf?
DER BEAMTE: Warten Sie, bis Sie an der Reihe sind, warten Sie, bis Sie aufgerufen werden!
DER KUNDE: Aber ... ich bin doch der Einzige!
DER BEAMTE *ungeduldig und grimmig*: Da sind Sie sehr im Irrtum! Wir sind zwei! Hier! *Gibt ihm eine Nummer*: Ihre Aufrufnummer!
DER KUNDE *liest die Nummer*: Nummer 3640? *Er wirft einen Blick auf den leeren Raum*: Aber ich bin doch der Einzige!
DER BEAMTE *wütend*: Sie bilden sich wohl ein, der einzige Kunde am Tag zu sein, was? ... Setzen Sie sich und warten Sie, bis ich Sie aufrufe. *Er schließt den Schalter geräuschvoll und dreht das Radio an.*
DAS RADIO: Das Wetter bleibt im ganzen Gebiet bewölkt mit fallenden Temperaturen, die eine fühlbare Abkühlung mit sich bringen. *Bei diesen Worten legt der Beamte Kohlen nach, der Kunde schlägt den Mantelkragen hoch.* Bei einigen Niederschlägen in regnerischen Gebieten und Schneefall im Hochgebirge bleibt das Wetter in sonnigen Gebieten schön. Sie hörten soeben den Wetterbericht. *Der Beamte stellt das Radio ab, reibt sich lange die Hände, setzt sich an den Tisch, öffnet den Schalter und:*
DER BEAMTE *ruft*: Nummer 3640!
Der Kunde träumt vor sich hin und hört nicht. Der Beamte ruft lauter: Ich sagte: Nummer 3640!
DER KUNDE *schreckt jäh aus seinen Träumen auf und blickt auf eine Nummer*: Hier! Hier! *Er steht auf und geht zum Schalter.*
DER BEAMTE: Ihre Nummer!
DER KUNDE: Oh, Verzeihung, entschuldigen Sie! Hier! *Er gibt die Nummer zurück.*
DER BEAMTE: Danke!
DER KUNDE: Ich wollte mich erkundigen, ob ...
DER BEAMTE *unterbricht ihn*: Ihr Name?
DER KUNDE: Mein Name? Aber ich ...
DER BEAMTE: Es gibt kein „ich". Wie ist Ihr Name?
DER KUNDE: Hier ... Mein Personalausweis ... *Er sucht in seinen Taschen und zieht eine Brieftasche hervor. Aber der Beamte unterbricht ihn.*
DER BEAMTE: Ich habe Sie nicht nach Ihrem Personalausweis gefragt; ich will Ihren Namen wissen.
Der Kunde lässt ein unverständliches Gemurmel hören.
DER BEAMTE: Wie wird das geschrieben? Buchstabieren Sie bitte!
DER KUNDE: M – U – Z – S – P – N – Z – J – AK – zwei E – S – G – U – R – W – P – O – N – T wie Dupont.
DER BEAMTE: Geburtsort und -datum?
DER KUNDE *leise*: Ich bin gegen Ende des vorigen Jahrhunderts im Westen geboren ...
DER BEAMTE: Genauer! Sie machen sich wohl über mich lustig, hm?
DER KUNDE: Aber nein, gewiss nicht, ich bitte Sie! Genauer gesagt bin ich im Jahre 1897 in Rennes geboren ...
DER BEAMTE: Gut; Beruf?
DER KUNDE: Zivilist.
DER BEAMTE: Registrationsnummer?
DER KUNDE: Kategorie A-Nr. J 9.896-B4.CRTS.740.U4.B5.AM. 3 Millionen 672 Tausend 863.
DER BEAMTE: Verheiratet? Kinder?

Regieanweisungen	
Wie wird gesprochen?	Was geschieht? (Mimik, Gestik, Bewegung)

© Schöningh Verlag, Best.-Nr. 028876

Vorhang auf! K 3/2

DER KUNDE: Verzeihen Sie ... Darf ich mir erlauben ... mich ein wenig zu wundern? Ich bin hergekommen ... um eine Auskunft einzuholen ... und jetzt werde ich ausgefragt! ... Ich ...
DER BEAMTE: Sie werden mir Fragen stellen, sobald Sie an der Reihe sind ... Ich fragte Sie, ob Sie verheiratet sind, ob Sie Kinder haben! Ja oder nein?
DER KUNDE: Hm ... ja ... nein ... das heißt ...
DER BEAMTE: Wie: das heißt?
DER KUNDE: Nun ja! Es ist so widerwärtig! Ich hatte es doch eilig ...
DER BEAMTE: Wenn Sie es so eilig haben, dann ist es nur in Ihrem Interesse, schnell und ohne Zögern zu antworten.
DER KUNDE: Nun ja, also, ich war verheiratet, ich habe Kinder ... zwei Kinder.
DER BEAMTE: Wie alt?
DER KUNDE *angewidert, dem Weinen nahe*: Ach, ich weiß es nicht mehr [...] Sagen wir: das Mädchen zehn und der Junge acht Jahre.
DER BEAMTE: Und wie alt sind Sie?
DER KUNDE: Aber ich habe Ihnen doch vorhin mein Geburtsdatum angegeben!
DER BEAMTE: Geburtsdatum und Alter sind nicht dasselbe. Die beiden Angaben stehen auf der Kundenkarte nicht in derselben Rubrik.
DER KUNDE: Ach so ... Sie füllen für alle, die hierher kommen ... und eine Auskunft einholen ... eine Karte aus?
DER BEAMTE: Selbstverständlich! Wie sollen wir uns sonst zurechtfinden? ... Ich habe Sie nach Ihrem Alter gefragt!
DER KUNDE: Warten Sie. *Er rechnet nach.* 1952 weniger 1897 ... 12 weniger 7 bleibt 5, 95 weniger 89 bleibt 16 ... das macht, nun 5 und 16 = 21 Jahre, nein, 16 und 5, 165 Jahre ... Nein. Das ist unmöglich ... Nochmals ...
DER BEAMTE *zuckt die Achseln*: Nicht nötig! Ich habe nachgerechnet: Sie sind genau 55 Jahre alt.
DER KUNDE: Ja, das stimmt, stimmt ganz genau! Vielen Dank!
DER BEAMTE: Hätten Sie das doch gleich gesagt! Es ist unglaublich, wie viel Zeit man mit unerfahrenen Kunden verlieren kann. Zeigen Sie jetzt die Zunge!
DER KUNDE *streckt die Zunge heraus*: Da! ...
DER BEAMTE: Gut. Keine besonderen Merkmale. Zeigen Sie Ihre Hände!
DER KUNDE *zeigt seine Hände*: Da! ...
DER BEAMTE *betrachtet sie aufmerksam*: Hm! Die Todeslinie schneidet die Lebenslinie. Das ist ein schlechtes Zeichen ... aber ... Sie haben die Existenzlinie! Ein Glück für Sie! Gut, Sie können sich setzen.
DER KUNDE: Wie? Kann ich immer noch keine Auskunft bekommen?
DER BEAMTE: Noch nicht. Warten Sie, bis Sie aufgefordert werden.
Er schließt geräuschvoll den Schalter.
DER KUNDE *verzweifelt und weinerlich*: Aber ich habe es doch so eilig! ... Meine Frau und meine Kinder erwarten mich ... Ich bin gekommen ... um eine dringende Auskunft einzuholen! ...
In diesem Augenblick hört man das Pfeifen eines abfahrenden Zuges.
Sie sehen doch, dass wir uns in einem Bahnhof befinden, oder dass der Bahnhof nicht weit ist. Ich kam, um Sie um Rat zu fragen, welchen Zug ich nehmen soll!
DER BEAMTE *besänftigt, öffnet den Schalter*: Ach so, es war wegen der Abfahrtszeiten?
DER KUNDE: Nun ja, unter anderem ja, hauptsächlich wegen der Abfahrtszeiten ... Deshalb hatte ich es so eilig!
DER BEAMTE *ganz ruhig*: Hätten Sie das doch gleich gesagt!

(Aus: Jean Tardieu: Der Schalter. Kammertheater. Neuwied (Luchterhand) 1960. Zitiert nach Eberhard Spangenberg (Hrsg.): So einfach ist Theater. – München (Ellermann) 1979, S. 56f. © Edition Gallimard, 1966)

Regieanweisungen

Wie wird gesprochen?	Was geschieht? (Mimik, Gestik, Bewegung)

Arbeitsanweisungen:

1. Lest die Szene mit verteilten Rollen.
2. Ergänzt die vorhandenen Regieanweisungen.
3. Übt die Szene ein und spielt sie.

Die neue Schule

Die Mutter hatte das Kind noch vor die Schule gebracht. Es stieg aus und ging auf die neue Schule zu, die es seit zwei Tagen besuchte. Die Mutter winkte ihm nach. Das Kind öffnete die Tür zum Aufenthaltsraum. Viele Kinder saßen oder standen im Raum. Es ging weiter. Gleich würde die Tür zum Klassenzimmer
5 aufgeschlossen werden. In der ersten Stunde hatten sie Deutsch bei ihrer Klassenlehrerin. Jetzt stürmten die anderen Kinder aus ihrer Klasse herbei, viele kannten sich, nur sie kannte keinen. Die Klassenlehrerin kam und ließ die Klasse eintreten. Alle holten ihre Hausaufgaben heraus. Da klopfte es an der Tür. Die Lehrerin ging hin und öffnete. Vor ihr standen zwei Mädchen, ungefähr
10 aus der zehnten Klasse. Die Lehrerin ließ sie eintreten und sie erzählte, dass sie die Paten der Klasse seien. Sie wollten der Klasse am Anfang helfen, sich in der Schule zurechtzufinden. Sie erzählten, dass sie sich ab und zu mal mit ihnen treffen und Spiele machen. Auch zum Pizzaessen wollten sie mit ihnen gehen. Alle aus der Klasse freuten sich.
15 Plötzlich stand jemand neben dem Kind und legte ihm eine Hand auf die Schulter. Das Kind drehte sich um und sah ein Mädchen, das ihm noch gar nicht aufgefallen war. Es sagte: „Hallo, ich bin Marie." Das Kind schaute Marie verdutzt an und antwortete: „Hallo, ich bin ...!" Es verstummte. Marie schaute es an und fragte: „Was ist? Ist dir schlecht?" Das Kind schüttelte den Kopf. Es wusste nicht,
20 was es sagen sollte, denn Marie war das erste Mädchen, das mit ihm sprach. Als die Schule aus war, musste das Kind sich sehr beeilen, um den Bus noch zu bekommen. Da lief Marie plötzlich neben ihr. Die beiden Kinder freuten sich, dass sie sich wieder getroffen hatten. Marie erzählte dem Kind, dass ihr Vater hier Arbeit gefunden hatte und sie jetzt hier wohnten. Sie versprachen,
25 sich gegenseitig zu besuchen.
Als ihr Bus hielt, stiegen beide aus. Sie liefen zusammen los. Jetzt bog das Kind in eine Straße ein, Marie folgte ihm. Das Kind fragte: „Warum läufst du mir nach? Ich wohne hier." Sie zeigte auf ein Haus. Marie antwortete verdutzt: „Ich wohne ein Haus weiter rechts."
30 Sie fielen sich in die Arme und freuten sich. Marie hatte hier auch noch keine Freundin. Sie gingen in ihr Haus und freuten sich schon auf den nächsten Morgen, an dem sie zusammen zur Schule gehen wollten.

Melanie Z., 11 J.

Vorhang auf! **K 4**

Arbeitsanweisungen:

1. Gliedert den Text in Erzählschritte.
2. Wählt einen Erzählabschnitt aus und arbeitet ihn in eine Spielszene um.
3. Spielt die Szene vor.
4. Sprecht darüber, wie ihr den neuen Fünftklässlern den Schulanfang erleichtern könnt.

Textartenverzeichnis *Blickfeld Deutsch* 1 SB

Anekdote
Erhardt, Heinz: Der alte Wolf — 99
Jandl, Ernst: Ein bestes Gedicht — 43

Bildgeschichte
McCay, Windsor: Little Nemo in Slumberland — 72
Schrewe, Cornelia: Gibt es bei den Gurken nicht auch üble Schurken? — 44–45
Wilharm, Sabine: Bildgeschichte — 68

Brief
Maar, Paul: Brief an die Klasse 5b — 86

Dialog
Härtling, Peter: Wie A und B miteinander reden — 212

Erzählung
Asimov, Isaac: Die Schule — 220–221
Dickens, Charles: Ein Weihnachtslied in Prosa — 157
Ebner-Eschenbach, Marie von: Ein Hund in einer Erzählung (aus: Krambambuli) — 182
Ende, Michael: Die unendliche Geschichte — 27
Günther, Herbert: Der Bazi — 77–79
Härtling, Peter: Die Möhre — 27
Kilian, Susanne: Vielleicht träume ich, dass ich fliegen kann — 57–58
Korschunow, Irina: Wenn ein Unugunu kommt — 27
London, Jack: Ruf der Wildnis — 174–177
Lukas-Evangelium: Die Weihnachtsgeschichte — 154–155
Wetz, Ulrich: Strafarbeit — 40–41

Fabel
Äsop: Der Löwe und die Maus — 192
Äsop: Wolf und Lamm — 193
Äsop: Die Fichte und der Brombeerstrauch — 193
Äsop: Der Fuchs und der Ziegenbock — 194–195
Äsop: Der Eisvogel — 200
Äsop: Das Schilfrohr und der Ölbaum — 201
Fuchs und Wolf beim Fischestehlen — 195–196
La Fontaine, Jean de: Ratsversammlung der Ratten — 202
Luther, Martin: Vom Raben und Fuchse — 196–197

Fantasieerzählung
Träume von Katzen und Mäusen — 56

Gedicht
Anton, Martin: Der-die-das-Artikel — 62
Auer, Martin: Unnützes Gedicht — 142
Borchers, Elisabeth: November — 100
Borchers, Elisabeth: September — 137
Borchers, Elisabeth: Dezember — 154
Borchers, Elisabeth: März — 159
Borchers, Elisabeth: August — 171
Brembs, Dieter: Drachenabeceh — 145
Bull, Bruno Horst: Ein schlechter Schüler — 42
Busch, Wilhelm: Die Drachen — 141
Busta, Christine: Der Stern — 154
Dû bist mîn, ich bin dîn — 160
Eichendorff, Joseph von: Winternacht — 151
Färber, Werner: Gedicht — 41
Frank, Karlhans: Im September sieht der Clown — 144
Gernhardt, Robert: Wenn die weißen Riesenhasen — 147
Hebel, Johann Peter: Wächterruf — 162
Hesse, Hermann: Sommermittag auf einem alten Landsitz — 168
Holz, Arno: Mählich durchbrechende Sonne — 170
Huchel, Peter: Ostern in Alt-Langerwisch — 164
Jandl, Ernst: ottos mops — 20
Jandl, Ernst: lichtung — 41
Jatzek, Gerald: Rumpelstilz sucht Freunde — 110
Jepsen, Peter: Graue Ha re — 42
Krüss, James: Am Tage von Sankt Barbara — 152
Maar, Paul: Land auf dem Sonntag — 129
Mahlmann, Siegfried August: Herbstlied — 142
Meerbaum-Eisinger, Selma: Kastanien — 146
Morgenstern, Christian: Gruselett — 21
Morgenstern, Christian: Neue Bildungen, der Natur vorgeschlagen — 59
Morgenstern, Christian: Der Werwolf — 67
Morgenstern, Christian: Oktobersturm — 139
Morgenstern, Christian: Der Seufzer — 150
Morgenstern, Christian: Erster Schnee — 151
Morgenstern, Christian: Das ästhetische Wiesl — 159
Morgenstern, Christian: Wie sich das Galgenkind die Monatsnamen merkt — 166
Morgenstern, Christian: Das große Lalula — 207
Mörike, Eduard: Septembermorgen — 136
Mörike, Eduard: Er ist's — 158, 167
Petri, Walter: Wende — 42
Schwarz, Regina: Wo man Geschenke verstecken kann — 163
Stöckle, Frieder: Am Fuß des Baumes — 203
Storm, Theodor: Gode Nacht — 163
Storm, Theodor: August (Inserat) — 169
Ullmann Günter: Herbstwind — 143

Jugendbuch
Calvino, Italo: Der Baron auf den Bäumen — 75–76
Kästner, Erich: Das fliegende Klassenzimmer — 16–18
Kästner, Erich: Emil und die Detektive — 49–52, 52
Maar, Paul: Lippels Traum — 92–94
MacDonald, Amy: Nie wieder fies — 22–23, 32–33
Rowling, Joanne K.: Harry Potter und der Stein der Weisen — 8, 10–12, 27

Kurzgeschichte
Maar, Paul: Die Geschichte von der Kuh Gloria — 83–84
Wölfllin, Kurt: Blauer Montag — 85

Legende
Nikolaus und der Sturm — 153

Lied
Der Kuckuck und der Esel — 206
Salis-Seewis, Johann G. von: Herbst — 138

Märchen
Der furchtlose Krämer — 117
Grimm, Jakob und Wilhelm: Die Sterntaler — 100–101
Grimm, Jakob und Wilhelm: Fundevogel — 113–114
Grimm, Jakob und Wilhelm: Der süße Brei — 126
Hoffmann, Ernst Theodor Amadeus: Nussknacker und Mausekönig — 155–156
Perrault, Charles: Der gestiefelte Kater — 105–109

Märchenbrief
Siebeck, Wolfgang: Feriengrüße aus dem Märchenland — 98

Sachtext
Das ABC rund um Harry Potter — 14–15
Die heilige Barbara — 152
Ein Besuch in der Bibliothek — 183–184
Klassenordnung — 38–39

Schaubild/Diskontinuierlicher Text

Karte der wichtigsten deutschen Dialekte	196
Heimtiere in Deutschland	179
Tierische Gesellschaft	187
Hundealter in Jahren	187
Statistik über Hunde	188

Steckbrief

Verschiedene Steckbriefe	31–32
Deutsch-Drahthaar und Deutsch-Kurzhaar	184–185
Kleiner Münsterländer	185

Tierplakat

Maar, Paul: Allerlei Tierisches	204

Wörterbuch, Lexikon

Verschiedene Nachschlagewerke	18–19

Zeitungsbericht

Sohn-Fritsch, Andrea: „Lippels Traum" zum Klingen gebracht	94–95

Wie man mit *Blickfeld Deutsch* Bildungsstandards erreichen kann (Modell Baden-Württemberg)

Ein Ergebnis der Diskussion nach PISA ist die Kultusministervereinbarung zu Bildungsstandards (nachzulesen im Internet: http://www.kmk.org/schul/Bildungsstandards/Argumentationspapier308KMK.pdf).
Besonders hervorgehoben wird darin die Bedeutung der Bildungsstandards für die Vergleichbarkeit schulischer Abschlüsse und für die Durchlässigkeit des Bildungssystems.

Für das Fach Deutsch liegen die Bildungsstandards für den Mittleren Schulabschluss (Klasse 10) vor (nachzulesen im Internet: http://www.kmk.org/schul/Bildungsstandards/Deutsch_MSA_BS_04-12-03.pdf).
Diese Bildungsstandards sind Kompetenzbereichen und Inhalten zugeordnet, die in jedem Bundesland geringfügig differieren. Das Land Baden-Württemberg hat mit der Veröffentlichung eines neuen Bildungsplanes für das Gymnasium im Jahr 2004 eine Explikation der von der KMK allgemein formulierten Standards vorgenommen und diese Standards auf alle Stufen des Gymnasiums erweitert (nachzulesen im Internet: http://www.bildungsstandards-bw.de). In Baden-Württemberg sind die verbindlichen Standards für jeweils zwei Jahrgangsstufen formuliert (6, 8, 10, 12). Da *Blickfeld Deutsch* als Jahrgangsbuch konzipiert ist, geben wir im Folgenden an, wie der Stoff zur Erreichung der Standards auf die Klassen 5 und 6 in den Bänden *Blickfeld Deutsch 1* und *Blickfeld Deutsch 2* verteilt ist. So kann jede Lehrerin und jeder Lehrer aus jedem Band gezielt auswählen und Schwerpunkte für die beiden Jahrgangsstufen setzen. Die Durchnummerierung der Standards soll helfen, sich in den einzelnen Kapiteln zurechtzufinden; denn die Beschreibung eines jeden Kapitels im Lehrerband enthält die Zuordnung der Schwerpunkte, die im jeweiligen Kapitel gesetzt sind, zu den einzelnen Standards.

Standard	Nr.	Blickfeld Deutsch 1	Blickfeld Deutsch 2
1. Sprechen			
Die Schülerinnen und Schüler können situationsgerecht Umgangssprache, Mundart und Standardsprache verwenden	1	129, 162, 196	13, 178, 202f.
Gespräche führen Die Schülerinnen und Schüler können			
– aufmerksam zuhören, Sprechabsichten erkennen und sach-, situations- und adressatenbezogen auf andere eingehen	2	179, 180	9, 18ff., 26, 36
– sich auf Gesprächsregeln verständigen und sie einhalten	3	35, 36, 37	198, 203
– auf den Kommunikationspartner eingehen und Konflikte sprachlich lösen	4	138, 179, 180, 212	13, 21f., 23f., 229, 231
– Gedanken, Wünsche und Meinungen angemessen und verständlich artikulieren	5	35, 36, 121, 124, 138, 179, 180	9f., 11, 13, 178
– in einfachen Kommunikationssituationen argumentieren und begründet Stellung beziehen	6	138, 179, 180	9f., 11, 13, 18ff., 41, 91, 92, 101, 114, 117, 121, 165, 171, 178, 198, 205
Mündliches Erzählen Die Schülerinnen und Schüler können			
– anschaulich und lebendig erzählen, sich dabei auf ihre Zuhörer einstellen und auch auf nichtverbale Ausdrucksmittel achten	7	24, 98, 103, 138	9f., 81, 114, 147
– bewusst den Aufbau ihrer Erzählung gestalten	8	24, 138	9f., 13, 103, 117
– einen Text oder die Handlung eines Films bzw. eines Hörtextes nacherzählen	9	9, 52, 101, 103, 124, 138	9f., 13, 55, 81, 91, 98, 110, 125, 162
Informieren Die Schülerinnen und Schüler können			
– Informationen beschaffen (aus Lexika, Bibliotheken, durch einfache Recherche mit dem Computer)	10	19, 181, 183ff., 186	9f., 29, 49f., 59, 110, 140, 171, 175, 193, 220
– Informationen adressatenbezogen weitergeben. Sie erproben dabei auch einfache Formen der Präsentation und Visualisierung	11	34, 138, 176, 180, 185, 187f., 205	9f., 29, 42f., 56, 60, 110, 142f., 214, 215, 216, 217, 218, 219, 221, 222, 233
– über Erlebtes berichten und in einfacher Weise Personen, Gegenstände und Vorgänge beschreiben	12	182, 183, 184	8, 21f., 149, 152
Textvortrag Die Schülerinnen und Schüler können			
– einen Text zum Vorlesen vorbereiten und sinngestaltend vortragen. Dabei stehen sie sicher vor der Klasse und halten Blickkontakt.	13	42, 85, 138, 212, 219	9, 10, 21, 29ff., 38f., 40f., 57, 58, 60, 143, 152, 157, 159, 173, 175, 178, 200, 201
– elementare Formen der Stimmführung anwenden (Dynamik, Tempo, Sprechpause)	14	138, 219	9, 43, 143, 145, 152, 157, 159, 173, 175, 178, 200, 227

– Gedichte auswendig lernen	15	138	43, 146, 150, 165
Szenische Verfahren Die Schülerinnen und Schüler können			
– einzeln und zusammen Spielideen umsetzen, auch pantomimisch	16	12, 24, 99, 193, 214, 224	18ff., 29ff., 40, 85, 162, 226, 229, 235
– Standbilder bauen und besprechen	17	213	81, 91, 94, 117, 226
– grundlegende Formen von Sprechweise und Körperhaltung verwenden	18	222, 223	18ff., 29ff., 203, 229
– Techniken der Figurencharakterisierung anwenden (Mimik und Gestik, Kostüme, Requisiten)	19	12, 214, 218, 222, 223, 224	18ff., 226, 229, 235
– kurze Szenen improvisieren	20	60, 214, 216	18ff., 56, 63, 74, 141, 171, 226, 229
– eine Kommunikationssituation dialogisch ausgestalten	21	180, 214	18ff., 40f., 168
– einen kurzen Erzähltext dialogisieren und in eine Spielvorlage umsetzen	22	221f.	18ff., 40f., 63, 168
2. Schreiben			
Schreibkompetenz Die Schülerinnen und Schüler können			
– Texte in einer gut lesbaren Schrift und einer ansprechenden Darstellung verfassen	23	31, 203	10, 154, 158, 237
– einfache Schreibstrategien einsetzen	24	9, 12, 25, 74, 206	13, 47, 149, 169
– eigene und fremde Schreibprodukte überarbeiten und dabei auch Nachschlagewerke und Textverarbeitungsprogramme nutzen	25	25, 26, 28, 41, 43, 45, 119	10, 13, 49f., 121, 150, 155, 158, 169, 217
Schriftliches Erzählen Die Schülerinnen und Schüler können			
– anschaulich und lebendig erzählen und sich auf ihre Leser einstellen	26	22f., 24, 49, 103, 119ff., 176	8, 10, 57, 178, 182, 235
– zwischen Wesentlichem und Unwesentlichem unterscheiden und auf Erzähllogik achten	27	71, 102, 119	8, 10, 13, 94, 107, 109
– eine Erzählung sinnvoll aufbauen	28	71, 114, 119, 176	8, 10, 94, 107, 109
– Techniken des Erzählens anwenden (Erzählperspektive, äußere und innere Handlung, Dehnung und Raffung, Dialog)	29	52, 82, 176	10, 13, 18ff., 22, 29ff., 40f., 102, 103, 114, 121
– nach literarischen Mustern erzählen	30	58, 98, 119, 197	8, 176
– Textvorgaben ausgestalten	31	52, 76, 114, 159, 176	9f., 11, 13, 29, 41, 46f., 91, 94, 100, 168, 234
– einen Text nacherzählen, auch unter einer bestimmten Fragestellung oder Veränderung der Perspektive	32	102	13, 94, 63, 117, 125, 162, 182
Informieren Die Schülerinnen und Schüler können			
– Informationen beschaffen und adressatenbezogen weitergeben	33	17, 18, 19, 31, 32, 179, 181, 184, 186, 187, 188, 225	9f., 13, 23, 29, 42f., 100, 110, 175, 184, 189, 204, 219, 221, 222
– über Erlebtes schriftlich berichten	34		9f., 11, 207, 237, 238
– in einfacher Weise Personen, Gegenstände und Vorgänge beschreiben	35	31, 182, 183, 223, 226	11, 26ff., 142, 152, 188, 191, 195, 199, 221, 222, 226, 234
Kreatives Schreiben Die Schülerinnen und Schüler können			
– Sprache spielerisch verwenden	36	20, 43, 45, 148, 166, 203, 207, 226	18, 36f., 86, 140, 155, 160, 200, 203, 235
– nach Schreibimpulsen schreiben	37	12, 20, 43, 74, 98, 159, 176, 178, 189, 193, 195	9f., 11, 13, 23ff., 37, 47, 64f., 94, 100, 141, 143, 144, 145, 150, 151, 153, 154, 156, 160, 162, 165, 168, 173, 174, 177, 178, 179, 183, 189, 191, 201, 202, 205, 212, 227, 229, 231
– Fantasiegeschichten gestalten	38	48, 74, 76, 77, 79, 82	9f., 11, 102, 191, 212

Rechtschreibung und Zeichensetzung Die Schülerinnen und Schüler können	39	32, 38, 39, 55, 57, 176, 177, 178, 179, 197, 203, 206, 207	13, 18ff., 34, 36f., 48f., 91, 108f., 121f., 196
– die Grundregeln der Rechtschreibung anwenden (Dehnung und Schärfung, gleich und ähnlich klingende Laute, Schreibung der s-Laute, Großschreibung, Silbentrennung)	40	39, 45, 56, 65, 84, 181, 208	41, 36f., 48, 49, 50, 69, 79, 196
– die eigene Rechtschreibung selbstständig überprüfen (Fehlerarten/Fehlervermeidungstechniken)	41	38, 39	49f., 69, 193, 197
– Wörterbücher und Rechtschreibprogramme zur Verbesserung ihrer Rechtschreibfähigkeit nutzen	42	53f., 57	18, 32f., 61, 93, 172, 241f.
– wichtige Regeln der Zeichensetzung (Satzschlusszeichen, Zeichensetzung bei wörtlicher Rede, Aufzählung, Anrede, Ausruf, Apposition, Satzreihe und Satzgefüge) anwenden			
3. Lesen/Umgang mit Texten und Medien			
Leseförderung Die Schülerinnen und Schüler können			
– verschiedene Formen des Lesens (sinnerfassendes Lesen und identifikatorisches Lesen) unterscheiden und anwenden	43	18, 23	9ff., 19, 21, 32, 39, 41, 43, 118
– konzentriert Texte aufnehmen (Hörerziehung)	44	8, 18, 23, 221	9, 18, 21, 31, 39, 41
– ein selbst gewähltes Buch vorstellen	45	103	8f., 31, 58, 216, 221, 236
– die Möglichkeiten einer Bibliothek nutzen	46	184	49f., 220f.
Außerdem zeigen sie Leseinteresse und tauschen Leseerfahrungen aus.	47	103	9f., 29ff., 38f., 58, 231, 232, 233, 236, 237
Umgang mit literarischen und nichtliterarischen Texten Die Schülerinnen und Schüler können			
– Methoden der Texterschließung (Markieren, Gliedern und typographisches Gestalten, auch mit dem Computer) anwenden	48	28, 101, 166, 176, 202	9f., 19, 41ff., 57
– gezielt Informationen aus Texten, Bildern, Tabellen und Grafiken entnehmen und in eigenen Worten wiedergeben	49	9, 28, 33, 34, 52, 99, 101, 112, 114, 115, 179, 187, 188	8, 14, 18ff., 21f., 23ff., 28, 40, 42, 48ff., 81, 83, 100, 102, 110, 114, 117, 175, 186, 192, 228, 232
– ihren ersten persönlichen Eindruck wiedergeben, Unklarheiten klären und Fragen an den Text stellen	50	43, 52, 57, 68, 76, 79, 100, 202	8, 10f., 18ff., 21f., 29ff., 40, 83, 98, 171
– sich im Gespräch über einen Text verständigen und ihre Aussagen am Text belegen	51	41, 43, 81, 82, 101, 108, 193, 202	22, 40, 81, 83, 105, 118, 125, 187, 198, 212, 224, 226, 227, 229, 231
– Inhalt und Intention altersgemäßer Texte erfassen und Bezüge zu eigenen Erfahrungen herstellen	52	8f., 15, 76, 194f., 202	9ff., 42, 79, 98, 145, 165, 171, 173, 229, 231
– die Textarten Erzählung, Märchen, Sage, Schwank, Fabel, dramatische Texte, Gedicht, Bericht, Beschreibung, Jugendbuch unterscheiden und dabei wesentliche Gattungsmerkmale berücksichtigen	53	100, 101, 113, 114, 115, 138, 142, 176, 182, 183, 192, 193, 194f., 222	8ff., 12f., 15ff., 29ff., 40f., 43, 44ff., 76, 83, 94, 98, 117, 162, 224, 227
– Zusammenhänge zwischen Inhalt und Gestaltung eines Textes benennen	54	13, 20, 21, 40f., 42	8, 13, 21, 31, 39, 41, 43, 46, 94, 154, 156, 158, 159, 190, 193, 210, 223, 224
– erste Grundbegriffe der Textbeschreibung (äußere und innere Handlung, Erzählperspektive, Wortwahl, Bilder, Strophe, Vers, Reimform, Versmaß, Rhythmus) verwenden	55	69, 138, 182	11, 13f., 20, 39, 104, 144, 145, 146, 150, 152, 153, 159, 160, 177, 178, 179
– analytische sowie handlungs- und produktionsorientierte Formen auch im selbstständigen Umgang mit Texten anwenden	56	43, 214	13, 18, 20, 23f., 28, 30ff., 40f., 47, 106, 118, 121, 141, 143, 145, 155, 174, 177, 192, 203, 227
Umgang mit Medien Die Schülerinnen und Schüler können			
– einfache Gestaltungsmittel der Werbung in Presse, Rundfunk und Fernsehen im Hinblick auf ihre Wirkung einschätzen	57		25, 208, 209ff.
– einfache Gestaltungsmittel der Medien (z. B. Kameraperspektive, Bild und Ton) beschreiben und über ihre Wirkung sprechen	58		25, 105, 106f., 118, 200, 201, 203, 208, 209, 211, 213, 227
– über ihre Freizeitbeschäftigung mit Büchern, Filmen und Fernsehsendungen sprechen und ihre Eindrucke und Wertungen austauschen	59	103	187, 204ff., 209

4. Sprachbewusstsein entwickeln			
Kommunikation Die Schülerinnen und Schüler können	60	179, 180	13, 18, 21f., 23, 25, 26f., 28, 39, 41, 46
– elementare Formen und Bedingungen sprachlicher Verständigung beschreiben	61	103, 138, 214	13, 22, 23ff., 229
– wesentliche Mittel unterscheiden, welche die mündliche Kommunikation beeinflussen (Gestik, Mimik, Stimme)	62	100, 104	13, 22f., 26f., 190, 202
– auffällige sprachliche Merkmale in gesprochener und geschriebener Sprache unterscheiden			
Wortarten Die Schülerinnen und Schüler können			
– die Wortarten Verb, Substantiv, Pronomen, Präposition, Konjunktion und Adverb unterscheiden und ihre wesentlichen Leistungen benennen	63	13, 15, 16, 58, 85, 116, 183, 189, 190, 197, 198, 200f.	32f., 44, 140, 142, 156, 190
– zwischen infiniten und finiten Verbformen, starken und schwachen Verben unterscheiden. Sie beherrschen das Formsystem der Verben.	64	15, 24, 197, 198, 200	66, 118, 225
– die grammatischen Zeiten (Tempora) verwenden und ihre Funktionen beschreiben	65	24, 116, 197, 198, 200f.	66, 67, 99, 118
– Aktiv und Passiv unterscheiden. Sie verwenden diese Formen, um Sachverhalte unterschiedlich auszudrücken.	66		115, 126, 127
– beim Substantiv Kasus, Numerus und Genus unterscheiden	67	60f., 63, 84f.	15
– Substantivierungen erkennen	68	176, 177, 178	68, 69, 121f.
– die Steigerungsformen der Adjektive unterscheiden und richtig anwenden	69		69, 70, 72
Syntax Die Schülerinnen und Schüler können			
– die Arten des einfachen Satzes unterscheiden	70	23, 35, 57	11, 32f., 93
– einfache Verfahren zur Satzanalyse anwenden	71	124, 194f.	11, 13f., 92, 228
– zwischen notwendigen und nicht notwendigen Satzgliedern unterscheiden	72	81, 124, 189, 190, 195	14, 69
– Attribute als Teile von Satzgliedern identifizieren und ihre Funktion beschreiben	73		27, 118, 188, 190, 194
– Hauptsätze und Nebensätze unterscheiden	74	180, 197	14, 17, 92, 114, 127f.
Wortbedeutung Die Schülerinnen und Schüler können			
– Wortbedeutungen mithilfe von Umschreibungen, Oberbegriffen und Wörtern gleicher oder gegensätzlicher Bedeutung klären und dazu auch Nachschlagewerke und den Computer benutzen	75	60	40, 78, 143, 145, 147, 194, 197
– sinnverwandte Wörter in Wortfeldern zusammenfassen sowie durch Abgrenzung und Vergleich die Bedeutung einzelner Wörter erschließen	76	80	9ff., 57, 222, 224f.
– Formen bildlicher Ausdrucksweise erkennen und erklären	77	183	160, 199
– Wörter gleicher Herkunft in Wortfamilien zusammenfassen. Sie erkennen dabei Wortbausteine und nutzen ihr Wissen bei der Rechtschreibung	78	55, 189, 205	48ff., 108f., 226
– Möglichkeiten der Wortbildung (Zusammensetzung, Ableitungen mit Präfixen und Suffixen) unterscheiden	79	85, 203, 204, 205, 206	118, 140, 200, 209, 210
– die entsprechenden grammatischen Fachbegriffe verwenden	80	124, 177, 180, 183, 190, 197, 198, 204, 205, 206, 207	11, 14, 15, 18, 27, 34, 35, 48ff., 78, 196